T0303897

VARIORUM COLLECTED STUDIES SERIES

Production and Consumption in the Low Countries, 13th–16th Centuries

Raymond van Uytven

Production and Consumption in the Low Countries, 13th–16th Centuries

Ashgate

VARIORUM

Aldershot · Burlington USA · Singapore · Sydney

Published in the Variorum Collected Studies Series by

Ashgate Publishing Limited
Wey Court East
Union Road
Farnham
Surrey, GU9 7PT
England

Ashgate Publishing Company
110 Cherry Street
Suite 3-1
Burlington
VT 05401-3818
USA

Ashgate website: http://www.ashgate.com

ISBN 0–86078–852–0

British Library Cataloguing-in-Publication Data
Uytven, Raymond van.
    Production and Consumption in the Low Countries, 13th–16th
    Centuries. – (Variorum Collected Studies Series: CS714).
    1. Consumption (Economics) – Benelux countries–History–
    To 1500. 2. Consumption (Economics)–Benelux countries–
    History–16th century. 3. Benelux countries–Economic
    conditions.
    I. Title.
    338'. 09492

US Library of Congress Control Number: 2001088806

MIX
Paper from
responsible sources
FSC
www.fsc.org   FSC® C004959

Printed and bound in Great Britain
by Printondemand-worldwide.com

VARIORUM COLLECTED STUDIES SERIES CS714

CONTENTS

This volume contains xiv + 346 pages

INTRODUCTION

Production and consumption, the key words in the title of this collection of essays, run like a red thread through the various contributions, the first of which appeared as long ago as 1961 and the most recent in 1998.

The earliest essay, which appeared in the context of the then rising school of research into serial and quantitative history and economic trends, emphasised production; in the later essays consumption received increasing attention. The two variables are Siamese twins, one of which cannot live without the other. Production embodies the supply side, consumption the demand side. Though this is a truism, economic history has been slow to do it full justice.

Preparation of a doctoral thesis on the urban finances and the economy of Louvain from the middle ages to the sixteenth century under the supervision of Prof. Dr J.A. van Houtte (University of Louvain)[1] had confronted me at quite an early stage with the necessity of regarding economic life, even in an average city, as a whole. The most diverse variables, which were never entirely independent of one another, all played a part: production, technical and organisational innovations, demography, monetary policy, the standard of living, purchasing power, employment, social and legal structures, fiscal policy, war and rebellions, epidemics, and much more.

With the encouragement of the late lamented master of the Paris Ecole Pratique des Hautes Etudes, Jean Meuvret, and Prof. M. Mollat, then director of the *Revue du Nord*, in 1961 I attempted to unravel that imbroglio of variables in the so-called late medieval depression in the Burgundian Netherlands (Chapter II). This attempt showed that the 'lands of promise' as Philippe de Commynes had called the domains of Duke Philip the Good, were not all flowing with milk and honey. Those who lived on their rents or annuities, officials, highly skilled specialists in the art and luxury trades and master craftsmen whose wages were protected by the guild structures, were well off. The crisis in the traditional woollen industry, on which a great deal of the economy of the south Netherlands cities depended, on the other hand, hit many people hard. Their wages and those of the less protected journeymen and ordinary wage earners who were outside the established guilds, tended to fall to

---

[1] The contributions in this collection are cited by their chapter number in Roman figures. See also R. van Uytven, *Stadsfinanciën en stadsekonomie te Leuven van de XIIe tot het einde der XVIe eeuw* (Verhandelingen Koninklijke Vlaamse Academie van België, Klasse der Letteren XXII, n° 44), Brussels 1961; and 'De sociale krisis der XVIe eeuw te Leuven', *Revue Belge de Philologie et d'Histoire*, 36 (1958), 356–87.

the minimum needed to live: the recurrent brief crises, a consequence of harvest failures, plague or war, condemned them to poverty.

New figures on the trade situation and the evolution of production in the important industrial branches of the Burgundian Netherlands[2] have been found to confirm that picture (Chapter III). A period in a minor key until about 1440 was followed by a phase of commercial and industrial growth until around 1475. The last quarter of the fifteenth century brought an enormous crisis, the result of domestic and foreign war.[3]

The internationally coveted art and luxury goods, linen, tapestries, paintings, retables and the like, could not counterbalance, either in employment or in added value, the decline of the traditional woollen industry (Chapter IV). On the other hand, the decline of Bruges as a commercial centre and gateway to the Netherlands during the later middle ages must be qualified.[4] Later contemporaries agreed with Duke Philip the Good, who praised the city on the Zwin in 1438 as 'la plus renommée par tout le monde par le fait de marchandise'. Only the political and military crises of the last quarter of the fifteenth century really broke the dominance of Bruges (Chapter V).

Moreover, the contrast which has been a commonplace of Belgian historiography since H. Pirenne, between rigid and passive Bruges and dynamic Antwerp in the sixteenth century, requires modification. In the Netherlands as a whole, in fact, the contrast between the fifteenth and sixteenth centuries was much less pronounced than in currently received opinion. To some extent sixteenth-century economic growth was no more than a resumption after the setbacks suffered in the last decades of the fifteenth century. The spectacular success of the Antwerp metropolis was limited in time and was already over even before the so-called closure of the Scheldt in 1585. Nor was the city in a position to fertilise the whole Netherlands (Chapter I); in some regions, in fact, its influence was detrimental and acted as a brake on growth.[5] Apart from Antwerp, there was not a single city in the Netherlands

---

[2] R. van Uytven, 'Die ländliche Industrie während des Spätmittelalters in den südlichen Niederlanden', in H. Kellenbenz (ed.) *Agrarische Nebengewerbe und Formen der Reagrarisierung im Spätmittelalter und 19./20. Jahrhundert* (Forschungen zur Sozial- und Wirtschaftsgeschichte, 21), Stuttgart 1975, 57–76; and 'Landtransport durch Brabant in Mittelalter und im 16. Jahrhundert', in G.F. Burgard – A. Haverkamp (eds.) *Auf den Römerstrassen ins Mittelalter. Beiträge zur Verkehrsgeschichte zwischen Maas und Rhein von der Spätantike bis ins 19. Jahrhundert*, Mainz 1998, 471–99.

[3] R. van Uytven, 'Politiek en economie: de crisis der late XVe eeuw in de Nederlanden', *Revue Belge de Philologie et d'Histoire*, 53 (1975), 1097–149.

[4] W. Brulez, 'Brugge en Antwerpen in de 15de en 16de eeuw: een tegenstelling?', *Tijdschrift voor Geschiedenis*, 83 (1970), 15–37.

[5] R. van Uytven, 'In de schaduwen van de Antwerpse groei: het Hageland in de zestiende eeuw', *Bijdragen tot de Geschiedenis*, 57 (1974), 171–88; 'Antwerpen: Steuerungszentrum des europäischen Handels und Metropole der Niederlande im 16. Jahrhundert', in B. Sicken (ed.) *Herrschaft und Verfassungsstrukturen im Nordwesten des Reiches. Beiträge zum Zeitalter Karls V. Franz Petri zum Gedächtnis (Städteforschung Reihe A: Darstellungen, 35)*, Cologne-Vienna 1994,

where wages managed to keep up with price inflation. Even in many of its innovations, including the creation of the bourse, the introduction of silk weaving and majolica, and diamond working, Antwerp had been preceded by Bruges. If there was any difference between the two it was perhaps in the scale of operations, which at Antwerp may have been rather greater.

From the fifteenth century, certainly in the core regions of Flanders, Brabant and Holland, the density of population, the degree of urbanisation and industrialisation, even to some extent in the countryside, were so far advanced that only limited progress was possible in the sixteenth century. Long before the sixteenth century those regions were characterised by an intensive and progressive agriculture[6] and the predominance of smaller rural industries, which were only viable because they employed part of their underemployed population in industrial activities. More than elsewhere, the relatively important cities and the partly industrialised villages depended on an intensive commercial exchange of foodstuffs, raw materials, finished and semi-finished products, and direct and indirect involvement in the international currents of trade. In those circumstances domestic farming was still, however, unable to supply the urban population with the necessary foodstuffs and raw materials, much of which had to be imported from foreign countries or nearby regions. This meant wool from England, grain and beer from northern Germany and Holland, wine from France and the Rhineland (Chapter XIII), meat, butter, fish, timber and building materials. Exploiting their political influence, the cities strove to secure their chains of supply by tying the surrounding countryside to them and setting up obligatory markets and staples (Chapter XI). For the same reason many settled citizens felt it important to assure their own supplies by owning farms and estates in the countryside. Real property, certainly true feudal estates, was also the obvious path to social prestige and ennoblement. It is almost a paradox, but in the southern Netherlands, where bourgeois culture was so deep rooted, in the sixteenth century and long afterwards the bearers of noble titles still continued to sit at the top of the social pyramid, more than the princely and civic officials, and university members (Chapter I).[7]

1–18; E. Aerts, 'Lier in een langlopend economisch perspectief (1200–1800)', *Lira Elegans* 6 (1996), 46–48; B. Blonde – R. van Uytven, 'De smalle steden en het Brabantse stedelijke netwerk in de Late Middeleeuwen en de Nieuwe Tijd', *ibid.*, 129–82.

[6]   R. van Uytven, 'Vroege inbreuken op de braak en de intensieve landbouw in de Zuidelijke Nederlanden tijdens de dertiende eeuw', *Tijdschrift van de Belgische Vereniging voor Aardrijkskundige Studies*, 55 (1984), 63–72; A. Verhulst, 'L'intensification et la commercialisation de l'agriculture dans les Pays-Bas méridionaux au XIIIe siècle', *La Belgique Rurale du moyen âge à nos jours. Mélanges offerts à Jean-Jacques Hoebanx*, Brussels 1985, 89–100.

[7]   R. van Uytven, 'Classes économiques, hiérarchies sociales et influence politique aux Pays-Bas du Sud du XIVe au XVIIe siècle', in A. Guarducci (ed.), *Gerarchie economiche e gerarchie sociali, secoli XII–XVIII* (Istituto internazionale di Storia economica F. Datini, Prato, Serie II: Atti delle 'Settimane di Studi' e altri Convegni, 12), Prato 1990, 365–86.

The strong socio-economic differences and contradictions which had already become apparent in the medieval cities and were often reflected in the urban topography and in unequal participation in the structures of political power, formed a constant threat. The cyclical hunger crises and every disturbance of vulnerable economic life by dearth, epidemic or political and military disorder, even outside their own provinces, were enough to spark off unrest. The illusion of solidarity and the feeling of civic community which the ruling elites propagated in their official discourse and demonstrated by organising civic processions and ceremonies and similar events, were under permanent pressure. In fact the civic community comprised a complex network of various solidarities. Every townsman was, as it were, encapsulated in a system of overlapping concentric circles centred on his family, professional and topographical links. He could be a member of one or more associations, recognised or not, militia, guilds, chambers of rhetoric, religious fraternities, carnival associations and other groups which practised a particular hobby (music, flower growing). The sociability which they all cultivated undoubtedly contributed to the feeling of community between townsmen high and low. The existing vehicles of solidarity, however, could also form the core of concerted action against the established order (Chapter VI).

Among the various social and economic groups those in the woollen industry were the most turbulent and the most numerous. The Flemish woollen centres had succeeded in conquering the international markets with their highly esteemed cloth. They owed this to the processing of superior quality English wool, a well advanced division of labour and specialisation, the thoroughness of their dyeing methods and the use of expensive imported dyestuffs. From Spain to Austria and England, contemporary literature is full of praise for Bruges hosiery and Flemish and Brabant cloth (Chapter X). Following the example of Flanders, Mechelen and the cities of Brabant had managed to penetrate the international market from the end of the thirteenth century. They were able to benefit from the temporary political tensions which Flanders experienced with England and France. But even before the middle of the fourteenth century the Brabant industry was facing growing competition as England began to process its own wool, the raw material par excellence, and it became dearer on the continent (Chapter VIII). Besides English, Norman and Italian and soon also Holland cloth, the growth of a fustian industry in Germany was a formidable rival. The demographic and economic depression of the later middle ages may well have contributed to a decline in demand for south Netherlands cloth, but changes in fashion also played their part. Men's clothes became shorter and more close-fitting around the upper body, while the decolleté triumphed among women. In both cases, the consumption of cloth was reduced.[8]

One of the strategies of the southern Netherlands cloth producers was to adapt to that fall in the use of woollen cloth by concentrating on the segment of demand which was least sensitive to economic circumstances: the better-off upper strata of European society. Brussels and Mechelen produced extremely expensive cloth and the smaller centres tried to respond by supplying standardised quality cloth through strictly regulated and controlled production (Chapter VIII). This expensive cloth also had the advantage that the increased costs of transport, caused by the growing insecurity of international trade routes, and transaction costs weighed less heavily with the consumer.[9]

The struggle against Holland cloth and above all against English cloth, which was dyed with fast dyestuffs and finished to the taste of the client at Antwerp, was ultimately hopeless. The south Netherlands producers desperately tried to lower their production costs by falling back on cheaper Spanish and domestic wool, and simplifying their production process. In the sixteenth century they even resorted to mechanical fulling by water- and wind-powered mills. That form of mechanisation accelerated fulling considerably and made an appreciable saving in labour costs, so that it was a 'modern' feature in the sixteenth century. But fulling was only one of many phases in the production process, so that its effects were ultimately not very substantial. Cloth processed in a fulling mill became so dense that checking the quality of the weave was almost impossible, and this did not encourage clients to have confidence in it. That was perhaps one of the reasons why the cloth centres with international ambitions had given up mechanical fulling by the beginning of the fourteenth century (IX).

In the famous clothmaking cities of the Netherlands and in Ypres, which is regarded as the prototype par excellence of a city where the whole economy was concentrated in one industry, the productivity and production of the woollen industry was deplorably low. The numerous references to south Netherlands cloth in the whole of western Europe – often purely theoretical in toll regulations and tariffs – cannot outweigh the sober fact that a city like Ypres produced barely 50,000 pieces of cloth at the beginning of the fourteenth century and by the middle of the century not even half as many. Nowhere, even in Mechelen, Louvain or Leiden, did production reach an annual output of two

---

[8] R. van Uytven, 'De korte rokken van de jaren dertig: mode en conjunctuur in de veertiende eeuw', *Bewogen en Bewegen, Liber amicorum prof. dr. H.F.J.M. van den Eerenbeemt*, Tilburg 1986, 219–31.

[9] J.H. Munro, 'Industrial transformations in the northwest European textile trades, c. 1290–c. 1340: economic progress or economic crisis', in B.M.S. Campbell (ed.) *Before the Black Death: Studies in the 'Crisis' of the early Fourteenth Century*, Manchester – New York 1991, 110–48, reprinted in *Textiles, Towns and Trade. Essays in the economic history of late medieval England and the Low Countries* (Variorum Collected Studies Series CS 442), Hampshire 1994, VIII.

pieces of cloth per head of population; that was clearly a ceiling which was not achievable in the given socio-economic structure and using current methods of production. Apparently the industrial village of Hondschoote was to manage much better in the sixteenth century, but the lighter textiles woven there were only a quarter of the traditional piece of cloth in size and price (VII).

The geographically widespread marketing of south Netherlands cloth was necessary even for a product with quantity limits, because only a limited upper stratum of society could afford to buy it. South Netherlands cloth in the fourteenth century belonged to the exclusive group of consumer goods which included expensive furs from north-eastern Europe, silk fabrics from Italy, pearls, precious stones and gold jewellery, game, exotic spices and foreign wines. The people of the middle ages demonstrated by their clothing and consumption that they were different from the masses in their tastes and wealth.[10]

The well-to-do citizen, to say nothing of the great lord, drank imported wine, not mead or ale or the inferior products of the local wine growing regions. Wine making had been native to Brabant since the twelfth century but rapidly lost ground to superior foreign wines. In the sixteenth century wine growing in Brabant became almost unprofitable, partly because of the deterioration of the climate. When the wars of religion in the later sixteenth century destroyed a great many vineyards and many others were lost through enforced neglect, no one found it worth while to make the heavy investment required to bring them back into cultivation.[11]

There was a pronounced difference in taste for imported wines and in wine consumption between the various regions of the Netherlands. Brabant with Holland formed part of the domain of Rhine and Mosel wine, for which Cologne was the dominant market.[12] Flanders drank chiefly wines from Poitou and Gascony, which it imported via Damme. Wine consumption in Flanders may have been higher than in Brabant because the wines of Poitou and Gascony could be imported relatively cheaply, and domestic beer brewing was made difficult by the silt content of the ground water along the coast and by the taxes levied on brewing, the right to which was held in fief by the Bruges lords of Gruuthuse. In Brabant wines imported from the Rhineland and Burgundy, on which transport costs weighed heavily, were more of a luxury, while domestic wines and beer were available. The introduction of new brewing

---

[10] R. van Uytven, *De zinnelijke Middeleeuwen*, Louvain 1998, 23–52 and 121–92; R. van Uytven, 'Showing off One's Rank in the Middle Ages', in W. Blockmans – A. Jansse (eds.), *Showing Status. Representation of Social Positions in the Late Middle Ages (Medieval Texts and Cultures of Northern Europe, 2)*, Turnhout 1999, 19–34.

[11] R. van Uytven, 'De ondergang van de wijnteelt in de Nederlanden', *Spiegel Historiael*, i (1966), 52–9.

[12] R. van Uytven, 'Die Bedeutung des Kölner Weinmarktes im 15. Jahrhundert. Ein Beitrag zu dem Problem des Erzeugung und des Konsums von Rhein- und Moselwein in Nordwest-Europa', *Rheinische Vierteljahrsblätter*, 30 (1965), 234–52.

methods from the late fourteenth century made beer a good deal more attractive, thanks in part to the relatively low grain prices in the fifteenth century. The sale of Rhine wine undoubtedly declined as a result. But it was above all the price rises of the sixteenth century which made wine into an exclusive luxury drink (Chapter XIII).[13]

Although a great many consumers in the sixteenth century were forced to give up drinking wine, per capita beer consumption in the region around Bruges between 1542 and 1580 did not rise as a result. After 1580 consumption even collapsed. The trend in beer consumption confirms the pessimistic picture of the economic growth of the southern Netherlands in the sixteenth century referred to above (Chapter XII), a picture which is further confirmed by various data for consumption in Ostend.[14]

The articles included in this collection are not presented in the order of their publication, but grouped more or less logically: first those in which production and consumption appear in general terms as elements in the state of the economy and social structures, then those on the cloth industry and finally those on the consumption of drink. The texts have been reprinted without changes, as they appeared. Only in one of the two articles translated from Dutch (Chapter XIII) have a few superfluous details been omitted.

---

[13] R. van Uytven – B. Blonde, 'Wijnverbruik te Antwerpen en te 's Hertogenbosch in de zestiende eeuw', *Liber amicorum dr. J. Scheerder. Tijdingen uit Leuven over de Spaanse Nederlanden, de Leuvense universiteit en Historiografie*, Louvain 1987, 107–26.

[14] R. van Uytven, 'Consumptie en conjunctuur. Duinkerken en Oostende in de zestiende eeuw', *Regionale geschiedenis zonder grenzen. Opstellen aangeboden aan prof. dr. J.C.G.M. Jansen.* (Cahiers van het Sociaal Historisch Centrum van Limburg, 1), Maastricht 1998, 49–74.

ACKNOWLEDGEMENTS

Grateful acknowledgement is made to the following institutions and publishers for kindly permitting the reproduction and/or publication in translation of the studies included in this volume: the editors of *Acta Historiae Neerlandica*, Koninklijk Nederlands Historisch Genootschap (I, IX); the editors of *Revue du Nord*, Université de Lille III (II); the editors of *Archives et Bibliothèques de Belgique* (III); the editors of *Transactions of the Cambridge Bibliographical Society*, Cambridge Bibliographical Society (IV); the editors of *Studia in honorem Adriaan Verhulst* (V); the editors of *Mémoires de la Société d'Agriculture, Sciences et Arts de Douai* (VI); the editors of *Atti delle 'Settimane di Studio'*, Istituto Internazionale di Storia Economica 'F. Datini' Prato (VII, VIII); the editors of *Pasold Studies in Textile History*, the Pasold Research Fund Ltd (X); the editors of *Flaran*, the directors of 'Journées d'Histoire de Flaran' (XI); the editors of *Handelingen van het Genootschap voor Geschiedenis 'Société d'Emulation' te Brugge* (XII); the editors of *De Brabantse Folklore*, the direction 'culture' of the 'Provincie Vlaams-Brabant' (XIII).

I feel deeply indebted to Dr J.C. Grayson, who kindly accepted the difficult task of translating the 'Introduction' and the Studies XII and XIII from Dutch into English. Finally, my gratitude goes to Mrs A.-M. van Aelst and Mr J. van Gelder (University of Antwerp-UFSIA) for their assistance in preparing this volume for publication.

Publisher's Note

I

What is New Socially and Economically in the Sixteenth-Century Netherlands ? *

To consider the Late Middle Ages as an age of contraction, beginning, according to author, before or after 1300 and running until 1450, 1475 or 1500, and followed by the sixteenth-century age of expansion, has become a platitude.[1] This contrast is moreover usually elaborated in a whole series of characteristics regarded as new and typical of the sixteenth-century. This implies that they were either absent or had exactly the opposite significance in the Late Middle Ages. It is simple to compose a list of such characteristics from the relevant works:

XIVth and XVth centuries	*XVIth century*
dearth of precious metals	influx of silver
decreasing population	population explosion
stable or falling prices	'price revolution'
rising or high real wages	falling or low real wages
urban protectionism	economic liberalism
corporatism	concentration of industry
handicrafts	'technical revolution'
	mass production
	credit explosion
	link between bourgeois capital and the ruler
	intensive agriculture
	social mobility
	growth of proletariat and wide class distinctions
	colonial trade
Bruges 'national market'	Antwerp the 'international market'
urban drapery with English wool	rural drapery with Spanish wool

* Previously published in Dutch in *Bijdragen en Mededelingen betreffende de Geschiedenis der Nederlanden,* LXXXVII (The Hague, 1972) 60-93.
1. E. A. Kosminsky, 'Peut-on considérer le XIVe et XVe siècle comme l'époque de la

I

This summary is far from complete and all its points are not accepted by all authors. 'The modernity of the sixteenth-century' (H. Hauser) however appears very marked. It is nevertheless rather oppressive to be able to see this century only in a modern and new light because it begins New or Modern Times, and to let our view of it be conditioned by the conceit of the humanists.

We, therefore, examine here some of the so-called characteristics of the sixteenth-century to try to discover   1) whether they were in fact then present and   2) if they made their first appearance only at that moment. The influx of silver coinage in the sixteenth-century and its pinching scarcity in the Late Middle Ages appear in all the text books. This neglects the fact that important quantities of American gold and silver only began to pour into Seville after 1530 and that the real stream of silver only started with the discovery of the Zacatecas mine in 1546 and the modernized exploitation after 1570 of the Potosi mine which had been found in 1545. Moreover there had been a boom between 1460 and 1530 in European silver supplies. These were probably negligible in comparison with the later influx from America but nevertheless enriched the substantial – according to the most recent estimates much greater than earlier considered – European stock of precious metals. On a European scale the contrast between the Late Middle Ages impoverished for money, and the sixteenth-century drowning in silver is no longer so sharp as had previously been thought.[2] It is remarkable that in the Netherlands Charles V's monetary policy, consisting as it did of trying to keep precious metals within his own lands, was in fact the same as that of his Burgundian predecessors.[3] It is, moreover, possible to examine in concreto in the accounts of the mints of Flanders and Brabant, when and how greatly the influx of the new precious metals was felt in the Netherlands. Accounts from the mint of Holland are very incomplete, but minting there seems never to have been extensive enough

décadence de l'économie européenne?', *Studi in onore de A. Sapori* (Milan, 1957) I, 551-969, and G. Fourquin, *Histoire économique de l'Occident médiéval.* Collection U. Histoire médiévale (Paris, 1969) ch. xiii-xvi, have reservations on this point. Some doubt appears also in the following titles: J. Johnson and W. Pergy, *The Age of Recovery. The fifteenth-Century* (Ithaca, 1970) and W.K. Ferguson, *Europe in Transition 1300-1520* (London, 1962).
2.   F. Braudel and F. Spooner, 'Prices in Europe from 1450 to 1750' in: E. Rich and C. Wilson, ed., *The Cambridge Economic History of Europe* (Cambridge, 1967) IV, 445-7 and 484-485; F. Mauro, *Le XVIe siècle européen. Aspects économiques.* Nouvelle Clio, XXXII (2ed.; Paris, 1970) 195-198 and 217-232; J.U. Nef, 'Silver Production in Central Europe 1450-1618', *The Journal of Political Economy*, XLIX (1941) 575-591.
3.   G. Pusch, *Staatliche Münz- und Geldpolitik in den Niederlanden unter den burgundischen und habsburgischen Herrschern, besonders unter Kaiser Karl V* (Munich, 1932).

to change the general picture.[4] Between 1434 and 1466 the amount of money minted in Flanders and Brabant was particularly low and stopped altogether for a time. The average yearly amount was about 145,000 lbs (of 40 Flemish groats) of which 68 per cent was in gold. Flemish money was clearly in the forefront, thus showing the superiority of the county and the Zwin market. This Flemish ascendancy in a period when gold was overvalued and coinage was predominantly in gold, was undoubtedly closely connected with the close relationship in the fifteenth century between Bruges and Portugal which dominated the sources of African gold. With this in mind, Philip the Good's marriage to Isabelle of Portugal in 1430 in Bruges gains a new significance. Philip's donning of a gold chain, the Golden Fleece, round his neck on this occasion was undoubtedly more symbolic than he intended! In the years that followed, Flanders, because of its close relations with Portugal, was not to be outdone by Brabant as far as the minting of gold coins was concerned.

On May 23rd, 1466, only a good year after Charles the Bold had assumed power, silver was drastically overvalued (1 gr. gold to 10.5 gr. silver) and in spite of a few short hesitations remained so until 1499. We leave aside the question as to what extent the eastern and Rhenish policy of Charles the Bold, who launched such a dramatic attack on the Prince-Bishopric of Liège in 1466, and the Habsburg interest in the silver mines, are connected with this change. The contrast between a Philip the Good, a diplomat with his hands filled with gold, and a Charles the Bold, having to pay his mercenaries with clanging silver, seems, alone, a poor explanation. The change brought with it, in any case, an increase in the minting of silver which was, precisely during these years, being extracted in growing quantities in southern Germany. Brabant, being closer, was the most deeply affected and succeeded in surpassing the amount of coinage minted in Flanders by 1474. Between 1467 and 1485 the total average, annual coinage minted swung between 300,000 and more than 600,000 lbs. In 1492 there seems to have been a momentary relapse but after 1496 the mint in Antwerp seems definitely to have taken the wind out of the sails of the Flemish workshops even where gold was concerned. The coincidence of this with the transfer of Portuguese commercial interests

---

4. See Table I and Graphs I-III, based on information by H. Enno van Gelder and M. Hoc, *Les monnaies des Pays-Bas bourguignons et espagnols 1434-1713* (Amsterdam, 1960 and Supplement, 1964) and H. Van der Wee, *The Growth of the Antwerp Market and the European Economy.* Universiteit van Leuven. Publicaties op het gebied van Geschiedenis en Filologie 4e reeks, XXVIII-XXX (3 vols.; Louvain, 1963) I, ch. iii. See also P. Spufford, *Monetary Problems and Policies in the Burgundian Netherlands 1433-1496* (Leiden, 1970) and A. de Witte, *Histoire monétaire des comtes de Louvain, ducs de Brabant* (3 vols.; Antwerp, 1894-1899).

from Bruges to Antwerp, officially acknowledged by the establishment of the Portuguese royal factory there in 1498, is significant. The import of raw silver from Germany must have been enormous during these years. The government estimated it at 60,000 marks ($\pm$ 15 tons).[5] Of this a considerable amount was exported to Portugal and elsewhere. On December 8th, 1499 the abundance of silver was officially recognized (1 gr. gold for 11.11 gr. silver, and, in 1521 even 11.55 gr.). The minting of gold immediately gained the upper hand again, but the global coinage was far below that of the last third of the fifteenth century. Production in Flanders and Brabant never reached on average even 200,000 lbs. per year between 1506 and 1520 and between 1521 and 1556 never attained 400,000 lbs. For the whole of the first half of the sixteenth century gold coinage was paramount. Silver only broke through fully in the fifties at the moment when the coinage as a whole increased strongly. It was clearly in this connection that the silver-gold ratio was again changed in favour of silver in 1559. The enormous exploitation of American silver which then began and the serious shortage of money of the Spaniards in the Netherlands brought this abundant influx of silver with it.

It is possible, therefore, in the coining of money to distinguish *grosso modo* two periods (1433-1466 and 1499-1559) with high gold prices and the preponderance of gold coinage, and two periods (1466-1499 and after 1559) with high silver prices and the preponderance of silver coinage. It is almost natural that the devaluations which meant the reduction of silver in the Flemish groat, the basis of the money of account, occur in periods of the overvaluation of silver. It is also clear that the heaviest periods of coinage fell between 1470 and 1490, in the fifteen twenties and after the middle of the sixteenth century, in periods of the supremacy of silver and of devaluation. Changes in the standard must obviously have meant increased activity for the mints. The peak reached in coinage in the twenties is moreover the exception which proves the rule because the connection with monetary troubles of these years is evident. In fact the mints were partly occupied during the years of devaluation in re-working money already in circulation without adding any increase of precious metal. The amount in circulation however was greater because more coins were made from the same amount of metal. Even in cases of 'nominal devaluation', which occurred less frequently, through an official revaluation of unchanged currency, in money of account, the quantity of money was increased by raising its total value. In addition to the

5. C. Laurent, ed., *Ordonnances des Pays-Bas sous le règne de Charles-Quint* (Brussels, 1893) I, 57-59.

devaluation an indirect effect on the level of prices by the increase in the amount of money then occurred.

Moreover there are other reasons also why the quantity of coinage minted affords only a vague notion of the money available. Several facts — the continual evaluations of foreign currencies; the struggle against the minting in neighbouring territories of inferior coins which circulated in the Low Countries above their intrinsic value and drove away their own good money; and the composition of the coin hoards — make it obvious that the figures of the national production of coinage only reveal part of the coinage in fact in circulation.

Although for these centuries only fragmentary population figures covering particular areas and particular periods exist,[6] nevertheless there seems certainly to have been a growth in the second third of the fifteenth-century in spite of the high mortality rate in 1438-39 and 1456-58. However, whereas elsewhere, for example in France after the Hundred Year's War had ended, a marked growth in population occurred in the last decades of the century, in the Low Countries the opposite was the case. Pest and famine were daily visitors in these years. They mirrored the violence let loose when Charles the Bold came to power, which continued until 1492. The war with France was not only accompanied by the usual devastation and break in trade, but Louis XI set about deliberately starving the Low Countries. That the greatest decline occurred in the castellanies of French Flanders and South Hainaut is no coincidence. There was even a flight northwards, as in Brabant also, not only because of the direct threat, but also because the long-drawn-out war meant expansion for the more northerly areas which took over some of the economic functions of the war-stricken South. Grain imports from the Somme region being cut off, the Baltic, by means of Dutch ships and the market of Amsterdam, became the obvious source of supply for the Low Countries. The Flemish fishing industry was naturally more vulnerable to French pirates

---

6. See Graphs IV-V, based on M. A. Arnould, ed., *Les dénombrements de foyers dans le comté de Hainaut (XIVe-XVIe siècle)*. Commission royale d'histoire in-4° (Brussels, 1956); J. Grob and J. Vannérus, ed., *Dénombrements de feux des duchés de Luxembourg et comté de Chiny*. Commission royale d'histoire in-4° (Brussels, 1921); M. Braure, 'Etude économique sur les Châtellenies de Lille, Douai et Orchies d'après des enquêtes fiscales des XVe et XVIe siècles', *Revue du Nord*, XIV (Lille, 1928) 85-116 and 165-200; J. A. Van Houtte, 'Maatschappelijke toestanden' in: *Algemene Geschiedenis der Nederlanden* (12 vols., Utrecht, 1949-1958) IV, ch. ix; B. H. Slicher van Bath, *Een samenleving onder spanning. Geschiedenis van het platteland in Overijssel* (Assen, 1957); J. Cuvelier, ed., *Les dénombrements des foyers en Brabant*. Commission royale d'histoire in-4° (Brussels, 1912). The population figure for Brabant of c. 1575 is an extrapolation based on figures of A. Cosemans, 'Het uitzicht van Brabant op het einde der XVIe eeuw', *Bijdragen tot de geschiedenis van Brabant*, XXVII (Antwerp, 1936) 285-351.

than that of the more northerly provinces. Even meat supplies which had consisted previously chiefly of pork from Hainaut and northern France, had now to come from North or East. From the last years of the century onwards the cattle markets of 's-Hertogenbosch, Lier and Diest divided between them an enormous number of bullocks from Frisia, Groningen, Drente, Overijssel, Overmaas and even Denmark. The supremacy of Dutch dairy products in the South also dates from the temporary elimination of Flemish production. All this increased dissatisfaction in the South where the destruction, dislocation of normal economic activity and fiscal burdens of the war were at their heaviest. This explains the insurrection of Flanders and Southern Brabant still under Maximilian. This civil war, together with the blockade of Bruges, Maximilian's order to foreign merchants to leave the city on the Zwin and the toll privileges granted to faithful Malines and Antwerp helped to shift the economic hub of affairs further north. The ill effects of 'Gallus vicinus, non amicus', appeared again in the fifteen twenties. Other regions, (e.g. Holland) were then also affected by invasions from Gelderland, France's traditional ally. Although the South suffered from France again in 1536-37 and 1542-44 nevertheless the sixteenth-century seems to have seen a population increase which progressed more quickly in Holland than, for example, in Brabant. This was so in the first quarter of the sixteenth-century but absolutely certain after 1550 when in the South the increase was interrupted by, *inter alia*, France's hostility in 1551-1559. The North was obviously less affected, also because care was taken to retain Amsterdam's corn supplies. Growth there was hardly interrupted and was rather encouraged by the increasing influx of immigrants from the South, who before long came to strengthen the North for political and religious reasons also. It is of course not implied that other elements, such as the decline in the traditional drapery towns of Flanders and Brabant, and the commercial expansion of Holland, both only partly due to the political and demographic evolution described, should be disregarded in the divergent development of South and North.

The middle of the sixteenth-century which is the approximate end of this outline, must have been certainly in the southern Netherlands and perhaps in the Low Countries as a whole, a demographic peak. Nevertheless it must be pointed out that it did not overtop the best years of the fifteenth-century by so much. The population was smaller in 1601 than in 1457 and 1474 even in Salland (Overijssel). In Brabant the population in c. 1575 was barely 13 per cent higher than in 1437 and in Hainaut in 1560 not even 17 per cent higher than in 1458. Rather than mentioning massification and scale increases in the Netherlands, the density of the population (possibly almost 50 persons per square kilometer) which was markedly higher than the European average, should be stressed. The high degree of urbanization which accompanied this is equally remarkable. F. Braudel remarks that 'au voisinage de 50 p. 100, même de 40 p. 100 de population non rurale, une région entière bascule automatiquement, dans la catégorie des economies modernes'.[7] In 1514, 52 per cent of the population in Holland lived in the towns, in Brabant in the fifteenth century, about 35 per cent and even in Hainaut in the sixteenth century, at least 29 per cent. In Flanders, judging from the fragmentary information available for 1469, the proportion was certainly higher than in Brabant. It must not be forgotten, moreover, that in Flanders, Brabant and Hainaut a good proportion of the rural population was employed in the textile industry (linnen, cloth or carpets) while in Holland and Zeeland innumerable villages had lost their agrarian character in favour of the fishing and shipping industries. It is clear that these conditions had existed already during the high Middle Ages in the Netherlands, where urban life was supreme, and the question as to whether these regions were not already perhaps 'modern' in the thirteenth century, may be posed.

To study the development of grain prices material for the North is very scanty.[8] This is partly caused by the fact that the prices available for Utrecht only underwent the same monetary influences as others in the Netherlands after 1528 when the area was politically incorporated. Nevertheless from 1465 onwards a close relationship appears already to have grown up between the monetary system of Utrecht and that of the Burgundian lands. Even if in particular years the evolution of grain prices in different centres did not always coincide, probably partly because of gaps in the material, nevertheless its movement was generally analogous from the period of Philip the Good onwards, and sometimes even before. There are some remarkable exceptions.

7. F. Braudel, *Civilisation matérielle et capitalisme*. Destins du monde, XII (Paris, 1967) I, 371.
8. See Graphs IV and VI, based on N. W. Posthumus, ed., *Nederlandse prijzengeschiedenis* (2 vols.; Leiden, 1946-1964) II; Van der Wee, *The Growth*, I; C. Verlinden e.a., ed., *Dokumenten voor de geschiedenis van prijzen en lonen in Vlaanderen en Brabant*. Rijksuniversiteit te Gent. Werken uitgegeven door de Faculteit van de Letteren en Wijsbegeerte, CXXV, CXXXVI and CXXXVII (3 vols.; Bruges, 1959-1965); R. Van Uytven, *Stadsfinanciën en stadsekonomie te Leuven van de XIIe tot het einde der XVIe eeuw*. Verhandelingen Koninklijke Vlaamse Academie van België. Klasse der Letteren, XXIII (Brussels, 1961) 488-579; L. Génicot, M. S. Bouchat-Dupont and B. Delvaux, *La crise agricole du bas moyen âge dans le namurois*. Université de Louvain, Recueil de travaux d'histoire et de philologie, 4th series, XLIV (Louvain, 1970) 121-197; G. Sivéry, 'L'évolution du prix du blé à Valenciennes aux XIVe et XVe siècles', *Revue du Nord*, XLVII (1965) 177-194; M. Mestayer, 'Prix du blé et de l'avoine de 1329 à 1793', *Revue du Nord*, XLV (1963) 157-176; I. Delatte, 'Prix et salaires au Hainaut au 16e siècle', *Annales de la Société scientifique de Bruxelles*, LVII (Brussels, 1937) 7-24; J. Ruwet, *L'agriculture et les classes rurales au Pays de Herve sous l'Ancien Régime* (Liège, 1943) 86-96.

For example the sharp price decline in Dalem between 1500 and 1520 can be traced nowhere else; at the most it is possible to discern a certain tendency towards levelling off. Moreover the advance in prices round 1530 was only so sharp in Dalem. At the present stage of research it is impossible to say whether this series from Dalem has any general significance or, as is more probable, this region may not be considered as really belonging to the market area of the Low Countries. The peak in prices in 1481-85 which is remarkable in Valenciennes, Utrecht and especially in Douai only appears in Bruges, Antwerp and Louvain in 1486-90. French hostility affected grain supplies to the South especially from 1475 to 1482, while Maximilian's campaign against Utrecht did the same from 1481 to 1483 in the territory of the Prince-Bishop. High prices in Bruges and Brabant in subsequent years were clearly the result of the revolt of the towns of Flanders and Brabant against Maximilian. Although Antwerp remained loyal to the King of the Romans it suffered equally from the civil war because the rebels from Bruges commanded the Scheldt and the granaries of southern Brabant were involved in the revolt. Probably the high prices in Mons after 1520 and after 1550 were each time connected with French hostility which occurred chiefly in Hainaut, and with troubles in Valenciennes in the sixties.

It is very difficult to delimit the sixteenth-century price revolution. Its beginning can be placed with almost equal justification in c. 1465, 1500, 1520 or 1550. The picture is clarified to a certain extent by ruling out devaluations by expressing prices in weights of silver. The beginning of the price rise then appears much later. Their lowest point then appears to have been c. 1495-1498 and a real price revolution can only be observed after 1514 (Graph IV). The high prices between 1465 and 1490 are thus put in their true perspective: as periods of high prices encouraged by failures in the harvest, war, devaluations and frequent coinages, which interrupted the secular falling trend. A similar, but less clearly delimited interruption of the secular movement occurred, moreover, around 1455 because of harvest failures and a short blaze of coining. Comparable short-term cycles have been grafted onto the price increases of the sixteenth-century but are less noticeable in the general rising trend. They occurred, for example round 1526, 1542 and 1547 when war at sea, devaluation, increased coinage and failed harvests fell together. Setting aside devaluations, which can be cut out more or less by expressing prices in weights of silver, two principal explanations of price history are usually stressed: the quantity of precious metal or the population figure. It is boring to have to underline the sensible view that the truth lies somewhere between the two. The fifteenth-century decrease in population certainly only became significant after 1465, when the serious fall in prices (0.87 per cent per year between 1426-27 and 1466-67) was already over. In this case therefore, the limited coinage and slow monetary circulation must have been responsible. The sharp price increase between 1466 and 1486 (average 8.8 per cent per year) exactly coincides with a decrease in population, which itself followed from war and failed harvests and was increased by high prices.

The sudden price decrease which followed was, of course, also a result of depopulation and temporary revaluation. The steepest price increase in the sixteenth-century occurred between 1514 and 1526 (average 5.6 per cent per year) whereas between 1498 and 1514 and between 1526 and 1580 it was much more gradual (c. 1.5 per cent per year).[9] It has already been pointed out that the amount of metal available for coinage only increased substantially from the last years of Charles V's reign which means that the theory of the quantity of metal does not offer an acceptable explanation. It must be pointed out that the high prices of the twenties were undoubtedly accentuated by currency difficulties about 1525 but the coincidence with the population curve in Brabant between 1496 and 1575 is striking. Between 1496 and 1526 the population increased by about 1 per cent per year on average, but between 1526 and 1575 perhaps by not more than 0.2 per cent. The researches of Gregory King (1648-1712), better known to historians as demographer, and other later supporters of the marginal utility theory have shown that because of the inelasticity of the demand for grain, a small change in market relationships has an unexpectedly severe effect on prices.[10] The population of Brabant rose from index 71 in 1496 to 92 in 1526. This implies a reduction of available grain per head of 22.8 per cent if we consider the supply of grain to have been constant. According to G. King a reduction of 20 per cent in the supply of grain would cause the price index to rise to 180, and according to W.S. Jevons (1835-1876) to 178, and of 30 per cent to 260 and 245 respectively. According to the way in which they were calculated (nominal or silver price, five yearly average or median with eleven terms) E. Scholliers concludes that the price of rye in Antwerp between 1496 and 1526 rose to index 302, 190, 185 or 208. Such price increases evolve exactly as would be expected from the King effect. Between 1526 and 1575 the population would have risen from index 92 to 100 which implies a reduction of 8 per cent in grain supplies. In that case according to King and Jevons the price index should not be higher than 130 or 136. The actual price indices, calculated in the same way, rose between 1526

9. E. Scholliers, *Loonarbeid en Honger. De levensstandaard in de XVe en XVIe eeuw te Antwerpen* (Antwerp, 1960) 3-10. See also Graph IV.
10. B. H. Slicher van Bath, *De agrarische geschiedenis van West-Europa (500-1850).* Aula-boeken, XXXII (Utrecht, 1960) 132-133.

and 1575 to 199, 164 (nominal prices), 171 or 126 (silver prices). Such divergent results make conclusions difficult but some inflated silver seems possibly to have had an influence during this period.

In reaching these conclusions the total supply of grain was considered to have remained more or less constant, but in fact it has been affected by changes in agricultural techniques and in the acreage of arable land. It is however, difficult at the moment, to assess the amount of land really gained for use in Flanders in the fifteenth and again in the sixteenth-century and also in the present day Kingdom of the Netherlands where especially after 1540 it seems to have been considerable. It must be weighed against land loss through drifting, floods, peat exploitation, the cultivation of industrial crops or meadowland. Moreover it is also impossible in the present state of research to express the global evolution of grain imports into the Low Countries in figures, although there is a strong impression that such imports were growing in importance. If there was an absolute increase in grain imports it seems only just to have compensated for the reduction in home production. In other words, in spite of the increase of population, agricultural employment shrank in favour of industrialization which was quickly grasping at the rural areas.

The populationists sharply rebuff Irving Fisher's only true quantity theory by maintaining that it does not explain the difference in the evolution of prices of various commodities. In Namur, Louvain and even in Utrecht there are signs of a so-called pincher movement between wages and industrial products on the one hand and food on the other. This points to the fact that the fall in population caused food to decrease in value as against labour and products where labour costs were high. The relative increase in value of luxury and semi-luxury articles clearly mirrors the wealthy consumer society of the Burgundian period. The over-valuation of unskilled labour shows that it — people in other words — was in such short supply that at the end of the fifteenth-century even the craftsmen shielded by the guilds had to give in to the wage increases of unskilled labourers. In the sixteenth, the situation was almost exactly the opposite because the population was increasing. The relatively steep fall in the value of a series of luxury articles, obvious especially in the middle of the century when the Antwerp international market was at its peak and American imports significant, was moreover, typical (Tables II-III).

There are also remarkable contrasts in the short term cycles between the fifteenth- (1408-1482) and sixteenth-centuries (1502-1556).[11] Periods of high

---

11. H. Van der Wee, 'Typologie des crises et changements de structures aux Pays-Bas (XVe-XVIe siècles)', *Annales. Economies. Sociétés. Civilisations*, XVIII (Paris, 1963) 209-225.

grain prices were more numerous and severe in the fifteenth than in the following century when they often coincided with a commercial crisis itself the result of international disputes. This supports the idea that the Low Countries were particularly dependent on imports of grain in the sixteenth-century. More active commercial relations meant also that wages and prices in the industrial sector were not so sensitive to disturbances in the home market caused by cyclical grain crises. Industrial products seem only to have fallen in price during periods of high grain cost, when the latter was itself the result of maritime insecurity. Altogether it is clear that the short crises of the sixteenth-century had become less dramatic for wage earners and that their effect on demography and the standard of living had weakened.

There is a clear distinction among wage earners between the standard of living of master craftsmen and journeymen. After Philip the Good's currency reforms and the crisis of 1438-39 the nominal wages of master craftsmen remained more or less stable until an increase occurred in 1474-5 in Ghent and Utrecht, not to speak of the slight adjustment in Lier in 1449-51 (Graph VII). This rigidity of masters' wages contrasts strongly with fluctuating food prices, which, as pointed out above, tended to fall from the thirties onwards, and with the more sensitive wages of semi- and unskilled workers, who throughout these years only earned 50 to 66 per cent of a master's wages.[12] Abnormally high prices round 1480 made the position of wage-earners and particularly of journeymen and manual workers untenable. Thanks to the fall in population they could obtain a wage increase which again narrowed the gap between master craftsmen and their helpers. Wage adaptation in the sixteenth-century did not only differ according to the type of work involved, but almost as much according to place, when this was not already too affected by the favourable influence of Antwerp's expansion (Table IV). The Netherlands were not, as Pirenne tried to maintain, only the suburbs of Antwerp.

When the extent of the price increases is realised, the loss in buying power of nominal wages becomes obvious. Until the forties (1546, when only the relationship between wages and grain prices is taken into consideration, 1539 when an attempt is made, as by Prof. Van der Wee, to include employment prospects in the incomes index) the real wages of a mason's labourer in Antwerp fell sharply in spite of the fact that he was one of the least affected in the Netherlands. Probably grain prices give a particularly unfavourable impression and the fall would be much less dramatic if expressed in terms

---

12. See note 8 and especially Van der Wee, *Growth*, II, 381-388 and III, graphs 39-41 and Scholliers, *Loonarbeid*, 65-156 for the wage series.

of dairy products or industrial goods, but bread was the chief element of the workers' budget. About 1540 the opposing movement of grain prices and real wages which had dominated the Middle Ages and first years of the sixteenth-century was interrupted. Probably wages rose even more sharply than prices in the third quarter of the century in some centres closely connected with Antwerp, as a result of the high economic trend. It must, however, be stressed that such prosperous modern islands were rather rare in the Netherlands.

The differing evolution of masters', and journeymen's wages is, of course, connected with the guild structure. The best documented and most frequently quoted example comes from the Brewers' Guild of Ghent. The increase of the masters' premium and of the obligatory apprenticeship, the expensive and difficult masterpiece and other difficult conditions had led to the guild already becoming hereditary by the middle of the fifteenth century. The Caroline Concession which Charles V, together with the noose, hung round the necks of the *Gentenaars* after their revolt in 1539-40 put a provisional stop to this.[13] The general application of this example has lately been disputed: on the one hand the guilds' exclusiveness in the fifteenth is called in question, and on the other its increase in the sixteenth century emphasized.[14] It is certainly true that in some guilds, such as the coopers of Bruges, or the masons and weavers of Brussels, no real hereditary principle was ever accepted because these trades needed a relatively large number of workers. An examination of the evolution of the costs of mastership in some towns proves however that it underwent a substantial increase in the fourteen thirties. It was always expressed in gold money of account, which in the following years rose in value whenever the silver money of account in which wages were expressed, diminished in value. Thus the gap between the wages of masters and of journeymen after the middle of the fifteenth-century was the result of the exclusiveness of the masters. A second wave of increases in the costs of mastership occurred at the end of the fifteenth-century possibly as a reaction against the narrowing of the gap between masters and their employees. In some towns the masters seem to have set themselves, as far as wage rates were concerned, at a distance from their trained journeymen. In

13. H. Van Werveke, *Gand. Esquisse d'histoire sociale.* Notre Passé, 5th series, III (Brussels, 1946) 55 and 75.
14. J. P. Sosson, 'La structure sociale de la corporation médiévale. L'exemple des tonneliers de Bruges de 1350 à 1500', *Belgisch Tijdschrift voor Filologie en Geschiedenis,* XLIV (Brussels, 1966) 457-478; E. Scholliers, 'Vrije en onvrije arbeiders voornamelijk te Antwerpen in de XVIe eeuw', *Bijdragen voor de Geschiedenis der Nederlanden,* XI (The Hague, 1956) 285-322 and *idem, Loonarbeid,* 96-99.

spite of the price increases in the first half of the sixteenth-century the cost of mastership in this period seems to have risen slightly or not at all, whereas on the other hand the central government took measures against excessive corporatism not only in Ghent but in Bruges and Antwerp as well. The exclusiveness of the guilds began however to reappear about 1560.

Charles V's measures against abuses in the guilds was not in fact new. The central government was only continuing the medieval struggle for economic equality and security for all types of workers. Neither were steps against the political control of the guilds and the systematic encouragement of the plutocratic character of urban government new to Charles V. The emperor, like his Burgundian predecessors, never had a real economic, let alone modern economic policy. Their economic measures were always dictated by fiscal or political motives. Their attitudes had little to do with principles and were mostly only an extension of the economic efforts of the towns. The maintenance of obligatory urban staple markets, the opposition to monopolies and the disturbance of markets, at least when they brought no gain to the ruler or his courtiers, and so on, spring to mind. E. Coornaert has, moreover, clearly shown how little the town administration of so-called great 'modern' Antwerp differed in its economic aspects from that of medieval Bruges.[15]

The chief difference between the Habsburg and Burgundian rulers and their fourteenth-century predecessors probably lay in the extent of their territories. Because they ruled over extensive, more or less connected area they tried to balance the interests of their lands against each other, and began to make their taxation more uniform. They were particularly capable, because of their greater strength, of defending the economic interests of their territories against foreign powers. The effect of this broader political connection can probably best be illustrated by a concrete example. It is known that after Charles the Bold's destruction of Dinant in 1466 many copper workers emigrated to towns in the Low Countries such as Malines and Brussels. One of the places to which they went was Middelburg (Flanders), a new town founded by Peter Bladelin, from Bruges, purveyor, treasurer and financial adviser of the duke. In 1499 the duke farmed out the exploitation of all calamine, which provides the copper smiths with their raw material, in Limburg, to J. Wauthier, copper smith and tradesmen originally from Lille but residing in Bruges, Antwerp and Middelburg. His partners were three citizens of Brussels. These were the years which saw the beginning of enormous

15. E. Coornaert, 'La genèse du système capitaliste: grand capitalisme et économie traditionnelle à Anvers au XVIe siècle', *Annales d'histoire économique et sociale*, VIII (Paris, 1936) 127-139 and *idem*, 'L'état et les villes à la fin du moyen âge. La politique d'Anvers', *Revue historique*, CCVII (Paris, 1952) 185-211.

imports of copper by Hansa merchants into Flanders, and Portuguese merchants exchanging their colonial goods and gold for copper work.[16]

There is no doubt that Burgundian interests and the important Habsburg possessions outside their Netherlands brought with them an increase in scale. Growing financial needs and the increased demands of an expanding administration and army which accompanied them certainly affected the economic and social situation in the Low Countries. The growth of the money markets of Bruges and Antwerp was partly due to this, while the industrial and commercial sectors were stimulated by delivering luxuries and military supplies from the fifteenth-century onwards. It is tempting to see as W. Sombart does in these deliveries to the court a beginning of modern capitalism but it is also permitted to refer to Pirenne's famous theory that every period has had its capitalism. When by capitalism is meant the concentration in the hands of one merchant of a large number of goods produced for him for piece wages by producers who receive not only the raw materials but sometimes also their tools from him, then it is indeed not particularly new. The *Verlagsystem* was centuries old in the urban cloth industry of the Netherlands. On the other hand H. de Sagher, a specialist of the history of the new drapery, has shown that commercial capitalism in sixteenth-century rural industry was less strong than in the preceding century. The generally known exception, the exceptional quality of which is often forgotten, was Hondschoote.[17]

Even there the concentration of trade in serge in a few hands increased greatly in the fifteen fifties.[18] The growth in scale of firms importing French wines was already noticeable in 1540 owing to the sale of licences which had to be prepaid. In the metal and weapon sector in Liège massive deliveries were increasingly made by a few merchants. Monopolies were almost formed in imports of grain and salt and in the wool trade, in order to control prices.[19] It is clear that about the middle of the sixteenth-century a number of powerful, wealthy wholesale merchants were present in the Netherlands.

16.   M. Yans, *Histoire économique du duché de Limbourg sous la maison de Bourgogne. Les forêts et les mines.* Verhandeling Koninklijke Belgische Academie. Afdeling Letteren. Verzameling in-8°, XXXVIII, 8 (Brussels, 1938) 261-270 and W. Brulez, 'Bruges and Antwerp in the 15th and 16th Centuries: an Antithesis?', *Acta Historiae Neerlandicae,* VI (The Hague, 1973) 18-19.
17.   H. E. de Sagher (†) e.a., ed., *Recueil de documents relatifs à l'histoire de l'industrie drapière en Flandre. IIe Partie: Le Sud-Ouest de la Flandre depuis l'époque bourguignonne.* Commission royale d'histoire in-4° (3 vols.; Brussels, 1951-1966) II, 345.
18.   *Ibidem,* 478-497.
19.   J. Craeybeckx, 'Handelaars en neringdoeners. De 16de eeuw' in J. L. Broeckx, e.a., ed., *Flandria Nostra* (5 vols.; Antwerp, 1957-1960) I, 418 and 428-453.

This was not new when Italian banking concerns and southern German firms in the Netherlands are taken into consideration. What was new was the growing concentration of capital originating in the Netherlands, which occurred in Antwerp and the areas connected with it. From a recent publication about trade in Amsterdam in 1544-45 it appears that the merchant there was still a very modest figure. 'One may still think mostly in medieval figures' Posthumus considers.[20] The large role played by smaller firms in international trade was indeed not new. In Flemish trade with England for example at the end of the thirteenth-century there were already a good number of lesser folk busy.[21]

It is also impossible to deny a tendency towards large industrial concerns in the middle of the sixteenth-century. New industries, like sugar refineries, silk weaving-mills, glass factories, the Plantijn printers, and fustian weaving-mills, which began in and around Antwerp, all employed some tens of employees. The urban administration had the habit of releasing non-native employers from the regulations imposed by the guilds. In the last years of the century these new industries seem to have fitted themselves into the old corporate pattern.[22] When the fertile soil of Antwerp's international trade was denied them, only vegetative corporatism remained.

The same tendency was discernible in the sectors which had long been corporate. The artificial limit set on the number of masters, although opposed from different quarters, led to small workshops obtaining some significance. Thus there were no more brewers in Louvain in 1565 than in the middle of the fifteenth-century but global production had about doubled.[23] In the traditional drapery sector the draper, masterweaver, -dyer, -fuller or -shearer was always inclined to expand his business inspite of the labour regulations. Moreover, during the fifteenth-century, and sometimes even earlier, these were softened. In Nieuwkerke in West Flanders in 1532 rich drapers on their own premises seem to have let 'foreign' workers carry on the various processes of cloth making. In 1555 the production and dyeing of cloth were still incompatible although in fact often occurring together, but weaving, fulling and shearing could take place on the draper's own premises.[24] It must not be forgotten that even during the Middle Ages a draper could employ

20. N. W. Posthumus, *De uitvoer van Amsterdam 1543-1545* (Leiden, 1971) 167 and 192.
21. C. Wyffels, 'Peilingen naar de sociale stand van een aantal Brugse groothandelaars, inzonderheid op de Britse eilanden (1270-1292)' in: *Album Archivaris Jos. De Smet* (Bruges, 1964) 365-379.
22. Craeybeckx, 'Handelaars en neringdoeners', 445; F. Prims, *Geschiedenis van Antwerpen* (28 vols.; Antwerp, 1927-1949) XX, 26-32 and 130-132.
23. Van Uytven, *Stadsfinanciën*, 324-334.
24. De Sagher, *Recueil*, III, 100-197.

I

weavers, carders and burlers in his own house. In Louvain in 1563 the number of looms, which had until then been limited to three per master, ceased to be controlled because '...die het beste weeft ende aldergetrouwelycste doet die sal de meeste neringe hebben' (whoever weaves best and acts most loyally will have most trade).[25] This sounds strangely liberal in comparison with the medieval wish that 'dwerek... ten voordeele van den ingesetenen van Loeven gevrocht ende gedeylt worden' (the work should be worked and shared to the advantage of the inhabitants of Louvain). It cannot be denied that capitalism was 'a cuckoo's egg laid by corporatism in the nest of medieval towns' and that especially in the drapery town of the Netherlands the cuckoo was early abroad.

Capitalism did not, therefore, first develop in the Netherlands in the mining and metal industries, as elsewhere. The mines in Limburg, through the ducal farming of the right of exploitation, were in the fifteenth-century put in the hands of groups of rich contractors. The work was done by wage earners under managerial control. Thus round the middle of the fifteenth-century exploitation by a group of miners in his own individual interest was exchanged for a structure in which work and capital were strictly divided. Nevertheless they remained small. The oldest mine 'La Vieille Montagne' never seems to have involved more than eighteen miners.[26] In the Walloon coal mines and iron mines round Liège developments went much more slowly. Capital gradual came to dominate the mines and furnaces because equipment had to be improved and export made more efficient than was possible for the miner-farmers themselves. Capitalism in the North was only beginning its advance by the mid-sixteenth-century. So, for example, the boatmen of the Waterland were able to retain their independence from those of Amsterdam. In spite of the increase in the types of ships and previous losses in the late fifteenth-century by which capital had been given a chance in the ship-yards, the Waterland boatman in 1543-4 was not just a wage-earner but had retained certain rights of ownership in his boat.[27]

Technical changes, moreover, developed slowly. There is sometimes talk of an Industrial or Technical Revolution in the sixteenth-century. It is, indeed, true that the period was rich in 'inventions' i.e. really new discoveries but these usually remained only curiosities. Real inventions in the sense of the application on a larger scale of techniques used only rarely in the past,

25. Van Uytven, *Stadsfinanciën*, 350-351.
26. Yans, *Histoire économique du Limbourg*, 231-232.
27. J. Lejeune, *La formation du capitalisme moderne dans la principauté de Liège au XVIe siècle*. Bibliothèque de la Faculté de Philosophie et Lettres de l'Université de Liège, LXXXVII (Paris, 1939) 260-265; Posthumus, *De uitvoer van Amsterdam*, 49-68 and 79.

occurred in fact after the middle of the sixteenth-century. This was valid for horse tread mills in the mines to raise either minerals or ground water, and in the furnaces by applying the so-called Walloon method. The use of water power was already centuries old but it was only systematically employed to activate bellows and iron hammers in Liège's metal industry and the copper mills round Aachen and Limburg in the late sixteenth-century. In the textile industry the spinning wheel was finally accepted unconditionally in urban industry while the fulling-mill which was already known in the thirteenth-century was accepted after 1540 throughout Brabant and Flanders because of the pressure of mechanically fulled materials from Liège and Limburg. In Flanders there was even a wind-fulling-mill which was carried over to the northern Netherlands by the sixteenth century-emigrants.[28]

Mechanization was not the only expression of the effort at higher production. Various examples which clearly point to a tendency towards concentration and rationalization have been cited above. The noticeable reduction in the number of non-working days, the raising or even removal of the usual limitation on individual production and the simplification of production methods, all point in the same direction. The latter can already be traced in the fifteenth century-new drapery but could be interpreted then as only an emergency measure against too high wages. By the mid-sixteenth-century the choice fell in favour of current, cheaper, mass produced articles. 'De couleur doet 't say vercopen ende niet de duecht' (The colour, not the quality, sells the serge) was maintained about 1540, and the low price could have been added, as selling point.[29]

Is this the clue to the increased scale of the sixteenth-century ? Prof. W. Brulez, in a number of fascinating articles has recently shown how advanced the Netherlands were in comparison with England and France in the middle of the sixteenth-century as far as participation in international trade and industrial production were concerned.[30] It must be born in mind that more than half the goods imported were luxury products destined for only a small group of consumers. Trade had the same predominantly luxury character in the Middle Ages. The limited quantity of sixteenth-century trade is illustrated

28. Lejeune, La formation du capitalisme, 157; R. Van Uytven, 'The Fulling Mill. Dynamic of the Revolution in Industrial Attitudes', Acta Historiae Neerlandica, V (Leiden, 1971) 1-14.
29. F. Edler, 'Le commerce d'exportation des sayes d'Hondschoote vers l'Italie d'après la correspondance d'une firme anversoise entre 1538 et 1544', Revue du Nord, XXII (1936) 254 note 19; see also Van Uytven, Stadsfinanciën, 367.
30. I.a.: W. Brulez, 'Le commerce international des Pays-Bas au XVIe siècle: essai d'appréciation quantitative', Belgisch Tijdschrift voor Filologie en Geschiedenis, XLVI (1968) 1205-1221 and idem, 'The Balance of Trade of the Netherlands in the Middle of the 16th Century', Acta Historiae Neerlandica, IV (Leiden 1970) 20-48.

by the fact that the news that the Regent Mary of Hungary, was to visit, in 1538, the French court made the price of silk material shoot up, and that the Habsburg family mourning in 1539 had exactly the opposite effect. The reported arrival of three cargoes of spices in Marseille made prices fall in the Antwerp market.[31]

On the other hand it is certain that although there are no estimates for the Late Middle Ages to compare with those of the mid-sixteenth-century, the dozen commodities which covered the whole sixteenth-century import, were already present in the previous century. There are valid reasons for thinking that wine imports were greater in the Late Middle Ages than in the sixteenth-century.[32] About 28,600 sacks of Spanish and English wool were imported at this time. This would not have been enough to satisfy the yearly cloth production of two medieval towns like Ypres. In 1470 there were 70,000 cwt. of alum stored in Bruges,[33] while in the sixteenth-century Antwerp was each year only supplied with 32,000 cwt. Probably the proportion was about the same for all the raw materials for the cloth industry which made up almost 14 per cent of sixteenth-century imports.

The important export sectors, in copper and textiles, certainly failed in the sixteenth-century to outshine their late medieval equivalents. The star of sixteenth-century growth was the serge industry of Hondschoote, which at its peak reached 100,000 pieces. When this is compared with Ypres' production of expensive cloth at the beginning of the fourteenth-century, then the balance would be almost stable as far as volume is concerned, even if production is put at only about 40,000 pieces. Ypres would easily win as far as value was concerned. It is often forgotten moreover that Hondschoote was the exception that proves the rule. It is perhaps undeniable that the rural drapery was expanding almost everywhere in the sixteenth-century but even in the Middle Ages it was not entirely without significance in the export market. Moreover even in the sixteenth-century the production of most drapery villages did not reach even a few thousand pieces, while the by definition much more extensive urban production, even in Leiden and Amsterdam, collapsed. The clear contrast between the Middle Ages and the sixteenth-century and between town

31. F. Edler, 'The Van der Molen, Commission Merchants of Antwerp: Trade with Italy 1538-1544', in: *Medieval and Historiographical Essays in Honor of J. W. Thomson* (Chicago, 1938) 117-118.
32. J. Craeybeckx, *Les vins de France aux anciens Pays-Bas* (Paris, 1958) ch. i; R. Van Uytven, 'Het verbruik van land- en vreemde wijnen in Brabant gedurende de 16e eeuw', *De Brabantse Folklore*, CLXVII (1965) 299-337.
33. F. Rörig, *Mittelalterliche Weltwirtschaft. Blüte und Ende einer Weltwirtschaftsperiode.* Kieler Vorträge, XL (Jena, 1933) 14.

and country as far as technique and raw materials for the cloth industry were concerned were recently also recognized as unfounded.[34]

It seems also unjustifiable to exaggerate the contrast in volume between the economy of the Late Middle Ages and of the sixteenth century except perhaps round the middle of the latter when there was a clear increase coupled with, as has been pointed out, a pronounced change in quality. Beside the diminishing import of wine must be placed the growing brewing industry which in Antwerp between 1542-43 and 1558-60 increased by 120,000 hectolitres or 70 per cent.[35] During precisely the same period, between 1527 and 1567, production in Hondschoote increased by 62,000 pieces, or 187 per cent, particularly in the fifties. Although the coal industry of Liège had started to expand at the beginning of the century, it stood in 1545 at scarcely 48,000 tons, but by 1562-63 at already more than 90,000 tons. The cast iron industry fitted the same pattern as did the linnen markets of Eeklo, Oudenaarde, and Dendermonde which dealt with the produce of the rural weavers. In 1564, 64,000 pieces were collected in Eeklo alone. To judge by the mass production of painters and sculptors in Antwerp the commercialization of glass medallions in Louvain, and of tapestry weaving, the market must have considerably expanded.[36] Meanwhile Baltic grain, salt, herrings etc. were growing in economic importance. From being a luxury, trade became ordinary, but massive. The closure, in practice, of the Scheldt, before the actual division of the Netherlands, put an end to this evolution, because expensive products could better bear increased transport costs. In the sixties, on the other hand, special efforts were made at canal building to facilitate the carriage of cheap, but heavy goods; as, for example, with the Brussels-Willebroek canal (1561) where a new type of lock was used, the Sas van Ghent (1563), the canalization of the Gete and river improvements and canalization in many towns, etc.

In spite of improvements in the organization of land- and the growth in

34. E. Coornaert, 'Draperies rurales, draperies urbaines. L'évolution de l'industrie flamande au moyen âge et au XVIe siècle', *Belgisch Tijdschrift voor Filologie en Geschiedenis*, XXVIII (1950) 59-96; A. Verhulst, 'De inlandse wol in de textielnijverheid van de Nederlanden van de 12e tot de 17e eeuw', *Bijdragen en Mededelingen betreffende de Geschiedenis der Nederlanden*, LXXXV (Groningen, 1970) 6-18. For production figures see: De Sagher, *Recueil, passim;* N.W. Posthumus, *De geschiedenis van de Leidsche lakenindustrie* (3 vols.; The Hague, 1908-1939); J. A. Van Houtte, 'Nijverheid en Landbouw' in; *Algemene Geschiedenis der Nederlanden*, IV, 206; H. Van Werveke, *De omvang van de Ieperse lakenproduktie in de veertiende eeuw*. Mededelingen Koninklijke Vlaamse Academie van België. Klasse der Letteren, IX, ii (Antwerp, 1947); R. Van Uytven, 'De omvang van de Mechelse lakenproduktie vanaf de 14e tot de 16e eeuw', *Noordgouw*, V (1965) 1-22.
35. H. Soly, 'De brouwerijonderneming van Gilbert van Schoonbeke (1552-1562)', *Belgisch Tijdschrift voor Filologie en Geschiedenis*, XLV (1968) 339 en 1200.
36. Van Houtte, 'Nijverheid en Landbouw', 206-220.

sea-transport since the Middle Ages, it remained nevertheless in the sixteenth-
century, slow and expensive. Travelling was still part of economic life. Retail
and wholesale trade were still combined and there was scarcely any talk of
specialization. Double entry book-keeping only penetrated slowly even after
the middle of the century. Even the contrast between the international market
of Antwerp and the essentially national market of medieval Bruges may not be
drawn as clearly as is usual. However, the opponents of this theory, put
forward by Prof. Van Houtte in a well known article,[37] are convincing only
for fifteenth-century Bruges. Trade in fifteenth-century Bruges in colonial goods
such as African ivory, sugar and gold, must also be mentioned.[38] On the other
hand colonial goods only occupied in quantity a modest place in the total
trade of the Netherlands and Antwerp in the sixteenth-century. This is
certainly the case for the goods from the New World. Before 1540 America
was for the Low Countries only, as Chaunu has said, 'une promesse'.[39]
Even the so-called purely passive trade of the late medieval and sixteenth-
century southern Netherlands, which is sometimes contrasted with the active
trade of Amsterdam in the following period, seems to have resulted rather
from the narrow horizons of some earlier historians than from that of the
merchants of Bruges, Antwerp, Malines and other places in the southern
Netherlands.[40]

Antwerp reached special heights with its credit facilities and money market
both public and private. But Bruges had already an important part in both
these fields. What was new in the Antwerp of the late forties was the importance
of native bankers and financiers in relation to their Italian and South German
colleagues. However even in 'modern' Antwerp the old fear of the Church's
prohibition of usury, which had never been paralysing even in the Middle
Ages, hung about. Most financial techniques such as bills of exchange, tallies,
bearer clauses, bank transfers, deposit and bank post bills already existed in

37.   J. A. Van Houtte, 'Bruges et Anvers, marchés 'nationaux' ou 'internationaux' du XIVe
au XVIe siècle', *Revue du Nord*, XXXIV (1952) 89-108; cf. W. Brulez, 'Bruges and
Antwerp', 1-26, who contests Van Houtte's conclusion.
38.   V. Magalhaes-Godinho, *L'économie de l'empire portugais aux XVe et XVIe siècle*
(Paris, 1969) 161-162, 210-211, 421-427, 458-459 and 451-545; E. Strubbe, 'Aantekeningen
over de ivoorhandel te Brugge in de XVe eeuw', *Bijdragen voor de Geschiedenis der Nederlanden*, VII (The Hague, 1952-53) 226-230; Brulez, 'Bruges and Antwerp', 17-19.
39.   W. Brulez, *Der Kolonialhandel und die Handelsblüte der Niederlande in der Mitte
des 16. Jahrhunderts*. Kölner Vorträge zur Sozial- und Wirtschaftsgeschichte, III (Cologne,
1969); P. C. Chaunu, 'Séville et la 'Belgique' 1555-1648', *Revue du Nord*, XLII (1960) 270.
40.   O. Mus, 'De Brugse compagnie Despars op het einde van de 15e eeuw', *Handelingen
Société d'Emulation van Brugge*, CI (Bruges, 1964) 5-118; W. Brulez, 'L'exportation des
Pays-Bas vers l'Italie par voie de terre au milieu du XVIe siècle', *Annales. Economies.
Sociétés. Civilisations*, XIV (1959) 461-491; Van Houtte, 'Handel en Verkeer', 171-173.

the Middle Ages. Antwerp's contribution in this sector included endorsement and discount which may have been known in the thirties but which only became general in the late sixteenth-century. About 1530 there was a clear reduction in the rate of interest for short term loans. This reached c. 20 per cent between 1420 and 1530 but fell by about half round 1560. The building of the New Exchange in Antwerp in 1531 is, for the literary minded, a symbol, but it is more relevant to point out that the old Exchange had been busy for a long time and that the Dutch word for 'exchange' i.e. *beurs* originated in Bruges. It is, however, true that the New Exchange, although then only in the second half of the sixteenth-century, began to specialize as a real financial exchange.[41] It is unnecessary to insist that since the Middle Ages the middle class and the towns had provided the rulers with large capital sums.

The modernity of agriculture in the Netherlands must also be mentioned. Its methods included regional diversification and specialization in animal husbandry, industrial crops, fruit and horticulture and was intense through its use of winter crops such as turnips, the thorough use of manure, through the abolition of obligatory fallow periods, etc. Prof. Slicher van Bath and others have made it clear how modern agriculture originated in the Netherlands, but it becomes increasingly obvious that it was already beginning in the Late Middle Ages in Flanders and Brabant thanks to urban demand and the example of urban estates.[42]

It is even more difficult to set precise dates on social evolution than on economic phenomena. The three class society, which was even in the Middle Ages only a vision, still exists in modern times in the traditional division of representation. From descriptions of the various ranks and classes in sixteenth-century texts it is clear that the social hierarchy was based on rules already current in the Middle Ages: the prestige of the landowner on the one hand and contempt for manual work on the other. The highest class included the nobility and state officials assimilated into their ranks, the clergy and middle-class living on unearned income. Slightly inferior to them come merchants who do not exercise a craft and even a number of rich master craftsmen such

41. Van der Wee, *Growth*, II, 333-368 and *idem*, 'Antwerpens bijdrage tot de ontwikkeling van de moderne geld- en banktechniek', *Tijdschrift voor Economie*, IV (1965) 488-498.
42. B. H. Slicher van Bath, 'The Rise of Intensive Husbandry in the Low Countries' in: J. S. Bromley and E. H. Kossmann, ed., *Britain and the Netherlands. Papers delivered to the Oxford-Netherlands Historical Conference* (London, 1960) 130-153; A. Verhulst, 'Bronnen en problemen betreffende de Vlaamse landbouw in de late middeleeuwen (XIIIe-XVe eeuw)' in: *Ceres en Clio, zeven variaties op het thema landbouwgeschiedenis. Agronomisch-Historische Bijdragen*, VI (Wageningen, 1964) 205-235; J. Mertens, *De laat-middeleeuwse landbouweconomie in enkele gemeenten van het Brugse platteland*. Pro Civitate. Historische Uitgaven, XXVII (Brussels, 1970).

as butchers, brewers and so on who never get their own hands dirty. At the bottom of the ladder come the 'gens mécaniques, serviteurs et des pauvres laboureurs'.[43]

If one looks carefully it is perhaps possible to discern a few changes. Among the clergy, especially after the middle of the sixteenth-century, they appear in the much more numerous episcopate in 1559, the relatively greater role of university graduates among important prelates, and the fall in absenteeism among the lower clergy. At the same time the monopoly previously exercised by the nobility over high offices in the Church was weakened, because it was though that 'wat de mot is in een kleed, dat is de adel zonder geleerdheid onder de geestelijken' (what the moth is to clothing, so is the nobleman without learning to the clergy). In the second half of the sixteenth-century there was a decline in the number and prestige of the clergy.[44] The struggle against ecclesiastical immunity and any increase in its possessions had begun in the medieval towns. On this point Charles V only continued urban and Burgundian policy.[45] On the other hand changes among the nobility had begun under the Burgundians. They encouraged the growth of a limited group of super-nobles which provided the knights of the Golden Fleece, provincial governors, important officials and military leaders. These obtained enormous possessions both through the ruler's gifts and through their own power, both throughout the Netherlands and beyond. From the fifteen thirties onwards their political influence was deliberately undermined by the central government. Their social pre-eminence, vast possessions and unimpaired fortunes — even if complaints begin to circulate about the high cost of imperial service — and their impressive *train de vie* remained nevertheless almost untouched.

Below these *grands seigneurs* the picture of the nobility was already highly differentiated in the fifteenth-century and its lowest ranks not clearly marked. The principle of noble birth had received a sharp shock. It was difficult for many of them to hold their heads high. Unbelievable expenses for reasons of prestige, heavy military costs and ransomes, especially under Charles the

---

43. L. Gilliodts van Severen, ed., *Cartulaire de l'ancienne estaple de Bruges* (4 vols.; Bruges, 1904-1906) II, 312-313; A. Louant, ed., *Antoine de Lusy. Le journal d'un bourgeois de Mons*. Commission royale d'histoire in 8° (Brussels, 1969); *Recueil des ordonnances des Pays-Bas*, 2nd series I, 526-527 and V, 15-16 and 470.
44. R. R. Post, *Kerkelijke verhoudingen in Nederland voor de Reformatie van ± 1500 tot ± 1580* (Utrecht, 1954).
45. W. Prevenier, 'De verhouding van de clerus tot de locale en regionale overheid in het graafschap Vlaanderen in de late middeleeuwen', in: *Bronnen voor de religieuze geschiedenis van België* (Louvain, 1968) 9-45 and R. Van Uytven, 'Wereldlijke overheid en reguliere geestelijkheid in Brabant tijdens de late middeleeuwen', *ibidem*, 48-134.

Bold[46] weighed heavily on incomes which came chiefly from their estates. These incomes were gradually reduced by continual division among heirs, the ravages of war and the fall in value of rents and tributes fixed in money of account. The wide spread estates of the less important members were especially threatened by the oblivion into which many of their tiny rents had sunk.[47] Judicial centralization had, moreover, impaired their income from jurisdiction. Their decline was only speeded up by the sale or mortgage of their estates to which they were obliged. For their urban money-lenders the decisive step in acquiring the nobility, to which their way of life already entitled them, was to obtain a seignory or important fief. Official patents of nobility were not seldom awarded them for their services as money-lenders or officials of the ruler. For both the Court of Holland in 1465 and the Court of Namur in 1516 to *vivre noblement* rather than birth was essential condition, for obtaining the noble right of paying no taxes. In practice, it was difficult to differentiate, on these grounds, a nobleman from the richer farmers and citizens.[48]

The nobility tried to stem their own decline. They leased land temporarily so that rents could periodically be increased, or demanded payment in kind in order to profit from the rise of prices or to fix their value in money. There are in fact other signs of a feudal reaction. It is possible in French Flanders in the fifteenth and in Namur in the sixteenth-century to trace villages which, with the necessary financial obligations, tried to assure themselves of a nobleman's protection. It is in this context that the imperial ordinances of 1520 and 1531 against the imposition of new tenths and other rights not yet forty years old, and against the lord's demands for gifts and aids from their villages, must be regarded. For a few there was still a chance to lay hands on a rich wife or enemy but the modern shooting war limited the latter rather drastically. It is, in fact, not surprising that an undeniable decline in the possessions of the nobility can be traced in Hainaut between 1520 and 1564-73. Moreover the military companies created by Charles the Bold, restarted by Charles V, were disbanded in 1559. For many members of the impoverished nobility they had offered a temporary solution.[49] A career as official or judicial officer was also a solution but competition was increasing there all the time.

46.   J. Bartier, 'De Bourgondische adel', *Flandria Nostra*, IV, 319-344, especially 325-343.
47.   N. B. Tenhaeff, 'Het risico van kerkelijk kleingrondbezit in de late middeleeuwen', *Tijdschrift voor Geschiedenis*, XLI (1926) 420-448.
48.   H. A. Enno van Gelder, *Nederlandse dorpen in de 16e eeuw* (Amsterdam, 1953) 29-30, 40 and 98; Braure, 'Etude économique', 101-105.
49.   Enno van Gelder, *Nederlandse dorpen*, 40 and 98; Koenigsberger, 'Property and the Price Revolution', 4 and 14; H. A. Enno van Gelder, 'De Hollandsche adel in den tijd van den Opstand', *Tijdschrift voor Geschiedenis*, XLV (1930) 113-150.

It came chiefly from the middle class which was prosperous, ambitious and persevering enough to get a university degree especially in law. Even before the middle of the fifteenth-century it had become obvious what a trump card this could be for a rapid and great career in Burgundian officialdom. Many lesser noble families had served the duke from father to son because Burgundian officials remained, above all, the ruler's personal servant, a new sort of vassal. The farming-out, sale and pawn of even high legal positions had become general in the second half of the fifteenth-century. This gave not only rich citizens a chance but also merchants who could make themselves a career particularly in the financial services. The noble lacked not only the necessary legal training or financial skill but also the funds to buy himself a place. Official circles which had been growing since the thirteenth-century into a sort of technocracy, only exceptionally saw themselves as a class. They saw their condition as a step on the ladder to nobility either to be recognized officially by the ruler, or to be accepted as such by public opinion.[50]

Princely officials belonged therefore to the frontier group which included also the urban patriciate. The latter was a question of birth in many towns, but these patricians modelled themselves on the nobility as gentlemen, owners of freeholds or fiefs, officials, and in their way of life. Sometimes family ties with the nobility were so close that any difference was no longer perceptible. In this respect there was no difference between the medieval and the sixteenth-century bourgeoisie, unless, although this is only an impression, about the middle of the century, the Della Failles and Schetsen withdrew from business to their estates, more slowly than would have happened in the Middle Ages. The economic climate may have had some effect here and this would also explain why an active business life was more quickly given up in the seventeenth-century during Simiand's well-known phase b when the economic euphoria had passed.[51] Among those deemed, by the upper class, *gens mécaniques* or in the Middle Ages 'men with blue nails' because they stooped

50. J. Bartier, *Légistes et gens de finances au XVe siècle*. Koninklijke Academie van België. Klasse der Letteren, L (Brussels, 1955); J. Van Rompaey, *Het grafelijk baljuwsambt in Vlaanderen tijdens de Boergondische periode*. Verhandelingen Koninklijke Vlaamse Academie van België. Klasse der Letteren, XXIX, 62 (Brussels, 1967).
51. Many burgomasters and urban magistrates sat as members of the nobility in the States-General about 1464 (W. Blockmans, 'De samenstelling van de Staten van de Bourgondische landsheerlijkheden omstreeks 1464', *Standen en Landen*, XLVII (Louvain, 1968) 55-109); in 1549 the burgomaster of the patrician families in Brussels was officially called 'bourgmestre des nobles' (*Recueil des ordonnances des Pays-Bas*, 2nd series, V, 557). For further examples of such mixing see Van Uytven, *Stadsfinanciën*, 597-637; J. Lestocquoy, *Les dynasties bourgeoises d'Arras du XIe au XVe siècle*. Mémoires de la Commission départementale des monuments historiques du Pas de Calais, V (Arras, 1945); J. E. Elias, *De vroedschap van Amsterdam 1578-1795* (2 vols.; Haarlem, 1903-1905).

to actual work, a split had been growing since the Late Middle Ages. This was between the master craftsmen, who could get rich more quickly by delivering raw materials to their clients or by dealing in finished goods, and most workmen who were either wage earners, or often masters working at home for piece-wages. Only the richer masters could devote some time to having a say in political matters. They used their political influence to make it more difficult to obtain the mastership and to depress the companions' wages. To combat this the companions, and semi-skilled workers combined in so-called companions' clubs, but they were forbidden to strike and the majority of semi- and unskilled workers who were becoming more numerous because of the decline of urban drapery and the impoverishment of the small farmers, were used by the urban administration as strike breakers. This, combined with the growth in scale, which had become obvious in Antwerp and other industrial centres from the mid-sixteenth-century onwards, seemed to be going to lead to the formation of a large general proletariat. This would be employed in earth work, or digging, building, labouring or semi-skilled work in the new drapery and cloth production, or in the metal and mining industries, and in the new large industries, outside the framework of the corporations.[52] The late sixteenth-century economic crisis interrupted this development and led to a return to small corporate businesses.

The growth on the one hand of a numerous proletariat and on the other of capital seemed to create after the middle of the sixteenth-century, temporarily wider social contrasts. As has been pointed out both tendencies were interrupted by the crisis. It must also be stressed that the Middle Ages were equally unlike a brotherly and egalitarian paradise. Marx's *Verelendung* was obviously already going on in the fifteenth century. Concentration of capital was also normal. In Bruges in 1490 one citizen could lend the town a sum equivalent to 16,360 working days of an unskilled labourer. Both in medieval and sixteenth-century towns the number of paupers and unemployed was enormous and an extremely small group monopolized the wealth of the whole town. In the country the situation was the same. Massive social mobility is often cited as characteristic of the sixteenth-century, but only a few individual examples of it can be given and they exist also for the Middle Ages. As long as it remains impossible to express the strength of the sharpening of social contrasts in the sixteenth-century and how much more quickly and more widely social mobility expanded, in quantitative terms, a certain scepticism over their originality in the sixteenth-century must be retained.[53]

52. Scholliers, 'Vrije en onvrije arbeiders', 285-322.
53. R. Van Uytven and W. Blockmans, 'De noodzaak van een geïntegreerde sociale geschiedenis. Het voorbeeld van de Zuidnederlandse steden in de late middeleeuwen',

I

In conclusion it is the continuity of history which must be stressed. Much that was medieval continued to live on in the sixteenth-century while in the Netherlands, Modern Times were already introduced by the medieval towns. The stress is thus on developments before the great political revolution in the Netherlands during the second half of the sixteenth-century. Nevertheless it seems possible round the middle of the century, also to find traces of an economic and social revolution which was uprooted from the South by the other political revolution and its aftermath and transplanted to the North. In fact both the revolutions of the second half of the sixteenth-century were only more or less carried into effect in the North and were like the last act of a gradual slipping of the industrial, commercial demographic, financial and political centre of affairs from South to North. The almost permanent stresses and hostility of the powerful French neighbour was partly the reason for this shift. Those *événements politiques,* so despised by modern economic historians nevertheless had something to do with the suffocation of the economic and social revolution which seemed to make an appearance round the middle of the century in the South.

Paradoxically it is possible to maintain that the sixteenth-century really began shortly before 1550, and ended shortly after 1550 in the South. The North experienced it in a certain way only for good after that and in the seventeenth-century.

Tijdschrift voor Geschiedenis, LXXXIV (Groningen, 1971) 276-290 (with additional bibliography).

GRAPHS

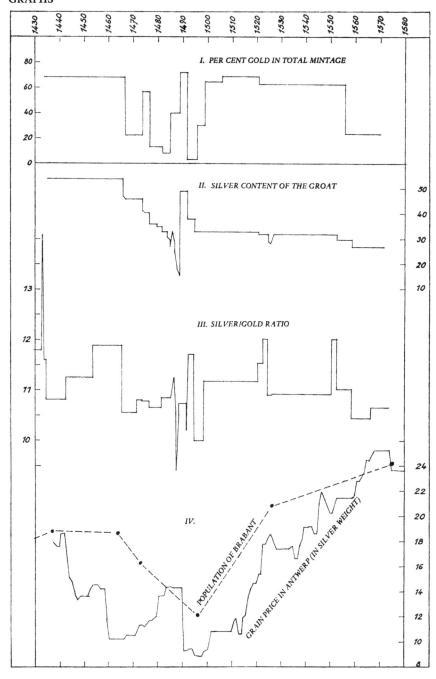

I. PER CENT GOLD IN TOTAL MINTAGE

II. SILVER CONTENT OF THE GROAT

III. SILVER/GOLD RATIO

IV.

POPULATION OF BRABANT

GRAIN PRICE IN ANTWERP (IN SILVER WEIGHT)

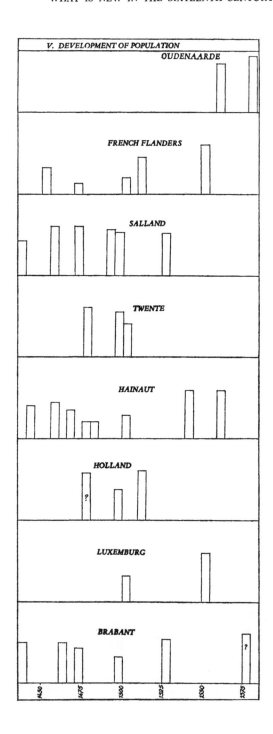

GRAPHS

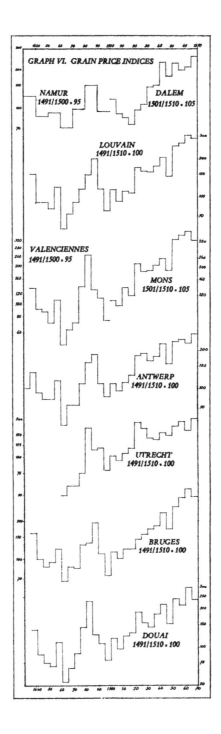

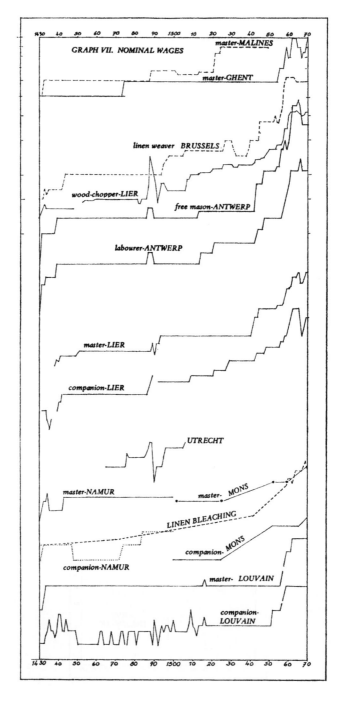

GRAPH VII. NOMINAL WAGES

master-MALINES

master-GHENT

linen weaver BRUSSELS

wood-chopper-LIER

free mason-ANTWERP

labourer-ANTWERP

master-LIER

companion-LIER

UTRECHT

master-NAMUR

master- MONS

LINEN BLEACHING

companion- MONS

companion-NAMUR

master- LOUVAIN

companion-LOUVAIN

TABLES

TABLE I. MINTAGE IN FLANDERS AND BRABANT

Division according to percentage

		A. *Mint metals*			B. *Regions*	
		Brabant	Flanders	Total	Brabant	Flanders
1434/67	G	82	62	68	35	65
	Z	17	36	31	17	83
	B	1	2	1	11	89
					30	70
1467/74	G	14	25	22	17	83
	Z	85	74	77	29	71
	B	1	1	1	3	97
					27	73
1474/77	G	51	65	57	53	47
	Z	49	35	43	67	33
	B	0	0	0	0	0
					59	41
1477/82	G	11	16	13	44	56
	Z	88	82	86	56	44
	B	1	1	1	10	90
					54	46
1482/85	G	6	10	8	46	54
	Z	93	89	91	61	39
	B	1	1	1	12	88
					59	41
1487/89	G	40			35	65
	Z	59			62	38
	B	1			0	100
					60	40
1489/92	G	72				
	Z	27				
	B	1				
1492/96	G	2	5	3		
	Z	98	92	96		
	B	0	3	1		

WHAT IS NEW IN THE SIXTEENTH-CENTURY NETHERLANDS

TABLES

TABLE I.   MINTAGE IN FLANDERS AND BRABANT

		A. *Mint metals*			B. *Regions*	
		Brabant	Flanders	Total	Brabant	Flanders
1496/99	G	27	30	30	60	40
	Z	73	70	70	70	30
	B	0	0	0	0	0
					56	44
1499/1506	G	62	71	65	60	40
	Z	37	28	34	70	30
	B	1	1	1	3	97
					63	37
1506/20	G	67	78	69	87	13
	Z	32	17	30	94	6
	B	1	5	1	45	55
					89	11
1521/56	G	63	68	63	75	25
	Z	36	31	35	84	16
	B	1	1	1	49	51
					81	19
1556/70	G	19	37	24	59	41
	Z	80	62	75	78	22
	B	1	1	1	91	9
					72	28

G = gold coinage
Z = silver coinage
B = billion

TABLE II.   PRICES AND WAGE INDICES IN THE FIFTEENTH-CENTURY

Utrecht base 1400/5 = 100	1460/65	1495/1500
rye	383	483
oats	362	537
lime	345	419
bricks	529	875
cloth	575	998
master wage	360	432
workman's wage	400	490

Namur base 1409 = 100	1469	1499
barley	102	147
oats	137	149
herring	191	206
salt	140	159
sand + lime	184	210
wood	209	248
master wage	176	176
workman's wage	142	214

Louvain base 1408/9 = 100	1450/59	1500/09
rye	118	157
peas	154	145
wine from Beaune	163	204
eggs	257	219
Rhenish wine	165	226
goose	129	260
pig	214	281
tallow candles	158	173
cloth	102	183
coal	231	194
shoes	166	200
linen	155	219
wax	166	243
lard	175	266
bricks	187	266
lead	208	276
wood	256	336
lime	192	389

TABLES

TABLE II.   PRICES AND WAGE INDICES IN THE FIFTEENTH-CENTURY

master wage	200	200
workman's wage	166	203

Antwerp-Lier base 1405/9 = 100	1465/9	1495/9
rye	147	136
barley	150	199
oats	144	172
cheese	124	144
peas	191	263
herring	202	232
pepper	206	333
ginger	100	156
cinnamon	167	593
lard	142	181
flax	144	218
candle grease	141	179
bricks	184	301
lime	177	277
linen	145	210
master wage	150	153
workman's wage	175	195

TABLES

TABLE III. PRICE AND WAGE INDICES IN THE SIXTEENTH-CENTURY

Hainaut 1501/10 = 100		NB Base 1511/20 = 100	
	1521/30	1551/60	1551/60
wheat	123	288	261
butter	134	216	204
eggs	117	234	225
herring	137	183	169
salt	200	?	?
olive oil			165
soap			137
master wage	100	125	125
workman's wage	100	150	150

Louvain 1500/9 = 100	1525/34	1550/59
wheat	196	340
rye	199	325
wood	186	358
tallow candles	130	207
Rhenish wine	101	132
coal	94	107
shoes	108	250
wax	96	110
lime	97	112
bricks	120	176
cloth	104	109
master wage	100	110
workman's wage	102	102

Antwerp 1501/10 = 100	1521/30	1551/60
rye	191	285
barley	158	283
cheese	132	235
oats	128	201
herring	144	181
salt	256	188
pepper	121	131
ginger	88	99
cinnamon	174	160

TABLE III. PRICE AND WAGE INDICES IN THE SIXTEENTH-CENTURY

charcoal	142	255
candle grease	127	193
flax	107	188
lime	141	168
cloth	134	176
wax	110	120
master wage	125	201
workman's wage	125	173

TABLE IV. WAGE INDEX, NOMINAL WAGES $1505/10 = 100$

	Ant-werp	Ma-lines	Brus-sels	Lier	Mons	Lou-vain	Ghent	Bruges
Masters								
1530/35	125	138	103	100	100	100	100	100
1550/55	145	?	145	139	125	139	100	100
Workmen								
1530/35	128	112	?	125	100	101	100	100
1550/55	171	?	?	145	150	120	100	100

II

LA FLANDRE ET LE BRABANT, «TERRES DE PROMISSION» SOUS LES DUCS DE BOURGOGNE ? *

Sous les ducs de Bourgogne, les Pays-Bas vécurent la période la plus brillante de leur histoire. Le prestige international et la puissance militaire de leurs souverains étaient proverbiaux dans toute l'Europe ; la splendeur et la richesse de leur civilisation n'étaient égalées que dans l'Italie du Quattrocento. Philippe de Commynes, qui avait visité plusieurs pays de l'Europe et surtout l'Italie, est pris d'enthousiasme quand il s'étend sur la prospérité des Pays-Bas, dans un passage bien connu de ses *Mémoires :* « Pour lors (en 1465) estoient les subgectz de ceste maison de Bourgogne en grande richesse à cause de la lonque paix qu'ilz avoient eue et pour la bonté du prince soubz qui ilz vivoient, lequel tailloit peu ses subgectz ; et me semble que pour lors ses terres se pouvoient myeulx dire terres de promission que nulles aultres seigneuries qui fussent sur la terre. Ils estoient comblés de richesses et en grand repos, ce qu'ilz ne furent oncques puys et y peult bien avoir veingt trois ans que cecy commença. Les despenses et habillemens et d'hommes et de femmes, grans et superflux ; les convitz et les banquets plus grans et plus prodiguez que en nul aultre lieu dont j'ay eu connaissance... » [1]. Henri Pirenne, qui avait le sens économique bien aigu, confirme sans hésiter, les dires de ce chroniqueur réputé, bien qu'il n'oublie pas de signaler le déclin de la draperie urbaine, qui était au moyen âge l'une des principales industries de ces contrées, et une régression probable sous Charles le Téméraire, suite à ses guerres et à sa politique fiscale [2].

Cependant, en 1447 Philippe le Bon reconnaissait que « ses bonnes villes et communes et le pays, mais surtout son pauvre peuple des campagnes, étaient à bout et épuisés, qu'ils n'en pouvaient plus à cause des sommes qu'ils lui devaient encore sur les impositions qui avaient cours en Flandre, qu'ils ne pouvaient plus payer, de telle façon qu'ils quittent le pays et vont s'etablir ailleurs » [3]. Le nombre de miséreux augmenta de façon épouvantable dans le Brabant pendant tout le cours du siècle. Le pourcentage monta de 23,4 en 1436, à 27,3 en 1480, et 29,6 en 1496 [4]. Une forte dépression économique aurait pesé sur l'Europe du Nord et de l'Ouest vers la fin du moyen âge [5].

La solution de cette antithèse ne peut être décelée selon le Prof. P. Bonenfant, que par un examen minutieux et un jugement nuancé d'après le temps et le lieu [6]. Nous allons limiter notre enquête au Brabant

* Nous remercions notre maître M. le Prof. J. A. van Houtte, qui a bien voulu relire le manuscrit et nous faire part de judicieuses remarques.

1. *Mémoires de Philippe de Commynes*, éd. B. de Mandrot, Paris, 1901, Livre I, Chapitre 2, p. 15.
2. H. PIRENNE, *Histoire de Belgique*, édit. illustrée, Bruxelles, 1948, I, Livre VI, Chapitre 3.
3. H. VAN WERVEKE-F. QUICKE, *De Ekonomische Geschiedenis*, dans *Geschiedenis van Vlaanderen*, s.d.d. R. van Roosbroeck, III, Bruxelles, 1938, p. 301.
4. J. CUVELIER, *Les dénombrements de foyers en Brabant* (C.R.H.), Bruxelles, 1912, p. CCLXXXV; un tableau général par J. A. VAN HOUTTE, *Maatschappelijke Toestanden*, dans *Algemene Geschiedenis der Nederlanden*, IV, Bruxelles, 1952, p. 240.
5. M. M. POSTAN, *The age of contraction*, dans *The Cambridge Economic History of Europe*, II, Cambridge, 1952, *passim* et pp. 191-216.
6. P. BONENFANT, *Philippe le Bon* (*Notre Passé*, 2e série, IV), Bruxelles, 1944, p. 106.

et à la Flandre et tâcher de trouver la méthode idéale à suivre. Il semble que les indices de la production et du commerce des branches les plus importantes de l'activité économique soient tout indiqués pour préciser la marche de l'économie et par suite l'évolution du revenu national. D'autre part, les chiffres de la population, l'évolution des prix et des salaires et un aperçu périodique de la répartition de la richesse nationale pourraient fournir des indications supplémentaires. En réalité, on ne peut disposer que de données de bien moindre envergure. Elles feraient, sans doute, hausser les épaules au statisticien moderne, mais l'historien doit se contenter des données dont il dispose.

Le déclin de Bruges et l'essor merveilleux d'Anvers, comme places de commerce dans le courant du XVe siècle, sont devenus des lieux communs dans la littérature historique. Il faut, cependant à ce propos, souligner que la perte du port du Zwin est restée cachée pour les contemporains jusqu'à la fin du siècle. Jusqu'en 1450, Bruges était pour Philippe le Bon « la ville la plus renommée par tout le monde par le fait de marchandise qui se y hante et des marchans qui y repairent » [7]. Le montant des droits du Grand Tonlieu, qui étaient levés à l'entrée des ports du Zwin, monta de 7.800 livres par. en 1384 à 8.400 livres en 1432 et 1440. Ce ne fut qu'en 1464 que la régression apparut (6.800 livres) et en 1487 le tonlieu ne rapporta plus que 6.100 livres. Après, ce fut la chute verticale : 2.800 livres en 1493. Malgré une reprise légère en 1501, le déclin se poursuivit lentement mais sûrement à partir de 1511 [8]. En un jour en 1443, on ne compta à Bruges pas moins de 24 capitaines de navires espagnols. En 1457, 66 navires étrangers avec une jauge totale de plus de 6.500 tonnes se trouvaient réunis dans la rade de l'Ecluse. Dans toute l'année 1486-1487, il n'entrait plus que 75 navires avec une jauge totale de 4.301 tonnes ; en 1499, ce nombre était tombé à 23 navires avec 3.460 tonnes et en 1500 on compta 42 navires avec 4.805 tonnes [9]. Le mouvement des navires confirme donc pleinement les données du Grand Tonlieu, y compris la reprise momentanée vers 1500.

Les causes de cette régression sont multiples. L'ensablement du Zwin prend des proportions de plus en plus alarmantes au cours du XVe siècle. Déjà en 1421, Philippe le Bon avait consenti à l'exécution de travaux de grande envergure entre l'Ecluse et Damme. Derechef, on eut le sentiment en 1463 que les commerçants évitaient le port de l'Ecluse « à cause du péril et dangier de la perfondité d'icellui qui amoindrit de jour en jour... ». Quand, en 1470, Charles le Téméraire se vit obligé de renoncer à rassembler une flotte de guerre à l'Ecluse à cause du mauvais état du port, des améliorations radicales furent projetées. Un peintre, nommé Weschere, fut chargé de dresser un plan du port « en pourtraicture », et de la Sicile on manda un dragueur. Dans le but de relier l'Ecluse à la mer, le duc ordonna l'ouverture du Zwartegat ; les frais seraient répartis sur tout le pays. En 1471, il décréta, en outre, la remise en état du canal Bruges-l'Ecluse. Tous ces efforts, pas plus que les travaux de 1486-1487 et l'organisation d'un service de pilotage en 1499, ne parvinrent pas à raviver le port du Zwin qui désormais était condamné à la ruine [10].

Dans le même quart du siècle, la situation politique, toujours fort

7. L. GILLIODTS-VAN SEVEREN, Inventaire des archives de Bruges, V, Bruges, 1876, p. 345.

8. J. CRAEYBECKX, Un grand commerce d'importation : Les vins de France aux anciens Pays-Bas (XIIIe-XIVe siècle) (Ports-Routes-Trafics, IX), Paris, 1958, p. 23.

9. J. FINOT, Relations commerciales et maritimes entre la Flandre et l'Espagne au moyen âge, dans Annales du Comité flamand de France, XXIV (1898), pp. 186-187, 203, 217, 232-233.

10. J. FINOT, art. cit., pp. 230-231 ; H. PIRENNE, op. cit., I, p. 473.

troublée, contribua à toucher Bruges mortellement. Pendant toute la durée du moyen âge des conflits internationaux et les exploits des pirates avaient gêné le commerce maritime de Bruges, mais vers la fin du XVe siècle la calamité avait atteint son point culminant. Au début de la Guerre de Cent Ans, la navigation flamande avait souffert beaucoup des pirateries des navires anglais. Ceux-ci, aidés de Hollandais et de Zélandais, attaquaient les bateaux flamands, menaçaient les côtes et pillaient fréquemment les flottes espagnoles et hanséatiques. Quand Jean sans Peur et Henri IV d'Angleterre conclurent, le 10 mars 1407, un armistice d'un an en faveur du commerce, cette trêve fut prolongée d'année en année à cause de la situation interne de la France. Après la réconciliation entre la France et les Etats Bourguignons par la Paix d'Arras en 1435, les Anglais reprirent leurs pirateries en mer plus furieusement qu'auparavant. Le 8 septembre 1435, il fut même promulgué en Angleterre une défense formelle de tout commerce avec la Flandre. Comme représaille contre le siège de Calais par Philippe le Bon, les armées de Gloucester avaient pillé toute la West-Flandre et la flotte anglaise s'était avancée jusque dans le Zwin et avait détruit Cadzand et Nieuwkerke. Vers la même époque les ports de l'Ecluse, Heist, Blankenberge et Ostende furent bloqués pendant un certain temps par le conflit entre la Hollande et les villes hanséatiques de 1438-1441. Les Gênois éprouvèrent en 1434-1436 de grosses difficultés de la part de pirates portugais lors de leurs voyages à Bruges. L'échec du siège de Calais avait provoqué des troubles à Bruges et à Gand, ce qui ne fit qu'accroître le désordre. Il parut que les hostilités anglo-bourguignonnes surpassaient les forces des deux partis et faisaient trop de tort aux intérêts des sujets des deux adversaires. Au début d'octobre 1439 un armistice intervint qui fut prolongé jusqu'en 1445 et alors, solennellement confirmé par un traité de paix grandiloquent. Depuis 1441, le conflit avec la Hanse était aplani et la paix avec l'Espagne conclue [11]. Cependant en 1451-1453 un nouveau conflit surgit avec la Hanse, qui transféra même son comptoir de Bruges à Utrecht et qui ne quitta cette ville que quand elle tomba sous l'influence bourguignonne [12]. Pendant les années qui suivirent, entre 1454 et 1460, il semble que les commerçants espagnols et portugais ne touchaient plus si régulièrement Bruges ; ce fut aussi le cas pour les Gênois entre 1460 et 1478 [13].

Hormis les années 1434-1441, il ne s'agissait que de conflits isolés avec une des nombreuses nations qui peuplaient Bruges, ou de pirateries privées, mais quand Louis XI monta sur le trône de France en 1461, une situation toute nouvelle fut créée. Ce Machiavel et ce Colbert avant la lettre était bien résolu à mettre le puissant vassal bourguignon à ses pieds. Pour atteindre son but, il opéra un rapprochement avec l'Angleterre et la Hanse dans le but de drainer leur commerce vers la France. Philippe le Bon et François II de Bretagne, grâce à leur lutte commune contre le pouvoir royal et aux intérêts communs de leurs sujets, conclurent en 1465 un accord d'intime coopération politique et économique. Entretemps les pirates français ne cessaient d'attaquer les bateaux flamands. La menace de guerre, qui se dessina quand Philippe répondit à ces attaques

11. J. Finot, art. cit., passim ; Id., Étude historique sur les relations commerciales entre la Flandre et la république de Gênes au moyen âge, dans Annales du Comité flamand de France, XXVII J (1906-1907), pp. 47 et 112-117 ; E. Daenell, Die Blütezeit der Deutschen Hanse, I, Berlin, 1906, pp. 319-320 ; P. Bonenfant, op. cit., pp. 63-69 et 77-82.

12. E. Daenell, op. cit., I, pp. 405-419.

13. J. Finot, Relations commerciales ...entre la Flandre et l'Espagne..., p. 197 ; Id., Relations commerciales entre la Flandre et ...Gênes, p. 145.

par la confiscation des biens des commerçants de Rouen et de Quillebœuf, établis à Bruges, fut écartée à temps par un armistice. Louis XI s'appliquait alors à attirer les Anglais vers les ports français ; mais malgré la diplomatie du roi, le Téméraire put en 1468 épouser la sœur du roi Edouard IV et en même temps conclure avec celui-ci un traité d'amitié valable pour trente ans. L'humiliation de Péronne, que Louis XI eut à subir cette même année, lui interdit encore de gêner le commerce des sujets bourguignons avec l'Angleterre. Ceci n'empêcha pas le roi d'aider Warwick, exilé d'Angleterre, à s'armer contre Edouard IV, allié et beau-frère de Charles. Quand Warwick, au su du roi Louis XI, vendit les bateaux qu'il avait pris sur les sujets bourguignons et qu'un navire français força la rade de l'Ecluse pour y piller et s'empara lors de son retour d'un bateau zélandais, Charles le Téméraire passa à l'attaque. Malheureusement pour lui, entretemps Warwick était devenu le maître en Angleterre. En face de ce renouveau de l'alliance franco-anglaise et de la supériorité manifeste des armées françaises, Charles dut conclure un armistice de sept ans, le 13 septembre 1475. Ses sujets avaient d'ailleurs proclamé à cor et à cri que « le fait de marchandises est incompatible avecq la guerre » et à leur grande joie les relations commerciales avec la France, prohibées par une série d'ordonnances du roi Louis XI depuis 1470, furent rétablies par la trêve. Vers la même époque, le roi parvint à obliger le duc de Bretagne à se ranger de son côté et en même temps à lier les Anglais à sa cause. Les efforts déployés auprès de la Hanse pour transférer ses comptoirs en France demeurèrent vains et de son côté Charles fit de son mieux pour attirer les Anglais vers ses ports. Les pirates français continuaient inlassablement leurs activités contre les sujets bourguignons et les commerçants qui trafiquaient dans leurs pays ; surtout les Vénitiens et les Génois eurent à en souffrir. Louis XI parvint même à forcer les deux républiques italiennes à signer un traité par lequel tout commerce avec la Flandre leur fut interdit. La Hanse ne se laissa convaincre qu'à éviter le port de Bruges pour les transactions avec la France. Les pirateries continuelles des Français, même pendant les armistices [14], et les désordres qui éclatèrent en Flandre lors de la mort de Charles le Téméraire et plus encore sous la régence de Maximilien, contribuèrent à faire péricliter le commerce de Bruges. Pour punir la révolte de la ville, Maximilien donna en 1484 et en 1488 l'ordre formel aux nations étrangères de s'établir à Anvers ; mais cet ordre ne fut pas suivi par toutes. La situation du port flamand devint véritablement catastrophique quand, en 1490, Bruges fut contrainte de se soumettre. Les insurgés, sous la conduite de Philippe de Clèves, qui avaient réussi jusqu'alors à tenir ouverte l'embouchure du Zwin malgré le blocus des partisans anversois de l'archiduc, paralysaient maintenant implacablement tout trafic sur la baie jusqu'en 1492 [15]. Bruges s'efforçait par tous moyens de faire revenir les étrangers dans ses murs. En 1490, les privilèges des nations de l'Europe méridionale furent confirmés et vers 1495 les sièges de la Hanse et des Méridionaux y furent rétablis. En 1493 l'étape de la laine espagnole fut officiellement établie à Bruges [16].

Toute véritable activité commerciale avait cependant déserté la ville.

14. R. GANDILHON, *Politique économique de Louis XI (Thèse de Toulouse, Faculté des Lettres)*, Rennes, 1940, Chapitre XIII, pp. 365-395.

15. J. A. VAN HOUTTE, *Handel en Verkeer*, dans *Algemene Geschiedenis der Nederlanden*, IV, pp. 158-159.

16. J. A. VAN HOUTTE, *loc. cit.* ; J. FINOT, *Relations commerciales entre la Flandre et l'Espagne*, p. 233.

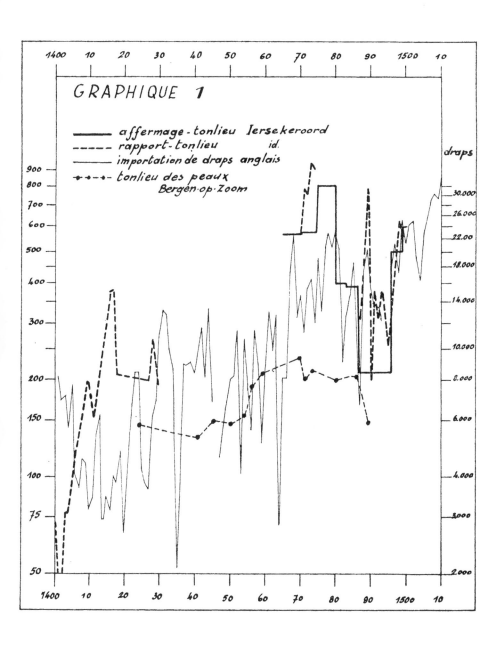

GRAPHIQUE 1

_____ affermage-tonlieu Jersekeroord
_ _ _ _ _ rapport-tonlieu   id.
_____ importation de draps anglais
·–•–·–•– tonlieu des peaux
            Bergen-op-Zoom

Le tribunal de Bruges restait inactif pendant toute la durée des foires annuelles à Anvers : tel était l'attrait des centres brabançons sur les marchands [17]. En 1498 Philippe le Beau fut obligé de défendre aux commerçants de prolonger leur séjour à Anvers au-delà du temps requis pour les foires et, à partir de 1494, Bruges se plaignait amèrement que « au moyen des guerres et de divisions passées, le fait de la marchandise qui y souloit par ci-devant estre exercé et avoit cours en grant abondance y est comme du tout cessé » [18]. La position de Bruges comme place financière fut également ébranlée à cette époque. Jean Arnolfini de Lucques, un des principaux banquiers de Bruges, avait, en 1461, suivi Louis XI en France. La filiale de la Banque Medici à Bruges, un des piliers du marché de l'argent, se vit obligée, par les manœuvres politiques de Louis XI auprès de Laurent le Magnifique, de cesser ses prêts aux monarques bourguignons et anglais. En 1478 il y eut même liquidation totale, suite probable des manœuvres de Louis XI et d'une rupture dans l'équilibre des échanges internationaux [19].

La cause ultime du déclin de Bruges et de l'essor d'Anvers resta, comme il arrive souvent, voilée aux yeux des contemporains. Le Professeur J. A. van Houtte a démontré, à maintes reprises, que les causes déterminantes de ce processus doivent être cherchées dans les débuts de l'industrie drapière en Hollande, en Toscane et surtout en Angleterre. Par conséquent Bruges, qui était surtout un marché régional pour la Flandre et ses centres de draperie, ne pouvait plus offrir un frêt de retour aussi intéressant que des centres internationaux comme Anvers et Bergen-op-Zoom. L'industrie drapière n'avait jamais eu en Brabant, et particulièrement dans les deux villes citées, l'importance qu'elle avait en Flandre. Le drap anglais y était, à l'encontre de Bruges, une marchandise fort recherchée.

La préférence des *Merchant Adventurers* pour ces marchés découlait de l'apparition des marchands de Cologne pour lesquels ces villes constituaient le terminus naturel de la route terrestre vers la mer du Nord. Au début, ceux de Cologne agissaient comme intermédiaires pour l'Allemagne méridionale et centrale, mais la forte expansion qui se manifesta dans ces régions dans le courant du siècle, incita les Allemands à délaisser l'intermédiaire des Colonais, à amener eux-mêmes les produits métallurgiques de l'Allemagne méridionale à Anvers, et à reprendre en mains la distribution des draps anglais dans le hinterland allemand : ceci se passa vers 1450. Les villes wendes, toutes fidèles à Bruges, ne sont jamais parvenues à lier celles de l'Allemagne de l'Ouest à Bruges parce qu'elles étaient en lutte avec le Danemark, la Hollande et l'Angleterre et qu'elles se ruinaient en querelles intestines. Quand les Méridionaux, chassés de Bruges par les troubles politiques, entrèrent en contact avec le commerce anglo-allemand, les Portugais, qui, bien que les derniers venus, étaient cependant les plus actifs entre eux, furent attirés par Anvers dès 1488. En y vendant leurs épices, ils acquéraient en retour des métaux, surtout des objets en cuivre, et des tissus pour leurs colonies [20].

---

17. H. PIRENNE, *op. cit.*, I, p. 475.

18. J. FINOT, *Relations commerciales entre la Flandre et l'Espagne*, p. 235 ; L. GILLIODTS-VAN SEVEREN, *op. cit.*, VI, p. 385.

19. R. GANDILHON, *op. cit.*, pp. 355 et 363-364.

20. J. A. VAN HOUTTE, *La genèse du grand marché international d'Anvers à la fin du moyen âge*, dans R.B.P.H., XIX (1940), pp. 87-126 ; ID., *Bruges et Anvers, marchés « nationaux » ou « internationaux » du XIVe au XVIe siècle*, dans *Revue du Nord*, XXXIV (1952), pp. 89-108 ; ID., *Handel en Verkeer*, dans *Algemene Geschiedenis der Nederlanden*, IV, pp. 154-201. Le caractère plutôt régional du marché de Bruges a été reconnu dans deux études récentes (J.

Les recettes du tonlieu d'Iersekeroord *(Graphique 1)* fournissent quelques indications concernant l'évolution des deux marchés principaux du Brabant et des Pays-Bas au XVᵉ siècle. Les données sont cependant fort incomplètes chronologiquement et, ce qui est pire, un grand nombre de marchands étaient exemptés de ces taxes. Les marchandises qui remontent ou descendent le cours de l'Escaut sont taxées sans distinction, ce qui empêche de dresser une balance commerciale exacte. Tout au plus les recettes fournissent-elles une indication quant à l'évolution de la navigation sur l'Escaut de et vers les marchés brabançons. Pour fixer la courbe, il importe peu que les recettes soient affermées ou perçues directement, bien que, pour un affermage, pour une période plus longue (de trois à dix ans) la tendance ne puisse être délimitée chronologiquement d'une manière rigoureuse. C'est pour cette raison que nous citons les recettes réelles, chaque fois que la chose est possible [21]. Une autre source, pour suivre la courbe des opérations commerciales sur les marchés brabançons, se trouve dans les chiffres d'exportation des draps anglais de Londres par les *Merchant Adventurers (Graphique 1)* [22]. Il est notoire qu'ils étaient issus principalement du milieu des *mercers* de Londres et que, comme il a été dit auparavant, ils avaient une prédilection marquée pour les foires commerciales brabançonnes. La grande difficulté réside en ce que la comptabilité des *Customs Accounts* ne se réfère pas toujours à des périodes régulières, n'englobant parfois que deux mois et en d'autres cas se rapportant à plusieurs années. En des cas pareils et pour autant que cela fût possible, on a dressé des moyennes par année. Une autre imperfection statistique consiste à comparer des années qui ne commençaient pas à une même date : mais l'historien est suffisamment naïf pour croire qu'une année vaut l'autre. Inutile d'ajouter que les exercices des différentes séries utilisées ne se correspondent pas. Enfin, nous avons retenu le droit de tonlieu sur les peaux à Bergen-op-Zoom *(Graphique 1)*. Ce droit est plus qu'un simple index local, car Anvers et Bergen-op-Zoom furent le théâtre d'un commerce important de peaux et de fourrures lors de leurs foires. Ces marchandises étaient importées d'Allemagne, d'Ecosse, d'Angleterre et d'Espagne et le travail du cuir et de la pelleterie nourrissait une bonne partie de la population des Pays-Bas [23].

Le montant des droits de tonlieu d'Iersekeroord illustre clairement l'ascension rapide des marchés brabançons. La période 1410-1431, où une légère régression devient apparente, fut dans le duché et dans les

CRAEYBECKX, *op. cit.*, pp. 90-92 ; R. DE ROOVER, *La balance commerciale entre les Pays-Bas et l'Italie au XVᵉ siècle*, dans R.B.P.H., XXXVII (1959), p. 385).

21. C'était en plus une occasion unique pour se faire une idée des bénéfices des fermiers des tonlieux et des taxes. Ceux-ci atteignirent pendant certaines années des taux de 50 à 75 et une année même de 300 %. En fait, le fermier ne subit de perte en aucune année. Dans les années de dépression (1487-1496) les bénéfices se montaient en moyenne à 40 livres artois par an (12 %) et pendant les années d'expansion (1470-1475) à 215 livres (38 %). W. S. UNGER, *De Tol van Iersekeroord. Documenten en rekeningen* (R.G.P., 29), La Haye, 1939, surtout pp. 151-156.

22. E. POWER-M. M. POSTAN, *Studies in English Trade in the Fifteenth Century*, Londres 1951², Tables of Enrolled Customs and Subsidy Accounts, VIII, London, pp. 343-346. Les chiffres, qui n'y sont pas repris, nous furent communiqués par le prof. E. M. Carus-Wilson et son Assistante Miss Cooleman, qui préparent une édition complète des chiffres d'affaires des principaux ports anglais. Nous les en remercions vivement. W. S. UNGER, *op. cit.*, pp. 152 n. 4, 153 n. 3 et 9, 154 n. 1 et 2 : les fermiers du tonlieu d'Iersekeroord attachaient une grande importance à la venue des Anglais aux marchés, bien que ceux-ci fussent exonérés des droits de tonlieu.

23. K. SLOOTMANS, *Huiden en pelsen op de jaarmarkten van Bergen-op-Zoom*, dans *Land van mijn Hart*, Tilburg, 1952, pp. 100-108.

régions limitrophes marquée par des troubles politiques. Il suffit de penser aux hostilités gueldro-brabançonnes de 1412-1413 [24], aux troubles d'Utrecht en 1417, aux querelles intestines dans le Brabant sous Jean IV, à l'invasion de Gloucester en Hainaut en 1424-1425, à laquelle le Brabant était mêlé, aussi bien qu'à l'insurrection en Hollande sous Jacqueline de Bavière et aux hostilités qui la suivirent en 1425-1428 [25]. En plus, l'empereur Sigismond avait, bien que sans grand succès, incité la Hanse en 1421 à pratiquer un blocus économique contre le Brabant pour se venger de la perte de ce fief impérial et d'autres, passés à la branche cadette de la maison de Bourgogne [26]. A la suite de l'interdiction de Philippe de Saint-Pol du commerce et du transit de draps anglais en Brabant, même aux foires commerciales, la Hanse elle-même décida en 1428 en guise de représailles d'interdire les marchés d'Anvers à ses membres. Ce fut par l'intermédiaire d'Anvers que les Hanséates furent rétablis dans leurs privilèges, le 28 mai 1431 [27]. Malheureusement la comptabilité du tonlieu d'Iersekeroord manque pour la période 1430-1460. Il est néanmoins manifeste par la différence de niveau entre les deux fragments de la courbe que l'activité commerciale a dû s'accroître pendant cet intervalle. La dépression de la fin du siècle paraît beaucoup plus profonde. Déjà en 1467 et en 1470, Louis XI avait essayé « d'amoindrir la foire d'Anvers et du tout abolir » en établissant des marchés dans les ports français, quoique au début ceux-ci eussent eu peu de succès. Charles le Téméraire de son côté fit confisquer le 12 juin 1470 toutes les marchandises françaises acheminées vers la foire nouvellement ouverte, et quelques mois plus tard en réponse à la prohibition française, il défendit toute transaction avec ce pays. La présence des Français n'était pas d'intérêt vraiment vital pour Anvers, bien qu'ils y fussent largement représentés toutes les fois qu'une trêve dans les hostilités le leur permettait [28]. Grâce à sa situation septentrionale, Anvers, pas plus que la Hollande et la Zélande, n'éprouvait pas trop de gêne de la guerre maritime et les commerçants anglais restaient longtemps fidèles aux marchés de l'Escaut, grâce aussi aux exhortations du duc. La situation fut pire en 1477, quand il y eut des émeutes à Anvers; au mois d'août 1484 la ville fut même bloquée par les mutins flamands pour la forcer de se détacher de Maximilien [29]. Ce n'est qu'après 1496 que le tonlieu d'Iersekeroord s'est à peu près relevé de la dépression qui s'était manifestée vers 1471. Le commerce de peaux à Bergen-op-Zoom ne connut de ralentissement qu'après 1471 et après 1486 il éprouva une crise profonde (*Graphique 1*).

Le commerce des draps anglais suivit une marche parallèle. Le siècle s'ouvrit par une régression jusqu'en 1413, suite à des difficultés économiques internes de l'Angleterre [30]. L'expansion qui se dessina par après fut interrompue par la prohibition édictée à l'importation par le

24. J. Chabot, *Een geschil tussen Anton van Bourgondië, hertog van Brabant, en Reinald IV, hertog van Gulik en Gelre, in 1412 en 1413*, dans *Gelre. Bijdragen en Mededelingen*, XLV (1942), pp. 1-77. A ce propos et pour les effets de la conjoncture politique des années suivantes, comparez les griefs formulés par les fermiers à Iersekeroord (W. S. Unger, *loc. cit.*).

25. H. Pirenne, *op. cit.*, I, pp. 375-378.

26. E. Daenell, *op. cit.*, I, p. 389.

27. E. Daenell, *loc. cit.*

28. R. Gandilhon, *op. cit.*, pp. 372-379 ; M. Mollat, *Le commerce maritime normand à la fin du moyen âge*, Paris, 1952, pp. 177-193.

29. *Histoire des Pays-Bas depuis 1477 jusqu'en 1492*, éd. J. J. Desmet, *Corpus Chronicorum Flandrie*, III (C.R.H.), Bruxelles, 1856, pp. 703-704.

30. H. L. Gray, *English Foreign Trade from 1446 to 1482*, dans E. Power-M. M. Postan, *op. cit.*, pp. 10-12.

Brabant en 1428, mais se maintint cependant jusqu'en 1432 [31]. Durant les vingt années qui suivirent, une régression apparaît clairement. Une des causes en est le désaccord politique entre l'Angleterre et la Bourgogne, et ce malaise persista même après l'armistice de 1439, consolidé par le traité de paix de 1445. Les défenses d'importer édictées par la Bourgogne en 1434, 1439, 1446 et 1448 touchèrent durement les exportations de Londres et les Anglais y ripostèrent par une interdiction générale de commerce en 1436 et une prohibition à l'importation des produits flamands et brabançons en 1448-1451. Cette politique favorisa les commerçants anglais, mais un autre conflit en 1464, à la suite de la publication d'une nouvelle prohibition des draps anglais, incita les *Merchants* à transférer leur siège à Utrecht jusqu'en 1467, ce qui provoqua une diminution notable de leur commerce. Le traité avec l'Angleterre cette année même donna un essor extraordinaire aux marchands anglais et en peu de temps leurs importations de draps avaient doublé [32]. Après 1481, les commerçants anglais désertèrent le marché d'Anvers et les désordres sous Maximilien n'étaient pas de nature à les attirer de nouveau. D'ailleurs entretemps, Louis XI était parvenu à attirer Edouard IV dans le camp français : ce ne fut pas pour longtemps, car le 14 février 1489 Maximilien parvint à conclure un accord militaire et économique avec l'Angleterre, dont les effets influencèrent visiblement le commerce des draps de cette même année. Peu de temps après, Henri VII se tourna de nouveau vers la France, notamment par suite de la lutte économique qu'il soutint en 1493-1496 contre les Pays-Bas. Le jeune archiduc Philippe le Beau, poussé par ses conseillers néerlandais à mener une saine politique de neutralité, réussit le 24 février 1496 à conclure avec l'Angleterre un important traité de commerce, le *Magnus Intercursus* ; en 1499, le droit d'entrée sur les draps anglais fut même supprimé. Les conséquences de cette liberté de commerce sans précédent, se firent sentir profondément dans le trafic des draps anglais. Vers 1500, l'importation avait dépassé les chiffres records des années 1475-1480. Un nouveau conflit avec l'Angleterre fut vite réglé par le *Malus Intercursus*, extorqué à Philippe le Beau en 1506 ; il y fut stipulé que les *Merchants* étaient autorisés à vendre les draps anglais en détail, dans tous les Pays-Bas, hormis la Flandre. Les importations s'accrurent tellement que bientôt les tissus indigènes furent évincés du marché national. Quand Maximilien reprit la régence, cette fois du jeune duc Charles, il refusa de reconnaître le traité de malheur et parvint à en adoucir les clauses [33].

Il n'est pas nécessaire de démontrer que la croissance du marché mondial d'Anvers compensait largement le déclin depuis le milieu du siècle du marché régional de Bruges. La clientèle internationale fournissait des bénéfices appréciables, non seulement dans les villes où elle était établie, mais dans un rayon plus étendu. Les quartiers d'Anvers et de Bois-le-Duc, entre autres, avaient tout entiers leur part dans cet essor [34]. Même à l'intérieur du pays le trafic s'amplifiait. Les foires de Lille, visitées par un grand nombre de marchands des Pays-Bas méridionaux, purent se développer malgré la proximité de la France ennemie. Les droits qu'on

31. Voir *supra*.

32. H. PIRENNE, *op. cit.*, I, p. 468 ; H. L. GRAY, *art. cit.*, pp. 27-28.

33. G. SCHANZ, *Englische Handelspolitik gegen Ende des Mittelalters*, I, Leipzig, 1881, pp. 17 ss. ; O. DE SMEDT, *De Engelse Natie te Antwerpen in de XVIe eeuw*, I, Anvers, 1952, pp. 69-76, 95-102, 109-120.

34. J. A. VAN HOUTTE, *Maatschappelijke Toestanden*, dans *Algemene Geschiedenis der Nederlanden*, IV, p. 228.

y levait, étaient de 78 livres en 1420 et avaient atteint 110 livres en 1470. Une crise des affaires en 1436-1440 coïncide avec celle qui se manifestait dans le commerce de Bruges, et était due probablement aux mêmes causes et surtout à l'invasion anglaise en West-Flandre en 1436. D'autre part, l'invasion bourguignonne dans le Nord de la France en 1465 pendant la guerre de la Ligue du Bien Public doit avoir produit un effet semblable. Le trafic de Lille vers Dunkerque, Ypres, Courtrai et même Tournai et Paris monta régulièrement jusqu'en 1465-1470 [35]. Même le tonlieu de Bapaume ne connut pas un aussi grand recul qu'on l'admet généralement. A Gravelines, les droits de tonlieu étaient bien stables jusqu'à la fin du siècle [36]. Il est à remarquer qu'il s'agit ici de trois localités situées à proximité de la frontière française et qu'elles reflètent ainsi assez bien les relations commerciales par terre avec la France. A Louvain, située à un croisement d'axes routiers du Sud vers le Nord et de l'Est vers l'Ouest et le Nord et vice versa, le trafic s'était développé constamment jusqu'en 1485, quand il atteignit près du double du début du siècle [37]. Les régressions momentanées au cours du siècle, comme par exemple en 1428 et 1465, sont causées par la réduction du transit de marchandises allemandes, qui ne purent plus être échangées contre les draps anglais à Anvers. En plus, ce trafic a dû être gêné par les troubles à Liège en 1465. Néanmoins, ces régressions ne furent guère comparables à la dépression profonde qui se manifesta après 1484-1486 [38]. Celle-ci fut la conséquence de la révolte contre Maximilien, qui ne fut matée que par une véritable guerre contre les quartiers de Louvain et de Bruxelles, et du blocus commercial promulgué contre ces deux villes à Cologne par l'empereur Frédéric, en 1488, pour les punir de leur révolte contre son fils [39]. Déjà, avant 1500 le trafic avait repris son cours normal (*Graphique 2*). De même sur la vieille route de Bavai à Utrecht par le Brabant, l'intensité du trafic avait augmenté considérablement. Les droits levés à Mons avaient augmenté de 4 livres en 1438 jusqu'à 16 livres vingt ans après [40].

Si le volume des affaires a indubitablement plus que doublé dans les Pays-Bas au XVe siècle, il n'est pas moins certain que la fabrication en vue d'exportation et notamment celle de draps fins de laine anglaise, y était en déclin. Cette situation était d'autant plus grave que, comme tout le monde s'accorde à le reconnaître, la draperie de luxe occupait une place prépondérante parmi les moyens d'existence de la Flandre. Même le chroniqueur Froissart, d'ordinaire superficiel et ne s'intéressant qu'à la vie de la noblesse, le remarqua, quand en 1371 il notait que « sans la drapperie ne povient-ils nullement vivre » [41]. Après un demi-siècle, la

35. R. MARQUANT, *La vie économique à Lille sous Philippe le Bon* (*Bibliothèque de l'École des Hautes Études*, 277), Paris, 1940, pp. 86 et 341.

36. M. MOLLAT, *Recherches sur les finances des ducs Valois de Bourgogne* dans *Revue historique*, CCXIX (1958), p. 312.

37. Le *cauchiegelt* (l'accise des chaussées), qui imposait la circulation à Louvain, se retrouve dans les comptes de la ville de Louvain.

38. Les deux dates marquent les années de crise dans l'importation anglaise (Graphique I). De 1465 à 1468 le pays de Liège était en ébullition.

39. E. POULLET, *Sire Louis Pynnock, ou un maïeur du XVe siècle*, Louvain, 1864, pp. 153-311 ; F. W. N. HUGENHOLTZ, *Crisis en herstel van het Bourgondisch gezag (1477-1493)*, dans *Algemene Geschiedenis der Nederlanden*, IV, pp. 1-26 ; W. STEIN, *Hansisches Urkundenbuch*, XI, Leipzig, 1916, pp. 259-260.

40. M. BRUWIER, *Notes sur les finances hennuyères à l'époque bourguignonne*, dans *Le Moyen Age*, LIV (1948), p. 145.

41. *Œuvres de Froissart*, éd. J. Kervyn de Lettenhove, *Chroniques*, VIII, Bruxelles, 1869, pp. 97-98.

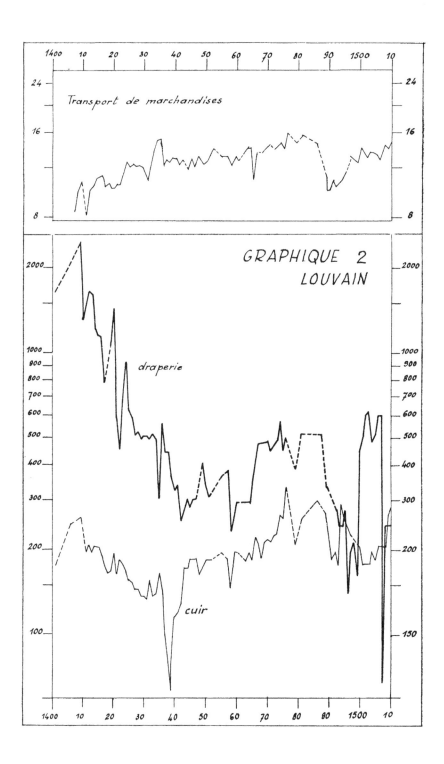

Transport de marchandises

GRAPHIQUE 2
LOUVAIN

draperie

cuir

situation n'avait guère changé si l'on peut en croire l'auteur perspicace, bien que porté à l'exagération par animosité, du *Libelle of Englyshe Policye* (vers 1436) et les Hanséates (vers 1451) [42]. Dans leurs pétitions au duc, les Flamands eux-mêmes signalaient « que le bien-être et la prospérité de ce pays reposent principalement sur deux piliers, à savoir : le négoce et la draperie » [43]. Les Brabançons s'exprimèrent à peu près dans le même sens quand ils écrivaient à leurs souverains que « le pays de Brabant vit pour une part de la draperie » [44]. Au Moyen Age, les villes paraissent avoir été à tel point des centres de production de drap, que la moitié de la population y trouvait subsistance [45]. Ypres, où cette situation perdurait encore au XVe siècle, doit avoir été touchée durement par l'écroulement de l'exportation après 1425 ; le zèle des ducs pour pallier le mal ne put y remédier [46]. La Flandre était de toute façon touchée plus durement que le Brabant où l'industrie drapière n'avait jamais tenu une place si prépondérante dans l'économie urbaine.

Les raisons du déclin de la draperie urbaine sont multiples. En premier lieu, il faut noter la naissance de l'industrie drapière en Hollande, en Normandie et en l'Italie du Nord. Le développement du tissage de la laine en Angleterre eut des conséquences encore plus désastreuses parce qu'elle privait les industries néerlandaises non seulement de débouchés commerciaux, mais en même temps de la matière première indispensable. L'exportation des laines anglaises tomba de ± 35.000 ballots vers 1300 à une moyenne de 14.000 sacs dans le premier quart du XVe siècle et à moins de 10.000 sacs plus tard. Il y eut une légère amélioration entre 1465 et 1489, mais à partir de 1490, l'exportation connut un recul bien marqué, et c'est seulement en 1496, date de l'accord commercial entre l'Angleterre et la Bourgogne, que l'exportation augmenta quelque peu [47]. Calais, ville anglaise sur les côtes de France, était le théâtre obligatoire du commerce des laines avec les Pays-Bas. Les événements politiques ont eu une influence très marquée sur son activité. Ce fut sans doute le cas lors de la campagne de Philippe le Bon contre cette ville en 1435 et des hostilités qui s'en suivirent. Un autre facteur qui freina l'activité vers la fin du siècle et surtout en 1478 et années suivantes furent les troubles constants aux Pays-Bas [48]. Non seulement la rareté des laines fit monter leur prix, mais aussi les taxes royales anglaises sur leur exportation et les pratiques de monopole qu'exerçait la *Company of the Staple* aidèrent à rendre sur le continent la laine brute plus chère que les produits anglais achevés [49].

L'évolution de la production drapière à Louvain (*Graphique 2*) [50]

42. *The Libelle of Englyshe Policye*, éd. G. Warner, Oxford, 1926, pp. 5-7, voir surtout les vers 90-96 et 121-125 ; E. Daenell, *op. cit.*, I, p. 405.

43. E. Daenell, *op. cit.*, I, p. 423.

44. Archives de la ville de Louvain, n° 1358 (25 août 1428).

45. J. Demey, *Proeve tot raming van de bevolking en de weefgetouwen te Ieper van de XIIIe tot de XVIIe eeuw*, dans R.B.P.H., XXVIII (1950), pp. 1031-1048 ; H. van Werveke, Gand. *Esquisse d'histoire sociale* (*Notre Passé*, 5e série, III), Bruxelles, 1946, pp. 29 et 64-65.

46. H. Pirenne, *Les dénombrements de la population d'Ypres au XVe siècle*, dans *Vierteljahrschrift für Sozial- und Wirtschaftsgeschichte*, I (1903), pp. 26-27 ; J. Demey, *art. cit., passim ;* H. Pirenne, *op. cit.*, I, p. 468.

47. E. Power, *The wooltrade in the Fifteenth Century*, dans E. Power-M. M. Postan, *op. cit.*, p. 39 et *passim* ; H. L. Gray, *art. cit.*, pp. 10-13, 21-23 et Appendice ; E. M. Carus-Wilson, *Medieval Merchant Venturers. Collected Studies*, Londres, 1954, p. XVIII, donne un graphique complet de l'exportation lainière et drapière anglaise à partir de 1347.

48. E. Power, *art. cit.*, pp. 64 et 67.

49. E. Power, *art. cit., passim.*

50. Considéré du point de vue du rapport de l'accise sur la guède. C'était une taxe sur

rappelle étonnamment les vicissitudes du commerce anglais de la laine. Vers 1440, il y eut une chute assez spectaculaire qui fit tomber la production à un dixième du niveau de 1350. Après une stabilisation vers 1465, la production tripla dans les deux décennies avant 1488. La crise politique et économique de la fin du siècle prit fin dans l'industrie drapière à Louvain par le *Magnus Intercursus* de 1496, qui permit de dépasser le niveau de production de 1480-1485. Les effets néfastes des nouvelles frictions économiques avec l'Angleterre et de l'*Intercursus Malus* de 1506 ne purent être neutralisés que partiellement par la révision de ce traité de malheur. L'image que présente Louvain est sans doute plus sombre que celle de l'ensemble de la draperie urbaine. D'autres centres de cette industrie paraissent avoir mieux résisté sur les marchés en France, et plus encore en Espagne et en Allemagne. Il suffit de citer Bruxelles, Malines, Diest, Lierre, Bruges et même Ypres [51].

Les centres secondaires et plus jeunes purent encore mieux résister, parce qu'ils s'étaient spécialisés dans les tissus à meilleur marché. Il semble que Courtrai (*Graphique 3*) [52] ait développé sa production jusqu'en 1425 ; après, elle périclita pour ne plus atteindre que le tiers, avec une chute marquée en 1451 quand la Hanse proclama le blocus contre la Flandre. De 1461 à 1475, la production resta stationnaire pour monter rapidement jusqu'en 1485, lorsque le niveau de production n'était plus tellement éloigné de celui du début du siècle. En 1496, — probablement à la suite d'une concurrence accrue des tissus anglais, — une chute verticale se dessina. Lille, qui produisait des étoffes de qualité semblable, vit sa production octupler entre 1436 et 1448 [53]. La ville d'Ath dans le Hainaut, dont l'industrie drapière était copiée sur celle de Malines et qui ne tissait que des draps de prix moyens, vit fleurir son industrie tout le long du siècle avec des points culminants en 1445-1458 et 1496-1508 [54].

Après tout, la décadence de la draperie urbaine était profonde et quasi générale. Cependant, on aurait tort d'exagérer ses conséquences et surtout de généraliser la situation qui en résulta à Ypres. La régression s'était déjà manifestée depuis 1300, ce qui rendit possible une adaptation progressive. Celle-ci n'avait pas eu lieu à Ypres, tandis qu'ailleurs on l'avait tentée sur une grande échelle. Même l'importation fatale de tissus anglais fit surgir en certaines villes, comme Anvers et sa banlieue, une industrie nouvelle et créa de nouveaux moyens d'existence pour la population, notamment l'apprêt et la teinture des draps [55].

En dernière analyse, la perte de l'industrie drapière des villes était le résultat d'un changement dans la mode et dans la structure du marché. Pendant tout le Moyen Age, elle avait été une industrie de luxe qui ne travaillait que pour une mince couche de la population. A partir du

---

la teinture en bleu des draps. Le nombre de cuves de teinture donne un tableau assez fidèle de la production, car le bleu et les teintes s'y rapprochant étaient les couleurs à la mode et la plupart des draps étaient passés à la guède avant d'être teints définitivement. Les données proviennent des comptes de la ville de Louvain.

51. Ph. WOLFF, *Commerce et Marchands de Toulouse (vers 1350-vers 1450)*, Paris, 1954, pp. 231-240 et 131 ; F. REYNAUD-E. BARATIER, *Histoire du commerce de Marseille*, II, Paris, 1951, pp. 597-599 ; H. AMMANN, *Deutschland und die Tuchindustrie Nordwest-Europas im Mittelalter*, dans *Hansische Geschichtsblätter*, LXXII (1954), pp. 49-63.

52. E. COORNAERT, *La Draperie-Sayetterie d'Hondschoote (XIV e-XVIII e siècle)*, Rennes, 1930, Annexe IV. Il s'agit de données provenant des affermages triennaux.

53. R. MARQUANT, *op. cit.*, p. 162.

54. L. VERRIEST, *Étude d'histoire économique et sociale. La draperie d'Ath des origines au XVIII e siècle*, Bruxelles, 1942, pp. 50-52, 68 et Graphique.

55. O. DE SMEDT, *op. cit.*, II, Anvers, 1954, pp. 353 et 361.

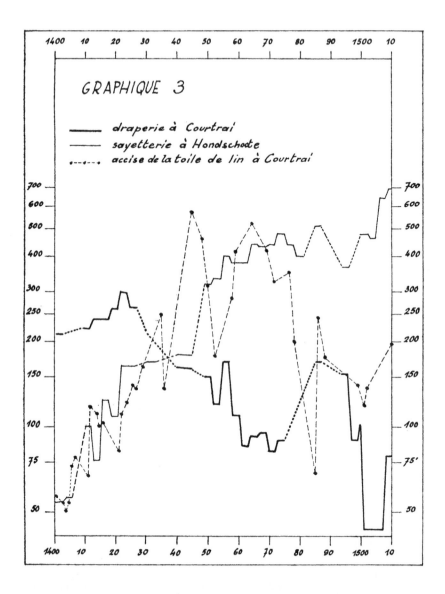

GRAPHIQUE 3

———— draperie à Courtrai
———— sayetterie à Hondschoote
•—•—• accise de la toile de lin à Courtrai

XIVe siècle, d'autres couches de consommateurs montaient [56] ; nous examinerons les causes de ce processus ci-après. Ces nouvelles classes de la société formaient une clientèle beaucoup plus nombreuse que celle que l'industrie urbaine avait jamais connue auparavant. Leur pouvoir d'achat n'excédant pas les draps à bon marché, elles demandaient des produits de matières premières moins chères que les laines anglaises et de fabrication moins soignée et raffinée. Une telle industrie ne convenait pas aux villes, mais plutôt aux villages et aux campagnes, où le coût de vie et la fiscalité demeuraient à un niveau plus bas et où la production n'était pas prise dans un étau corporatif rigide, qui empêchait toute adaptation de la technique requise pour ces nouveaux tissus. Elle travaillait surtout des laines d'Ecosse, de France, de Rhénanie, d'Espagne et même du pays. Les troupeaux de moutons étaient nombreux dans les plaines de la Flandre et de la Campine ; il n'était pas rare qu'ils atteignissent 100 têtes par village. Vers la fin du siècle leur nombre augmenta encore [57]. Dès son début, les Espagnols, qui occupaient une place prépondérante à Bruges, importèrent d'importantes quantités de laine et les relations étroites qu'entretenaient les princes bourguignons avec les souverains de la Péninsule ibérique, favorisèrent beaucoup ce commerce [58]. Les vers de l'auteur du *Libelle*, relatant cette importation, trahissent sa jalousie [59]. L'Espagne et surtout le haut-plateau de Castille, étaient en état de compenser largement l'importation amoindrie de l'Angleterre. A un rapport, moyen de 4 kilos de laine par brebis, il suffisait de 1.237.500 têtes pour produire les 30.000 sacs (= 4.950 tonnes) que l'Angleterre exportait en moins au milieu du XVe siècle par rapport à la fin du XIIIe. L'Espagne, délaissée par les marchands de laine depuis le XIIIe siècle, fut à même d'augmenter sa production tout au long du XVe siècle. La *Mesta* seule, l'union la plus puissante d'éleveurs de brebis, ne possédait en 1477 par moins de 2.694.032 moutons [60]. Au milieu du XVIe siècle, l'importation de laine espagnole aux Pays-Bas seuls était évaluée à 36.000/40.000 ballots ; soit plus que l'exportation totale de l'Angleterre à son apogée [61].

Un exemple bien typique d'un pareil centre de fabrication d'étoffes légères était Hondschoote, qui ne cessa d'augmenter sa production jusqu'à douze fois le chiffre du début du siècle (*Graphique 3*) [62]. Tout au plus, peut-on citer un certain ralentissement de l'accroissement dans la période 1422/45, quand ailleurs il y eut stagnation. Même la fermeture des marchés français par Louis XI ne l'a presque pas atteint. L'incertitude qui régna à la mort de Charles le Téméraire et durant les années suivantes, ne put gêner l'industrie de Hondschoote et un nouvel essor débuta même vers 1496. Le volume des draps qui, des environs de Lille, étaient amenés en ville pour être teints, doubla entre 1440 et 1448 et conserva une courbe

56. Des fermiers et la menue bourgeoisie des environs de Marseille et de Toulouse achètent des draps flamands (F. REYNAUD-E. BARATIER, *loc. cit.* ; P. WOLFF, *loc. cit.*).

57. M. BRAURE, *Étude économique sur les Châtellenies de Lille, Douai et Orchies, d'après des enquêtes fiscales du XVe et XVIe siècles*, dans *Revue du Nord*, XIV (1928), p. 186.

58. Déjà en 1433, il est question d'importation massive de laine espagnole (*Hanserecesse*, 2e série, I, éd. G. van der Ropp, München, 1876, p. 196). La prépondérance des Espagnols à Bruges témoigne de l'importance de ce commerce (J. FINOT, *Relations commerciales entre la Flandre et l'Espagne*, pp. 217 et 232-233).

59. *The Libelle...*, p. 5, vv. 74-75, p. 6, vv. 95-104 et p. 13, vv. 250-251.

60. R. S. LOPEZ, *The trade of Medieval Europe : The South*, dans *The Cambridge Economic History*, II, pp. 348-349.

61. J. FINOT, *Relations commerciales entre le Flandre et l'Espagna*, pp. 244-245 et 250.

62. E. COORNAERT, *op. cit.*, Annexe IV.

ascendante dans la suite [63]. Considérées dans leur ensemble, les draperies des villes et des campagnes de Flandre et de Brabant présentaient des ombres et des lumières. Même si l'ensemble de l'image penchait encore du côté sombre, en aucun cas les ombres ne prédominaient tellement qu'on a coutume de les dépeindre. Dans toutes les autres branches de l'industrie, il y avait d'ailleurs assez de lumières pour les chasser.

L'industrie du lin était en plein développement. La valeur de la toile de lin exportée des Pays-Bas méridionaux vers l'Angleterre monta de 6 à 7.000 livres en 1390, à 66.666 livres en 1530 [64]. A Courtrai, un des centres principaux du bassin linier de la Flandre, la recette de l'accise sur la toile de lin décuplait en l'espace de soixante ans [65]. Il faut cependant noter la crise profonde qui sévit en 1445/46 et qui ne fut surmontée qu'en 1465 ; elle est en relation évidente avec la révolte de Gand en 1451-1453 et le conflit avec la Hanse en 1451-1455, mais tout cela n'éclaire pas toute la durée de la crise. Après 1465 il y eut régression jusqu'à la fin du siècle. Elle ne fut ralentie que dans les années qui précédèrent la chute de la puissance bourguignonne. L'industrie linière doit avoir été particulièrement sensible à la conjoncture politique et à la défense d'importation de Louis XI. La chute de 1477 fut vertigineuse et après un redressement de courte durée une nouvelle chute suivit après 1485. La reprise entamée après 1501 fut trop lente pour pouvoir atteindre avant 1510 le chiffre record de 1465.

Le succès de l'industrie linière était dû en majeure partie à l'exclusion de la production française par la Guerre de Cent Ans, par laquelle non seulement le marché français mais aussi une bonne partie du marché anglais devenait libre [66]. Le niveau de vie plus élevé et le raffinement conséquent favorisèrent une expansion plus large de la toile de lin [67]. Un autre facteur furent les difficultés anglo-hanséatiques qui se renouvelèrent durant ce siècle. La Westphalie, la Silésie et Cologne étaient des centres de production linière importants, mais à plusieurs reprises leurs produits furent chassés de l'Angleterre. Les marchés brabançons servaient alors d'intermédiaire, mais la production allemande baissa néanmoins pendant ces années. Une vente accrue de lin sur ces marchés en résulta. L'industrie néerlandaise pouvait augmenter son chiffre d'affaires en Angleterre, et en même temps accaparer une partie plus importante du lin des pays baltiques à Anvers et à Bergen-op-Zoom. Ce lin était fort bien venu pour cette industrie qui souffrait du manque de matières premières, bien qu'elle travaillât également le lin zélandais [68]. Dans l'intérieur du pays, surtout dans les environs de Termonde, de Hulst et dans le pays de Waes, cette culture fut développée sur une grande échelle. Le tissage se répandit dans les campagnes : la région maritime de Bruges, la vallée de la Mandel, le pays d'Alost, les Quatre-Métiers, et après 1430

63. R. MARQUANT, op. cit., p. 159.

64. R. VAN UYTVEN, Statistische bijdrage tot de linneninvoer in Engeland op het einde der XIVe eeuw, voornamelijk uit de Zuidelijke Nederlanden, dans Bijdragen tot de Geschiedenis inzonderheid van het oud hertogdom Brabant (à paraître).

65. E. SABBE, De Belgische Vlasnijverheid, I (Universiteit te Gent-Faculteit Wijsbegeerte & Letteren XCV), Bruges, 1943, pp. 161-162 et 168-169. La série est fort incomplète et ne serait publiée entièrement qu'au tome II. Il n'est pas certain que le tarif d'imposition soit resté inchangé. Les données d'Eeklo et d'Alost de la fin du siècle font supposer une courbe analogue.

66. E. SABBE, op. cit., I, pp. 80-88 ; R. VAN UYTVEN, art. cit.

67. J. A. VAN HOUTTE, De Zuidnederlandse vlasnijverheid tot de XVIIIe eeuw, dans R.B.P.H., XXVI (1948), pp. 747-748 et 753.

68. R. VAN UYTVEN, art. cit.

même les pays de Waes, de Termonde et de la Lys. En Brabant, l'industrie linière se fixa surtout au pays de Ryen (près de Lierre) et de Zanten (près d'Anvers) [69]. C'est bien à tort que l'on minimise la signification de cette industrie dans les villes du Brabant. Nivelles, Bruxelles, Louvain, Turnhout et Bois-le-Duc, aussi bien que la ville de Malines comptaient dans leurs murs d'importants métiers organisés de tisserands du lin. A la fin du siècle pourtant, une dépression apparaît à Louvain et à Nivelles [70]. En Flandre, il y a lieu de citer : Gand, Bruges, Courtrai, Alost et d'autres villes secondaires où à la fin du XIVe et dans le courant du XVe siècle l'industrie linière s'établit, de même qu'à Tournai [71].

Bien qu'étant de vieilles industries connexes à la draperie, le travail du cuir et la pelleterie étaient en expansion. Il faut en rechercher les causes dans l'extension de l'élevage du bétail en Flandre et en Hollande, stimulée par une consommation accrue de viande et de laitage [72]. A Louvain, l'industrie du cuir semble en régression jusqu'à 1430. Visiblement, elle subissait l'influence du déclin de la draperie (Graphique 2) [73]. L'expansion qui survit, ne céda même pas à la crise qui sévit en 1438-1439 et cette montée s'accentua surtout après 1465. Les troubles de 1477 apportèrent quelque gêne, mais la véritable chute ne se fit sentir qu'après 1487. Dix ans après, la fabrication reprit son essor. A Lille aussi, cette industrie était florissante. Le droit d'accise sur les peaux monta de 170 livres en 1420 à 266 livres en 1429 ; après la régression de 1440, pendant laquelle il tomba à 193 livres, les recettes remontèrent jusqu'à 240 livres [74]. Bruxelles et Malines étaient réputées pour leurs garnitures murales de cuir et à Louvain, Bruxelles, Diest et Gand se développa rapidement la fabrication de menus objets en cuir, tel que gants et bourses. La corporation des gantiers qui, à la fin du XIVe siècle, n'existait même pas à Louvain, ne comptait en 1477 pas moins de 24 maîtres qui donnaient du travail à un nombre incertain de travailleurs à domicile et dans l'atelier du maître. Les corroyeurs bruxellois, au nombre d'une trentaine, étaient en 1481 et années suivantes, actifs sur les foires de Bergen-op-Zoom ; ceux de Bois-le-Duc les égalaient. Vers 1408, les pelletiers se séparaient à Louvain et à Anvers des tanneurs ; à la fin du siècle, ils avaient aussi une certaine importance à Bois-le-Duc. En 1477, il y avait à Louvain une soixantaine de maîtres ; ils agissaient surtout comme maîtres d'œuvres et comme grossistes, car à chaque foire à Bergen-op-Zoom en 1481-1482 on en comptait une trentaine. Ces industries étaient devenues si importantes qu'à la fin du XVe siècle les foires d'Anvers et de Bergen-op-Zoom étaient pour une large part des centres du commerce de peaux et de

69. E. Sabbe, op. cit., I, pp. 143-162, 117 et 139-140.
70. R. van Uytven, De sociale krisis der XVIe euew te Leuven, dans R.B.P.H., XXXVI (1958), pp. 360-361 : En 1477 on comptait à Louvain 54 maîtres-tisserands du lin ; E. Sabbe, op. cit., I, pp. 119-120 : Dans cette même période le métier des tisserands de lin comptait à Nivelles 111 maîtres, le métier des tisserands de laine 65 maîtres. Ibidem, pp. 118-119.
71. En 1363, la corporation gantoise des tisserands de lin comptait 106 membres (H. Pirenne, op. cit., I, p. 481, n. 39) ; E. Sabbe, op. cit., I, pp. 134-139.
72. En 1473, les Membres de Flandre constataient que « le pays est plein de bestail » (L. Gilliodts-van Severen, op. cit., VI, p. 58). A la fin du XVe siècle le nombre des bêtes à cornes était en augmentation en West-Flandre (M. Braure, art. cit., pp. 186 et 171-172). C'est sans doute grâce à ce développement de l'élevage que les prix des produits laitiers restent stables en Flandre et en Hollande, alors qu'ils montent partout ailleurs (M. M. Postan, The Age of Contraction, p. 210 ; H. van Houtte, Documents pour servir à l'histoire des prix de 1381 à 1794 (C.R.H., in-4º), Bruxelles, 1902).
73. Calculé d'après l'accise sur le tannage des peaux, dont on retrouve les rapports dans les comptes communaux de Louvain.
74. R. Marquant, op. cit., p. 177.

fourrures. Dans la dernière ville d'ailleurs, le tonlieu des peaux rapportait plus que celui des draps, et cela dès 1384. Il suffit de jeter un coup d'œil sur les comptes du tonlieu d'Iersekeroord pour se convaincre de l'importance de cette branche de l'activité économique. Les matières premières étaient importées par les Hanséates, mais aussi par des gantiers de Bruxelles, par des gens de Bergen-op-Zoom, de Bois-le-Duc et de Diest, d'Espagne, d'Ecosse, de Frise et d'Europe Orientale. L'exportation était dirigée vers l'Angleterre, la France, l'Italie et l'Allemagne. D'après les données du tonlieu à Bergen-op-Zoom (*Graphique 1*) [75] ces industries et ce négoce s'étaient fort développés dans le cours du siècle et après 1450 l'essor fut très prononcé. Une certaine stagnation se manifesta après 1470, mais ce n'est qu'après 1486 qu'un véritable écroulement se produisit [76].

Bien que déjà pratiquée dans plusieurs villes au XIVe siècle, l'industrie de la tapisserie ne monta que dans le siècle suivant. Entre 1420 et 1440, la ville d'Arras comptait au moins 100 *haulte-liseurs*, tous patrons fortunés ; après 1450, une régression se remarque [77]. En regard de cela, il y eut un progrès notable dans toutes les villes de Flandre et de Brabant, comme le montre à suffisance l'érection de corporations autonomes à Louvain en 1426, peu après à Anvers, à Audenarde en 1441, à Bruxelles en 1450, à Gand, Diest, Tirlemont, Saint-Trond, Bruges, Malines, etc. [78]. Le métier de Louvain comptait en 1477 environ 50 maîtres qui étaient à la tête d'entreprises grandes et moyennes [79]. A Bruxelles, on note entre 1417 et 1431 l'admission au métier de 20 maîtres, de 27 compagnons et de 81 apprentis et entre 1432 et 1446 celle de 15 maîtres, de 100 compagnons et de 148 apprentis [80]. La main-d'œuvre dans cette branche était donc impressionnante et elle s'étendait toujours. A Gand, entre 1467 et 1496, 112 maîtres, 28 compagnons et 37 apprentis furent admis au métier et les entreprises gantoises souffraient constamment de la pénurie du main-d'œuvre. En 1457, les tapissiers gantois prétendaient que la tapisserie était à la base de l'essor de plusieurs grandes villes comme Louvain et Bruxelles, et pour cette raison ils demandèrent au magistrat de prendre des mesures pour pallier la rareté constante d'ouvriers [81]. La production était exportée par Anvers et par Bergen-op-Zoom ou par Bruges vers l'Angleterre, la France, l'Italie et l'Espagne [82].

75. K. SLOOTMANS, *Huiden en pelzen op de jaarmarkten van Bergen-op-Zoom*, passim : deux gantiers de Bruxelles achetèrent à Bergen-op-Zoom 250 peaux de chèvres provenant des pays baltiques ; en 1479, 16 marchands de Diest importèrent par voie terrestre, de Lübeck vers Bergen-op-Zoom, pareilles marchandises et en 1490 au moins 8 commerçants de Bois-le-Duc font de même, etc.

76. W. S. UNGER, *op. cit.*, passim et pp. 520-527 : citation expresse de peaux en possession de gens de Gand, Bruxelles, Diest, Louvain et Malines ; à remarquer également l'importation massive de peaux de lapins. K. SLOOTMANS, *De Bergen-op-Zoomse Jaarmarkten en de bezoekers uit Zuidnederland*, p. 26 et Tableau ; F. PRIMS, *Geschiedenis van Antwerpen*, V 2, Anvers 1935, p. 22 et VII 2, Anvers, 1937, p. 43 : R. DE ROOVER, *art. cit.*, pp. 381-382 ; R. VAN UYTVEN, *De sociale krisis der XVIe eeuw*, pp. 361-362.

77. J. LESTOCQUOY, *Financiers, courtiers, haultelisseurs d'Arras au XIIIe-XIVe siècle*, dans R.P.B.H., XVII (1938), pp. 916-918.

78. H. GÖBEL, *Wandteppiche. I. Die Niederländе*, Leipzig, 1923.

79. R. VAN UYTVEN, *De Leuvense legwerkers van het begin der XIVe tot het einde der XVIe eeuw*, dans *Artes Textiles*, V (1959-60), pp. 5-30.

80. J. CUVELIER, *De tapijtwevers van Brussel*, dans *Verslagen en Mededelingen v.d. Koninklijke Vlaamsche Academie voor Taal en Letterkunde*, 1912, p. 375.

81. M. DUVERGER, *De externe geschiedenis van het Gentse tapijtweversambacht*, dans *Artes Textiles*, II (1955), passim.

82. J. VERSYP, *De Geschiedenis van de tapijtkunst te Brugge* (*Verhandelingen v.d. Koninklijke Vlaamse Academie, Klasse der Schone Kunsten*, VIII), pp. 56-59 ; W. S. UNGER, *op. cit.*, pp. 481

Presque de même importance que la tapisserie, était le travail du métal à Bruxelles dès le début, et à Malines depuis la seconde moitié du siècle. Les armes de Bruxelles étaient réputées. En 1481, il y avait 20 couteliers et 10 éperonniers bruxellois à la foire de Bergen-op-Zoom et Malines devint sous Charles le Téméraire un arsenal d'artillerie. A la fin du siècle, on notait dans cette ville une cinquantaine d'ateliers [83]. Il nous mènerait trop loin de faire passer en revue tous les métiers de luxe qui connurent l'âge d'or au XVᵉ siècle ou qui furent en croissance : A Bruges et à Anvers, il y avait les fabricants de satin, qui avaient les Anglais comme meilleurs clients [84], et les fabricants de cotonnades qui fournissaient spécialement aux Espagnols [85], les chapeliers, les nombreux métiers d'art comme les peintres, les cisailleurs d'images et de retables à Bruxelles, Anvers et Malines, les brodeurs, les fabricants de chapelets à Bruges, les industries du livre et du papier à Anvers, Louvain, Alost et Bruges. La poterie flamande et la briqueterie du Brabant eurent une certaine importance ; leurs produits s'exportaient en masse vers l'Angleterre, la Hollande et la France.

Il faut également signaler l'expansion de la pêche flamande qui s'était développée depuis le début du siècle, après que « l'invention » de G. Beuckels se fût répandue et que les bancs de poissons se fussent rapprochés de nos côtes. Citons surtout Nieuport, où en 1474 soixante-dix pêcheurs de harengs s'étaient établis, et Ostende qui avait un port de pêche depuis 1445 et qui s'appliquait à la pêche de la morue. A Bruges même, il y avait en 1457 quatre baleiniers et 36 à 40 chaloupes pour la pêche du hareng [86]. Il est à noter qu'au XVᵉ siècle, le hareng caqué et le poisson salé constituaient un frêt de retour important pour l'apport de vins français [87]. Les marins flamands et anversois prirent une part importante dans la navigation vers la France et l'Angleterre [88]. Pendant les hostilités avec l'Angleterre de 1435 à 1439, la navigation flamande eut beaucoup à souffrir et la guerre économique déchaînée par Louis XI était près de la paralyser. Depuis 1475, il fallut dédommager les fermiers

ss. et 520 ; N.S.B. GRAS, *The early English customs system*, Cambridge, 1918, pp. 575 et 700-705 ; D. B. QUINN-A. A. RUDDOCK, *The Port Books of Local Customs Accounts of Southampton for the Reign of Zdward IV*, II (1477-1481) (Publications of the Southampton Record Society, XXXVIII), Southampton, 1938 : importation importante de tapisserie par les Italiens ; H. LAURENT, *Choix de documents pour servir à l'histoire de l'expansion commerciale des Pays-Bas en France au moyen âge*, dans B.C.R.H., XCVIII (1934), p. 415 : Le duc de Bourgogne assigna en 1443 la foire de Chalon-sur-Saône comme étape obligatoire pour l'exportation de produits textiles, entre autres de tapis, vers la France ; R. DE ROOVER, art. cit., p. 382.

83. K. SLOOTMANS, *De Bergen-op-Zoomse Jaarmarkten*, Annexe ; J. SQUILBECK, *Le travail du métal à Bruxelles*, dans *Bruxelles au XVᵉ siècle*, Bruxelles, 1953, pp. 246-271 ; G. VAN DOORSLAER, *L'ancienne industrie de cuivre à Malines*, dans *Bulletin du Cercle archéologique de Malines*, XX (1910), pp. 53-113 et 265-379.

84. J. A. VAN HOUTTE, *Nijverheid en Landbouw*, dans *Algemene Geschiedenis der Nederlanden*, IV, pp. 211-212 ; N. S. B. GRAS, op. cit., pp. 691-705 (tarif de la fin du XVᵉ siècle) ; L. LYELL-F. D. WATNEY, *Acts of Court of the Mercers Company (1453-1527)*, Cambridge, 1936, pp. 118 (anno 1479) et 595 (anno 1495).

85. *The Libelle of Englyshe Policye*, p. 5, v. 76. L'Angleterre aussi était acheteuse (L. LYELL-F. D. WATNEY, op. cit., p. 118).

86. J. A. VAN HOUTTE, *Esquisse d'une histoire économique de la Belgique*, Louvain, 1943, p. 42 ; J. FINOT, *Relations commerciales entre la Flandre et l'Espagne*, p. 203.

87. J. CRAEYBECKX, op. cit., p. 137.

88. J. CRAEYBECKX, op. cit., pp. 118-122 ; P. STUDER, *The Port Books of Southampton (1427-1430)* (Publications of the Southampton Record Society), Southampton, 1913, p. xxv : en 1428, 7 navires de l'Écluse et 2 d'Anvers visitèrent le port de Southampton ; en 1430, il y en avait même 11 de l'Écluse.

des droits de pêche pour les pertes qu'ils subissaient. En 1479 et 1480, les pirates français choisirent les mois d'octobre à décembre, qui étaient la saison par excellence pour la pêche aux harengs, pour attaquer les bateaux flamands, malgré la protection militaire [89].

Toutes les études récentes sur la « dépression » du fin du Moyen Âge sont unanimes dans leur thèse qu'il s'agit en premier lieu, sinon en essence, d'une crise agraire et en particulier d'une crise dans la culture du blé. Les *Wüstungen*, — abandons de cultures —, en seraient l'expression la plus typique [90]. Si cela est vrai, l'on peut dire à priori que les régions dont nous venons de parler, en ont été atteintes dans un degré moindre que n'importe quel autre pays. A peu près la moitié de leur activité devait se situer sur le plan commercial et industriel ; une telle proportion ne fut égalée de loin en aucun autre pays, à l'exception peut-être de l'Italie du Nord [91]. L'histoire économique de l'agriculture des Pays-Bas au XVe siècle est encore entièrement à écrire, de sorte qu'il est difficile de se former une idée exacte de l'extension des *Wüstungen* dans ces contrées. L'étendue impressionnante qu'elles occupaient en France et en Allemagne ne se retrouvera certainement nulle part ici ; car en ce cas la littérature aurait sans doute mentionné cette particularité. Il paraîtrait cependant que dans la Campine Anversoise, dans un périmètre de 40 km. autour d'Anvers, des bois défrichés aux XIIe et XIIIe siècles, auraient dégénéré graduellement en bruyères entre le XIVe et le XVIIe [92]. Dans le comté de Namur, moins peuplé et plus agraire que la Flandre et le Brabant, de nombreux champs sont laissés temporairement incultes : ainsi vers 1370, 1410-1411 et après 1430, chaque fois après des épidémies de peste et des dévastations [93]. Il paraît que vers le milieu du XIVe siècle, des terres auraient été abandonnées aux environs de Bois-le-Duc et de Louvain ; mais avant la fin du siècle même, elles étaient de nouveau cultivées [94]. Vers la fin du XVe siècle, dans toute l'étendue du quartier

89. R. Gandilhon, *Politique économique de Louis XI*, pp. 385 et 391 ; J. Finot, *Relations commerciales entre la Flandre et l'Espagne*, p. 171.

90. W. Abel, *Die Wüstungen des ausgehenden Mittelalters*, Jena, 1943 ; F. Lutge, *Das 14.-15. Jahrhundert in der Sozial- und Wirtschaftsgeschichte*, dans *Jahrbücher für Nationalökonomie und Statistik*, CLXII (1950), pp. 161-213 ; E. Kelter, *Das Deutsche Wirtschaftsleben des 14. und 15. Jahrhunderts im Schatten der Pestepidemien*, dans *Jahrbücher für Nationalökonomie und Statistik*, CLXV (1953), pp. 161-208 ; W. Abel, *Wüstungen und Preisfall im spätmittelalterlichen Europa*, dans *Jahrbücher für Nationalökonomie und Statistik*, CLXV (1953), pp. 380-427.

91. Plus de 30 % de la population du Brabant vivaient dans les villes, qui sont, par définition, des centres industriels et commerciaux ; en Hollande, plus de la moitié de la population était établie dans les villes (J. A. van Houtte, *Maatschappelijke Toestanden*, dans *Algemene Geschiedenis der Nederlanden*, IV, pp. 226-227). Bien que les villes secondaires aient conservé pendant longtemps un aspect semi-rural, les populations campagnardes en Flandre et en Brabant étaient industrialisées pour une bonne part. Même l'agriculture fournissait des plantes industrielles.

92. P. Lindemans, *Geschiedenis van de Landbouw in België*, Anvers, 1952 (2 tomes), et H. P. H. Jansen, *Landbouwpacht in Brabant in de veertiende en vijftiende eeuw*, Amsterdam, 1955, ne traitent pas de ce problème. A. Verhulst, *Het Landschap. I. Het platteland*, dans *Flandria Nostra*, I, Anvers, 1957, pp. 34 et 37.

93. L. Genicot, *L'économie rurale namuroise au bas moyen âge (1199-1429). I. La seigneurie foncière* (Recueils Université de Louvain, Histoire et Philologie, 3e série, 17), Louvain, 1943, pp. 288-290 ; Id., *Formorture et mortemain dans le comté de Namur après 1431*, dans *Études d'histoire et d'archéologie namuroise dédiées à F. COURTOY*, II, Namur, 1952, pp. 499-500.

94. Archives générales du Royaume, Bruxelles ; Commission d'assistance publique de Louvain, n° 1254 (1372-1373), f. 9 : « terres et champs, actuellement boisés à Bois-le-Duc. » et f. 12 : « une terre qui est restée en friche pendant 45 ans... ». T. Ploegaerts-G. Boulmont, *L'abbaye Cistercienne de Villers pendant les 5 derniers siècles de son existence*, dans *Annales de*

de Louvain et dans les environs, les campagnes eurent à subir une crise grave. Par suite des hostilités et de la ruine conséquente des fermes et des moissons, des terres restèrent en friche durant quelques années. Ce n'est qu'après 1490 qu'elles furent reprises pour la culture [95]. D'autre part, il n'était pas rare que dans les baux, il était stipulé que le fermier était tenu de défricher une étendue déterminée de terres vagues [96]. En Flandre, des capitaux considérables furent investis, souvent sous l'impulsion du duc et de sa suite, pour assécher des marais et pour arracher des terres au flux de la mer [97]. Avec leurs populations assez denses, la Flandre et le Brabant souffraient plutôt d'une disette des grains. L'agriculture ne suffisait plus à nourrir les habitants, d'autant plus que toute une série de plantes industrielles devaient également être cultivées comme le lin et les matières tinctoriales indispensables, telles la guède et la garance [98]. Dans ces vieilles terres de culture, un autre facteur poussait souvent les exploitants à négliger leurs fermes. Les charges qui pesaient sur elles et surtout celles des emprunts répétés pouvaient parfois rendre l'exploitation non rentable. En général, les créanciers et les seigneurs fonciers n'attendaient pas longtemps pour s'approprier les terres ainsi abandonnées et pour les remettre en rapport [99]. Les progrès de l'élevage du bétail en Flandre et en Brabant, pour lequel au cours du siècle des prairies artificielles furent créées, avaient développé le commerce de produits laitiers, et la productivité du sol avait été améliorée par l'addition de fumier d'étable [100]. L'élevage des chevaux paraît avoir été très florissant en Flandre : Bruges était un marché international pour des chevaux de guerre [101]. La culture fruitière avait progressé dans certaines régions.

la *Société archéologique de Nivelles*, XI (1926), p. 315 : en 1389, l'abbé prend en location 36 bonniers de terre à Bierbeek et Neervelp « que diu nuda et inculta jacuit ».

95. Un acte de bail de Wezemael, conclu le 29 septembre 1490 (Archives de la ville de Louvain, n° 7384) stipule que le fermier jouira d'une réduction du loyer pendant les trois premières années parce que les champs n'avaient pas été suffisamment travaillés les dernières années et que la prairie n'avait pas été fauchée pendant la guerre. Le fermier était obligé d'aplanir les terres remuées pendant les hostilités.

Le 19 mars 1490, une décision fut prise concernant un litige à propos d'une ferme à Wilsele. Le fermier est dispensé de la moitié du loyer « parce qu'il n'avait pu ensemencer la terre de seigle à cause de faits de guerre » (Archives de Louvain, n° 7775). On rencontre quantité d'exemples pareils pour la région de Louvain, mais dans les banlieues d'Anvers et de Malines et en Flandre, la guerre civile avait créé une situation pareille (E. POULLET, *Sire Louis Pynnock*, pp. 281-295). Déjà en décembre 1483, il est question de bois nouveaux qui naguère encore étaient terres de labour dans le quartier de Louvain (ID., *Les juridictions et la propriété foncière au XVe siècle dans le quartier de Louvain* (*Mémoires Académie Royale de Belgique*, in-8°, XVIII), Bruxelles, 1866, p. 48).

96. E. POULLET, *Les juridictions...*, p. 48.

97. H. PIRENNE, *op. cit.*, I, pp. 477-478 ; J. A. VAN HOUTTE, *Nijverheid en Landbouw*, dans *Algemene Geschiedenis der Nederlanden*, IV, pp. 222-223.

98. La guède, pour la teinture bleue, est extraite des feuilles de l'*Isatis tinctoria L.*, la garance des racines du *Rubia tinctorum L.* La guède était cultivée dans la région de Lille et dans le Brabant, la garance dans le Brabant et la Zélande. Les deux produits étaient même exportés en Angleterre (M. BRAURE, *art. cit.*, p. 184 ; *The Libelle of Englyshe Policye*, p. 28, vv. 541-544).

99. Des exemples se retrouvent chez M. BRAURE, *art. cit.*, pp. 101-103. C'est pour cette raison que presque partout les rentes perpétuelles furent déclarées rachetables (P. GODDING, *Quelques caractéristiques du droit régissant la propriété foncière à Bruxelles au moyen âge*, dans *Revue du Nord*, XXXV (1953), pp. 77-78 ; L. GILLIODTS-VAN SEVEREN, *op. cit.*, V, pp. 454-456).

100. J. A. VAN HOUTTE, *Nijverheid en Landbouw*, dans *Algemene Geschiedenis der Nederlanden*, IV, pp. 220-222 ; H. P. H. JANSEN, *op. cit.*, pp. 45-48.

101. B. KUSKE, *Quellen zur Geschichte des Kölner Handels und Verkehrs im Mittelalter*, IV, Bonn, 1934, pp. 1-89 ; M. BRAURE, *art. cit.*, pp. 171 et 185.

Des cargaisons entières de pommes et de noix étaient exportées vers l'Angleterre [102].

En plus, les ducs avaient contribué à la prospérité de certaines villes : la cour et les institutions centrales à Bruxelles, Lille, Malines et Ypres, l'université à Louvain, l'étape des grains à Gand, etc., étaient la source de bien des moyens d'existence.

Compte tenu de tout ceci et malgré le déclin de la draperie urbaine, il est indiqué de parler avec H. Pirenne d'un renouveau économique au XVe siècle. Celui-ci était plus prononcé dans le Brabant qu'en Flandre, grâce à l'influence bienfaisante des marchés brabançons et aussi parce que la draperie urbaine avait moins d'influence sur les moyens d'existence au Brabant. La période d'avant Philippe le Bon n'y était cependant pas rassurante. Ici comme en Flandre, bien qu'à une échelle moindre, 1438-1439 étaient des années de crise. Après, commença une ère de prospérité qui s'accentua après 1445 et plus encore après 1465. Cette prospérité dura jusqu'en 1475 et même jusqu'en 1485. La dépression qui toucha alors le Brabant aussi bien que la Flandre, atteignit toutes les branches de la vie économique et elle ne peut être comparée qu'à la crise de la fin du XVIe siècle [103]. Si Commynes avait, avec assez d'exactitude, situé le début de la haute conjoncture vers 1442, son ressentiment contre Charles le Téméraire en revanche a sans doute troublé sa vue sur le règne de ce prince. Pour ce motif, on saurait difficilement trop souligner l'envol de l'économie sous le règne du Téméraire et la dépression générale qui l'a suivi, environ dans les deux dernières décennies du siècle. Les ralentissements que l'on a remarqués vers le milieu du siècle ne peuvent être expliqués par les facteurs politiques. Il n'est pas téméraire de penser qu'ils furent la suite des effets paralysants de la peste qui sévit dans cette période [104].

L'essor du XVe siècle ne peut être attribué à la découverte de nouveaux et vastes marchés comme c'est le cas, en grande partie, pour le renouveau du XVIe siècle, ni à l'extension des marchés par suite de l'accroissement de la population comme ce fut le cas au XIIe et au XIIIe siècles. L'élargissement de l'horizon géographique, — hormis les relations avec l'Islande —, a lieu à la fin du XVe siècle et eut d'abord peu de répercussions économiques. Dans presque toute l'Europe, hormis l'Italie, la population décroît ou tout au moins est stagnante jusqu'à 1475. Pour les Pays-Bas, nous ne disposons que des dénombrements des foyers du Brabant pour nous renseigner avec quelque précision. De 92.738 foyers en 1437, leur nombre baissa jusqu'à 91.957 en 1464 ; une diminution sérieuse se produisit en 1473 jusqu'à 85.527 foyers et par une légère amélioration en 1480 le nombre remonta à 86.500 pour diminuer derechef jusqu'à 75.343 en 1496. En 1536, les foyers étaient remontés à 97.013. Abstraction faite de la chute en 1496, consécutive au malaise économique et probablement aussi aux épidémies de peste de 1484, 1488-1489 et 1494 et des hostilités, il est difficile de parler d'une diminution sensible de la population par suite d'une dépression économique. Jusqu'en 1437, la population semble augmenter et la baisse en 1480 par rapport à 1437 n'était que de 7,8 %. Le mouvement de la population ne cadre pas avec l'évolution de l'économie et doit être expliqué par d'autres facteurs,

---

102. P. STUDER, *op. cit.*, *passim* ; de nombreuses citations également dans les *Customs Accounts* de Londres.

103. H. PIRENNE, *op. cit.*, I, p. 468.

104. C'était le cas également en Angleterre (J. SALTMARSH, *Plague and Economic decline in England in the later Middle Ages*, dans *The Cambridge Historical Journal*, VII (1941-1943), pp. 23-41, spécialement pp. 39-40.

spécialement la peste et les disettes. Ainsi la baisse après 1437 avait indubitablement pour cause les pestes de 1438 et de 1458 [105]. Dans les châtellenies de Lille, Douai et Orchies, qui eurent cependant beaucoup à souffrir des hostilités, la population avait néanmoins augmenté entre 1449 et 1505, mais elle avait subi de sévères pertes lors de la crise de 1438. En 1449, il y avait 10.900 personnes qui payaient les aides ; en 1498, il y en avait 10.500 et en 1505, 13.600. L'augmentation était, en fait, venue après 1493. Il y eut des hostilités de 1477 à 1482, de 1486 à 1488 et de 1491 à 1493 [106]. Les données sur le plat pays du Hainaut ne permettent pas de conclure à une diminution de la population au XVe siècle. Les pertes réelles se situent entre 1365 et 1406 et après 1469, probablement entre 1477 et 1496 [107]. Il faut néanmoins tenir compte de ce qu'en dépit de la stabilité relative de la population, le nombre et le pourcentage des personnes aisées, et par conséquent des consommateurs principaux, avaient diminué d'environ 15 %, comme il ressort des données du Brabant déjà citées.

On serait tenté de rechercher par une étude des prix et des salaires quelle influence la stagnation de la population et l'évolution sociale ont eue sur l'économie. Si l'on peut se fier aux données de l'épier flamand, le niveau des prix des grains, calculés en monnaie de compte, serait resté inchangé durant les trois premiers quarts du siècle [108]. Les salaires nominaux restèrent stables à Louvain après 1436 jusqu'au XVIe siècle ; à Lille, il n'y eut jusqu'en 1470 aucune trace d'augmentation [109]. L'effet typique de la dépopulation sur les séries (prix de grains en baisse et salaires en hausse) ne se perçoit pas dans les deux régions envisagées ; ce qui confirme qu'en ce point essentiel du soi-disant *age of contraction* ces pays faisaient bonne figure en comparaison avec d'autres [110].

Ce qui rend l'étude des prix si délicate, c'est que leur évolution donne une image toute différente selon qu'ils sont exprimés en monnaie de compte ou en poids d'argent. On risque d'une part que les manipulations monétaires des souverains faussent l'image et d'autre part qu'on aille considérer des prix en baisse comme l'expression d'une moindre demande quand il ne s'agit en fait que d'une augmentation de la valeur du métal précieux. Dans cette période, on rencontre tant de traces de la

105. J. CUVELIER, op. cit., passim. A Bruges, l'épidémie de 1438 sévit de mai à novembre. Le continuateur de Jean de Dixmude comptait à son apogée plus de 30 décès par jour et par paroisse et des jours de 20 à 30 décès étaient nombreux. Vers le 1er octobre, la ville avait perdu le cinquième de sa population (J. J. DESMET, Corpus Chronicorum Flandrie, III, Bruxelles, 1856, pp. 102-105 ; J. KERVYN DE LETTENHOVE, Chroniques relatives à l'histoire de la Belgique sous la domination des ducs de Bourgogne, III, Bruxelles, 1846, pp. 404 et 587).

106. M. BRAURE, art. cit., pp. 165-166, 109-112, 174-195 et 198, et J. DE SMET, Le dénombrement des foyers en Flandre en 1469, dans B.C.R.H., XCIX (1935), pp. 105-150.

107. M. A. ARNOULD, Les dénombrements de foyers dans le comté de Hainaut (XIVe-XVIe siècle) (C.R.H., in-4º), Bruxelles, 1956, pp. 156, 278-279, Tableau III et Graphique II.

108. Comme on le sait, une commission composée de fonctionnaires du comté établissait chaque année des prix moyens des céréales sur base des relevés de marchés opérés régulièrement pendant l'année en vue de convertir les cens et les rentes en nature en monnaie courante. Il paraît que dans la seconde moitié du XVIe siècle les fonctionnaires se soient laissés influencer par des considérations sociales et ainsi les hausses des prix furent mitigées considérablement dans les listes officielles (H. VAN HOUTTE, op. cit. ; A. WIJFFELS, De prijzen van de grafelijke spijker in Vlaanderen. Reëel of misvormd beeld ?, dans Bijdragen tot de Prijzengeschiedenis, I (1957), pp. 1-7.

109. Le salaire nominal d'un maître-maçon resta constant à Louvain à partir de 1436, c'est-à-dire 12 plaques ou 8 gr. fl. d'après les comptes de la ville. R. MARQUANT, op. cit., p. 217.

110. M. M. POSTAN, Some economic evidence of declining population in the later middle ages, dans The Economic History Review, 2e série, II (1950), pp. 221-246.

disette du métal monétaire que cet élément pèse autant que la diminution de la population dans la « dépression des prix » [111]. Il est évident que ce manque d'argent ne fut que partiellement compensé par toutes sortes d'ouvertures de crédit, qui se pratiquèrent sur une grande échelle en certains milieux [112] sans cependant se généraliser. Les autorités contre-carraient autant que possible ces pratiques de crédit parce qu'elles y voyaient une atteinte à leur droit de frappe [113]. En bien des cas, le commerce prit les allures du troc où la vente devait valoir l'achat [114].

D'où venait ce manque d'or et d'argent ? La production de métaux précieux était plutôt mince en Europe et elle venait principalement des mines de Sud et de l'Est de l'Allemagne et de la Hongrie. Dans la première moitié du XVᵉ siècle et surtout dans les années 1415-1436, la production y était particulièrement basse. Ce n'est qu'après 1460 et surtout depuis 1470/80 qu'augmenta l'extraction d'argent grâce aux inventions chimiques et techniques [115]. Mais au regard de cette production, il y avait une perte continuelle de métal précieux par suite de la balance commerciale déficitaire avec le Proche-Orient, dont l'importation d'épices, fort chères, de soieries, d'armes et d'étoffes d'Orient, ne pouvait être payée qu'en partie par les produits de l'Europe tels que draps et toiles de lin. Il en fut de même vis-à-vis de la Russie dont les fourrures et la cire, employées en grandes quantités en Europe, excédaient de loin en valeur les produits occidentaux que la population indigène peu dense, pauvre et peu développée, pouvait acheter. Il faut y ajouter un ralentissement dans la circulation monétaire par l'accumulation de l'or et de l'argent dans les trésors d'églises, dans les coffres des épargnes royales et les collections particulières. La peur de ne pouvoir disposer d'un numéraire suffisant lors d'un renchérissement, incitait d'ailleurs à constituer des réserves et la constatation que l'argent augmentait en valeur poussait aussi à le thésauriser plutôt qu'à l'investir en biens ou en marchandises.

Tous les facteurs que nous avons analysés jusqu'à présent étaient concomitants d'une cause plus profonde : à savoir, le progrès constant de « l'économie-argent » ou autrement dit, la diffusion de la civilisation urbaine. Ce processus lent avait débuté par la naissance des villes même et semble atteindre son apogée de nos jours. Par son action, le campagnard, vivant surtout sous un régime d'économie locale et pourvoyant en grande partie à ses propres besoins, participa de plus en plus au raffinement des citadins et à leur mode de vie. Ainsi, il était attiré par le marché urbain et il fut plus intensément qu'auparavant entraîné dans le circuit monétaire [116]. A la fin du Moyen Age, il semble que l'argent se

111. A. GIRARD, *Un phénomène économique : La guerre monétaire (XIVᵉ-XVᵉ siècle)*, dans *Annales*, II (1940), pp. 207-218 ; M. MOLLAT, *Le Commerce maritime normand à la fin du moyen âge*, pp. 379-387 ; P. WOLFF, *op. cit.*, pp. 327-347 et 402 ; M. M. POSTAN, *The age of Contraction*, p. 211, qui cependant minimise l'influence.

112. M. M. POSTAN, *Credit in Medieval trade*, dans *The Economic History Review I* (1928), pp. 234-261.

113. E. POWER, *art. cit.*, pp. 79-90 ; R. DE ROOVER, *Money, Banking and Credit in Medieval Bruges*. Cambridge, 1948, pp. 338-341.

114. N. J. M. KERLING, *Commercial relations of Holland and Zeeland with England from the late 13th century to the close of the middle ages*, Leiden, 1954, pp. 66-68 ; P. WOLFF., *op. cit.*, pp. 346-347 ; M. MOLLAT, *op. cit.*, p. 387. Nous avons pu faire la même constatation pour les marchands louvanistes sur les foires brabançonnes.

115. J. U. NEF, *Silver Production in Central Europ (1450-1618)*, dans *The Journal of Political Economy*, XLIX (1941), pp. 575-591.

116. Dans le même sens F. GRAUS, *La crise monétaire du XIVᵉ siècle*, dans R.B.P.H., XXIX (1951), pp. 445-454.

soit répandu tout à coup plus largement sur les campagnes. Ceci fut causé surtout par le déplacement de l'industrie des villes vers la campagne. Les motifs qui ont amené les entrepreneurs industriels à embaucher les campagnards ont été exposés ci-dessus. La migration de l'industrie vers le plat pays était d'ailleurs favorisée par l'état fort précaire des fermiers, éprouvés souvent par de mauvaises récoltes alors qu'en temps normaux les petites entreprises agricoles nourrissaient à peine les cultivateurs. Une augmentation de revenu par un travail industriel pendant l'hiver était donc bienvenue pour les petits fermiers, qui constituaient la majorité des campagnards. Dans la région de Courtrai, sur 1.250 fermiers on en comptait, à la fin du XIVe siècle, 1.000 qui cultivaient moins de 5 ha. et cette situation était en relation étroite avec la diffusion de la draperie et de l'industrie linière dans cette région [117]. Dans le Brabant, bien qu'il fût de défrichement plus récent, il est probable que la situation n'était pas trop différente : à Fleurus, localité namuroise près des frontières du duché, des 105 fermiers, 75 cultivaient moins de 3 bonniers et 29 d'eux même moins d'un bonnier [118]. Pourtant la conquête de la campagne par l'industrie fut sensiblement moins prononcée en Brabant qu'en Flandre. A peine peut-on citer le cas bien connu de Duffel, où la draperie nouvelle s'était implantée et plus en général peut-être le Brabant Septentrional, influencé directement par les marchés internationaux d'Anvers et de Bergen-op-Zoom. Peut-être les villes brabançonnes n'étaient-elles pas à tel point saturées que les grandes villes flamandes ? Louvain par exemple attirait des tisserands de lin et des tapissiers de la campagne jusqu'à la fin du XVe siècle. Par l'embauchage des fermiers pour la production industrielle sur une échelle de plus en plus large, la circulation monétaire s'amplifia et la même masse de numéraire servant à un nombre plus grand de consommateurs, il y eut pénurie et renchérissement des moyens de payement. Mais par l'élargissement de l'économie-argent les débouchés des industries et du commerce d'articles de luxe furent considérablement élargis.

Appliquons à ce que nous venons d'exposer la formule $P = \dfrac{M\ I\ D}{O}$, qui est, en somme, une variante de l'équation bien connue d'Irving Fisher. P représente le niveau des prix, M la masse monétaire, I la vitesse de circulation, D la demande et O l'offre. Il est clair que M I manifeste une tendance à la baisse au XVe siècle. D, l'autre élément du numérateur, évolue pour ce qui concerne les prix des céréales et d'autres besoins indispensables, encore qu'avec une élasticité moindre, dans le même sens à cause de la diminution de la population après 1437. Un ajustement de l'offre, — O dans notre formule, — ou ce qui revient au même, une adaptation de la production en Flandre et en Brabant pour maintenir les prix à un niveau stable est, comme on l'a dit ailleurs, impensable, puisque ceux-ci dépendent des importations. Les deux régions subissent l'effet de la production amoindrie de l'Allemagne et de la France, mais parce que c'étaient des terres marginales à frais de production élevées qui y furent abandonnées, il s'en suivit, bien paradoxalement, une accélération de la tendance à la baisse [119]. Ce processus est illustré clairement

117. E. SABBE, Grondbezit en Landbouw. Economische en sociale toestanden in de kastelenij Kortrijk op het einde der XIVe eeuw, dans Handelingen v.d. Koninklijke Geschied- en Oudheidkundige Kring van Kortrijk, nouvelle série, XV (1936), p. 401.

118. L. GENICOT, op. cit., p. 232. Dans le quartier de Louvain les terres étaient extrêmement morcelées (E. POULLET, Les juridictions..., p. 11).

119. W. ABEL, Wüstungen und Preisfall, pp. 406-407.

par la courbe des prix des céréales en poids d'argent [120] (*Graphique 4*).
Vers 1470, ce mouvement se renversa à cause de l'importation accrue
d'argent de l'Europe Centrale, qui se fit sentir rapidement sur les marchés
des Pays-Bas. Les Hanséates étaient les piliers des marchés de Bruges
et d'Anvers, et après 1450 avaient fait leur apparition en cette dernière
ville les Allemands du Sud qui tenaient précisément en mains les exploitations des mines d'argent des Alpes et des Carpathes. Par la prohibition
de Louis XI en 1470, les Pays-Bas perdirent une de leurs régions de
ravitaillement, les régions de la Seine et de la Somme. En effet : « Le
roi ne veult point que ses subjetz vendent ne mennent pour vendre ès
pays de Monseigneur de Bourgoigne, blez ne vins, considérant que ceux
des pays de Hollande, Zelande et Flandre ont très grande nécessité de
blez, par quoy ceulx desdits pais auroient mieux cause de eulx esmouvoit
contre mondit Seigneur de Bourgoigne ». De nouveau, le 21 février 1475,
le roi Louis défendit tout commerce avec les sujets bourguignons et
décréta une guerre sans merci contre les navires hollandais et hanséatiques
qui importaient du blé des pays baltiques. En cette même année, il parvint
à forcer le duc de Bretagne à interdire le commerce de produits alimentaires entre ses sujets et les Pays-Bas. Malgré ces mesures sévères, l'approvisionnement des Pays-Bas était trop lucratif pour être complètement
délaissé. Les chefs français reçurent l'ordre, lors de leurs incursions en
Flandre, de détruire systématiquement les champs et les moissons. Le
roi emmena même des troupes de faucheurs du Soissonnais et du Ver-
mandois [121]. Le style de Molinet, dont la rhétorique frise souvent le
ridicule, a des accents sincères d'indignation et de mépris pour ce « roy
des faucheurs de France » et pour sa « guerre aux bledz et aux avaines » [122].
La révolte contre Maximilien et la campagne de son lieutenant Albert
de Saxe contre les mutins furent cause de destructions dans une partie
importante des campagnes de Brabant et de Flandre [123]. La nature même
semblait se tourner contre les pays bourguignons car en 1483-1484 et
1489-1490 les récoltes étaient fortement déficitaires. Les prix nominaux
subirent l'influence des dévaluations qui se suivirent à partir de 1466 et
dont celle de 1484 fut la plus marquante et la plus profonde. Le retour
très temporaire à la monnaie forte en 1489 était visiblement inspiré avant
tout par l'objectif de tirer le plus possible des amendes qui avaient été
imposées aux régions révoltées [124]. Les dépenses croissantes de l'état dans
les dernières années du règne de Charles le Téméraire et dans les années
de la régence de son gendre, de même que la production accrue d'argent
et les dévaluations ont provoqué une inflation, qui en augmentant la marge
de bénéfices des entrepreneurs industriels et des marchands a eu peut-être
des effets salutaires sur la vie économique parce qu'entre-temps, les pays

120. Le titre d'argent du gros est repris de H. van Werveke, *De Vlaamsche munthervorming
van 1389-1390*, dans *Nederlandsche Historiebladen*, I (1938), pp. 337 et Id., *De Gentsche stadsfinanciën in de Middeleeuwen* (*Mémoires Académie Royale Belge, Classe Lettres*, XXXIV),
Bruxelles, 1934, p. 145 ; les chiffres d'après 1480 sur la base du tableau II de G. Pusch, *Staatliche
Münz- und Geldpolitik in den Niederlanden unter den burgundischee und habsburgischen Herrschern,
besonders unter Kaiser Karl V.*, diss. München, 1932. Il s'agit évidemment de chiffres officiels.
    121. R. Gandilhon, *op. cit.*, pp. 374-377, 380, 385, 388 et 390-392.
    122. J. Molinet, *Chronique*, publiée par G. Doutrepont et O. Jodogne, I (*Collection des
anciens auteurs belges*), Bruxelles, 1935, pp. 219-220 et *passim*.
    123. E. Poullet, *Sire Louis Pynnock*, pp. 281-295 : « pendant les dernières guerres et les
troubles ... grandes dévastations par suite de l'incendie et de démolition de maintes fermes,
granges, récoltes, ... ».
    124. J. A. van Houtte, *Handel en Verkeer*, dans *Algemene Geschiedenis der Nederlanden*,
IV, p. 199.

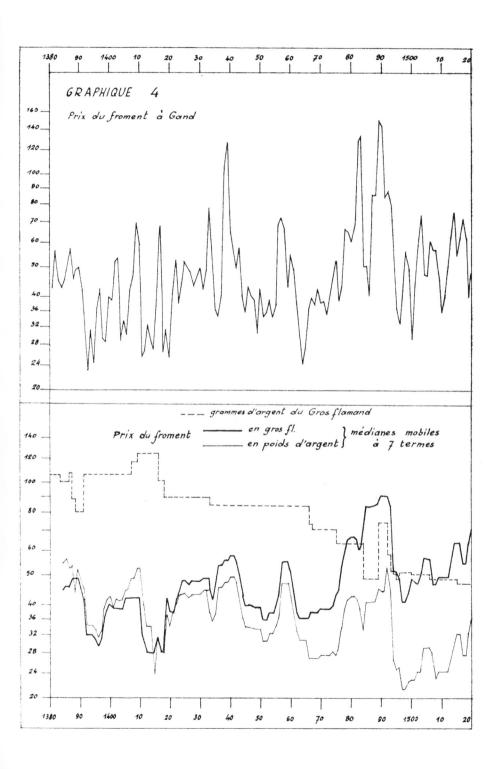

GRAPHIQUE 4

Prix du froment à Gand

--- grammes d'argent du Gros flamand

Prix du froment ——— en gros fl.   } médianes mobiles
——— en poids d'argent }   à 7 termes

environnants étaient revenus à la monnaie forte et par conséquent leur niveau des prix était plus élevé [125]. Cette dévaluation fort marquée de l'argent et de la monnaie aux Pays-Bas a été peut-être la force motrice de ce renouveau particulier, qui perdura après la mort de Charles le Téméraire jusqu'en 1485 malgré la conjoncture politique qui ne faisait qu'empirer. Quand après le rétablissement de la paix et de l'ordre la vie économique reprit son cours normal, il se dessina un écroulement subit des prix des céréales. Exprimés en poids d'argent ils tombèrent même plus bas qu'avant 1475. C'était sans doute la conséquence du dépeuplement qui après 1480 s'était fait sentir par suite de la famine, de la peste et de la guerre. L'année 1496 constitue le point le plus bas de la courbe démographique de ce siècle. L'accroissement progressif de la population et l'arrivée plus grande d'argent dans les dernières années du siècle firent remonter les prix graduellement (*Graphique 4*).

L'opposition qui se manifeste dans l'évolution des prix des vivres avant et après 1475 se reflète parfaitement dans la différence du pouvoir d'achat dans les deux périodes. Abstraction faite de chutes courtes mais profondes, le salaire réel du maître-maçon (exprimé en litres de vin du Rhin et en grammes de suif) [126] monta régulièrement à Louvain pour atteindre entre 1442 et 1475 un niveau qu'il n'a jamais atteint au XIVe ni au XVIe siècle. Durant ces trois décennies, il dépasse encore de 50 % le niveau du reste du siècle. Entre 1475 et 1495, il y eut une profonde diminution qui ne s'améliora que légèrement dans les années suivantes (*Graphique 5*). Le pouvoir d'achat accru se traduisit par un niveau de vie et une consommation plus élevés, comme il apparaît indubitablement dans la vie matérielle de ce siècle de luxe et de splendeur. Dans les autres pays où la dépopulation avait fait plus de ravages et où l'évolution opposée des prix et des salaires était par conséquent encore plus accentuée, les salariés ont vu monter leur pouvoir d'achat encore plus fortement [127]. De cette façon, le débit restait assuré malgré la diminution de la population. Il est évident que la période de haute conjoncture dans le Brabant et en Flandre coïncide presque avec la période où le pouvoir d'achat était le plus élevé.

Il faut cependant se garder de généraliser ce bien-être social, car, en fait, il était l'apanage d'un petit groupe de salariés : ceux qui étaient protégés par les cadres corporatifs. Dans le cours du XIVe et du XVe siècles, les métiers tendaient fortement vers la fermeture de leurs cadres. Ils voulaient réserver pour leurs membres et leurs héritiers les marchés des villes qui ne s'étendaient plus de façon si spectaculaire. Ainsi faisant, ils créèrent un monopole qui sut maintenir à bon prix ses services malgré l'augmentation en valeur des métaux monétaires. Cet exclusivisme et cette tendance à l'hérédité allaient si loin que les brasseurs gantois n'acceptaient plus par an en 1422 à la maîtrise que trois candidats qui n'étaient pas fils de maître et un seulement en 1443. La même tendance se manifestait chez les forgerons, les corroyeurs en blanc, les charpentiers, les maçons et d'autres [128]. A Louvain, dans un métier de peu d'importance, comme

125. A. Girard, *art. cit.*, p. 218.
126. Nous citons les chiffres de notre thèse de doctorat inédite. Ces courbes sont à comparer à celle du salaire journalier réel de l'aide-maçon en quantités de seigle à Anvers d'après 1433 (C. Verlinden, *Dokumenten voor de Geschiedenis van Prijzen en Lonen in Vlaanderen en Brabant (XIVe-XVIIIe eeuw)* (Universiteit Gent, Faculteit Letteren & Wijsbegeerte, 125), Gand, 1959, Graphique 13).
127. M. M. Postan, *Some economic evidences...*, *loc. cit.*
128. H. van Werveke, *Gand...*, pp. 54-55.

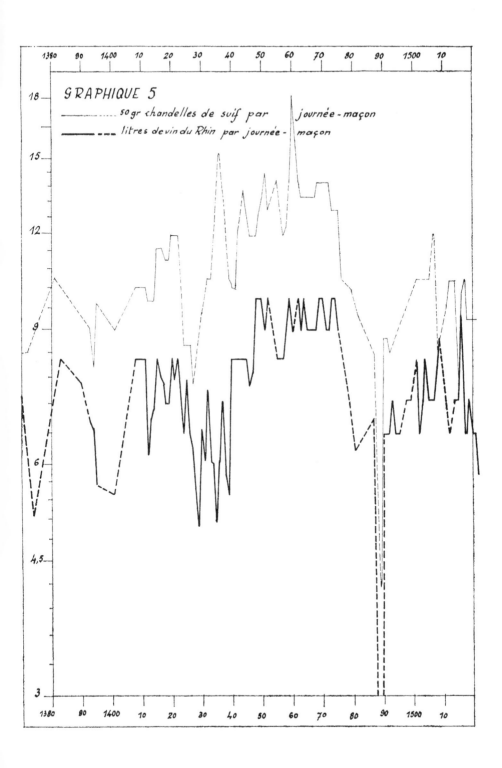

GRAPHIQUE 5

.... 50 gr chandelles de suif par   journée - maçon

━━━ --- litres de vin du Rhin par journée - maçon

celui des fripiers, le droit d'entrée monta de 3 écus au début du siècle à 7 en 1486 ; chez les forgerons cette augmentation allait de 4 couronnes (= 240 pl.) à 10 cavaliers (= 710 pl.), chez les barbiers de 3 cavaliers à 6 cavaliers et chez les marchands de matières grasses de 1 à 7 écus. Tout cela se passait tandis que le salaire nominal restait stable [129]. Parmi les ouvriers non qualifiés il y eut une concurrence sans merci, qui réduisait les salaires vers le minimum vital indispensable. Comme ils n'étaient pas protégés par des corporations ni par l'autorité, les réserves de travailleurs des campagnes leur furent opposées, soit que ceux-ci travaillaient pour le patron urbain à domicile, soit qu'ils venaient se fixer en ville. Ceci explique l'accroissement relatif des villes brabançonnes tandis qu'en général les grandes agglomérations constituent un facteur négatif dans l'évolution démographique [130]. Les ordonnances nombreuses des souverains et des villes publiées au XVe siècle contre le vagabondage [131] sont à mettre en rapport avec cet afflux irrégulier et souvent trop nombreux des campagnards vers les villes. Cette libération des travailleurs des campagnes était due partiellement au passage de l'agriculture à l'élevage. Il est possible que dans les villes aussi des ouvriers devinssent disponibles par la rationalisation des industries. Il suffit de citer le groupement dans l'atelier du patron des différentes opérations sur les draps, comme il se pratiquait dans la seconde moitié du siècle à Leyde et à Louvain [132]. A la suite de la déchéance de la draperie urbaine, ces ouvriers formaient une réserve constante qui favorisait toujours la pression sur les salaires des travailleurs non organisés et non protégés. Dans d'autres pays, — en Angleterre par exemple —, la régression plus accentuée de la population avait conduit à une rupture d'équilibre en faveur de la main-d'œuvre non qualifiée [133]. Mais ce n'était nullement le cas dans les Pays-Bas où la dépopulation était peu sensible et où beaucoup d'industries étaient des métiers d'art n'utilisant guère de manœuvres.

La différence entre l'aisance des maîtres et des compagnons se manifeste également par des changements sur le plan social. Les compagnons ne se sentent plus à leur place dans les métiers, où ils n'avaient en règle générale pas droit de vote [134], et ils fondent des « compagnonnages » à l'instar des corporations pour restreindre l'offre de main-d'œuvre et pour forcer des améliorations de salaires. Les compagnons des teinturiers et des cordonniers de Bruxelles parvinrent au cours du XVe siècle, malgré l'opposition du magistrat urbain et des maîtres des corporations, à fonder une telle association. Les compagnons des foulons fondèrent même en 1453 une association internationale à laquelle s'affilièrent des ouvriers de 42 villes. Dans la plupart des professions, ils ne parvinrent qu'à instituer

---

129. A. MEULEMANS, *Bijdrage tot de Geschiedenis der Leuvense Ambachten*, extraits de *Eigen Schoon en de Brabander*, XL (1957) en XXXIX (1956). Archives de Louvain, n⁰ 1524, f. 242 et n⁰ 4648, f. 290 ; n⁰ 11671, f. 2 et 10. G. DES MAREZ, *L'organisation du travail à Bruxelles au XVe siècle* (*Mémoires Académie Royale de Belgique*, LXV), Bruxelles, 1903, p. 76.

130. J. A. VAN HOUTTE, *Maatschappelijke Toestanden*, dans *Algemene Geschiedenis der Nederlanden*, IV, p. 227.

131. H. PIRENNE, *op. cit.*, I, p. 479.

132. N. W. POSTHUMUS, *Geschiedenis der Leidsche Lakenindustrie*, I, La Haye, 1908, p. 124.

133. M. M. POSTAN, *Some economic evidences...*, pp. 235-236.

134. H. VAN WERVEKE, *De medezeggingschap van de knapen (gezellen) in de Middeleeuwsche ambachten* (*Mededelingen Koninklijke Vlaamsche Academie, Klasse Letteren*, V, 3), Anvers, 1943 : en Flandre et en Artois ils exerçaient de l'influence dans les métiers de la draperie et même dans quelques autres. A Louvain et à Bruxelles, ils étaient privés de toute influence sauf chez les foulons bruxellois (G. DES MAREZ, *op. cit.*, pp. 61-62 ; J. VERHAVERT, *Het Ambachtswezen te Leuven* (*Université de Louvain, Faculté Philosophie et Lettres*, 3e série, II), Louvain, 1940, pp. 106-107).

des associations religieuses et caritatives [135]. Pour montrer à quel degré l'entente entre les maîtres et les compagnons était rompue, il suffit de rappeler l'exemple de Louvain où les compagnons étaient tenus de contribuer à la caisse des pauvres, mais où les maîtres seuls avaient droit aux allocations [136].

Cette opposition dans la situation sociale des membres des métiers et des ouvriers non-groupés ou imparfaitement protégés par leurs corporations eut un écho sur le plan politique. Une illustration en est donnée par le récit que nous fait Chastellain des troubles qui se produisirent à Gand lors de la Joyeuse Entrée de Charles le Téméraire. Trois groupes se dessinaient distinctement dans la population : les « nobles et riches bourgeois », un groupe de métiers où les bateliers, les bouchers et les poissonniers occupaient une place en vue, et le reste de la population. Ce groupe du centre, où l'on trouvait en premier lieu les métiers qui étaient héréditaires en droit et probablement aussi les brasseurs et d'autres métiers qui s'approchaient en fait de cet état [137], était porté à se joindre à la haute bourgeoisie et aux fonctionnaires du souverain contre le bas peuple. Le mouvement populaire était d'ailleurs dirigé contre les riches bourgeois et les maîtres des métiers qui se partageaient l'administration de la ville et qui, par leurs manipulations illicites des deniers publics, acquéraient des terres et des seigneuries et parvenaient à capter les bonnes grâces du souverain [138]. A Bruxelles et à Louvain où les maîtres des métiers s'étaient montrés tout le long du XIV⁰ siècle les défenseurs de la communauté, ils se distançaient visiblement du menu peuple au XV⁰ siècle. Les troubles qui éclatèrent à la mort de Charles le Téméraire étaient, non seulement une réaction contre la politique du défunt, mais une révolte contre la suprématie des groupes d'intérêts des patriciens et des maîtres des corporations, qui dominaient de commun accord la politique et l'économie urbaines [139]. A Louvain, ces troubles étaient l'œuvre manifeste des ouvriers non qualifiés, des vignerons et des scieurs non organisés, des tisserands et des foulons dont l'organisation artisanale avait été limitée par le magistrat. Au début de l'inflation, après 1470, leurs salaires fort bas furent touchés plus durement que les revenus de leurs patrons, groupés et protégés par leurs corporations, et qui d'ailleurs avaient un niveau de vie relativement plus élevé. Ils procédèrent immédiatement à la formation ou à la réorganisation de leurs métiers [140].

En vérité, chaque montée des prix leur était fatale parce que leurs salaires atteignaient à peine le minimum vital. La structure économique de l'Ancien Régime, dominée si fortement par des facteurs climatologiques, leur était particulièrement défavorable. Plus qu'ailleurs c'était le cas pour les Pays-Bas qui dépendaient des conditions politiques pour l'importation des céréales [141]. Entre 1395 et 1510, il n'y eut pas moins

135. G. DES MAREZ, op. cit., p. 72 ; H. VAN WERVEKE, art. cit., pp. 14-15.

136. J. VERHAVERT, op. cit., p. 59 et n. 52.

137. H. VAN WERVEKE, Gand, pp. 53-56 et 74.

138. Œuvres de G. Chastellain, éd. L. Kervyn de Lettenhove, V, Bruxelles, 1864, Livre II, Chapitres VI-XIII, en particulier pp. 260, 269, 273 et 276.

139. F. FAVRESSE, Esquisse de l'évolution constitutionnelle de Bruxelles depuis le XII⁰ siècle jusqu'en 1477, dans Annales de la Société Royale d'archéologie de Bruxelles, XXXVIII (1934), pp. 74-82 ; E. POULLET, Sire Louis Pynnock, pp. 169-192, qui néglige cependant le caractère social.

140. Archives de la ville de Louvain, n⁰ 1528, f. 156 et 165 (7 juillet et 9 décembre 1477). J. CUVELIER, Documents inédits concernant les institutions de la ville de Louvain au moyen âge, dans B.C.R.H., XCIX (1935), n⁰ 7.

141. En sus du blocus des céréales par Louis XI, il faut signaler la guerre économique avec la Hanse, en particulier aux environs de 1438.

de 13 hausses des grains qui généralement ne duraient qu'une année mais qui n'en étaient pas moins pénibles. Il n'était pas rare que les prix doublaient ou même triplaient tandis que les salaires, même en temps normal, suffisaient à peine à nourrir une famille d'ouvriers : les salaires ne suivirent jamais ce mouvement de hausse de courte durée. Il est intéressant de noter que durant les périodes 1395-1440 et 1475-1510, il y eut chaque fois 8 années de renchérissement ; dans la période intermédiaire, il n'y en eut que 3. Cela signifie qu'en 10 années, entre 1395-1440, la probabilité d'avoir une année de disette était de 1,75, entre 1440-1475 de 0,85 et entre 1475-1510 de 2,3. Non seulement les céréales qui tenaient la place prépondérante dans le budget des gens du peuple, mais également les autres produits alimentaires étaient soumis aux fluctuations des prix. Ainsi le marché du hareng subit une secousse profonde en 1435-1436 par la guerre maritime anglaise et après 1470 par les courses françaises. En 1489, on se plaignit à Louvain que le grain, les porcs et le hareng étaient deux fois plus chers qu'ils n'avaient jamais été et déjà à partir de 1470 les porcs étaient difficiles à se procurer [142]. Dans pareilles crises non seulement les dépenses croissaient, mais les revenus baissaient en même temps. Dans une économie où l'argent liquide était si rare et où tant de gens n'avaient que des revenus fort modestes, le pouvoir d'achat était en pareils temps résorbé par l'achat des aliments indispensables. Le marché des produits industriels se perdait [143] et la production cessait : d'où chômage général. Cette relation se remarque surtout dans la chute dans l'industrie du cuir, dans l'industrie drapière et linière à Louvain et sur le marché linier à Courtrai en 1438-1440, qui étaient des années de grande disette dans toute l'Europe occidentale [144], dans l'industrie linière et drapière de Courtrai et dans toutes les branches industrielles à Louvain en 1456-1458, dans le débit des toiles à Courtrai en 1482-1483 et dans toute la vie économique à Louvain en 1489-1490 (*Graphiques 2, 3 et 4*). Ces périodes de vie chère coïncidaient souvent avec les pestes qui en étaient à la fois cause et effet. Les épidémies à elles seules avaient d'ailleurs les mêmes conséquences pour la mise en œuvre et les revenus des ouvriers. Il suffit de lire les descriptions navrantes des contemporains, le continuateur de Jean de Dixmude et P. Impens, sur les suites sociales de la famine et de la peste durant les années d'épreuves à Bruges et à Louvain [145]. Le renouveau économique marqué qui se produisit entre 1445 et 1480, n'eut pas été possible si durant cette période les hausses avaient été plus fréquentes.

Durant les années de crises, il ne restait à bien des gens qu'à vendre leurs menues possessions, leur maisonnette ou leur lopin de terre, ou à les hypothéquer pour, en fin de compte, les perdre quand même. La classe moyenne et les bourgeois rentés étaient en général mieux armés pour résister à ces épreuves : ils disposaient de plus d'argent et leurs rentes et loyers en nature les mettaient en état de subsister et parfois même de réaliser de beaux bénéfices. Dans les campagnes la situation doit avoir été encore pire qu'en ville. En cas de mauvaises moissons ou

142. E. POULLET, *Sire Louis Pynnock*, p. 293, n. 4. Archives Générales du Royaume, Bruxelles, Assistance publique de Louvain, n⁰ˢ 1260-1263 et 4152-4154.
143. Ceci ressort clairement des listes de prix des draps et des céréales à Leiden pendant les années 1488-90 (N. W. POSTHUMUS, *op. cit.*, I, Annexes).
144. Rendue plus aiguë encore dans les Pays-Bas par l'arrêt des importations de céréales des pays baltiques à cause du différend avec la Hanse.
145. J. KERVYN DE LETTENHOVE, *Chroniques relatives à l'histoire de la Belgique sous la domination des ducs de Bourgogne*, III, Bruxelles, 1846, pp. 404 et 587 ; J. J. DESMET, *Corpus Chronicorum Flandrie*, III, Bruxelles, 1856, pp. 102-105.

de leur destruction, les fermiers devaient néanmoins payer les rentes, soit en nature soit en espèces, calculées sur les prix du marché. En plus, ils devaient se procurer à haut prix la semence pour l'année suivante. En cas de destruction par faits de guerre, ils pouvaient bien compter sur une remise partielle des loyers, mais les propriétaires urbains n'étaient pas en ce domaine aussi conciliants que les institutions religieuses et charitables ou les nobles d'inspiration plus paternaliste [146]. La portée de telles crises ne peut être assez soulignée. Les riches s'enrichissaient et les économiquement faibles s'appauvrissaient. L'abîme social entre les classes s'élargissait toujours. Ceci fut encore favorisé par l'abandon des entreprises non rentables par suite de l'accumulation des rentes et des charges qui les écrasaient. Le seigneur foncier ou le créancier ne manquaient pas de les accaparer et de les ajouter à leur domaine. Il faut y joindre la répartition inégale des taxes et des aides. Les campagnards et les propriétaires fonciers qui pouvaient vivre des rentes de leurs terres émigraient vers les endroits exonérés de taxes ou vers les villes libres. D'autres obtenaient ou prétendaient avoir obtenu l'anoblissement et par conséquent l'exemption de taxes. Une grande partie des terres passait aux mains des institutions religieuses ou charitables également privilégiées en dépit des entraves de plus en plus sérieuses qu'y apportaient les souverains et les états. Malgré la diminution des propriétés taxables, l'assiette de l'imposition du village restait entière et était répartie sur les habitants restants. A Wavrin, les nobles et les gens exonérés (surtout des citadins) possédaient 400 bonniers de terres ; les contribuables n'en possédaient que 60 [147]. Pareille situation était intenable pour les fermiers. Ils délaissaient leur petite exploitation et allaient se joindre à l'armée des pauvres dans les villes tandis que leurs champs grossissaient le domaine de leurs voisins plus puissants. Bien que dans l'état actuel de la recherche il soit malaisé de se prononcer sur l'évolution de la propriété foncière, des historiens éminents ont cru déceler une diminution de la petite propriété vers la fin du Moyen Age [148].

Le « ciseau social » que nous venons d'exposer, se retrouve dans les listes des contribuables rédigées à Namur en 1431 et 1444. Les impôts furent perçus d'après des taux différents et la dernière aide était plus lourde que la première. Le moins imposé payait en 1431 une taxe qui équivalait environ à 2 journées de salaires d'un manœuvre ; en 1444, elle équivalait à peu près à 4 salaires journaliers. En 1431, on distinguait 5 classes de contribuables ; les plus riches payaient 100 ou 75 heaumes (à peu près 16½ ou 12½ salaires journaliers d'un ouvrier non qualifié) ; celles que, par commodité, nous appellerons les classes moyennes, payaient 50 ou 25 heaumes et la masse du commun ne payait que 12½ heaumes. La classe supérieure, dans laquelle on remarque divers hauts fonctionnaires, des drapiers, des brasseurs, des pelletiers et des tanneurs, comptait 9½ % des contribuables et fournissait 38 % des recettes de l'impôt. Les classes moyennes formaient 41 % des contribuables, dont 14 % payaient 50 heaumes, et 27 % 25 heaumes, et leur part dans le total des impositions était de 34 %. Les classes inférieures, 49 % des imposés, ne contribuaient que pour 28 %. Les vrais nécessiteux (peut-être un sur dix ?) n'entraient, de toute évidence, pas en ligne de compte pour le payement de l'imposition. Une nouvelle aide fut édictée par Philippe le

146. E. POULLET, Sire Louis Pynnock, pp. 293-295.
147. M. BRAURE, art. cit., pp. 103-105 et 176.
148. H. PIRENNE, op. cit., I, p. 477 ; J. F. NIERMEYER, De wording van onze volkshuishouding, La Haye, 1946, pp. 91-95.

Bon en 1444. Cette année on ne comptait que 853 contribuables dans la ville contre 1.660 en 1431. La raison en est peut-être dans le taux plus élevé qui était hors de portée pour beaucoup. Très probablement était-ce aussi une conséquence de l'appauvrissement croissant et de la dépopulation. Il ne faut pas perdre de vue dans le Namurois la peste avait causé de grands ravages, surtout après 1430, et que cette région avait beaucoup souffert des guerres liégeoises. La classe la plus élevée, qui payait plus de 300 gr. fl. (= 50 salaires journaliers d'un manœuvre) englobait 8 % des contribuables et devait couvrir 40 % de l'imposition. Deux personnes payaient plus de 1.200 gr., 4 de 900 à 1.200 gr., 5 de 600 à 900 gr. et 54 de 300 à 600 gr. Les classes moyennes, dont 106 personnes payaient de 150 à 300 gr., et 202 50 à 150 gr., formaient 38½ % des contribuables et couvraient 47 % du total de l'aide. La classe inférieure, qui représentait 53 % des imposés, ne payait que 13 %. 53 personnes ne payaient rien, mais apparemment elles n'étaient pas nécessiteuses, mais pour une raison ou l'autre, exonérées de l'impôt. Parmi les classes supérieures on notait : le maire de la ville, des nobles, des lombards, des marchands, des drapiers, des brasseurs, des tailleurs de pierres, des cloutiers, des menuisiers et des clercs. Les classes moyennes englobaient des boulangers, des potiers, des clercs, des maçons, des menuisiers, des apothicaires, des cloutiers, des serruriers, des forgerons, des tonneliers, des maîtres de fours à chaux, etc. [149]. De cette énumération, il apparaît clairement que la majorité de la population namuroise se composait de pauvres hères, mais également que la plus grande partie des maîtres des métiers pouvaient se ranger dans la classe moyenne. Si une comparaison entre les deux rôles d'imposition était valable, il faudrait en conclure que, pendant ces treize années, la classe inférieure doit avoir augmenté son pourcentage dans la population, mais en même temps que sa part dans le patrimoine de la ville doit avoir été réduite de la moitié. Les classes moyennes reculaient relativement en nombre mais s'enrichissaient d'autant plus et parvinrent à augmenter de 50 % leur part dans la richesse urbaine. La classe supérieure également diminua en nombre tandis que sa richesse s'accrut. Vues à la lumière de ce qui précède, ces constatations sont tout à fait normales et cela vaut également pour celles qu'on peut tirer pour le plat pays de Namur au moyen du rôle d'impositions de 1444. La misère y était beaucoup plus généralisée et il n'y avait qu'un isolé çà et là dans le comté pour payer une imposition qui le rangerait parmi les riches des villes. Ceux que l'on pouvait mettre sur le même pied que la classe moyenne citadine n'étaient pas si nombreux. On se rappellera qu'en Flandre les campagnards aisés allaient s'établir dans les villes !

Au sens strict, les données namuroises ne sont pas concluantes pour les régions visées ici, mais cette structure sociale était répandue partout et elle est signalée jusqu'en Hollande. Il paraît qu'à Leyde en 1498, la discrimination sociale étant encore plus poussée, on y comptait sur 3.011 personnes, 8 % de véritables riches (c'est-à-dire propriétaires de plus de 1.000 livres de 40 gr.) qui détenaient ensemble 70,6 % de la richesse de la ville. La classe moyenne, des propriétaires, de 100 à 1.000 livres, formait 29,4 % des contribuables et possédait au total 26,2 % de la richesse ; 33,1 % des habitants étaient économiquement faibles et leur part dans le patrimoine de la ville était à peine de 3,2 %. En plus, on nota 28,8 % d'indigents sans aucun avoir [150]. En négligeant les pauvres,

149. D. D. BROUWERS, Les « Aides » dans le comté de Namur au XVᵉ siècle (Documents inédits relatifs à l'histoire de la province de Namur), Namur, 1929.
150. N. W. POSTHUMUS, op. cit., I, pp. 384-398 et Annexes XII.

dont le nombre n'était pas connu à Namur, on obtient comme part relative des trois classes possédantes dans la population totale, respectivement :
11,3, 41,4 et 47,3 %. Le déséquilibre, pendant plus de vingt ans, entre
prix et salaires n'avait pas manqué d'atteindre également les soi-disant
classes moyennes, les maîtres des métiers en premier lieu. En Flandre
aussi il y avait à côté de quelques riches, possédant 2.000 à 4.000 livres,
une quantité énorme de pauvres. Le contribuable moyen ne possédait
que 75 livres et celui qui en possédait 100 était considéré comme étant
riche [151]. L'impôt direct, levé à Louvain en 1390, donne une idée de la
structure sociale de cette ville. Ici également, nous ne considérons que
trois classes de la population : 1° ceux qui payaient 25 s. de vieux gros
(3 personnes), 20 et 15 s. ; 2° ceux payant de 10 à 5 s. et 3° ceux payant
moins de 3 s. (respectivement 3, 2 ou 1 florin). La catégorie la plus élevée
se composait de 12 % des imposés et payait 38 % des impôts ; la seconde
catégorie comptait 40 % des contribuables (12 % avec 10 s. et 28 % avec
5 s.) et contribuait pour 45½ % dans les impôts, et la classe inférieure
qui englobait 48 % des contribuables n'avait qu'une part de 16½ % dans
les recettes. Ici également les véritables indigents ne furent pas relevés [152].
Il est bien dommage qu'il n'existe aucune possibilité de comparaison avec
la situation ultérieure, mais il paraît certain que la classe inférieure doit
s'être appauvrie davantage. Le pourcentage des nécessiteux monta à
Louvain de 7,6 en 1437 à 18,3 en 1480 et à 21,7 en 1526 [153]. La situation
des campagnards brabançons était encore plus misérable. Le quartier de
Louvain par exemple comptait dans les mêmes années respectivement
37,8, 38,6 et 41,5 % de familles pauvres. La différence sociale entre la
ville et la campagne était si générale qu'en 1437-1438 le tarif de l'impôt,
par foyer, pour les quatre grandes villes, Louvain, Bruxelles, Anvers et
Bois-le-Duc, était de 18 s., pour les petites villes de 13 ou 11 s. et pour
les villages seulement de 10½ à 8½ s. [154]. Remarquons cependant que
la masse des prolétaires augmentait à une allure beaucoup plus grande
dans les centres urbains qu'à la campagne. Dans la plupart des villes le
pourcentage des indigents avait plus que doublé ou triplé tandis que dans
le plat pays ce processus n'était pas tellement prononcé. Dans le quartier
de Bois-le-Duc, où l'évolution ne semble pas concorder avec l'image
d'ensemble, les données sont trop distantes et trop fragmentaires pour
se prononcer sur ce développement exceptionnel [155]. Le décalage entre
les villes et la campagne, à ce point de vue, semble indiquer que la dispersion des industries dans le plat pays y a plus que neutralisé les effets
de la disette, qui étaient pourtant plus pénibles pour les campagnards.
La concentration de la richesse qui se poursuivit pendant le XVᵉ siècle
était sans doute la condition fondamentale de la concentration industrielle
et commerciale qui fut l'originalité du XVIᵉ siècle. La différenciation
sociale a dû ralentir au XVIᵉ siècle, car les écarts à caractère de crise
dans l'évolution du salaire réel, qui en étaient les causes principales au
XVᵉ, paraissent sensiblement moins accusés au XVIᵉ siècle qu'au XVᵉ [156].

151. M. BRAURE, art. cit., pp. 106-107 et 112.
152. J. CUVELIER, Contribution à l'histoire financière et démographique de Louvain au moyen
âge, dans B.C.R.H., CVIII (1943), pp. 1-40. Il faut tenir compte que le sou du texte est un sou
de vieux gros et non un sou, fraction du florin du Rhin.
153. J. CUVELIER, Dénombrements, passim.
154. J. CUVELIER, op. cit., p. CV, CXLIII, CLVII et CCXXII. Aux impositions suivantes les
tarifs étaient encore plus souples.
155. J. CUVELIER, op. cit., passim.
156. J. CRAEYBECKX, op. cit., p. 207 ; C. VERLINDEN, op. cit., p. XXXVI.

La Flandre et le Brabant « terres de promission » ? Certes, jusqu'en 1470-1475 pour le groupe d'industriels et de commerçants et même pour les maîtres artisans bien protégés par les corporations. Ceux-ci ont profité largement de la renaissance économique et l'image d'un peuple toujours en liesse que trace Commynes, s'appliquait pleinement à eux. D'autre part, ce siècle fut une période de misère croissante et d'un appauvrissement de plus en plus grand pour la masse des manœuvres et des compagnons. Les crises annonaires répétées, plus encore que l'évolution défavorable du pouvoir d'achat après 1470, en étaient la cause. Dans les campagnes, la situation était pire et Philippe le Bon avait pleinement raison, en 1447, de dépeindre en couleurs sombres les souffrances du peuple. L'industrialisation leur apportait, surtout en Flandre, quelque soulagement. Dans le même sens la fin du Moyen Age doit être vue en Hollande et en Zélande à la fois sous un jour clair et sous un ciel sombre. N'avaient-elles pas acquis après 1300 une puissance et une richesse qui suffiraient à la fin du XVIe siècle pour tenir tête à la puissance espagnole ? La première moitié du XVe siècle, depuis la mort de Guillaume VI en 1417 jusqu'après la guerre contre la Hanse vers 1450, n'a que freiné cette ascension. Ici aussi le règne de Charles le Téméraire fut une période de renouveau, interrompu vers 1484 par une forte crise [157]. Là aussi, la structure sociale ressemblait fort bien à celles des Pays-Bas méridionaux. Dans le comté de Namur, le « ciseau social » était particulièrement apparent. Cette région avait subi une régression agraire plus que séculaire après 1350 et néanmoins en cette même période les diverses industries des campagnes connurent un essor merveilleux [158].

Le renouveau économique des Pays-Bas bourguignons est d'autant plus remarquable qu'il avait à compter avec trois facteurs freinants : un manque de moyens de payements, particulièrement aigu avant 1460, une dépopulation dans la plus grande partie de l'Europe, et une sensibilité particulière, non seulement à la conjoncture politique interne mais à toute secousse quelconque en Europe. La Flandre et le Brabant n'étaient pas seulement « a staple to other londes » comme le *Libelle*... l'insinue rageusement, mais une grande manufacture qui vivait de l'importation des matières premières et de vivres et de l'exportation de ses produits manufacturés. Tout trouble à l'extérieur ou chaque mauvaise moisson avaient leur répercussion sur le commerce et sur l'activité économique de ces contrées. La question dès lors se justifie de savoir si ces pays, comme leur pendant méridional, l'Italie, n'étaient pas par excellence le thermomètre de la vie économique de l'Europe. Dans ce cas, la présentation du XVe siècle comme « the age of contraction » semble exagérée et pessimiste. Tout au plus le dernier quart du siècle peut être qualifié ainsi, comme on semble l'avoir remarqué en effet dans le grand commerce international [159]. Une présentation plus optimiste de l'économie du XVe siècle s'appuie d'ailleurs sur l'évolution des prix du beurre. Ce produit de semi-luxe semble convenir mieux comme index à la conjoncture générale que les céréales qui étaient tellement peu élastiques. Les

---

157. T. S. Jansma, *Het vraagstuk van Hollands Welvaren tijdens hertog Philips van Bourgondië*, Amsterdam, 1950 ; N. J. M. Kerling, *Commercial relations of Holland and Zeeland*, pp. 49-56, 65-66 et 413-416.

158. L. Genicot, *L'industrie dans le comté de Namur à la fin du moyen âge (1350-1430)*, dans *Namurcum*, XXI (1946), pp. 49-57.

159. R. de Roover, *art. cit.*, p. 386.

prix de cette denrée connurent un boom remarquable en Scandinavie, une des régions principales de production et d'approvisionnement pour sa consommation européenne [160]. Le déclin du Moyen Age n'aurait-il pas tellement fasciné les historiens, aussi bien sur le plan économique que sur le plan culturel, qu'ils en ont perdu de vue l'élan d'un temps nouveau ?

160. M. M. POSTAN, *The Age of Contraction*, pp. 209-210.

III

LA CONJONCTURE COMMERCIALE ET INDUSTRIELLE
AUX PAYS-BAS BOURGUIGNONS:
UNE RÉCAPITULATION

Aucun historien 'bourguignon' n'ignore le célèbre passage de Philippe de Commynes († 1511) sur ces 'terres de promission' que furent les états de la Maison de Bourgogne: 'Pour lors [en 1465] avaient les subjets de cette maison de Bourgogne grandes richesses à cause de la longue paix qu'ils avaient eu... Ils étaient comblés de richesses et en grant repos, ce qu'ils ne furent oncques puis et y peut bien avoir vingt-trois ans que cecy commença'[1]. Est-ce que la rancune mal maîtrisée que le mémorialiste portait à son ancien seigneur n'a pas troublé son jugement? En d'autres termes serait-il possible de dresser une courbe plus ou moins fiable de la conjoncture économique aux anciens Pays-Bas sous le règne du bon duc Philippe (1419-1467) et de son fils Charles le Téméraire (1467-1477)? En tout cas l'assemblage et la confrontation de nombreuses séries statistiques récemment mises au jour ou négligées jusqu'à présent s'imposent.

Il va sans dire que toute économie d'Ancien Régime est avant tout une économie agraire. Dresser un bilan des changements qui se produisent dans le 'Produit National Brut' -si on peut se permettre cet anachronisme- sans tenir compte du secteur agraire risque de fausser gravement les perspectives globales. Les pages qui suivent seront néanmoins consacrées aux secteurs secondaires et tertiaires[2].

De toute façon un calcul hâtif démontre que les deux secteurs en question produisent les revenus de plus d'un tiers de la population des Pays-Bas: les villes qui vivent presqu'exclusivement de l'industrie et du commerce, représentent à peu près 34 pct. de la population[3], tandis que chaque village compte quelques artisans et commerçants et que certaines industries sont largement diffusées dans la campagne.

---

[1] Philippe DE COMMYNES, *Mémoires sur Louis XI*, éd. J. DUFOURNET, Paris, 1978, p. 45.

[2] Comme notre regretté ami et collègue A. Uyttebrouck nous l'avait demandé pour le livre collectif sur Philippe le Bon dont il avait conçu le projet.

[3] W.P. BLOCKMANS e.a., Tussen crisis en welvaart: sociale veranderingen 1300-1500, dans: *Algemene Geschiedenis der Nederlanden*, 4, Haarlem, 1980, p. 45.

436

I. Une reconversion industrielle forcée

1. La draperie urbaine: une grandeur en déclin.

En 1434 Philippe le Bon bannit tous les draps anglais de ses pays 'qui sont fondés sur l'industrie de la draperie'. Cet embargo et d'autres étaient dictés plutôt par des considérations politiques et monétaires que par ses soucis concernant l'industrie de base de ses pays. Les draps flamands et brabançons, autrefois si recherchés, avaient à compter avec une concurrence grandissante en Italie, Normandie et particulièrement en Angleterre. La laine anglaise, la matière première par excellence, se faisait rare sur le continent et ses prix montaient à cause des taxes anglaises d'exportation et des pratiques d'oligopole, de limitation du crédit et des frais de transport supplémentaires, que l'étape de la laine à Calais engendrait[4]. De plus, l'expansion de l'industrie de la futaine en Allemagne accaparait une partie du marché[5].

Les tentatives d'adaptation par la diversifaction, entre autres, en produisant des tissus plus légers et en ouvrant des laines moins chères (d'Espagne, d'Ecosse, de la Rhénanie ou du pays) ne connaissaient que peu de succès. Rares étaient les villes qui toléraient le foulage au moulin et d'autres techniques capables de réduire les coûts de production. D'autre part, les besoins financiers des villes excluaient une baisse sensible des charges fiscales. Les petites villes et les villages, dont le fardeau financier était moins important, semblaient moins touchés, d'autant plus que le niveau des salaires y était moins élevé et que le poids des traditions et les corporations de métier y était moins puissantes.

Les grandes villes se défendaient par des prohibitions de l'industrie dans leurs environs (Ypres 1428) ou de l'importation des draps ruraux (Namur 1420, Valenciennes 1443). Certains seigneurs surent néanmoins se ménager une reconnaissance officielle de la draperie de leurs villages (Estaires, Pont-sur-Sambre, Chièvres, Antoing e.a.). Comble de malheur, en 1433 Philippe le Bon reprit dans tous ses pays la politique de monnaie stable que son grand-père Philippe le Hardi avait inaugurée en Flandre. Ainsi les drapiers étaient dans l'impossibilité de comprimer leurs frais de production en n'adaptant pas ou insuffisamment les salaires à l'inflation monétaire, ainsi qu'ils l'avaient pu le pratiquer jusqu'alors.

En dépit d'un certain redressement depuis le milieu du siècle, suite à une baisse de l'exportation de draps anglais (Graphique 1) et à l'abandon de la rigueur monétaire à partir de 1466[6], la production drapière aux Pays-Bas a sensiblement regressé (Graphiques 2a et 2b).

Même les villes de la Lys, qui au début du siècle avaient connu un grand succès à l'étranger, subirent une chute après les années 1420 (Graphique 3).

---

[4] J. MUNRO, *Wool, Cloth and Gold. The Struggle for bullion in Anglo-Burgundian Trade 1340-1478*. Bruxelles, 1973.

[5] W. VON STROMER, *Die Gründung der Baumwollindustrie im Mitteleuropa*, Stuttgart, 1978.

[6] P. SPUFFORD, Dans l'espace bourguignon: 1477 un tournant monétaire?, dans: *Cinq-Centième Anniversaire de la Bataille de Nancy (1477)*, Nancy, 1977, p. 195-197.

Les quelques exceptions heureuses telles que Lille, Ath et Valenciennes et surtout les villes hollandaises, qui réussissaient à se maintenir grâce à leur commerce agressif dans la Baltique, ne produisaient probablement pas beaucoup plus que dix mille draps par an. Ailleurs et certainement dans les villages drapants la production se chiffrait par centaines ou dans les meilleurs cas par quelques milliers. Il importe surtout de souligner que ni par le prix, ni par la valeur ajoutée, ni par l'embauchage les nouveaux tissus, souvent plus légers, n'égalaient les draps traditionnels. Cela valait a fortiori pour les produits de la sayetterie qui fut créée ou réanimée e.a. à Arras, Valenciennes et Bergues-Saint-Winnoc. Le chef de file du secteur fut Hondschoote (Graphique 4) mais les 6.000 pièces que le bourg écoulait annuellement sur le marché, ne valaient chacune qu'une fraction d'un vrai drap[7].

Anvers et, dans un mesure plus modeste, Malines tiraient depuis le deuxième tiers du siècle quelque profit du finissage de draps anglais. L'exportation de draps bruts anglais limitait les risques de pertes pendant le transport et permettait un apprêt et une teinture au goût de l'acheteur selon les techniques supérieures établies de longue date dans les Pays-Bas du Sud. Lille et quelques autres centres s'employaient à la teinture des draps des villages et villes environnants[8].

Malgré tout, les étoffes de laine des Pays-Bas Bourguignons restaient présentes sur le marché européen et l'industrie de la laine gardait dans les villes de ces régions le premier rang dans l'embauche en raison de la division du travail poussée, une mécanisation et une productivité limitées et la dispersion de la production parmi de nombreux ateliers indépendants, qui pris isolément ne regroupaient que quelques salariés.

2. Les autres industries du textile

Les autres industries du textile n'offraient guère d'alternatives pour les travailleurs de la draperie. Le lin des Pays-Bas perçait néanmoins sur le marché en Angleterre et ailleurs en Europe, grâce à l'affaissement de l'exportation du lin français pendant la Guerre de Cent Ans (1337-1453). Dans les Pays-Bas bourguignons la production du lin était avant tout implantée dans la campagne, où beaucoup de petits fermiers, touchés par la crise de l'agriculture, cherchaient un revenu supplémentaire dans la culture de lin qu'ils tissaient eux-mêmes. Les villes, fixées sur la draperie, figuraient comme centres de convergence commerciale des produits villageois et se concentraient sur le blanchissage et la production de linge fin (linge de table et mouchoirs de tête), qui supportait plus facilement les coûts de production supérieurs des villes. Le noyau de l'industrie du lin se trouvait en Hainaut, dans le Nord et dans la région Cambrai-Valenciennes, en Flandre, où les bords de la Lys se hissaient au premier plan à partir du deuxième tiers du siècle,

---

[7] C. VERLINDEN, Draps des Pays-Bas et du Nord-Ouest de l'Europe au Portugal au XVe siècle, dans: *Annuario de Estudios Medievales*, III (1966), p. 252.

[8] A. THIJS, *Van werkwinkel tot fabriek. De textielnijverheid te Antwerpen (einde 15de-begin 19de eeuw.* Bruxelles, 1987, p. 62-63; R. MARQUANT, *La vie économique à Lille sous Philippe le Bon.* Paris, 1940, p. 157-160.

438

et dans une moindre mesure en Brabant et en Hollande. A l'instance des marchands anglais, des ordonnances détaillées réglementaient la qualité et les dimensions des draps de lin produits en Hainaut (1418 et 1431), Nivelles (1428) et Flandre (1430). Des textes littéraires ventaient surtout le lin de Cambrai et de Nivelles, mais le nom de beaucoup d'autres villes figurait à l'étranger comme nom de marque, soit parce que les toiles y avaient été tissées ou blanchies, soit parce qu'elles y avaient été marquées sur le marché.

A en juger par les chiffres d'affaires de quelques grands marchés du lin, l'industrie a vécu une croissance soutenue dans la première moitié du siècle, un recul temporaire dans les années 1450 et une rechute dans les années 1470 (Graphique 5). Le problème subsiste néanmoins de savoir si cette hausse, en somme impressionnante, a su compenser la décadence de l'exportation des draps de laine. Le prix plutôt modeste des draps de lin rend cette éventualité très improbable. A Gand une expansion du secteur linier est même à exclure (Graphique 6). Pourtant vers le milieu du siècle le commerce des toiles de lin dépassa déjà celui des draps de laine à Anvers. A Lille, avec un 'grant marchié de lins et filez et grant nombre de hostilles besoignans au fait du linge', le rendement du tonlieu sur le lin monta de 138 lb. en 1417 jusqu'à 196 lb. en 1465[9].

La technique très spécialisée de la tapisserie freinait le transfert de tisserands de la draperie en crise vers ce secteur en expansion. Cette industrie de luxe, qui travaillait la laine, mais aussi de la soie et des fils d'or et d'argent, a, tout comme les autres métiers d'art, bénéficié largement du fait que Philippe le Bon a dû séjourner dans ses Pays-Bas plus que ses prédécesseurs qui avaient su jouer un rôle important à Paris même et en France. Le prestige de la Cour de Bourgogne conférait aux produits artistiques des Pays-Bas une renommée internationale et en faisaient des articles convoités sur les marchés internationaux (notamment en Italie, au Portugal et en Angleterre) et dans les groupes grandissants de fonctionnaires et bourgeois prospères. Les tapissiers d'Arras et de Tournai se virent tôt confrontés à une forte concurrence de la part des ateliers de Lille, Malines, Audenarde, Enghien et Diest. En 1461 les maîtres-tapissiers gantois alléguèrent que de par la tapisserie 'qui est très artistique et sophistiquée et renommée à travers le monde... beaucoup de grandes villes, telles que Louvain, Bruxelles et autres sont bien fournies et plus peuplées". Dès 1453 ils se plaignirent de la limitation du nombre d'ouvriers par atelier, qui les empêchait de satisfaire les commandes des 'nobles seigneurs et autres notables riches personnages et marchands'. Il semble en effet que vers le milieu du siècle les centres brabançons étaient en voie de surpasser ceux de la Flandre. La corporation des tisserands de tapis à Bruxelles à elle seule enregistra entre 1417 et 1446 404 nouveaux membres (Graphique 7).

---

[9] THIJS, op. cit., p. 90-92; E. SABBE, De Belgische vlasnijverheid I. Kortrijk, 1975; MARQUANT, op. cit., p. 172-173; M. BOONE, Les toiles de lin des Pays-Bas bourguignons sur le marché anglais (fin XIVe-XVIe siècles), dans: Publication du Centre Européen d'Etudes Bourguignonnes (XIVe-XVIe s.), 35 (1995), p. 61-81.

3. L'étincelant secteur des arts et du luxe

Dans plusieurs villes les peintres et les autres artisans du secteur artistique se regroupaient dans des gildes. En 1426 Bruges se glorifia de son 'commerce du livre, qui était jadis grand et notable et qui l'est encore actuellement', mais dans beaucoup de villes, jusqu'à Audenarde et Hesdin, des ateliers de copistes et de miniaturistes étaient actifs.

La vague de luxe dans les Pays-Bas bourguignons stimulait également l'orfèvrerie, la sculpture, la dinanderie, l'armurerie et les industries trop négligées du cuir et de la pelleterie. Le nombre de peintres connut une hausse spectaculaire dans le troisième tiers du siècle (Graphique 8) et dans les autres secteurs l'évolution allait dans le même sens[10]. A Lille la tannerie était considérée comme l'une des industries les plus importantes; elle était pratiquée dans quelques quatre-vingts puits d'œuvre et écoulait ses produits à travers les Pays-Bas. Les gants de Louvain étaient recherchés jusqu'en Angleterre; le cuir et les souliers de Bois-le-Duc étaient acheminés vers la Rhénanie.

La foire de Berg-op-Zoom prit un grand essor comme le principal marché de peaux et de fourrures importés et comme centre commercial pour la pelleterie et pour des produits en cuir fin dans les années 1450 et 1460 (Tableau 2). Dans la halle à Luxembourg le nombre des étaux des cordonniers et des tanneurs était de 82 en 1403-1404, mais il tomba de près de 50 pct. dans les années 1403-1450. Une reprise timide se dessina par la suite mais elle ne prit de l'ampleur qu'après 1468.

4. Les mines et la métallurgie

Dans la deuxième moitié du XVe siècle l'extraction du plomb et du zinc en Limbourg et du plomb et du fer dans le Namurois reprit. Des entrepreneurs et des techniciens liégeois et limbourgeois réanimèrent l'industrie du plomb namurois qui avait gravement souffert de l'invasion liégeoise de 1430. L'industrie ferronnière fut stimulée par l'application généralisée dans tout le comté namurois du privilège des francs forgerons de Marche. L'Entre-Sambre-et-Meuse avec de nombreux cloutiers-paysans et la région le long du Samson en étaient les centres. Néanmoins, le haut fourneau, plus productif, ne s'y introduisit que lentement; on n'en comptera que sept dans tout le comté à côté d'une quarantaine de forges[11].

Dans le Limbourg les fonctionnaires ducaux stimulaient la réouverture des mines délaissées et la prospection de nouvelles couches de minérai. Ils n'hésitaient pas à maintenir avec vigueur le droit du prince sur le sous-sol et à favoriser la concentration et l'intégration des exploitations. 'La Vieille Montagne' fut soustraite aux entrepreneurs d'Aix-la-Chapelle et adjugée avec l'ensemble de toutes les mines de calamine

---

[10] R. VAN UYTVEN, Splendour or wealth: art and economy in the Burgundian Netherlands, dans: *Transactions of the Cambridge Bibliographical Society*, 10 (1992), p. 101-124, spécialement les graphiques 1-3.

[11] A. GILLARD, *L'industrie du fer dans les localités du comté de Namur et dans l'Entre-Sambre-et-Meuse de 1345 à 1600*. Bruxelles, 1971.

limbourgeoises à des consortiums de fondeurs en cuivre de Lille et de Bruges. Du coup les anciens co-propriétaires miniers et mineurs-paysans furent remplacés par des salariés spécialisés au service des marchands-entrepreneurs.

La dimension des exploitations restait néanmoins modeste. La plus grande, la 'Vieille Montagne', ne comptait qu'une vingtaine de mineurs. L'évolution de la ferme de la calamine limbourgeoise (400 fl. en 1444; 1.330 fl. en 1469) indique une conjoncture très favorable, non seulement des exploitations minières, mais aussi de la fonderie en cuivre dans les Pays-Bas bourguignons. La calamine ($ZnCO^3$) était une matière indispensable pour le travail du cuivre et les fermiers de la calamine jouissaient d'un monopole de vente dans toutes les terres ducales. Il est vrai que les recettes des dîmes de différentes mines limbourgeoises déclinèrent généralement aux environs de 1470, suggérant que le secteur entier avait 'du plomb dans les ailes' dans les dernières décennies du XVᵉ siècle[12].

Au cours du siècle l'extraction de la tourbe, la source d'énergie industrielle par excellence, ralentissait visiblement dans le Nord du Brabant et de la Flandre, mais les tourbières de la Hollande et d'Utrecht suffirent largement pour combler les vides[13].

5. Le bâtiment

La recherche du confort des habitations et le souci de remplacer des constructions trop inflammables n'auraient pas suffi à eux seuls pour stimuler sérieusement les activités de construction, d'autant plus que, quelques centres en expansion exceptés, la démographie n'était pas à la hausse. Les couvreurs en chaume et torchis ressentaient même dûrement la vogue des constructions en pierres.

Néanmoins, le secteur du bâtiment profitait d'un véritable engouement pour la construction. Tous, princes, villes, institutions ecclésiastiques, bourgeois, cherchaient à élever des constructions de plus en plus vastes et plus riches, et, comme Philippe le Bon le montra lui-même à Lille, de préférence en pierre de taille.

Vu la rigidité des revenus financiers de la plupart des bâtisseurs, la majorité des projets de construction ne mettait à l'œuvre que quelque dizaines de maçons et de charpentiers, encore que pour des périodes prolongées. Çà et là des chantiers de grande envergure, pour le compte du prince ou d'une ville, mobilisaient néanmoins une centaine de salariés et attiraient des entrepreneurs et des travailleurs venus de très loin.

---

[12] M. YANS, *Histoire économique du duché de Limbourg sous la Maison de Bourgogne. Les Forêts et les Mines.* Bruxelles, 1938.

[13] K.A.H.W. LEENDERS, *Verdwenen Venen. Een onderzoek naar de ligging en exploitatie van thans verdwenen venen in het gebied tussen Antwerpen, Turnhout, Geertuidenberg en Willemstad 1250-1750.* Bruxelles, 1989), p.201, 259-269.

Malgré l'adage 'Quand le bâtiment va, tout va", nous ne disposons d'aucun moyen pour dresser une courbe de la construction[14].

6. Les industries alimentaires

Une multitude de petits ateliers et de boutiques assurait l'approvisionnement local en denrées alimentaires et en produits de consommation courante, bien que les villes tendaient à enrayer ces activités dans leur banlieu.

Des villes hollandaises comme Delft, Haarlem et Gouda pourtant réussirent à débiter leurs bières dans tous les Pays-Bas, Calais, l'Angleterre et la Rhénanie. A l'instar des villes de l'Allemagne du Nord elles avaient su, par l'adjonction d' houblon, donner à leurs bières un goût plus vif et une conservation plus durable. Du coup, les bières hollandaises devinrent des produits d'exportation à grande échelle. Ailleurs le monopole banal du 'grut' (une composition végétale censée préserver dans un certain degré le brassin) freina la diffusion de l'innovation, tandis que pas mal de régions côtières devaient compter avec la mauvaise qualité de l'eau souterraine causée par la proximité de la mer.

Dès les dernières décennies du XIVe siècle les villes brabançonnes et, quelque temps plus tard, les villes flamandes ont réussi à brasser elles-mêmes des bières houblonnées et à reconquérir leurs propres marchés. Elles n'ont pourtant pas su développer une exportation d'envergure vers le plat pays; les frais de production et la fiscalité dans les villes étaient en fait trop élevés. Entretemps, les brasseurs de Gouda et Haarlem avaient lancé une nouvelle bière, la 'keute', à base d'orge et de farine de froment, et contrôlaient de cette façon un segment non négligable du marché, spécialement en Flandre.

L'industrie de la bière dans sa globalité a connu un remarquable essor aux Pays-Bas, surtout après le milieu du XVe siècle (Graphique 9). Même à Ath et à Lille le débit de la bière doubla.

Comme la population n'était pas vraiment en hausse, les causes en sont à chercher du côté des changements dans le choix des consommateurs. Il y avait manifestement un glissement de la demande qui abandonnait les vins relativement coûteux pour une bière améliorée. Grâce aux prix modérés des grains, la bière devenait en fait meilleur marché tandis que le pouvoir d'achat des salariés était plutôt élevé (les fameux ciseaux entre prix de denrées alimentaires et salaires)[15].

---

[14] Même l'excellent livre de J.P. SOSSON, *Les travaux publics de la ville de Bruges XIVe-XVe siècles. Les matériaux. Les hommes.* Bruxelles, 1977 y a renoncé. La tentative dans ce sens de H. VAN DER WEE, *The Growth of the Antwerp Market and the European Economy* I. Louvain, 1963, p. 539-541 est basée sur un sondage dans les comptes d'institutions d'Anvers et de Lierre; la série ne débute qu'en 1437 et montre pendant tout le XVe siècle une grande stabilité. Il serait dangereux de la considérer comme typique, étant donné la situation plutôt favorable dont le marché anversois se peut prévaloir aux Pays-Bas.

[15] R. VAN UYTVEN, Haarlemmer Hop, Goudse Kuit en Leuvense Peterman, dans: *Arca Lovaniensis* 4 (1975), p. 334-351; H. VAN DER WEE, De handelsbetrekkingen tussen Antwerpen en de Noordelijke Nederlanden tijdens de 14e, 15e en 16e eeuw, dans: *Bijdragen voor de Geschiedenis der Nederlanden* XX (1965-1966), p. 268-270; E. AERTS-R. UNGER, Brewing in the Low Countries, dans: E. AERTS e.a. (éd.), *Production, marketing*

442

Depuis des siècles on produisait dans le Delta de la Meuse et de l'Escaut du sel par l'ébullition d'eau de mer où on avait mélangé au paravant le cendre de tourbe saline. Des centres tels que Goes, Zierikzee, Tolen, Brielle, Reimerswaal, Schiedam, Axel, Hulst et surtout Steenbergen produisaient pour la salaison du poisson et du hareng dans la région même et pour la vente dans les Pays-Bas, l'Angleterre et le monde hanséatique.

Vers le milieu du XVe siècle la saunerie se ressentit de l'épuisement graduel des tourbières salines et des inondations causées en partie par l'action même des tourbiers (Graphique 10). Steenbergen (avec une cinquantaine de sa**uneries**) fut déjà avant 1460 condamné. De plus, ces centres, par leurs coûts élevés en combustibles et en salaires, ne pouvaient pas résister à la compétition du sel français. Ce sel, récolté dans le Sud-Ouest de la France par évaporation naturelle de l'eau de mer, pouvait être importé par mer à des frais de transport relativement modestes. Axel, Hulst et quelques autres centres ont trouvé dans le raffinage de ce sel de mer français de nouveaux moyens de subsistance dans la deuxième moitié du siècle[16].

II. La domination commerciale de Bruges menacée

1. Bruges 'la plus renommée' et ses rivaux

Aux yeux de Philippe le Bon Bruges fut en 1438 'la plus renommée par tout le monde par le fait de marchandise' et encore plus tard dans le siècle des visiteurs étrangers s'accordaient dans ce sens. Pourtant la ville du Zwin ne fut pas une véritable plaque tournante du commerce international, pour la simple raison que l'Europe du Nord et le monde méditerranéen avaient peu à s'offrir mutuellement. Bruges attirait les marchands étrangers surtout pour son arrière-pays densement peuplé, urbanisé et industrialisé où ils écoulaient leurs denrées alimentaires et leurs matières premières et se procuraient les draps renommés des Pays-Bas. Les Brugeois ne restaient d'ailleurs pas inactifs dans le trafic international.

L'émergence d'une draperie de qualité ailleurs en Europe mina l'attraction exercée par Bruges. La ville eut d'ailleurs à souffrir de l'ensablement du Zwin, qui hypothéquait sérieusement son accessibilité et de la concurrence des foires brabançonnes. La menace se concrétisa dans les années 1436-1438, pendant la révolte brugeoise contre Philippe le Bon et le conflit entre la Flandre et la Hanse, mais surtout pendant la grande rébellion gantoise (1451-1453) et une nouvelle rupture avec la Hanse (1451-1457).

Contraints de force, pas mal de clients et fournisseurs originaires de l'arrière-pays brugeois ont trouvé alors les chemins vers les marchés de l'Escaut. La rupture définitive

---

and consumption of alcoholic beverages. Louvain ,1990, p. 92-101.

[16] VAN DER WEE, *art. cit.*, p. 270-278; J.A. MERTENS, Biervliet, een laatmiddeleeuws centrum van zoutwinning, dans: *Handelingen der Maatschappij voor Geschiedenis en Oudheidkunde te Gent*, n.s. XVII (1963), p. 3-15; J.A.J. VERVLOET, De exploitatie vóór de bedijkingen, dans: *Steenbergen in de Middeleeuwen.* Steenbergen, 1972, p. 113-140.

pour la ville du Zwin ne se produisit pourtant que pendant la grande rébellion de Flandre et de certaines villes brabançonnes contre Maximilien d'Autriche (Graphique 11)[17].

De plus en plus le commerce international se dirigeait vers les foires d'Anvers et de Berg-op-Zoom, où les draps anglais, que la Flandre prohibitait afin de protéger sa propre draperie, se vendaient librement. Depuis longtemps déjà la Rhénanie s'y approvisionnait en draps, poisson et sel et y écoulait son vin. Les marchands brugeois, étrangers aussi bien qu'autochtones, s'en servaient allègrement comme centres de distribution pour leurs épices et leur sucre. Les maîtres des métiers d'art et de luxe du Brabant y trouvaient des marchés périodiques adaptés pour offrir leur production, quantitativement modeste, à une clientèle internationale et régionale.

Tous les courants de trafic partant des marchés brabançons de l'Escaut ou y débouchant se gonflaient visiblement surtout depuis les années 1440 (Tableaux 1 et 2).

En 1470 les foires de Berg-op-Zoom attiraient encore plus de marchandises que celles d'Anvers (Graphique 12), mais la ville du Brabant du Nord dût bientôt s'incliner devant sa rivale, qui s'affirma vite comme un marché permanent. En dépit d'une hausse spectaculaire depuis les dernières decennies du XIVe siècle, la population anversoise augmenta encore de presque la moitié au cours du XVe siècle, tandis que celle de Berg-op-Zoom ne s'accrût que de quelques centaines[18].

Pour le reste Bruges était sans rivale sérieuse. Dordrecht dut se contenter de maintenir avec opiniâtreté son marché passif pour des produits descendant ou remontant la Meuse et le Rhin. Middelburg et Arnemuiden, son port, pouvaient se prévaloir d'un mouillage sûr pour des grands bâtiments de mer, mais pour accéder aux régions marchandes des Pays-Bas le transbordement était nécessaire. En fait, les deux villes de Walcheren servaient surtout comme avant-ports de Bruges et d'Anvers. Vere, toute proche, soutenue par ses seigneurs influents, sut de temps en temps détourner vers sa rade, au détriment de ses deux voisins, quelques marchands et navires, spécialement des Ecossais[19].

Seul Amsterdam -grâce à sa position septentrionale et facilement accessible pour la navigation en provenance de la Baltique par l'IJsselmeer et pour la batellerie- réussit à se donner en Hollande et dans les Pays-Bas du Nord les allures d'un marché central, surtout en ce qui concerne des marchandises baltiques (bière, grain, bois). Ses propres marchands développèrent de leur côté un trafic dynamique dans le sens opposé en s'appuyant sur une offre de cargaison, abondante et à bon marché dans les villages de pêcheurs des environs ainsi que sur la qualité de membres de la Hanse de certains de ses satellites dans le Nord et l'Est des Pays-Bas. Après les pertes du premier tiers du siècle, la navigation sur les rivières liant Amsterdam à son arrière-pays dépassa, dès le milieu

---

[17] J.A. VAN HOUTTE, *De geschiedenis van Brugge*. Tielt, 1982, p. 79-222; W. BRULEZ, Brugge en Antwerpen in de 15e en 16e eeuw: een tegenstelling, dans: *Tijdschrift voor Geschiedenis*, 83 (1970), p. 15-37; R. VAN UYTVEN, Stages of economic decline: the case of Bruges, dans: *Peasants and Townsmen in medieval Europe. Studia in honorem A. Verhulst*. Gand, 1995, p. 259-269.

[18] H. VAN DER WEE, *The Growth..* II, p. 7-111; C.F.J. SLOOTMANS, *Paas- en Koudemarkten te Bergen-op-Zoom 1365-1565*, 3 t., Tilburg, 1985.

[19] J.A. VAN HOUTTE, Het Nederlandse marktgebied in de vijftiende eeuw, eenheid en differenciëring, dans: *Bijdragen en Mededelingen van het Historisch Genootschap te Utrecht*, 70 (1956), p. 11-29.

III

du siècle, le niveau du début du siècle et progressa encore jusque vers 1470 (Graphique 13)[20].

Tableau 1: le trafic centré sur les marchés brabançons de l'Escaut

a) Navires ancrés à Walcheren (1431/37 = 111)		b) La navigation sur l'Escaut selon le tonlieu de l'eau à Anvers (1406/24 = 100)	
		1406/24	100
		1420/29	92
1431/37	111	1430/39	113
1441/49	172	1440/49	141
1450/59	253	1450/59	131
1460/69	584	1460/69	180
1470/79	1731	1470/79	253
1480/89	589	1480/89	250

Source: W.S. Unger (éd.), *Bronnen tot de Geschiedenis van Middelburg* III (La Haye 1931) 818-819

Source: Van der Wee, *The Growth* I, 511-513

---

[20] F. KETNER, *Handel en scheepvaart van Amsterdam in de vijftiende eeuw*. Leiden, 1946; C.M. LESGER, *Hoorn als stedelijk knooppunt. Stedensystemen tijdens de late middeleeuwen en vroegmoderne tijd*. Hilversum, 1990, p. 50-53.

c) La navigation sur l'Escaut zélandais selon le tonlieu d'Iersekeroord (1400/24 = 100)

1400/24	100
1420/29	100
1430/39	-
1440/49	-
1450/59	-
1465/69	329
1470/79	460
1480/89	145

Source: W.S. Unger, *De tol van Iersekeroord*. La Haye, 1939, 152-156

d) La navigation sur le Rupel selon le tonlieu de Rupelmonde (1400/24 = 100)

1400/24	100
1420/29	107
1430/39	120
1440/49	152
1450/59	183
1460/69	187
1470/79	-
1485/89	244

Source: J.A. van Houtte, Quantitative Quellen zur Geschichte des Antwerpener Handels im 15. und 16. Jahrhundert, dans: *Festschrift für H. Ammann*. Wiesbaden, 1965, 198

e) Le trafic terrestre à travers le Brabant selon le grand tonlieu du Brabant (1406/07 = 100)

1420/29	-
1436/39	107
1440/49	101
1450/59	114
1460/69	127
1470/79	184
1480/89	149

Source: Bruxelles, Archives Générales, Chambres des Comptes 3787-3804

2. Le trafic à travers l'arrière-pays

Les séries publiées susceptibles de nous renseigner sur les aléas du trafic terrestre et fluvial à travers les Pays-Bas bourguignons et par conséquent sur la conjoncture commerciale, voire économique, sont rares et celles qui sont disponibles sont en général incomplètes. Faute de données, le commerce et le transport à travers le Luxembourg restent assez obscurs. Les séries luxembourgeoises ne débutent en effet que juste avant 1450, assez pour suggérer néanmoins que la région sortait d'une situation peu favorable. A partir du milieu du siècle le trafic gagna en densité et, malgré quelques hésitations autour de 1455, se maintint ou s'améliora même sensiblement jusque vers 1475, parfois même au delà. A Bastogne pourtant le déclin fut patent dès le milieu du siècle[21]. Le rapport du grand tonlieu du Brabant qui frappe tout le trafic à travers le duché semble stagnant tout au long de la première moitié du XV\e siècle, mais gagne dès lors vite en importance (Tableau 1,e).

A Lille, 'l'une des entrées de nostre pais de Flandres', les droits sur les grands chemins rayonnants autour de la ville augmentèrent tous, mais ceux sur les routes vers la Flandre triplèrent à peu près entre 1415 et 1470. La hausse fut particulièrement spectaculaire dans les années 1440-1465. Dans les autres directions l'augmentation fut plus modeste. Les droits sur le trafic vers la France montèrent de quelque 140 livres vers 1415, à 204 livres en 1465, et cela surtout après les années 1440[22].

L'image reflétée par la navigation gantoise, qui dominait pourtant le système fluvial interne de la Flandre, est peu brillante. Les recettes du droit de calibrage des bateaux diminuèrent à partir de l'année 1425 pour traverser une crise profonde dans la période 1438-1442. La reprise fut modeste et hésitante jusqu'en 1467. Dans les années suivantes les recettes remontèrent soudainement au dessus du niveau des années 1425. Dès 1474 elles avaient néanmoins déjà dépassé leur apogée de 1470.

Le nombre d'inscriptions des bateliers connut une évolution moins troublée, mais ici encore la hausse fut spectaculaire durant les années 1470 et 1480. La dernière décennie du siècle marqua, à nouveau, une chute dramatique (Tableau 2).

---

[21] J.M. YANTE, Economie urbaine et politique princière dans le Luxembourg (1443-1506), dans: *Publication du Centre Européen d'Etudes Bourguignonnes (XIVe-XVIe s.)*, 33 (1993), p. 111-113 et 121-127.

[22] MARQUANT, *La vie économique*, p. 89-90 et p. 341-342.

Tableau 2: La navigation gantoise

a) Recettes du calibrage (en gros)   b) Inscriptions de bateliers

1425	210	1420-1429	29
1426	174	1430-1439	56
1427	156	1440-1449	36
1429	150	1450-1459	45
1437	189	1460-1469	33
1438	30	1470-1479	238
1439	54	1480-1489	307
1440	3	1490-1499	112
1441	30		
1442	6		
1444	48		
1447	24		
1448	24		
1452	48		
1467	54		
1468	225		
1470	284		
1474	228		
1485	204		

Source: F. CORRYN, Het schippersambacht te Gent (1302-1492) dans: *Handelingen van de Maatschappij voor Geschiedenis en Oudheidkunde te Gent*, 1 (1944), 184 et 191.

A Bapaume, autre point vital du trafic entre la France et les Pays-Bas, les revenus du tonlieu chutèrent après la première décennie du siècle et en dépit d'un redressement mineur dans les années 1420, ils ne regagnèrent le niveau du début du siècle que dans la deuxième moitié du siècle, sans pour autant le dépasser sensiblement.

Les foires de Mons et le 'Schobermesse' à Luxembourg perdirent visiblement de leur attraction et les transactions y diminuèrent en dépit d'une diversité grandissante de l'assortiment des biens qu'on y offrit. La foire de Lille par contre alla en augmentant. Les droits perçus (78 livres en 1420) atteignirent 110 livres en 1470, malgré une chute marquée en 1436-1440 par suite des guerres. Il se pourrait que pour la plupart des foires régionales le temps de la prospérité était résolu: l'offre constante dans les boutiques urbaines et la mulitplicité de marchés hebdomadaires en ont miné la raison d'être.

Une conclusion hasardée

Nous sommes encore loin d' 'une pesée globale' des prestations commerciales et industrielles des Pays-Bas bourguignons. Trop de données chiffrées nous manquent et ce qui s'avérera probablement irréalisable à jamais sera d'évaluer le poids global et relatif des différents secteurs dans l'ensemble de l'économie.

Il nous semble néanmoins qu'on peut avancer sans trop de risques que les menaces qui pèsent sur l'économie des états bourguignons dans les premières décennies du XVe siècle ont été levées avant le milieu du siècle. Dans les années 1440 la conjoncture négative se renversa globalement. Commynes avait vu juste quand il affirma que 'pour lors' [1465] les pays de Philippe le Bon purent se dire 'terres de promission' depuis vingt-trois ans 'à cause de la longue paix'. La suggestion par contre qu'en 1465 s'en fut fini de la prospérité de ces pays semble plutôt inspirée par son part-pris envers Charles le Téméraire. Tous les indicateurs que nous avons réunis indiquent par contre que cette rupture ne se produisit que dix ans plus tard, dans les dernières années du règne du Téméraire, sinon après sa mort.

Vu le nombre grandissant de navires qui accostèrent dans les ports de Walcheren, le volume global des transactions commerciales n'a pu que s'accroître dans les 'gateways' de la Mer du Nord.

La fortune de Bruges se vit rongée indubitablement dans la deuxième moitié du XVe siècle, mais les marchés brabançons firent plus qu'assurer la relève. L'ampleur du trafic maritime et le volume des grands courants commerciaux à travers les Pays-Bas dans les années 1440-1475 sont autant de signes de la vigueur commerciale des régions bourguignonnes. Sans des industries florissantes une telle activité commerciale eut été impensable. Les indications réunies sur l'essor de secteurs industriels divers confirment d'ailleurs cette conjoncture favorable. Même l'ancienne draperie montra des signes d'un certain regain -fût-il tout modeste- dans la deuxième partie du siècle.

Bref, la somme globale des transactions commerciales et des biens industriels produits fut sans aucun doute grandissante dans les Pays-Bas bourguignons à partir des années 1440 jusque dans les années 1470. La question fondamentale reste cependant de savoir si cette croissance a suffi pour compenser les pertes que la décadence de la draperie a causées depuis le XIVe siècle.

Comme nous l'avons déjà remarqué, la draperie légère et la sayetterie, qui émergèrent çà et là, restèrent autant par les chiffres de production que par la valeur de leurs produits et le volume du travail investé de loin inférieures à la draperie traditionnelle. La valeur des produits des métiers d'art et de luxe était naturellement élevée mais leur prix même en limitait le débit. A cause des matières premières coûteuses qu'ils travaillaient, la valeur ajoutée en était probablement plus modeste qu'on pourrait le croire. De toute façon, le haut degré de formation spécialisée qu'ils exigeaient les rendaient peu aptes pour absorber un chomâge important. Des ateliers de ce genre n'étaient d'ailleurs rentables que dans des centres importants.

Dès lors, une reconversion impliquait souvent un déplacement des travailleurs et toujours un laps de temps que les statuts corporatifs s'efforcaient de prolonger par des exigences juridiques et financières[23]. Par conséquent, il est évident que la prospérité économique bourguignonne demande à être nuancée. Ainsi, malgré une industrie linière en expansion à Courtrai, le nombre des marginaux économiques y tripla entre 1440 et 1476. Dans toutes les villes brabançonnes, pour lesquelles des informations sont disponibles, le nombre des pauvres secourus augmenta dans des proportions analogues entre 1437 et 1480. Anvers est l'exception qui confirme la règle[24].

Tableau 3: la conjoncture commerciale à Berg-op-Zoom

a) les revenus du poids public (1424 = 100)		b) les revenus du tonlieu sur les peaux (1424 = 100)
1424	100	100
1439	159	-
1441	159	93
1442	165	-
1443	162	-
1445	183	103
1447	243	-
1450	-	100
1454	-	107
1457	-	131
1459	-	145
1470	-	162
1471	-	138
1472	-	141
1473	-	148
1480	-	138
1485	-	141

Source: K. Slootmans, Huiden en pelzen op de jaarmarkten van Bergen-op-Zoom, dans: *Land van mijn Hart. Brabantse feestbundel voor Mgr. Prof. Dr. Th.J.A.J. Goossens*. Tilburg, 1952, p. 100-108 et 151-152.

---

[23] R. VAN UYTVEN. Splendour or wealth: art and economy, p. 110-114.

[24] C. PAUWELYN, De gegoede burgerij van Kortrijk in de 15e eeuw (1433-1496). dans: *Anciens Pays et Assemblées d'Etats*, 54 (1976), p. 176; W.P. BLOCKMANS-W. PREVENIER, Armoede in de Nederlanden van de 14e tot het midden van de 16e eeuw: bronnen en problemen, dans: *Tijdschrift voor Geschiedenis*, 88 (1975). p. 517.

450

Les Pays-Bas bourguignons ne furent pas un paradis économique partout et certainement pas dans les premières décennies du siècle[25].

La succession de périodes de stagnation et de croissance économique que nous avons cru entrevoir (baisse du début du siècle jusque dans les années 1440; hausse des années 1440 à ca. 1475; crise à partir de 1475) se rapproche singulièrement de celle des périodes de hausse et de baisse des salaires réels: baisse de ca. 1416-1439, hausse de ca. 1440-1474, crise de ca. 1475-1490[26]. Cet étonnant parallélisme laisse deviner que le marché intérieur et le commerce international se sont conjugués pour façonner les aléas de l'économie dans les Pays-Bas au XVe siècle. D'autre part tout en confirmant la conjoncture économique esquissée, l'évolution du pouvoir d'achat des salariés fut avant tout le reflet du coût de la vie[27]. Cela revient à dire que ni la stagnation ni la croissance économique ont été capables de casser la rigidité des salaires nominaux. Ne serait-ce pas là un symptôme flagrant d'un chômage latent, même en période de croissance économique? En d'autres mots, même les années 1440-1475, où les Pays-Bas bourguignons étaient au sommet de leur épanouissement économique, n'ont pu apporter une prospérité sociale pour tous.

---

[25] R. VAN UYTVEN, Politiek en economie: de crisis der late XVe eeuw in de Nederlanden, dans: *Revue Belge de Philologie et d'Histoire*, 53 (1975), p. 1097-1149.

[26] W. PREVENIER-W. BLOCKMANS, *Les Pays-Bas bourguignons*. Anvers, 1983, p. 195; J.-P. SOSSON, Les XIVe et XVe siècles: un âge d'or de la main-dœuvre? Quelques réflexions à propos des anciens Pays-Bas méridionaux, dans: *Publication du Centre européen d'études bourguignonnes (XIVe-XVIe s.)*, 27 (1987), p. 26 et 37.

[27] SOSSON, Les XIVe et XVe siècles, p. 25-28.

Graphique 1: Les exportations de draps et de laine anglais (1400-1424=100)

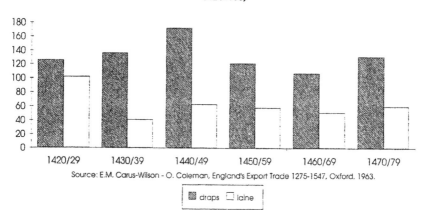

Source: E.M. Carus-Wilson - O. Coleman, England's Export Trade 1275-1547, Oxford. 1963.

draps ☐ laine

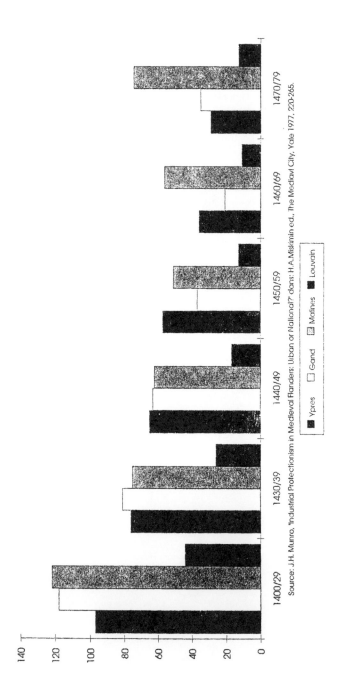

Graphique 2: L'industrie de la laine. a) Revenus des taxes urbaines sur l'industrie drapière (1400-1424=100)

Source: J.H. Munro, "Industrial Protectionism in Medieval Flanders: Urban or National?" dans: H.A.Miskimin ed., The Medieval City, Yale 1977, 220-265.

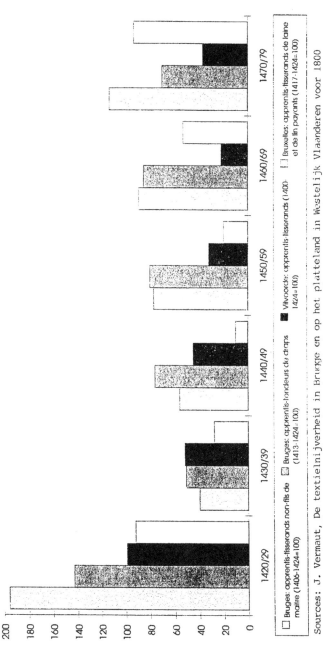

Graphique 2: L'industrie de la laine. b) Les inscriptions dans les métiers de la draperie

Sources: J. Vermaut, De textielnijverheid in Brugge en op het platteland in Westelijk Vlaanderen voor 1800 (diss. Gand 1973-1974), IV, Appendices 8C et 9; J.P. Peeters, Nieuwe gegevens betreffende de draperie te Vilvoorde op het einde der Middeleeuwen, dans: Eigen Schoon en De Brabander, huldenummer J. Verbesselt (1978) 181; J. Cuvelier, Le registre aux statuts, ordonnances et admission des tisserands, dans: BCRH 81 (1912) 131-134.

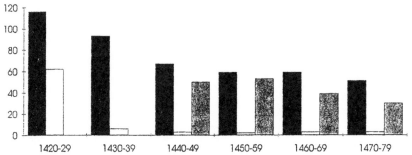

Graphique 3: La production de draps des villes de la Lys (1400-1424=100)

Source: E. Coornaert, Un centre industriel d'autrefois. La draperie-sayetterie d'Hondschoote XIVe-XVIIIe siècle, (Paris 1930) 485-487.

■ Courtrai   □ Langemark   ▓ Wervicq

Graphique 4: La sayetterie à Hondschoote et à Bergues-Saint-Winnoc

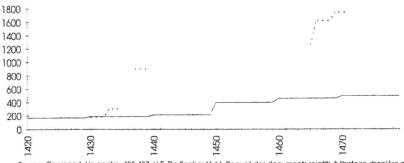

Source: Coornaert, Un centre, 485-487; H.E. De Sagher (éd.), Recueil des documents relatifs à l'histoire draplère en Flandre IIe Partle, (Bruxelles 1951) 621.

——— Hondschoote (1400-1424=100)   · · · · · · · Bergues-Saint-Winnoc (1400-1433=100)

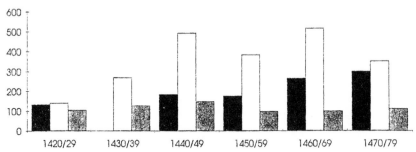

Graphique 5: L'industrie linière

Source: E. Sabbe, De Belgische Vlasnijverheid, II (Courtrai 1975) 573-574 et 584-587.

■ Termonde: accises sur le lin, le fil de lin et le chanvre (1400-1420=100)   □ Courtrai: accises du linge (1411-1424=100)   ▨ Alost: taxes sur l'aune du lin et sur le lin (1402-1424=100)

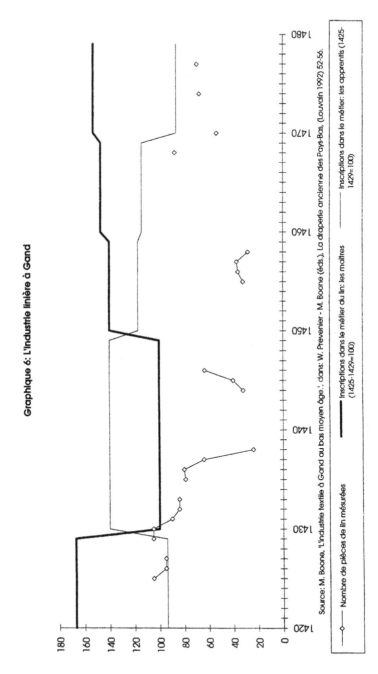

Graphique 6: L'industrie linière à Gand

Source: M. Boone, 'L'industrie textile à Gand au bas moyen âge.', dans: W. Prevenier - M. Boone (éds.), *La draperie ancienne des Pays-Bas*, (Louvain 1992) 52-56.

◇ Nombre de pièces de lin mésurées

—— Inscriptions dans le métier du lin: les maîtres (1425-1429=100)

—— Inscriptions dans le métier: les apprentis (1425-1429=100)

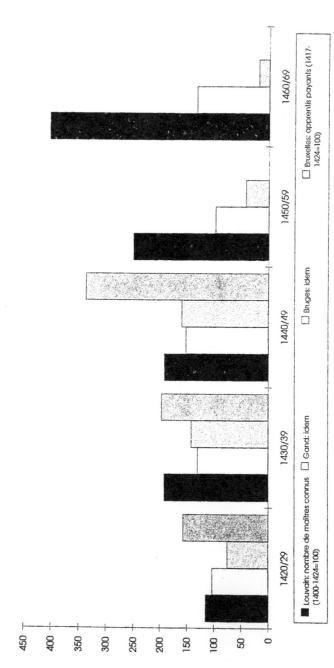

Graphique 7: La tapisserie

Sources: R. van Uytven, Nieuwe bijdrage tot de studie der Leuvense tapijtwevers, dans: Arca Lovaniensis 1 (1972) 27-29; M. Duverger, De externe geschiedenis van het Gentse tapijtweversambacht, dans Artes Textiles 2 (1955) 92-97; J. Versyp, De geschiedenis van de tapijtkunst te Brugge (Bruxelles 1954) 120-123; Cuvelier, Le registre, 131-132.

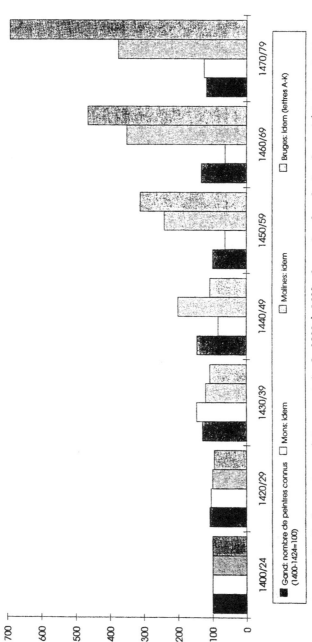

Graphique 8: Les métiers d'art

Sources: L. Tondreau, Les peintres montois de 1300 à 1600, dans: Annales du Cercle archéologique de Mons 71 (1978–'81) 42-53; E. Cornelis, De kunstenaar in het laat-middeleeuwse Gent, dans: Handelingen der Maatschappij voor Geschiedenis en Oudheidkunde te Gent 42 (1988) 109-138; E. Neefs, Histoire de la peinture et de la sculpture à Malines I (Gand 1876); A. Schouteet, De Vlaamse primitieven te Brugge. Bronnen voor de schilderkunst te Brugge. Vol.: A-K (Bruxelles 1989).

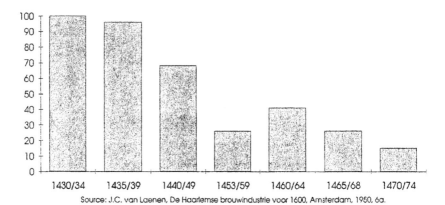

Graphique 9a: Exportation de bière de Haarlem (1430-1434=100=2560 brassins de 14 tonneaux)

Source: J.C. van Laenen, De Haarlemse brouwindustrie voor 1600, Amsterdam, 1950, 6a.

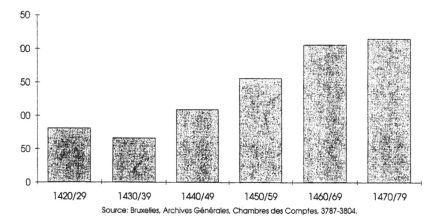

Graphique 9b: Revenus du tonlieu de la bière à Louvain (1403-1424=100)

Source: Bruxelles, Archives Générales, Chambres des Comptes, 3787-3804.

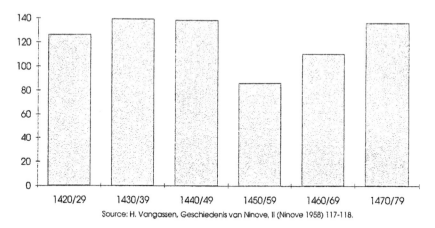

Graphique 9c: Rapport de l'accise sur la bière à Ninove (1402-1424=100)

Source: H. Vangassen, Geschiedenis van Ninove, II (Ninove 1958) 117-118.

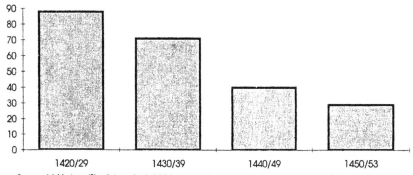

Graphique 10: Exportation de sel de Biervliet (1407-1422=100=36365 'heuds' (d'environ 170 litres)

Source: J.A.Mertens, 'Biervliet een laatmiddeleeuws centrum van zoutwinning', dans: Handelingen der Maatschappij voor Geschiedenis en Oudheidkunde te Gent, n.s. 17 (1963) 13-15.

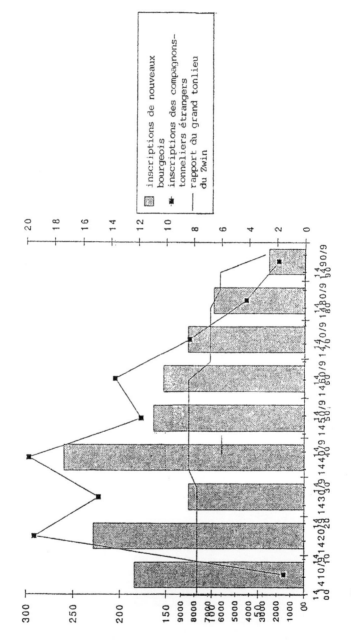

Graphique 11: La conjoncture du marché brugeois

inscriptions de nouveaux
bourgeois
inscriptions des compagnons-
tonneliers étrangers
rapport du grand tonlieu
du Zwin

Source: R. van Uytven, Stages of economic growth.

La conjoncture commerciale et industrielle

Graphique 12a: Le poids respectif des foires brabançonnes en 1418

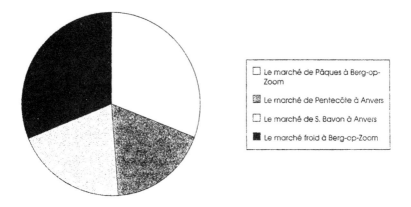

Source: R. Unger (ed.), De tol van Iersekeroord, Den Haag, 1939.

Graphique 12b: Le poids respectif des foires brabançonnes en 1470/72

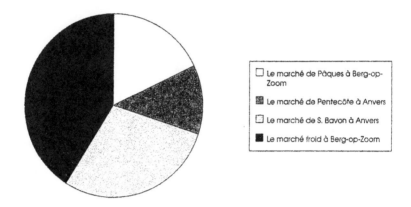

Source: R. Unger (ed.), De tol van Iersekeroord, Den Haag, 1939.

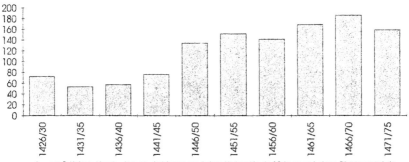

Graphique 13: Amsterdam et le trafic fluvial à travers la Hollande selon le rapport des tonlieux de Spaarndam et de Gouda (avec intrapollations) (1400/24=100)

Source: F. Ketner, 'Amsterdam en de binnenvaart door Holland in de 15de eeuw.', dans: Bijdragen tot de Vaderlandsche Geschiedenis en Oudheidkunde, V (1944) 49-55.

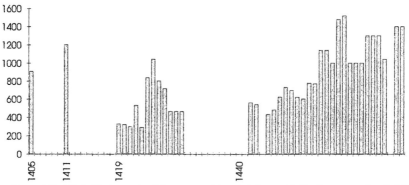

Graphique 14: le trafic à Bapaume (selon les revenus du tonlieu)

Source: J. Finot, Etude historique sur les relations commerciales entre la France et la Flandre au moyen âge, Paris 1894, 307-316.

SPLENDOUR OR WEALTH: ART AND ECONOMY IN THE BURGUNDIAN NETHERLANDS

"Art loves to be with Riches"
(C. van Mander, 1604)

In 1976, Dr Campbell complained about the scarcity of studies and published evidence for an economic and social history of medieval art. The situation has not substantially been redressed since.[1] One could even add to his regrets that it often looks as if art historians edit and quote source material merely in order to attribute a work of art to a given artist or to date it, while neglecting other valuable information such as the price or the wages paid for it.[2]

The overwhelming Gothic cathedrals and city halls of the Low Countries, the fascinating triptychs of the so-called Flemish Primitives, the splendid miniatures of the ducal library have popularized the romantic conviction that during the waning of the middle ages,[3] the Low Countries were outstanding in their artistic splendour and their general wealth. Even eminent scholars such as the late Prof. P. Bonenfant in his biography of duke Philip the Good professed a similar opinion: 'Que dans certains milieux sociaux, en tout cas, la prospérité matérielle ait été grande..., outres les preuves directes que l'on en peut avoir, le brilliant développement des arts le démontre suffisamment.' However, Bonenfant also pointed out that the subjects of the 'Great Duke of the West' were living in some kind of paradox.[4] On the one hand, the shrewd observer Philippe de Commines stated: "Je cuide avoir vu et connu la meilleur part de l'Europe; toutes fois n'ay je connu nulle seigneurie ni pays...qui fut tant abondant en richesses, en meubles et en edifices et aussi en toutes prodigalités, dépenses, festoyemens, chères, comme je les ay vus pour le temps que j'y estais".[5] On the other hand, the master of those 'promised lands' as

Commines called the Low Countries, duke Philip himself, admitted: 'Considering also the poverty of my good towns, the situation of which is daily deteriorating rather than improving and the pitiful state of my poor country people who are suffering because of the subsidy now being levied".[6]

Statistical evidence corroborates Philip's gloomy picture, although the figures are scarce and difficult to interpret. For instance, in the duchy of Brabant about thirty per cent of all families were poor; in the small towns and in the countryside particularly pauperism soared between 1437 and 1480. In Walloon Flanders, the percentage of poor increased from about 22 to 37 per cent during the same period and in the Flemish-speaking countryside, probably a quarter of all families needed support.[7]

Yet in a corrosive paper on the economy of fifteenth-century England Prof. M. Postan sneered at the 'tenets of the home-made sociology', which take it for granted that ages of economic expansion are necessarily ages of intellectual and artistic achievement. According to him, the numerous perpendicular churches were no proof whatsoever. "Their quantity, the sheer volume of stones and mortar might be thought to be closely related to economic processes. But were their quantities of stones and mortar...larger or even as large as the stones and mortar that went into the parish churches of the twelfth century, the abbeys and the cathedrals of the thirteenth and the fourteenth centuries?"[8]

Prof. Lopez even blamed the Gothic building lodges in France for having absorbed so much wealth that any economic growth was suffocated by lack of capital. Besides, he contended that the flowering of the Italian Renaissance took place not in a period of economic boom, but in one of contraction and suggested that the depression released capital from economic investments for cultural consumption. Culture, according to Lopez, was a new way for the Italians to gain prestige, when economic wealth, which had given them status before, was declining. They chose, as it were, splendour instead of wealth.[9]

Some thirty years later, the theme was taken up again by R. A. Goldthwaite for Renaissance Italy[10] and by J. Munro for the Burgundian Low Lands.[11] The ensuing pages owe a great deal to the seminal ideas of those two eminent authors, although they disagree on several issues. First we will try to shed some light upon the connection between 'splendour' and 'wealth'. Are artistic splendour and economic wealth mere synonymous twins, to the point that economic prosperity is the essential condition for the flowering of arts? Or are artistic achievements and economic success mutually exclusive? A second section of this paper will question the economic significance of art production and luxury crafts in the Burgundian Low Countries.

It can barely be doubted that late medieval Europe was going through a phase of depression or at least stagnation: population dropped drastically[12] and, consequently, in an age when labour was by far the most important factor of production - mechanization being after all insignificant - production in absolute terms could not but decline, and as global demand was probably diminishing for the same demographical reason, it could hardly have been otherwise. Warfare, civil strife and a growing scarcity of precious metals and of currency further disturbed trade and all economic activities.[13]

Of course, one could argue that precisely the Low Countries and Italy were less affected than most parts of Europe because of their progressive agriculture, their relatively high degree of urbanization and industrialization, and their situation with respect to international trade.[14] Still it seems unlikely that the collapse of the once famous urban woollen industry of the southern Low Countries and the consequent drop in their 'gross national product' was compensated by industrial diversification and innovation, whereas the cloth industry had been the main trade of those countries and had been employing thirty to sixty per cent of the active urban population.[15]

One could also allege that a decline of the gross national product does not necessarily imply a decay of income per head because population may be falling faster than the global output. Unfortunately, no accurate measurements for those two variables are available. At any rate, for our concern the solution of that problem is not vital, since the fate of the average consumer or even of the majority of the common people has no bearing upon the demand for and the consumption of artistic products. Works of art, being dispensable goods and as a rule not cheap, were beyond the purchasing power and the desires of small peasants and of most wage-earners. How could it be otherwise when a manuscript of the ducal household ordinance which Nicolas Spierinc delivered in 1469, cost about 225 groats and a square ell of secondhand tapestry was sold in those years for nine groats, while a master mason earned a mere twelve groats a day in summertime and still less in wintertime?[16] Even for a worker enjoying full employment, a year consisted of merely 265 working days! It has been estimated that in order to support a family he had to spend one third to one half of nis wages solely on primary foodstuffs.[17]

What really matters is the evolution of the number of affluent consumers and the scale of their aggregate expenditure. Even during a depression, the rich may grow in numbers and in wealth while the poor get poorer and more numerous. It is precisely such a shift towards a skewer distribution of wealth that took place in the Burgundian Low Countries.

From 1348, if not earlier, successive waves of plague and mortality concentrated wealth in the hands of a decreasing number of surviving representatives of the rich families: the so-called 'inheritance effect'.[18] One might even speculate about a higher propensity for hedonistic spending in those times of constant fear of sudden death.[19] Particularly in the Burgundian Low Countries, the signs of concentration of fortunes were unmistakable. Most striking is the unification of the Low Countries and the accumulation of the financial means of all those rich principalities in the hands of one ruler. Philip the Good had at his disposal about twelve times the income that was formerly yielded by the separate duchies of Brabant-Limburg and Luxemburg.[20] Concentration went on to the point that Charles V could boast that in his empire the sun never set!

Likewise the members of the high nobility and of the high clergy saw the possibilities for their careers enhanced. They were now able to accumulate prebends, fiefs, positions and offices throughout all the principalities of their sovereigns. At the same time, an assemblage of estates and seigniorial demesnes in the hands of fewer holders continued. Fifty-five Brabantine fiefs, in 1415 still in distinct hands, had by 1525 got into possession of thirty-six holders, among them eight knights of the Golden Fleece.[21] The twelve prominent fiefs in the county of Hainault, the so-called 'pairies', ended up at the end of the 15th century in the hands of eight lineages such as Croy, Rolin, Barbençon, Hamaide, Ligne and Saint-Pol.[22] Those very families that were thus collecting estates and fiefs in Brabant and Hainault actually did the same throughout the Low Countries and even beyond, and their members acted as leading courtiers, abbots, bishops, provincial governors, commanders and all kind of superior officers.[23] Even if the net yield of each of their demesnes in itself was not important and perhaps even declining through the agricultural depression,[24] the accumulation of numerous estates and offices with their high salaries, pensions and ducal presents, not forgetting the numerous bribes they received, allowed these high noblemen and clergymen to keep up a really princely standard of living.[25]

In medieval towns social polarization was always very strong, but it probably became more pronounced in the late middle ages and the 16th century. Strong and shrewd entrepreneurs and merchants succeeded in reducing many master-craftsmen to mere wage-earners at their service. The ideals of social justice, economic quality and brotherly collaboration, about which former generations of historians read in the statutes of the craftguilds, simply do not withstand scrutiny. Indeed, large breaches in the guilds' regulations have been brought to light. All tasks commissioned by the prince, which in particular in the sector of luxury crafts and art production represented a voluminous part of the market, has to be subtracted from the guilds' authority. Subcontracts and public adjudication were common means by which stronger and more moneyed entrepreneurs could expand their business at the cost of the smaller masters. In many guilds, the admission of new masters was seriously hindered by aggravated entrance-conditions. For instance, the fee a new master mason in Bruges had to pay in about 1450 was the equivalent of five daily wages if the applicant was a master's son, but no less than 100 and 150 daily wages when he was an apprentice from Flanders or from abroad. In 1479, such apprentices however had to pay a fee worth about 180 or 244 days' wages.[26] This method of preventing new competition turned out to be very effective. In Tournai, out of seventy apprentice-painters only twenty became master.[27]

Within each guild, an inner circle of rich masters occupied the leading positions and acted as official experts in questions concerning their craft and, above all, they practically monopolized all public commissions. Some 250 painters, glaziers and sculptors have been spotted in fifteenth-century Ghent. A mere thirty of them received public commissions and only a dozen among them got them frequently.[28] Those well-to-do masters not only enjoyed fairly high wages, whereas prices of foodstuffs were rather low, but they additionally made a handsome profit through trade in raw materials and through the wages of their journeymen.

Above this elite group of craftmasters a still more exclusive urban elite had evolved. It was an amalgam of descendants of the old urban lineages, which had originally owned the urban lands, rentiers, enriched entrepreneurs, merchants, money dealers and a growing group of officers and functionaries.[29] The number of civil servants and lawyers rose constantly as a result of the Burgundian state-building process, the professionalization of administration and justice in towns, provinces, and expanding government control.[30] The incomes of those urban top-classes – a mixture of land revenues, interests, pensions, trading profits and salaries of all kinds – were never seriously hurt by the economic depression. Inasmuch as these urban elites were in touch with the court and the nobility with which they all aspired to be associated, they imitated the noble way of life in order to distinguish themselves from the common town-folks by conspicuous spending.[31]

Fiscal sources seem to corroborate the growing gap between rich and poor. For instance, it looks as if in Kortrijk, Ostend and Namur the number of well-to-do citizens did not change, or perhaps even grew, and that their wealth increased as well, whereas the middle class suffered quantitative and financial decline.[32] In the rural districts of the counties of Namur and Hainault, the number of big farms rose, obviously through absorbing the smaller units or parts of them.[33]

In such a context, the existence of an internal market for luxuries and artistic products in the Burgundian Low Countries is not surprising. Among the great customers that used splendour and art as a means of political propaganda and of building up prestige, the most significant one, of course, was the glittering Burgundian court; but as important, by their numbers if nothing else, were the countless abbeys, convents, churches, municipalities, guilds, crafts and confraternities. Besides these corporative patrons, there were also the individual purchasers: members of the nobility and of the higher clergy, particularly the canons, of whom each town numbered at least a dozen or so, the increasing throng of civil servants, officials, lawyers and professional people, richer townsmen of all kinds, and so forth. To scholars of medieval book-production and historians of art, the names of bishop Erard de la Marck, the abbots Marcatellis of

St-Bavon and Crabbe of the Dunes-abbey, noblemen such as Louis, Lord of Gruuthuse and Earl of Winchester, the Great Bastard Anthony, Philip of Cleves, Charles of Croy, John of Wavrin, Philip of Hornes, and Burgundian officials such as John de Gros and Peter Bladelin (both patrons of Roger van der Weyden) are duly famous,[34] but it should perhaps be stressed that numerous less famous people, by their repeated, albeit more modest, acquisitions, were contributing equally to a persistent demand for artistic products. Members of the urban elites of Ghent, Bruges or Mons owned books and for instance commissioned painters no less distinguished than van Eyck, David and Memlinc.[35]   An inventory of an hotel in Leuven in 1489 numbered nineteen religious paintings.[36]   In 14th century Ghent a glover owned five and a surgeon three books.[37]   On the other hand, the possession of tapestry, paintings and particularly plate was more common in these urban milieux than books.[38]

Besides, the luxury craftsmen and the artists of the Low Countries, particularly in the south, sold their products to foreign buyers. Thanks to Bruges and the fairs of Antwerp and Bergen op Zoom in the 15th century, and to Antwerp's international market in the 16th century, the Low Countries were at the core of European trade. The foreign merchants who flocked there not only bought artistic products for their more or less temporary dwellings in the Low Countries, but they also engaged in the export trade of these products. The mishap of the Last Judgement which Memlinc painted for Angelo Trani of Florence is a notorious example of this export trade, but commercial contracts and letters, English portbooks and toll and custom accounts, all attest to an intensive exportation of paintings, tapestry, books, playing cards, sculptures, brasswork, etc. from the Low Countries to the whole of Europe.[39] The international relations and the European prestige of the Burgundian dukes undoubtedly furthered the interest in art from the Low Countries in foreign lands: the close connections between the court of Burgundy and the courts of the kings of Naples and of England are instances to be cited in this context.[40]

The increase in demand for artistic products of the Low Countries is substantiated by fragmentary evidence about a growing supply of them. The best documented case is the shift towards luxury industries and artistic crafts in the economic structure of late-medieval Bruges (Graph 1). Despite the fact that these figures, based on the strength of the craft guilds, are not beyond discussion,[41] they make it fairly clear that employment in the textile sector was declining, whereas the production of furniture and luxuries was, at least relatively, expanding. At any rate, the available evidence seems to point to a numerical growth of booksellers, scribes, painters and tapestry-weavers from the 14th to the 15th century.[42] Likewise, the inscriptions in the tapestry guilds of Ghent and Brussels and the number of tapestry-weavers in Tournai and Leuven, of painters, glaziers and goldsmiths in Leuven and of pewterers, copper- and silversmiths in Mechlin was rising (Graphs 2 and 3).[43]

The marked growth of the luxury and art crafts, especially after the middle of the 15th century, may have been connected with the geographical shift in the political activities of the Burgundian dynasty. As princes of royal blood, they were engaged persistently in the struggle for power in France; they thus stayed often in that kingdom appearing only intermittently in the Low Countries. The itinerary of Philip the Good shows the altered attitude and his more consistent presence in Flanders and Brabant in the 1450's. From 1459 onwards, Brussels emerged as the actual capital of the Low Countries.[44] What is known about the commissions of the successive Burgundian dukes seems to chime rather well with this shift in their activities. Philip the Bold and John the Fearless (†1419) turned for their jewels, books and tapestries mainly to Paris and for their tapestries also to Arras. Their successors got the latter from Arras and after 1449 from Tournai and Brussels also; their jewellery and manuscripts came from workshops in Bruges, Ghent and, after the annexation of Brabant in 1430, more and more from scriptoria and artisans in Brussels.[45] One may assume that the ducal example was not without effect on the court and retinue of the dukes, and on their subjects at large. One even gets the impression that the success of works of art and of luxuries produced in the southern Low Countries for the needs of the illustrious Burgundian court stimulated the export of those goods. In 1519 the tariff of the toll on the Scheldt traffic contains many stipulations concerning embroidery work, tapestry, books, brassware, armour, glass, furniture, paper, pewter, swords, etc., which had not been mentioned in former lists.[46]

Moreover, there was a rather obvious increase in productivity in the artistic sector. More and more art products were ready made for sale on the markets and fairs without any previous commission. So artists, individually or corporately, rented stalls in churches or cloisters in Antwerp, Bruges and Ghent to exhibit and sell their works: tapestry, small paintings, pictures on parchment, works of sculpture, jewellery and the like. It seems to have been a general practice among artistic craftsmen in Bruges, Ghent, Brussels, Tournai, Antwerp, Bergen op Zoom and Leuven.[47] In such circumstances it was of vital importance that their products appealed to a circle of customers as large as possible. Hence the tendency to reduce their dimensions. Bedcovers, pillowcases or stained-glass roundels were indeed affordable for a wider range of patrons. Artists producing directly for the market without previous commission were able by constituting ready stocks for sale to keep on working in full employment.[48]

Productivity in the artistic crafts owed its rise equally to specialization and to division of labour. The painters' guild of Bruges split up into sections of saddlers, painters, painters of mirrors, painters on cloth, harness-makers, artists in stained glass, parchment-makers, printers and limners.[49] Among the weapon-smiths of Brussels, there were helmet-makers, sword-cutlers, armourers, makers of hauberks, mail-makers, and burnishers.[50] Division of labour in book-production involved scribes, limners (eventually one for the letters and one for the borders) a binder and often a goldsmith.[51] Occasionally, even, a few fine pictures were bought on the market and incorporated in a given codex.[52] In the workshops of important painters, wood-carvers, tapestry-weavers and book-producers, several, sometimes up to a dozen, journeymen, servants and apprentices were working under the master's direction. Those helpers were eventually treated with drinks and gratuities by the duke or the urban authorities upon visiting the workshop.[53] Workshops sometimes joined efforts to produce a tapestry chamber, a carved altarpiece or a manuscript.[54]

Moreover, artists developed techniques that saved time, labour and thus money. Altar-pieces could be composed from old and new constituents, from ready-made and commissioned parts. Some painted panels were, so to say, pre-fabricated and the customer could have the wings finished according his preference. Workshops made use of existing models and patterns, sometimes within the same work, and even of pouncing techniques and of a limited stock repertory of compositions, figures and motifs. Polychromists employed time-saving tools for illustrating their works with pinched decorations or motifs in relief.[55] In a sense, wood-engraving and printing were but manifestations of the same tendency in the world of books.

Was the shift to luxury industry and artistic crafts and its consequent growth sufficient to compensate for the loss of the traditional industries? From the point of view of employment luxury crafts obviously could not compare with the old cloth industry which had given work to many thousands of labourers of all kinds. To them, a shift towards the highly skilled luxury crafts was anything but easy and opportunities were further limited because of the restrictions the craft guilds imposed. In addition, these kind of trades could only flourish in centres of a higher order, meaning larger towns, or towns with an extended hinterland, or towns where the court and the nobility frequently stayed. Thus in order to enter this kind of business, many workers had to move to another city and purchase its citizenship. Besides, the jobs in those sectors were not that numerous. Bruges boasted of its flourishing booktrade in 1427, but numbered only sixteen miniaturists and, in about 1450, some fifty scribes, booksellers, parchment-makers and the like.[56] The painters' guild of Bruges registered only some 250 new members during the second half of the fifteenth century; several of which disappeared within a few years after their registration.[57] For the whole 15th century, at Ghent and Tournai respectively only 250 and 35 painters, woodcarvers, glaziers and illuminators have been spotted.[58] The lodges of the most famous Gothic cathedrals employed only a few dozen stone cutters and masons and a similar number of helpers.[59] The only artistic craft with a significant quantity of workers seems to have been tapestry weaving. In the last third of the fifteenth century, 112 master-tapestry-weavers registered in Ghent, and in Brussels and Leuven, employment, especially of companions, was still more important.[60]

The total output of the artistic sector, in spite of its luxury character, did not contribute to the Gross National Product as much as one might think. The considerable value of the art products was for a sizable part due to the expensive and often imported raw materials of which they were made. Tapestry, for instance, required English or Spanish wools, thread from Cologne or Rheims, Italian silk, gold- and silverthread from Venice; the production of altarpieces demanded

Scandinavian wood, and expensive exotic colours such as vermilion, lapis lazuli, ultramarine, azurite (from Hungary), orpiment (from Italy), gold, silver and so on were needed.[61] For the decoration of a clock, a painter of Sluis received in 1494 a salary of 10s, but the gold and the colours he used were worth 19s.[62] An *antifonarium* a few years later was paid by the abbey of Averbode 922s; the scribe and the limner got 589s, but 333s, or more than a third of the total cost, went to the purchase of raw materials.[63] Of course, not all raw materials were to be imported: wool, parchment, linseed oil, wood, madder for the red colours, woad for the blue colours, stones, etc. could be produced in the country itself, although not necessarily on the spot. Thus one has contended that about a third of the expenses of a building lodge was dispensed for the purchase of materials from other regions and for their transportation.[64]

The fabulous prices sometimes paid for prestigious masterpieces should thus not deceive us. The artists did not get much more than their daily wages and eventually a handsome profit on the supplied raw materials. Even for the most famous among them, those wages were not excessively high. Nevertheless, the amount of labour put into such a work could be impressive. The manufacture of a tower on which the Holy Eucharist was to be displayed for adoration demanded in 1448–49 at least 263 days of work from a Diest stone-carver. For the 'Last supper', his famous Leuven triptych, D. Bouts was paid 200 guilders, representing approximately the pay of 1000 workdays of a master mason. Bouts' contract explicitly demanded that he was not to accept any other commission from that date until the delivery of the painting (that is, between March 1465 and the end of 1468). Thus his daily wage could not have been much above that of an ordinary mason.[65] Indeed, outstanding painters in Leuven, Brussels and Ghent and miniaturists in Paris and Brussels got wages that were barely higher than those of other craftsmen, masons, carpenters or even tailors.[66]

Naturally, due to the relatively low prices of primary foodstuffs, the prevailing policy of stable money and the effective protection of wages by the craft guilds, the purchasing power of the masters' wages was fairly high in the middle decades of the fifteenth century.[67] Nevertheless, the so-called multiplier effect of higher spending by the after all not so numerous and not so rich artistic craftsmen should not be overrated.

Besides, the artistic sector and particularly the producers of manuscripts seem to have been partially involved in some kind of alternative economy. Some individuals acted as scribes for their own use or for their community. Religious communities often made their own books, although they produced them for other communities and for outsiders as well. The multiplier-effect of this 'unprofessional' economy was probably not very strong, the more so since such commissions were eventually paid without any monetary transaction. The Augustinian canons of Corsendonk, for instance, were paid in 1499 by the abbey of Averbode for illuminating and binding a manuscript with a tun of local wine.[68] A priest working as a limner for the same abbey requested promotion instead of payment. Often the abbey paid its goldsmiths in kind, either rye or an ox.[69] Even the famous Brussels woodcarver John Borman was given an ox as a part of his salary for the crucifixion he made in 1492 for the church of Diest.[70]

On the other hand, the increasing production of artistic goods may have had some negative effects on the economy as a whole. Investments in splendour resulted indeed, as R. Lopez suggested, in burying business capital.[71] In the late middle ages, this was all the more prejudicial because the artistic production literally withdrew huge quantities of gold and silver from the monetary circulation, which was already suffering from a severe shortness of bullion.[72] The effects can be judged by following examples of very common practices. The Town of Bruges offered to duke Philip the Good and his entourage at his solemn entrance (1419) gifts in plate of a total weight of more than forty pounds.[73] The dukes themselves and all towns repeatedly used presents of this kind on occasions such as weddings, baptisms, dubbings, ordinations, graduations or simply as gifts for Christmas or New Year.[74] Plate and jewels were not just things of beauty; they were to show the riches and the power of their owner. The Burgundian historiographer Chastellain recounts how in 1456 Philip the Good staged an exposition of his treasures to show off his power and wealth, worth a total of some 30,000 marks of plate.[75] The chronicler hardly exaggerated as a 1420 inventory of the ducal chapel alone already mentioned items weighing together some 5600 pounds of silver and 40 pounds of gold.[76] The outfit which duke Philip ordered for his duel with Humphrey of Gloucester contained more than 120 pounds of silver and gilded silver.[77] In many a post-mortem inventory of civil servants and of canons pounds and pounds of silverware were described and even in the houses of burghers this was not uncommon.[78] Besides, gold and silver were used for the production of manuscripts, tapestry, embroidery, paintings and polychromy. In 1386, one hundred pounds of gold were woven into one set of tapestries.[79] Two Brussels goldsmiths supplied in 1469 four marks six and a half ounces of silver and more than an ounce of gold for the finishing and binding of some manuscripts produced by Nicolas Spierinc for Charles the Bold.[80]

The withdrawal of minting metals from circulation undoubtedly contributed to the deflationary effect caused by a deficient monetary supply and thus to the tendency towards stagnation of trade and the economy.[81]

On the other hand, the fame and prestige of the artists and the luxury crafts of the Low Countries perhaps enhanced the attraction of Bruges and the Brabant fairs for foreign merchants. The strong reputation of the Gothic architects and stonecutters of Brabant made them much sought after in other countries as well; due to the unity of Gothic style, their building activities abroad equally meant a stimulus for the Brabantine sandstone quarries, the Mechlin bell-foundries and the export of brass work and other furniture.[82]

The southern Low Countries undoubtedly experienced a shift in their economic structure from a dominating and massive textiles production, suffering from a shrinking market, towards a more differentiated economy with more luxury trades. The latter indeed could count on a swelling domestic demand due to the increasing purchasing power of the higher income groups and even more to a splendid Burgundian court that became more and more fixed in the Low Countries themselves. The splendour and international prestige of the great Burgundian dukes and the 'international' market of Bruges and the Brabant fairs also contributed to a growing demand abroad. However, in our opinion, it is unlikely that the absolute and relative increase of the artistic sector led to overall economic growth; it probably only alleviated the crisis, particularly in the great towns, which were the prevailing seats of the Burgundian court and governmental institutions and of the foreign merchants. The presence of a court was so beneficial that the towns of Brussels, Leuven and Mechlin competed for the court's presence by means of extra subsidies to the prince and presents for his most influential councillors.[83] The foundation of the university at Leuven in 1425 and the installation of the Parliament or Great Council at Mechlin in 1473 were but a poor consolation to both towns for the final emergence of Brussels as the capital and seat of the court. Around the middle of the fifteenth century, the court numbered more than five hundred officials and in 1474, their number doubled, not including the numerous personal servants and the stream of visitors and guests that flocked to the court, particularly in its heyday of pomp and celebration.[84] Thus the wedding of duke John the Fearless in 1385 suddenly stirred up the town of Cambrai. According to a contemporary "then were the carpenters, masons and coppersmiths there in order to improve all the mansions in the city ... and to build archways, theatres and triumphal arches".[85] Of course, not all festivities were quite as dazzling as the famous 'banquet of the pheasant' in Lille in 1454 or the wedding of Charles the Bold and Margaret of York in Bruges in 1468, for which hundreds of artists and fine craftsmen from all over the Low Countries were working for months in order to prepare all the ceremonial splendour.[86] However, for the home towns of the requisitioned artisans the effect must have been trifling.

To state it bluntly: for many towns in the Low Countries the 'golden fleece' of duke Philip the Good was but a poor reproduction of the woollen fleeces former generations had been living on. In other words: the Burgundian glitter was not all gold and the Burgundian splendour did certainly not mean wealth for all.

Graph 1: Bruges: Craftsmen employed in the textiles, furniture-utensils and luxury sector (in percentages)

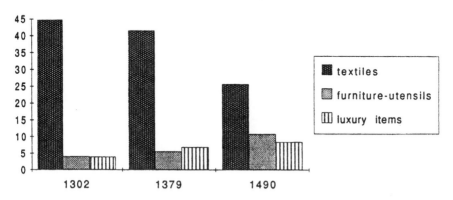

Graph 2: Mechlin: Number of known craftsmen (per 25 years)

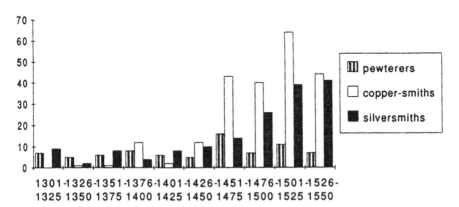

Graph 3: Leuven: Number of painters, glass-painters and tapestry-weavers (per 30 years)

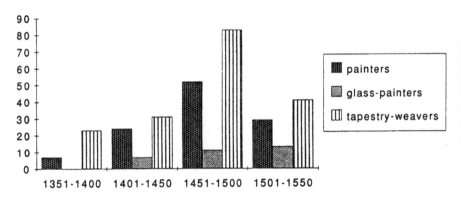

NOTES

1. L. Campbell, 'The art market in the Southern Netherlands in the fifteenth century', *The Burlington Magazine*, 118 (1976) 188-98.

2. For instance J. H. A. De Ridder, *Gerechtigheidstaferelen voor Schepenhuizen in de Zuidelijke Nederlanden in de 14de, 15de en 16de eeuw* (Brussels, 1989) 15 n. 8, 101–02 n. 4–14; E. Dhanens, 'Le scriptorium des Hiéronymites à Gand', *Scriptorium*, 23 (1969) 361–79; A. Dewitte, 'Boek- en Bibliotheekwezen in de Brugse Sint-Donaaskerk XIIIe–XVe eeuw', in *Sint-Donaas en de voormalige Brugse Kathedraal* (Bruges, 1978) 61–95; A. Janssens de Bisthoven, 'De herstelling van het Laatste Oordeel van Jan Provoost', *Gentse Bijdragen tot de Kunstgeschiedenis en de Oudheidkunde*, 17 (1957–58) 123–33; E. D'Hondt, *Extraits des comptes du domaine de Bruxelles des XVe et XVIe siècles concernant les artistes de la cour* (Miscellanea Archivistica. Studia 4) (Brussels, 1989); P. T. A. Swillens, 'De Utrechtse beeldhouwer Adriaan van Wesel, ± 1420– (na) 1489, *Oud Holland*, 63 (1948) 149–64.

3. On this conception of the late middle ages: J. Huizinga, *The waning of the middle ages* (London, 1924) first English translation.

4. P. Bonenfant, *Philippe le Bon* (Brussels, 1942) 110–11.

5. Philippe de Commines, *Mémoires*, ed. A. Pauphilet, *Historiens et chroniqueurs au moyen âge* (Paris, 1952) 958 and 1192.

6. R. Vaughan, *Philip the Good: the apogee of Burgundy* (London, 1970) 309.

7. W. P. Blockmans and W. Prevenier, 'Armoede in de Nederlanden van de 14e tot het midden van de 16e eeuw: bronnen en problemen', *Tijdschrift voor Geschiedenis*, 88 (1975) 501–38, especially 512–19.

8. M. Postan, 'The fifteenth century', *The Economic History Review*, 9 (1938-1939) 160-67.

9. R. S. Lopez,' Economie et architecture médiévale: cela aurait-il tué ceci ?', *Annales S.E.C.*, 7 (1952) 433-38; idem, 'Hard times and investment in culture', in W. K. Ferguson and others (ed.), *The Renaissance: a symposium* (New York, 1953) 19-32 (reprinted in K. Dannenfeldt (ed.), *The Renaissance, medieval or modern?* (Boston, 1959)).

10. R. A. Goldthwaite, 'The renaissance economy: the preconditions for luxury consumption', in *Aspetti della vita economica medievale* (Florence, 1985) 659–65.

11. J. H. Munro, 'Economic depression and the arts in the fifteenth-century Low Countries', *Renaissance and Reformation*, 19 (1983) 235–50.

12. C. M. Cipolla, *Before the Industrial Revolution: European society and economy 1000–1700* (London, 1976) 200; J. C. Russell, 'Population in Europe 500–1500', in *The Fontana Economic History of Europe. 1. The Middle Ages* (London, 1972) 36–41.

13. *Europa 1400: Die Krise des Spätmittelalters*, ed. F. Seibt-W. Eberhard (Stuttgart, 1984); H. Kellenbenz, 'Wirtschaft und Gesellschaft Europas 1350–1650', in *Handbuch der Europäischen Wirtschafts- und Sozialgeschichte*, 2 (Stuttgart, 1986) especially 360–61; R. Cameron, *A concise economic history of the world* (New York, 1989) 74–77; R. H. Bautier, *The economic development of medieval Europe* (London, 1971) 170–244.

14. R. van Uytven, 'La Flandre et le Brabant: "terres de promission" sous les ducs de Bourgogne?', *Revue du Nord*, 43 (1961) 281–318; Munro (1983); H. van der Wee, *The growth of the Antwerp Market and the European economy (fourteenth–sixteenth centuries*, II (The Hague,1963) 7–95 and 374–83; E. Aerts and E. van Cauwenberghe, 'Die Grafschaft Flandern und die sogenannte spätmittelalterliche Depression', in *Europa 1400...*, 95–116.

15. Munro (1983) 237–43; R. van Uytven, 'La draperie brabançonne et malinoise du XIIe au XVIIe siècle: grandeur éphémère et décadence', in *Produzione, commercio et consumo dei panni de Lana* (Florence, 1976) 85–97; J.A. van Houtte and R. van Uytven, 'Het sociaal-economische leven 1300–1482: Nijverheid en Handel', *Algemene Geschiedenis der Nederlanden*, IV (Haarlem, 1980) 97–111; W. Prevenier, 'Bevolkingscijfers en professionele strukturen der bevolking van Gent en Brugge in de 14de eeuw', in: *Album C. Verlinden* (Ghent, 1975) 276–79 and 290–303.

16. A. de Schrijver, 'Nicolas Spierinc calligraphe et enlumineur des ordonnances des états de l'hôtel de Charles le Téméraire', *Scriptorium*, 23 (1969) 434–58, esp. 456; C. Verlinden and others (ed.), *Dokumenten voor de Geschiedenis van Prijzen en Lonen in Vlaanderen en Brabant*, II A (Bruges, 1965) 411 and 422; W. Blockmans, 'Peilingen naar de sociale strukturen te Gent tijdens de late 15e eeuw', *Standen en Landen*, 54 (1971) 215–62.

17. E. Scholliers, *De Levensstandaard in de XVe en XVIe eeuw te Antwerpen* (Antwerp, 1960) 84–87, 168–73; L. Noordegraaf, *Hollands Welvaren? Levensstandaard in Holland 1450–1650* (Bergen, 1985) 56–61; van der Wee (1983) III, 92 (Graph 40).

18. W. Blockmans, 'The social and economic effects of plague in the Low Countries, 1349–1450', *Revue Belge de Philologie et d'Histoire*, 58 (1980) 833–63.

19. Goldthwaite (1985).

20. M. A. Arnould, 'Une estimation des revenus et des dépenses de Philippe le Bon en 1445', in *Recherches sur l'histoire des Finances Publiques en Belgique*, III (Brussels, 1973) 131–219.

21. R. van Uytven, 'Vorst, adel en steden: een driehoeksverhouding in Brabant van de twaalfde tot de zestiende eeuw', *Bijdragen tot de Geschiedenis*, 59 (1976) 105–12.

22. G. Sivery, *Structures agraires et vie rurale dans le Hainaut à la fin du Moyen Age*, II (Lille, 1980) 597–98 and 608–09.

23. C. A. J. Armstrong, 'Had the Burgundian government a policy for the nobility?', in: idem., *England, France and Burgundy in the Fifteenth Century* (London, 1983) 213–36.

24. C. Dyer, *Standards of living in the later middle ages: social change in England c. 1200–1520* (Cambridge, 1989) 41–7; E. Scholliers and F. Daelemans, *De Conjunctuur van een Domein: Herzele 1444–1752* (Brussels, 1981); J. Mertens, 'De ekonomische leefbaarheid van de lekenheerlijkheid op grond van de heerlijke rekeningen (1300–1500)', in: *Histoire économique de la Belgique: traitement des sources et état des questions* (Brussels, 1972) 473–89.

25. van Uytven (1976) 106–09; A. Derville, 'Pots-de-vin, cadeaux, racket, patronage: essai sur les mécanismes de décision dans l'état bourguignon', *Revue du Nord*, 56 (1974) 341–64; R. van Uytven, 'De Brabantse adel als politieke en sociale groep tijdens de late middeleeuwen', in: *De Adel in het Hertogdom Brabant* (Brussels, 1985) 75–88.

26. J. P. Sosson, 'Les Métiers: norme et réalité. L'exemple des anciens Pays-Bas Méridionaux aux XIVe et XVe siècles', in: *Le travail au moyen age. une approche interdisciplinaire*, ed. J. Hamesse and C. Muraille-Samaran, (Louvain-la-Neuve, 1990) 339–48; idem, 'Corporation et pauperisme aux XIVe et XVe siècles. Le salariat du bâtiment en Flandre et Brabant, et notamment à Bruges', *Tijdschrift voor Geschiedenis*, 92 (1979) 566; A. Schouteet, *De Vlaamse Primitieven te Brugge. Bronnen voor de Schilderkunst te Brugge tot de dood van Gerard David*, I (Brussels, 1989) 152–53; D. de Stobbeleir, Le nombre des nouveaux membres et la corporation des maçons, tailleurs de pierre, sculpteurs et ardoisiers bruxellois (1388-1503), in: *Hommage au Prof. P. Bonenfant* (Brussels, 1965) 318.

27. L. Campbell, 'The early Netherlandish painters and their workshops', in: *Le dessin sous-jacent dans la peinture. Colloque III: Le problème du Maître de Flémalle – Rogier van der Weyden*, ed. R. van Schoutte and D. Hollanders-Favart (Louvain-la-Neuve, 1981) 47–48.

28. E. Cornelis, 'De Kunstenaar in het laatmiddeleeuwse Gent II : De sociaal-economische positie van de meesters van de St.-Lucasgilde in de 15de eeuw', *Handelingen der Maatschappij voor Geschiedenis en Oudheidkunde te Gent*, 42 (1988) 109-38; J. Duverger, 'Brugse schilders ten tijde van Jan van Eyck', *Bulletin Musées Royaux des Beaux-Arts*, 4 (1955) 84; J. P. Sosson, *Les travaux publics de la ville de Bruges XIVe–XVe siècles* (Brussels, 1977) 196-97; M. Boone, *Geld en Macht. De Gentse Stadsfinanciën en de Bourgondische Staatsvorming (1384-1453)* (Ghent, 1990) 103; J. P. Sosson, 'L'artisanat bruxellois du métal: hiérarchie sociale, salaires et puissance économique (1360-1500)', *Cahiers bruxellois*, 7 (1962) 246–51.

29. M. Boone, M. C. Laleman and D. Lievois, 'Van Simon sRijkensteen tot Hof van Rijhove. Van erfachtige lieden tot dienaren van de centrale Bourgondische staat', *Handelingen der Maatschappij voor Geschiedenis en Oudheidkunde te Gent*, n.s. 44 (1990) 47-86; J. A. Dupont, 'Gilles Durelin, trésorier des chartes du Hainaut (1439-1513). Histoire d'une famille de Robins montois à l'époque bourguignonne', *Annales du Cercle archéologique de Mons*, 71 (1978-1981) 68-86 and 111-14.

30. W. Prevenier, 'Officials in town and countryside in the Low Countries: social and professional developments from the fourteenth to the sixteenth century', *Acta Historiae Neerlandicae*, 7 (1974) 1-17.

31. W. Prevenier and W. Blockmans, *De Bourgondische Nederlanden* (Antwerp, 1983) 156–59 and 171–78.

32. C. Pauwelijn, 'De gegoede burgerij van Kortrijk in de 15e eeuw (1433-1496)', *Standen en Landen*, 54 (1971) 155-86; R. van Uytven and W. Blockmans, 'De noodzaak van een geïntegreerde sociale geschiedenis. Het voorbeeld van de Zuidnederlandse steden in de late middeleeuwen' *Tijdschrift voor Geschiedenis*, 84 (1971) 280.

33. L. Genicot, *L'économie rural namuroise au Bas Moyen Age*, III (Louvain-la-Neuve, 1982) 348–52; Sivery (1980) II, 567–69.

34. Campbell (1976) 188–98; A. Derolez, *The Library of Raphael de Marcatellis, abbot of St. Bavon's, Ghent 1437–1508* (Ghent, 1979); N. Huyghebaert, 'Trois manuscrits de Jean Crabbé, abbé des Dunes', *Scriptorium*, 23 (1969) 232-41; J. K. Steppe and G. Delmarcel, 'Les tapisseries du Cardinal Erard de la Marck, prince–évêque de Liège, *Revue de l'Art*, 25 (1974) 35–54; *Vlaamse Kunst op Perkament. Handschriften en Miniaturen te Brugge van de 12de tot de 16de eeuw* (Bruges, 1981); Prevenier and Blockmans (1983) 320–32.

35. Blockmans (1971) 239-62; *Vlaamse Kunst ...*, no. 87 and 117; J. Versyp, *De Geschiedenis van de Tapijtkunst te Brugge* (Brussels, 1954) 192; E. Dhanens (1969) 373; M. Boone, M. Danneel and N. Geirnaert, 'Pieter IV Adornes (1460 - ca. 1496), een Brugs patriciër in Gent', *Handelingen der Maatschappij voor Geschiedenis en Oudheidkunde te Gent*, n.s. 39 (1985) 123-47; M. Boone, M. Dumon and B. Reuseens, 'Immobiliënmarkt, Fiscaliteit en Sociale Ongelijkheid te Gent 1483-1503', *Standen en Landen*, 78 (1981) 152; A. Derolez, 'Vroeg Humanisme en middeleeuwse

IV

Bibliotheken. De Bibliotheek van de Adornes en van de Jeruzalemkapel te Brugge',
Tijdschrift voor Geschiedenis, 85 (1972) 161–70; Prevenier and Blockmans (1983)
320–32; V. Vermeersch, *Brugge. Duizend Jaar Kunst. Van Karolingisch tot Neo-
gotisch 875–1875* (Antwerp, 1981) 169-95.
36. E. van Even, *L'ancienne école de peinture de Leuven* (Leuven, 1870) 215
n. 1.
37. N. de Pauw, 'Bijdragen tot de Geschiedenis der Middelnederlandsche
Letterkunde in Vlaanderen', *Nederlandsch Museum*, 1879, n. 2, 139, 146 and 156-61.
38. L. Wynant (ed.), *Regesten van de Gentse Staten van Goed. Eerste Reeks
1349–1400*, II (Brussels, 1985).
39. L. Castelfranchi Vegas, *Vlaanderen en Italië. Vlaamse Primitieven en
Italiaanse Renaissance* (Antwerp, 1984) 49–73 (Van Eyck's small Dresdener tryptich
was not executed for the Genovese M. Giustiniani, cf. E. Dhanens, *Hubert en Jan
van Eyck* (Antwerp, 1980) 242–45); A. Grunzweig, *Correspondance de la filiale de
Bruges des Medici*, I (Brussels, 1931); R. de Roover, *The rise and decline of the
Medici bank 1397–1494* (New York, 1966) 144 and 435, n. 10–12; S. Schneebalg–
Perelman, 'Le rôle de la banque de Medici dans la diffusion des tapisseries flamandes', *Centre Belge d'Archéologie et d'Histoire de l'Art*, 38 (1969) 19-41; R. de
Roover, 'La Balance commerciale entre les Pays-Bas et l'Italie au quinzième siècle',
Revue Belge de Philologie et d'Histoire, 37 (1959) 381–82; C. Marinesco, 'Les
affaires commerciales en Flandre d'Alphonse V d'Aragon, roi de Naples (1416–
1458), *Revue Historique*, 221 (1959) 33–48; C. Slootmans, *Paas– en Koudemarkten
te Bergen op Zoom 1365–1565* (Tilburg, 1985) 61, 258, 728, 764-65, 878, 1025,
1089, 1099, 1192–93; R. Marquant, *La vie économique à Lille sous Philippe le Bon*
(Paris, 1940) 175; E. Duverger, 'Gielis van de Putte, tapijtwever en tapijthandelaar
te Brussel (ca. 1420 – 1503)', *Artes Textiles*, 7 (1971) 9 and 20; G. Asaert, *De
Antwerpse Scheepvaart in de XVde Eeuw* (Brussels, 1973) 286, 296-97; G. Asaert,
'Documenten voor de Geschiedenis van de Beelhouwkunst te Antwerpen in de XVe
eeuw', *Jaarboek Kon. Museum voor Schone Kunsten, Antwerpen* (1972) 48; H. J. de
Smedt, 'De Verspreiding der Brabantse Retabels in Oostelijke Richting,' in: *De
Brabantse Stad*, I (Leuven, 1965) 26-34; R. Szmydki, 'Une Sainte Famille à Gdansk
attribuable à Jean Mertens Janssone dit van Dornicke', in: M. Smeyers (ed.), *Arch-
ivum Artis Lovaniense* (Leuven, 1981) 215–24; Slootmans (1985) 1466; C. Perier–
d'Ieteren, 'Le marché d'exportation et l'organisation du travail dans les ateliers
brabançons aux XVe et XVIe siècles', in *Artistes, Artisans et Production artistique
au Moyen Age*, III (Paris, 1990) 629–45; R. Szmydki, *Retables anversois en Pologne*
(Brussels, 1986); Vermeersch (1981) 181 and 285; E. Duverger, 'Een bestelling van
Groenwerk te Edingen in 1457', *Artes Textiles*, 7 (1971) 206–10; E. Soil, 'Les
Tapisseries de Tournai', *Mémoires de la Société historique et littéraire de Tournai*,
22 (1891) 376-77, 395–97; J. Crab, *Het Brabants Beeldsnijcentrum Leuven* (Leuven,
1977) 322–23; J. Szablowski, *De Vlaamse wandtapijten van de Warvelburcht te
Krakau* (Antwerp, 1972).
40. Marinesco (1959) 33-48; C. A. J. Armstrong, 'L'échange culturel entre les
Cours d'Angleterre et de Bourgogne à l'époque de Charles le Téméraire', in: C. A.
J. Armstrong, *England, France and Burgundy ...*, 403–17.

41. I. de Meyer, 'De sociale strukturen te Brugge in de 14e eeuw', *Standen en Landen*, 54 (1971) 30-36. However cf. W. Prevenier (1975) 279–303.

42. L. Gilliodts-van Severen, 'L'œuvre de Jean Brito, prototypographe brugeòis', *Annales de la Société d'Emulation de Bruges*, 47 (1897) 257–357; Duverger (1955) 107–19; Schouteet (1989) I; J. Versyp, *De Geschiedenis van de Tapijtkunst te Brugge* (Brussels, 1954).

43. R. van Uytven, *De Geschiedenis van Mechelen. Van Heerlijkheid tot Stadsgewest* (Tielt, 1991) 47; R. van Uytven, *Leuven de beste stad van Brabant*, I (Leuven, 1980) 181; idem, *Stadsfinanciën en Stadsekonomie te Leuven (van de XIIde tot het Einde der XVIde Eeuw)* (Brussels, 1961) 419–22; M. Duverger, 'De externe Geschiedenis van het Gentse Tapijtweversambacht', *Artes Textiles*, 2 (1955) 59–71; J. Cuvelier, 'De tapijtwevers van Brussel in de XVde eeuw', *Verslagen en Mededelingen van de Kon. Vlaamsche Academie voor Taal- en Letterkunde* (1912) 373–414; Soil (1891) 27–28.

44. *Bruxelles au XVe siècle* (Brussels, 1953) 21–32 and 157–63; M. A. Arnould, 'Le séjour bruxellois de Charles le Téméraire pendant l'hiver de 1467–1468', in: *Mélanges M. Martens* (Brussels, 1981) 27–50; A. G. Jongkees, 'Vorming van de Bourgondische Staat', in: A. G. Jongkees, *Burgundica et Varia* (Hilversum, 1990) 212–37.

45. M. Cheyns-Condé, 'La tapisserie à la cour de Bourgogne. Contribution d'un art mineur à la grandeur d'une dynastie', *Publications du Centre Européen d'Etudes Bourguignonnes*, 25 (1985) 73–89; F. Joubert, Les 'Tapissiers' de Philippe le Hardi, in: *Artistes, Artisans et Production artistique au Moyen Age*, III (Paris, 1990) 601–07; S. Schneebalg-Perelman, 'La Tenture armoriée de Philippe le Bon à Bern', *Jahrbuch des Bernischen Historischen Museums*, 39–40 (1959–1960) 136–63; P. Cockshaw, 'Mentions d'auteurs, de copistes, d'enlumineurs et de libraires dans les comptes généraux de l'état bourguignon', *Scriptorium*, 23 (1969) 122–44; A. Pinchart, 'Miniaturistes, enlumineurs et calligraphes employés par Philippe le Bon et Charles le Téméraire et leurs œuvres', *Bulletins des Commissions Royales d'Art et d'Archéologie*, 4 (1865) 474-510; L. de Laborde, *Les Ducs de Bourgogne. Etudes sur les Lettres, les Arts et l'Industrie pendant le XVe Siècle. Seconde Partie: Preuves*, 1 (Paris, 1849); *De Librije van Filips de Goede* (Brussels, 1967).

46. W. S. Unger (ed.), *De Tol van Iersekeroord. Documenten en Rekeningen 1321-1572* (The Hague, 1939); Asaert (1972) 43–86; de Smedt (1965) 23–36.

47. Gilliodts-van Severen (1897) 490-98; H. Nieuwdorp, 'De oorspronkelijke betekenis en interpretatie van de keurmerken op Brabantse retabels en beeldsnijwerk (15de – begin 16de eeuw)', in: M. Smeyers (ed.), *Bijdragen tot de Geschiedenis van de Kunst ...*, 94–96; Campbell (1976) 194–95; Soil (1891) 307 and 395–96; de Roover (1966) 144 and 435 n. 15; Crab (1977) 162; S. H. Goddard, 'Brocade patterns in the shop of the Master of Frankfurt: an accessory to stylistic analysis', *The Art Bulletin*, 67 (1985) 401–17; L. F. Jacobs, 'The marketing and standardization of South Netherlandish carved altarpieces: limits on the role of the patron', *The Art Bulletin*, 71 (1989) 208–11; Schouteet (1989) I, 54; de Ridder (1989) 74; D. Schlugheit, Het Predikherenpand en Sint-Niklaasgilde te Antwerpen 1445–1553, *Bijdragen tot de Geschiedenis*, 29 (1938) 99–119; D. Ewing, 'Marketing art in Antwerp 1460–

1560: Our Lady's pand, *The Art Bulletin*, 72 (1990) 558–84; J. C. Wilson, 'Marketing paintings in late medieval Belgium, in: *Artistes, Artisans et Production* ..., III (1990) 621–27; Perier-d'Ieteren (1990) 629–44.

48. Campbell (1976) 195; Soil (1891) 47–48; J. Squilbeck, 'Le travail du métal à Bruxelles', in: *Bruxelles au XVe siècle*, 249.

49. Schouteet (1989) I, 8 and 15; Gilliodts-van Severen (1897) 361, 363 and 367.

50. J. P. Sosson, 'Quelques aspects sociaux de l'artisanant bruxellois du métal', *Cahiers Bruxellois*, 6 (1961) 103.

51. M. Smeyers, 'De liturgische handschriften der Abdij van Averbode. Een Bijdrage tot de Studie van de laatmiddeleeuwse Miniatuurkunst', *Arca Lovaniensis*, 2 (1973) 91–131; Pinchart (1865) 474–510.

52. Smeyers (1973) 98.

53. D. Roggen, 'De twee retabels van De Baerze te Dijon', *Gentsche Bijdragen tot de Kunstgeschiedenis*, 1 (1934) 94; E. Vandamme, *De polychromie van gotische houtsculptuur in de Zuidelijke Nederlanden* (Brussels, 1982) 200; J. Duverger and E. Duverger, 'Aantekeningen betreffende de zestiende-eeuwse Brusselse tapijtwever Jan Ghieteels', in: *Archivum Artis Lovaniense* (Leuven, 1981) 239-48; R. van Uytven, 'Leuvense Glasschilders, Klaas Rombouts en Croy-ramen te Aarschot en elders', *Arca Lovaniensis*, 2 (1973) 66–67 and (1961) 420.

54. Duverger and Duverger (1981) 239–48; Smeyers (1973) 95.

55. Goddard (1985) 403–08; Jacobs (1989) 214–24; Vandamme (1982) 108, 118–21, 126–32; Perier-d'Ieteren (1990) 629–44; G. Brom, *Schilderkunst en Literatuur in de 16e en 17e eeuw* (Utrecht, 1957) 108.

56. Gilliodts-van Severen (1897) 257 and 492.

57. Schouteet (1989) I, 6–8 and *passim*.

58. Cornelis (1988) II, 109–38; L. Tondreau, 'Les Peintres montois de 1300 à 1600', *Annales du Cercle Archéologique de Mons*, 71 (1978–1981) 42–43.

59. W. H. Vroom, *De Financiering van de Kathedraalbouw in de Middeleeuwen* (Maarsen, 1981) 362–69; E. J. Roobaert, 'Antwerpse Kunstenaars uit het tweede kwart van de XVIe eeuw werkzaam voor de Kathedraal', *Gentse Bijdragen tot de Kunstgeschiedenis en de Oudheidkunde*, 17 (1957-1958) 175–95.

60. M. Duverger (1955) 53–104, esp. 71–72; Duverger and Duverger (1981) 239–48.

61. Soil (1891) 173, 181 and 363; Jacobs (1989) 214; J. R. J. van Asperen de Boer and others, 'Painting technique and workshop practice in Northern Netherlandish art of the sixteenth century', in: *Kunst vóór de Beeldenstorm. Catalogus* (The Hague, 1986) 102 and 109.

62. de Laborde (1849) II, 2, 232.

63. Pl. Lefevre, 'Transcriptions, enluminures et reliures de manuscrits liturgiques aux XVe et XVIe siècles', *Archives, Bibliothèques et Musées de Belgique*, 12 (1935) 16–17.

64. J. P. Sosson, 'A propos des 'travaux publics' de quelques villes de Flandre aux XIVe et XVe siècles: impact budgétaire, importance relative des investissements, technostructures, politiques économiques,' in: *L'initiative publique des Communes en Belgique. Fondements historiques (Ancien Régime)* (Brussels, 1984) 387.

65. R. van de Ven, 'De Brusselse beeldsnijder Jan Borreman vervaardigde een triomfkruis voor de Sint-Sulpiciuskerk te Diest', *Arca Lovaniensis*, 4 (1975) 366–67; L. van Buyten, 'De sociale situatie van de Leuvense Familie Bouts (ca. 1450 – ca. 1550)', in: *Dirk Bouts en zijn Tijd* (Leuven, 1975) 144–45.

66. de Laborde (1849) II, 1, CXVI and 172–75; Duverger (1959) 116; Cornelis (1988) 96–97; Cockshaw (1969) nos. 46 and 57; R. Stein, 'Boekproduktie in de Middeleeuwen. De Betaling van de Kopiist en de Verluchter van een Handschrift van de Brabantsche Yeesten', *Spiegel Historiaal*, 24 (1989) 507–12.

67. H. van der Wee, 'Industrial dynamics and the process of urbanization and de-urbanization in the Low Countries from the late middle ages to the eighteenth century: a synthesis', in: H. van der Wee (ed.), *The rise and decline of urban industries in Italy and in the Low Countries (late middle ages – early modern times)* (Leuven, 1988) 334–35.

68. Derolez (1972) 166; Smeyers (1973) 101; Huyghebaert (1969) 232–41; Dhanens (1969) 361–79; J. P. Gumbert, 'Over Karthuizerbibliotheken in de Nederlanden', *Archief- en Bibliotheekwezen in België. Extranummer* 11 (1979) 178; W. Lourdaux, 'Het Boekenbezit en het Boekengebruik bij de Moderne Devotie', *Ibid.*, 247–325; Lefevre (1935) no. 28.

69. Smeyers (1973) 96 and 100; P. Lefevre, 'Travaux d'orfèvres louvanistes pour l'Abbaye d'Averbode', *Arca Lovaniensis*, 2 (1973) 143, 147, 149 and 150.

70. van de Ven (1975) 368.

71. Lopez (1952) 433–38.

72. P. Spufford, *Money and its use in medieval Europe* (Cambridge, 1988) 339–62 and 415–19; E. Aerts, 'Der Geldumlauf der burgundischen Niederlanden in der Mitte des 15. Jahrhunderts' in: M. North (ed.), *Geldumlauf, Währungsysteme und Zahlungsverkehr in Nordwesteuropa 1300–1800* (Cologne, 1989) 25–44; J. H. Munro, 'Monetary contraction and industrial change in the late medieval Low Countries 1335-1500', in: N. J. Mayhew (ed.), *Coinage in the Low Countries (880–1500)* (Oxford, 1979) 95–160; J. H. Munro, 'The Central European silver mining boom: mint outputs and prices in the Low Countries and England 1450–1550', in: E .H. van Cauwenberghe (ed.), *Money, coins and commerce: essays in the monetary history of Asia and Europe* (Leuven, 1991) 119–83.

73. Gilliodts-van Severen (1897) 194–96 and 330.

74. For instance the town of Ghent thus bought in the single year 1352–1353 more than nine marks of plate for this purpose and in 1354–1355 more than twenty-four marks (A. van Werveke (ed.), *Gentse Stads-en Baljuwsrekeningen (1351–1364)* (Brussels, 1970) 33 and 145–46). A mark = ± 244.753 grams or ± 1/2 pound. See also J. Bartier, *Légistes et Gens de Finances au XVe Siècle* (Brussels, 1955) 122–38.

75. G. Chastellain, *Œuvres*, ed. L. Kervyn de Lettenhove, III (Brussels, 1864) 92.

76. G. Doutrepont, *Inventaires de la Librairie de Philippe le Bon* (Brussels, 1906).

77. de Laborde (1849) II, 1, 203–04.

78. de Laborde (1849) II, 2, 400–13; E. Foncke, 'Aantekeningen betreffende Hiëronymus van Busleyden,' *Gentsche Bijdragen tot de Kunstgeschiedenis*, 5 (1938) 179–220; G. Huybens, 'Het Muziekleven ten tijde van Dirk Bouts: Richard de Bellengues (1380 (?) – 1471), Kanunnik-Musicus, *Arca Lovaniensis*, 4 (1975) 312–33; Wynant (1985) 4179–565; Blockmans (1971) 215–62.

79. de Laborde (1849) II 2, 9; Joubert (1990) 603–04.

80. de Schrijver (1969) 458.

81. See n. 72.

82. van Uytven (1991) 46–47, 106, 115; *Kunst vóór de Beeldenstorm. Catalogus*, 26.

83. van Uytven (1980) 231–32; G. Dickstein-Bernard, *La Gestion financière d'une Capitale à ses débuts : Bruxelles 1334–1467* (Brussels, 1977) 136–38; van Uytven (1991) 94–95; *Bruxelles au XVe siècle*, 27–31.

84. W. Paravicini, 'Ordonnances de l'Hôtel and "Escroes des Gaiges": Wege zu einer prosopographishen Erforschung des burgundischen Staats im fünfzehnten Jahrhundert', in: N. Bulst and J. P. Genet (ed.), *Medieval lives and the historian: studies in medieval prosopography* (Michigan, 1986) 254.

85. de Laborde (1849) II 1, LVII.

86. de Laborde (1849) II 1, 422–29; O. Cartellieri, *La Cour des Ducs de Bourgogne* (Paris, 1946) 172–214; J. Duverger and J. Versyp, 'Schilders en Borduurwerkers aan de arbeid voor een Vorstenduel te Brugge in 1425', *Artes Textiles*, 2 (1955) 3–17.

V

STAGES OF ECONOMIC DECLINE:
LATE MEDIEVAL BRUGES

The origins of Bruges have been among the main topics in Prof. Verhulst's recent work. Thus, the opposite end of the story, the much discussed decline of Bruges, is likely to have some appeal to him. Even though there exists an extensive bibliography about the subject, masterly synthesized by Prof. Dr. J.A. van Houtte, the chronology and the causes of that decline are still not completely elucidated by lack of sufficient quantifiable evidence.[1] This paper merely aims to recall a few data that might be of some help in this respect.

Until well on in the fifteenth century, Bruges' decay went unnoticed by contemporaries. The English merchant and satirist J. Gower (†1408) put the city on a par with important trading centres such as Bordeaux, Seville, Paris, Florence, Venice, Ghent and London.[2] A travelled man such as Pero Tafur considered Bruges in 1438 "one of the biggest markets in the world", perhaps even superior to Venice and about 1456 a chauvinistic Frenchman put Sluis, Bruges' outport, (*un des plus beaux havres de Crestianté*), at the top of his list of thriving harbours in the kingdom.[3] Duke Philip the Good of Burgundy called the town *la plus renommée par tout le monde par le fait de marchandise* in 1438.[4] Even in 1484 the three Members of Flanders (Ghent, Bruges and Ypres) bragged that Sluis was

---

[1] J.A. VAN HOUTTE, *De geschiedenis van Brugge*, Tielt, 1982 (with extensive bibliography, including his own fundamental contributions); ID., "Portugal en de Brugse handel tijdens de Middeleeuwen", J. EVERAERT - E. STOLS (eds.), *Vlaanderen en Portugal. Op de golfslag van twee culturen*, Antwerp, 1991, pp. 33-51.
See also: M. RYCKAERT, *Historische stedenatlas van Brugge*, Brussels, 1991; V. VERMEERSCH (ed.), *Brugge en de Zee. Van Bryggia tot Zeebrugge*, Antwerp, 1982, and ID. (ed.), *Brugge en Europa*, Antwerp, 1992.
[2] Cited in G.G. COULTON (ed.), *Life in the Middle Ages*, vol. 3, Cambridge, 1967, p. 120.
[3] P. TAFUR, *Travels and Adventures*, ed. M. LETS, London, 1926, pp. 198-200; L. PANNIER (ed.), *Le débat des hérauts d'armes de France et d'Angleterre*, Paris, 1877, p. 27.
[4] L. GILLIODTS-VAN SEVEREN, *Inventaire des archives de la ville de Bruges. Première série*, vol. 5, Bruges, 1876, p. 345.

"one of the three most important harbours of Christianity", but their stressing the continuance of that situation casts serious doubts on their uprightness.[5]

Factual evidence substantiates those contemporary views. For instance, in the last quarter of the fifteenth century, Bruges' wages weren't matched in any town of the Netherlands but Ghent (Table I).

Table I – Daily wages of a mason's labourer (in Brabant groats)

Town	In 1450	In 1475	In 1500
Bruges	12	12	12
Ghent	10	12	12
Damme	—	10	10
Aalst	10	—	—
Geraardsbergen	8	8	10
Brussels	—	—	9
Antwerp	8	8	8⅓
Leuven	8	8	8
Lier	6½	6⅔	8
Mons	—	—	6

Sources: E. SCHOLLIERS, "Le pouvoir d'achat dans les Pays-Bas au XVIe siècle", *Album C. Verlinden*, Ghent, 1975, p. 312; C. VERLINDEN a.o. (eds.), *Documents pour l'histoire des prix et salaires en Flandre et en Brabant*, vol. 2, Ghent, 1965, pp. 92, 105, 386, 393, 411, 531; H. VAN DER WEE, *The Growth of the Antwerp Market and the European Economy (Fourteenth-Sixteenth Centuries)*, vol. 1, Louvain, 1963, pp. 459-460, 464-466; R. VAN UYTVEN, *Stadsfinanciën en Stadsekonomie te Leuven (van de XIIe eeuw tot het einde der XVIde eeuw)*, Brussels, 1961, pp. 577-578.

Twenty percent of the English wool sold at Lier in the years 1419-1427 came from Bruges. From Antwerp, yet in better reach, a little less arrived. Moreover, in Antwerp itself the woolsellers of Bruges were the second most numerous after the local ones.[6] Throughout the fifteenth century the central market place and the adjacent streets in Antwerp lodged a colony of Bruges merchants during the fairs. They practically dominated the spice trade in Antwerp. The well-informed Guicciardini (about 1560) stated that the Bruges merchants had many of the houses there (a.o. "Saint George" and "Saint Nicolas") built for that trade, but their properties had been seized during the Bruges revolt against archduke Maximilian (1483-1485). As a matter of fact, the Italian adds, it were the people of Bruges that laid the foundation for Antwerp's commercial rise, which undercut their own business afterwards.[7] When the Portuguese launched a spectacular expansion of

---

[5] R. DEGRYSE, "Brugge en de organisatie van het loodswezen van het Zwin op het einde van de 15de eeuw", *Handelingen "Société d'Emulation" Brugge*, vol. 112, 1975, pp. 111-112.

[6] H. VAN DER WEE, "Die Wirtschaft der Stadt Lier zu Beginn des 15 Jahrhunderts", *Festschrift H. Ammann*, Wiesbaden, 1965, p. 152; G. ASAERT, "Gasten uit Brugge. Nieuwe gegevens over Bruggelingen op de Antwerpse markt in de vijftiende eeuw", *Album C. Wyffels*, Brussels, 1987, p. 27.

[7] G. ASAERT, *Gasten uit Brugge...*, pp. 29-39; L. GUICCIARDINI, *Beschrijvinghe van alle de Nederlanden*, ed. C. KILIANUS, Amsterdam, 1612, pp. 299-301, 71.

The houses Guicciardini mentioned are not in Asaert's listing. About the part of the Bruges merchants in the emergence of Antwerp, see H. VAN DER WEE, *The Growth...*, vol. 2., pp. 18-23, 43-80.

their trade and shipping in the second half of the fifteenth century, they chose Bruges to market their spices and ivory, even as far as Paris. The number of known Portuguese merchants in the town rose from 8 in 1441-1450 to 23 in 1451-1460 and 26 in 1461-1470.[8]

Recent publications even tend to prolong the thriving of Bruges well into the sixteenth century. Thus, in a challenging paper W. Brulez contended that the receipts of the Hundredth Penny, Alba's famous tax of 1569, show the commercial structure of Bruges to be more outspoken than the one of Antwerp. The total value of movable properties (assimilated by Brulez with commercial goods) gauged by the total value of real property ranked higher in Bruges than in Antwerp: 32,3% versus 23,5%.[9] However, one can not overlook that:

— immovables will fetch a higher price in a prosperous town than in a less expanding centre;

— a big metropolis necessarily has more premises, not in the least commercial installations ("granaries, cellars, storehouses, inns"), and more "farms and incomes from mills, road-taxes, tolls, market-dues", all explicitly classed with immovables by the tax decree;

— the assimilation of movables with commodities does not square with the decree, which enumerates among movables articles such as "plate, jewels, precious stones, gold, whether minted or not". Such sure, but unproductive investments are likely to be more common in Bruges than in the new dynamic economic centre of Brabant;

- the Hundredth Penny was not due on the part of a movable capital that exceeded 1,000 guilders. In the rich metropolis of Antwerp fortunes of such a scale were probably more numerous than in a dormant Bruges.[10]

Anyhow, in sheer numbers Bruges did not by far match the value of movables and immovables Antwerp could boast, i.e. respectively 11,777 and 24,642 against 37,777 and 122,716 guilders.[11]

The yields of the taxes on the international trade and on the trade with the Iberian Peninsula in the years 1543-1545 and 1552-1553 range Bruges or its harbour Sluis on a rather modest position within the network of trading towns and harbours of the Netherlands.[12]

The revisions of the "Transport of Flanders", i.e. the scheme to partition the *aides*, or subsidies granted to the count, among the different towns and villages, point out Bruges as a relative winner in the fourteenth century and a relative looser in the following century. The part of Bruges was settled at 15.2% of the

[8] J.A. VAN HOUTTE, *Portugal en de Brugse handel...*, pp. 40-44; J. PAVIOT, *Portugal et Bourgogne au XVe siècle (1384-1482)*, Lisbon, 1995, pp. 55-84 and 485-510.

[9] W. BRULEZ, "Brugge en Antwerpen in de 15e en 16e eeuw: een tegenstelling?", *Tijdschrift voor Geschiedenis*, vol. 83, 1970, pp. 19-20.

[10] F.H.M. GRAPPERHOUSE, *Alva en de Tiende Penning*, Zutphen, 1982, pp. 341-361.

[11] W. BRULEZ, *Brugge en Antwerpen...*, p. 20 n.5.

[12] W. BRULEZ, "De Handel", *Antwerpen in de XVIde eeuw*, Antwerp, 1975, pp. 119-121; J.A. VAN HOUTTE, "Handel en Verkeer", *Algemene Geschiedenis der Nederlanden*, vol. 4, Utrecht-Antwerp, 1952, pp. 185-186.

aides at the beginning of the fourteenth century, at 15.7% in 1408 and 14.4% in 1517.[13] As we are completely ignorant about the evolution of riches in Flanders as a whole and a serious decline is not inconceivable because of the decay of the so vital cloth industry, any conclusion about the absolute growth of the town is plainly hazardous. On the contrary, some impoverishment of the town during the fifteenth century seems undeniable, but it is hard to pin down when this started.

Recent data about pilotage in the Zwin made clear that the silting of the access of Sluis and Bruges to the open sea, which M.K.E. Gottschalk had brought into focus once again as a cause of Bruges' decline,[14] was not insurmountable even for ships of big tonnage. Vessels of 300 tons and more still landed at Sluis in the 1530's. In some years of the sixteenth century the total capacity of the ships that came to shore there, amounted to well over 10,000 tons. The series of data unfortunately opens but in 1484; yet it shows that in the long run the yearly volume of vessels arriving at Sluis decreased, notwithstanding the revival in the 1530's and the early forties. On the other hand, the ships lying together in the harbour in the years 1464 and 1468 surpassed in number and in total weight the vessels that arrived in the harbour during a whole year in 1487 (12,200 tons) and in the best years of the sixteenth century.[15]

Contemporaries unanimously perceived the end of the fifteenth century as the decisive break in Bruges' good fortune. Emperor Maximilian and his son Philip agreed in 1493 to the severance of a tax lease in Bruges because of *la dépopulation de nostredite ville*, the departure of the foreign merchants and the desolation of the countryside around Bruges.[16] The same Maximilian acknowledged the following year that the once flourishing trade had almost stopped since the civil war in Flanders, that the ships avoided Sluis and that Bruges was impoverished and depopulated, not in the least because of the excessive taxes. Four to five thousand houses were uninhabited or ruined.[17]

Monetarius, a Nuremberg physician who visited Bruges in 1495, was still very impressed by the town which "some twenty years ago... was the biggest market and the greatest 'staple' in the whole world". However, he remarked, the revolts against Maximilian (1484-1492) had driven the foreign merchants to Antwerp, although their return was expected soon, and the silting up of the Zwin pushed the merchant vessels towards Zeeland and away from Bruges.[18] In 1502 merchants of Normandy testified that shipping and trade, which were concentrated

---

[13] W. PREVENIER, "De beden in het graafschap Vlaanderen onder Filips de Stoute (1384-1404)", *Revue Belge de Philologie et d'Histoire*, vol. 38, 1960, pp. 360-361; C. LAURENT (ed.), *Recueil des ordonnances des Pays-Bas. Deuxième série*, vol. 2, Brussels, 1893, p. 595.

[14] M.K.E. GOTTSCHALK, "Het verval van Brugge als wereldmarkt", *Tijdschrift voor Geschiedenis*, vol. 66, 1953, pp. 1-26.

[15] R. DEGRYSE, "Brugge en de pilotage van de Spaanse vloot in het Zwin in de XVIde eeuw", *Handelingen "Société d'Emulation" Brugge*, vol. 117, 1980, pp. 105-178, 227-288; ID., *Brugge en de organisatie...*, pp. 61-130.

[16] Brussels, *General Archives*, Chambres des Comptes, n° 23, 117, fol. 1.

[17] L. GILLIODTS-VAN SEVEREN, *Inventaire...*, vol. 6, Bruges, 1876, pp. 385-386.

[18] P. CISELET - M. DELCOURT (eds.), *Monetarius. Voyage aux Pays-Bas (1495)*, Brussels, 1942, pp. 43-43, 49.

in Bruges and Sluis before the internal wars in Flanders, were resorting to Brabant and Holland because of the insecurity of the harbour of Sluis.[19]

Were those witnesses right or was the decline of Bruges a much slower process that had been going on since the fourteenth century? A few statistical data can shed some light on the matter. In any case the evolution of Bruges' population is of no help, as we can but compare the population figure for 1338/1340, estimated at some 45,000 inhabitants,[20] to the 29,000 to 26,000 people in 1584 and later.[21] If the figure of some 42,000 inhabitants in 1477, which was advanced recently as a result of an intricate arithmetical exercise, can be taken into account, the decline of Bruges cannot have been that alarming at the time.[22]

Perhaps the evolution of the consumption of a popular everyday drink such as beer might offer some additional information on the evolution of the Bruges population. As the Middle Ages lacked a true substitute for beer (wine being too expensive) and as urban authorities aimed at keeping the price of beer stable and low, beer consumption was mainly a function of the number of consumers and their purchasing power. The latter factor, being greatly dependent on the economic situation, is obviously no serious setback for using consumption figures of beer to measure the size of the population of Bruges.

In 1388 the consumption of beer and mead in the town amounted to almost 80,000 tuns and in 1411 to about 100,000 tuns (Table III). The increase is probably linked to the general economic recovery in Flanders and Bruges after the political crisis that struck the country during the years 1379-1385.[23] The farm of the *gruit*, a seigneurial tax on beer consumption within Bruges and its surroundings, presupposed a consumption of 64,000 tuns in 1477 and 84,000 tuns in 1483 (Table III). The latter figures do not include mead, but this drink had lost almost all attraction for the public in the course of the fifteenth century. As the farmers had to take into account the costs of collecting the tax and the benefits they hoped to obtain by the operation, they obviously expected the consumption to be substantially higher than the sheer number suggested by the lease they were willing to pay.

It is tempting to disregard the figure of 1483 in Table III as being inspired by too optimistic expectations of the farmer (as a matter of fact the town of Bruges itself) about the renewed prosperity which was to come after the war with France (Treaty of Arras 1482). However a private farmer, although a very unexperienced

---

[19] M. MOLLAT, *Le commerce maritime normand à la fin du moyen âge*, Paris 1952, pp. 182-183.

[20] W. PREVENIER, "Bevolkingscijfers en professionele strukturen der bevolking van Gent en Brugge in de 14de eeuw", *Album C. Verlinden*, Ghent, 1975, p. 284 calculated a population figure between 36,738 and 45,921 inhabitants, but probably closer to the latter.

[21] A. WIJFFELS, "De omvang en de evolutie van het Brugse bevolkingscijfer in de 17de en de 18de eeuw", *Revue Belge de Philologie et d'Histoire*, vol. 36, 1958, pp. 1243-1246, 1273.

[22] A. JANSSENS, "Het Brugse bevolkingsaantal in 1477", *Van Middeleeuwen tot Heden. Bladeren door Brugse kunst en geschiedenis*, Bruges, 1983, pp. 29-35. The figure of more than 40,000 people in 1580 (p. 34) has already been rejected as completely unreliable by A. Wyffels (see n. 21).

[23] W. PREVENIER, *De Leden en de Staten van Vlaanderen (1384-1405)*, Brussels, 1961, pp. 156-187; A. VAN NIEUWENHUYSEN, *Les finances du duc de Bourgogne, Philippe le Hardi (1384-1404). Economie et politique*, Brussels, 1984, pp. 168-185.

Table II – Consumption of beer and mead at Bruges in 1388 and 1411

Year	Urban income in £. parisis	Tax-rate per tun in Flemish groats (= s.parisis) of 24 *mites*		Number of tuns
1388 (a)	4,990£ 8 s.	beer of Bruges: 2 groats		49,904
	3,528£ 16 s.	mead (and German and English beer): 8 groats		8,810
		[German merchants: 29 *mites*]		± *1,000* *
				[9,810]
	23,568£ 9 s.	hopped and Dutch beer: 24 groats		19,640⅓
			Total:	[79,354⅓]
1411 (b)	5,433£ 12 s.	beer of Bruges: 2 groats		54,336
	15,207£	German beer: 6 groats		50,690
		English beer: 8 groats		or
		mead: 8 groats?		38,017½
	6,664£ 10 s.	hopped and Dutch beer: 24 groats		5,553¾
			Total:	110,579¾
				or
				97,907¼

(a) L. GILLIODTS-VAN SEVEREN, *Inventaire*, vol. 3, Bruges, 1875, pp. 109-111. Our calculations differ slightly from the ones by Gilliodts-Van Severen.
(b) *Ibid.*, vol. 4, Bruges, 1876, pp. 144-146.
(*) Calculated according to W. PARAVICINI, *Hansekaufleute in Brügge*. Teil 1, Frankfurt, 1992, pp. 93-99.

one, was reckless enough to offer a farm equivalent to the consumption of 78,000 tuns in 1492. Bruges' population and consumption had dropped so drastically that his contract was cancelled. The official collectors received but 2510£ 16 s. *parisis*, proceeding from the consumption of 50,216½ tuns (Table III).

Judging by the farm incomes of the *gruit*-tax the decline of Bruges could not have been that flagrant about 1477 and 1483, although a shrewd observer could already detect some negative indications in the preceding years. The city's income from excises on beer had been more or less unchanged between 1467 and 1476, yet the receipts from the urban taxes on wines were falling.[24]

[24] Tax-rates were unchanged.

	Wine-excise	Beer-excise	Excise on foreign beers
1467/68	2698£	2035£	1800£
1468/69	2834	2951	1756
1469/70	2521	3073	1829
1470/71	2615	3051	1781
1471/72	2339	3043	1615
1472/73	2049	2886	1602
1473/74	2078	2768	1656
1474/75	2128	2884	1755
1475/76	1845	2402	1780

Source: L. GILLIODTS-VAN SEVEREN, *Inventaire*, vol. 6, pp. 92-94.

Table III – Consumption of beer in Bruges (the *omloop* (or suburbs) and the bailiwicks of Sysele and Houtsche included) according to the *gruit*-tax 1 groat or s. parisis per run

Year	Income (in £ parisis)	Number of runs			Total	Brussels General Archives Chambres des Comptes n°
		In Bruges	In the *omloop*	In the bailiwicks		
1477	3,200 (farmed out)				64,000	23,117
ca. 1483	4,200 (farmed out)				84,000	23,117
1492	3,400 (farmed out)				78,000	23,117
	2,510 £ 1 lbs (collected)	43,895½	5,814	507	50,216½	23,117-23,118
1542		76,350	4,889¼	—	81,239¼	23,119
1543		79,572	4,646¼	—	84,218¼	23,120
1544		90,356	3,952¼	—	94,308¼	23,121
1549		75,271½	7,742	—	83,013½	23,126
1550		71,717	9,232¼	—	80,949¼	23,127
1551		73,466½	7,420¾	—	80,887¼	23,128
1585		37,535¼	47	—	37,582¼	23,163
1586		20,145½	32	—	20,177½	23,164
1587		21,633¼	455	—	22,088¼	23,165
1588		48,525½	334	—	48,859½	23,166
1589		33,915¼	140½	—	34,055¾	23,167
1596		[28,062]				23,169
1597		32,609¾				23,169
1598		[36,641¾]				23,169

V

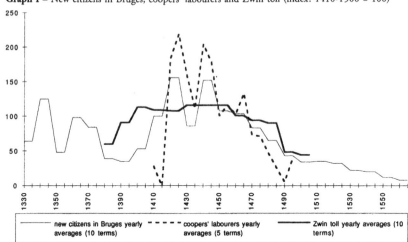

Sources: 1. New citizens at Bruges: E. Thoen, *Verhuizen naar Brugge...*, p. 332; 2. New coopers' labourers at Bruges: J.P. Sosson, *La structure sociale ...*, p. 477; 3. Receipts of the Zwintoll: J. Craeybeckx, *Les vins de France aux anciens Pays-Bas*, Paris, 1958, p. 23; A. Van Nieuwenhuysen, *Les finances du duc...*, pp. 182-183; M. Mollat (ed.), *Comptes généraux de l'état bourguignon entre 1416 et 1420*, vol. III, 1, Paris, 1969, p. 31.

This may suggest that more and more people were forced to resort to beer instead of wine and thus were less well-off.

The malaise was even perceptible among the foreign merchants in town. The Hanse, one of the pillars of Bruges' international market, reduced the number of directors of its factory or *Kontor* in the town from 24 to 18 and in 1486 it limited their number to 9.[25] In the years 1461-1470, 26 Portuguese merchants had been named in Bruges' judicial documents, in the following decades, however, there were but 9 and 10 mentioned.[26]

Unfortunately, the collection of the great toll on the shipping in the Zwin was, as a rule, farmed out for rather long periods, often six years at once. Thus this yields, as far as one knows them, offer but a rough indication about the seaborne trade of Bruges. After the agitated 1380's, already mentioned above, traffic regained a relatively high level, already before 1400, and in spite of a temporary weakening, it was still thriving about 1440. The farm of 1464 marked the outset of a deterioration, turning into a real slump in 1493, that was never recovered (Graph 1).[27]

---

[25] Ph. Dollinger, *La Hanse (XIIe - XVIIe siècles)*, Paris, 1964, pp. 349-390, especially 387; E. Daenell, *Die Blütezeit der deutschen Hanse*, vol. 2, Berlin, 1906, pp. 33-285.

[26] J. A. Van Houtte, *Portugal en de Brugse handel...*, p. 44.

[27] J. Craeybeckx, *Les vins de France aux anciens Pays-Bas*, Paris 1958, p. 23; A. Van Nieuwenhuysen, *Les finances du duc...*, pp. 182-183; M. Mollat (ed.), *Comptes généraux de l'état bourguignon entre 1416 et 1420*, vol. III, 1, Paris, 1969, p. 31.

The yearly registrations of new citizens in Bruges reflect of course the prospects the town had to offer. People had to be willing to put up the money and the effort to acquire its citizenship (Graph 1). Once the disturbances of the 1380's had been overcome, Bruges regained its attractiveness and even the heavy crisis of the years 1438-1439 did not bring an outspoken reversal. Nevertheless, about the middle of the century Bruges' growth was over and in the seventies and surely in the eighties the decay was obvious (Graph 1).[28]

A third indication of Bruges' fortune is the yearly enrolment of foreign labourers in the coopers' guild. Vats and tuns being the almost universal packing material of the Middle Ages, the cooper's trade offers a reliable reflection of the course of business in general. This is the more so because the cooper-masters readily used the recruitment of foreign labourers to respond to fluctuating demand.[29] The first half of the fifteenth century, in spite of the crisis of the thirties, was, generally speaking, remarkably propitious; the second half of the century was less prosperous and after 1477 the decline became disastrous (Graph 1).

According to all our parameters and contemporary witnesses the final breakdown of Bruges occurred in the 1480's. The causes are well known: a continuous state of war in Flanders, successive blockades of Bruges, archduke Maximilian's instructions for the desertion of the town by the foreign merchants (1484 and 1488); the financial exhausting of the town due to military expenses and heavy fines; the intolerable burden of taxes driving people away from Bruges; the neglect of the indispensable dredging and other works to keep the waterways open, due to the insecurity of the times and the lack of financial means. It should be stressed that practically all those causes were more or less political.[30]

A previous, similar, although minor disturbance of Bruges' prosperity went almost unnoticed in the scholarly literature, although the town's revolt itself in 1436-1438 has been extensively discussed by the historians of the Burgundian dukes and of Bruges. In the course of that revolt Bruges' connections with the sea were cut off by ducal troops and the punishment for the rebellious town included stipulations to weaken Bruges' domination over the economy of Sluis and Bruges' staplerights for heavy goods.[31]

At the same time Burgundian relations with England had grown strained after the Treaty of Arras with France (1435). The tension resulted in English attacks by sea, privateering and a regular expedition of the duke of Gloucester into Flanders which were very damaging to the trade in the county and in Bruges. Finally, in

---

[28] E. THOEN, "Verhuizen naar Brugge in de Late Middeleeuwen", *Liber amicorum Prof. Dr. M. Baelde*, Ghent, 1993, p. 332; ID., "Immigration to Bruges during the Late Middle Ages", *XXV Settimana di Studio Istituto Internazionale di Storia Economica "F. Datini"*, Prato.

[29] J.-P. SOSSON, "La structure sociale de la corporation médiévale. L'exemple des tonneliers de Bruges de 1350 à 1500", *Revue Belge de Philologie et d'Histoire*, vol. 44, 1966, pp. 457-478.

[30] R. VAN UYTVEN, "Politiek en economie: de crisis der late XVe eeuw in de Nederlanden", *Revue Belge de Philologie et d'Histoire*, vol. 53, 1975, pp. 1118-1120, 1123-1124, 1130, 1133, 1143-1144, 1146-1149; M.K.E. GOTTSCHALK, *Het verval van Brugge...*, pp. 8, 15; J.A. VAN HOUTTE, "The Rise and Decline of the Market of Bruges", *The Economic History Review, 2nd series*, vol. 19, 1966, pp. 43-46.

[31] J.A. VAN HOUTTE, *Geschiedenis van Brugge*, pp. 125-127.

Table IV – Incomes of tolls on traffic to and from Antwerp

Year	Great Water Toll of Antwerp (a)		Wharf Toll of Louvain (b)		Brabant Landtoll (c)		Toll on the Rupel (d)	
	In 1000 Flemish groats	Index	In £ tollage	Index	In £ tollage	Index	In £ parisis	Index
1431	213		23		1165		1800	
1432	215	100	23	100	1165	100	1800	100
1433	147		20		1159		1800	
1441	210		15		866		2400	
1442	210	110	18	77	913	77	2400	133
1443	210		18		913		2400	
1451	210		14		1085		2500	
1452	210	110	14	64	1085	93	2500	144
1453	210		14		1085		2800	
1461	220		8		1065		3200	
1462	244	123	8	38	1065	99	3100	174
1463	244		9		1328		3100	

(a) H. Van Der Wee, *The Growth...*, vol. 1, pp. 512-513.
(b) Brussels, *General Archives*, Chambres des Comptes, n°s 3789-3800.
(c) *Ibid.*
(d) J.A. Van Houtte, "Quantitative Quellen zur Geschichte des Antwerpener Handels im 15. und 16. Jahrhundert", *Festschrift H. Ammann*, Wiesbaden, 1965, p. 198.

September 1439 Anglo-Flemish commercial relations were restored. Holland, Zeeland and even Brabant had managed to stay almost neutral in the conflict and suffered less detriment from it.[32] Moreover, in the very years 1436-1438 an open conflict between Flanders and the Hanse led to the moving of the Hanse factory from Bruges to Antwerp. The conflict flared up again in the years 1451-1457, when the *Kontor* was officially moved to Deventer and afterwards to Utrecht. However many Hanseatic merchants preferred Antwerp, where the Hanse gained a new privilege in 1467 and the right to erect a massive storage building on the grain market.[33] The famous war of Ghent duke Philip had to fight against his rebelling capital in 1452-1453 still deteriorated the course of trade in the county and especially from and to Bruges.[34]

Judging by the receipts of the tolls levied upon the traffic to and from the competing Antwerp market, shipping along the river Rupel soared considerably higher than traffic along the Scheldt and the traffic by land through Brabant to and from Antwerp. Already about 1440 the rise was well under way and yet it accelerated about 1455 (Table IV).

This implies that in those years Antwerp was attracting trade from Flanders, Hainaut and Western Brabant to a growing extent simply because merchants could not reach Bruges easily and had to look for outlets in the city by the Scheldt. Thus they experienced the advantages of settling there. Political events in Flanders had broken the inertia and routine that had made them bear the drawbacks of their Bruges seat for so long: the silting of the Zwin and the emergence of a more efficient international market in Antwerp, stimulated not in the least by the overall economic growth of Brabant since the thirteenth century.[35] By themselves those old threats to Bruges' primary position had been insufficient to break the town's prosperity up to the middle of the fifteenth century. The political events of the thirties and forties, however, triggered the decline that during the last decades of the century turned into a real disaster.

---

[32] M.-R. THIELEMANS, *Bourgogne et Angleterre. Relations politiques et économiques entre les Pays-Bas Bourguignons et l'Angleterre 1435-1467*, Brussels, 1966, pp. 65-133.

[33] Ph. DOLLINGER, *La Hanse...*, pp. 368-371.

[34] H. VAN WERVEKE, "De Gentse opstand van 1451-1453", *Algemene Geschiedenis der Nederlanden*, vol. 3, Utrecht-Antwerp, 1951, p. 271.

[35] J.A. VAN HOUTTE, *The Rise and Decline*, pp. 263-267.

SCÈNES DE LA VIE SOCIALE DANS LES VILLES DES PAYS-BAS DU XIVᵉ AU XVIᵉ SIÈCLE

Dans le temps limité dont je dispose, je ne peux qu'évoquer quelques uns des nombreux problèmes et quelques thèmes choisis concernant l'histoire des relations humaines et de la sociabilité dans les villes des Pays-Bas, c'est-à-dire dans ce qu'on a appelé les Dix-Sept Provinces de Charles Quint, mais dont la réunion a été surtout l'œuvre de ses prédécesseurs, les ducs de Bourgogne.

Nous nous limiterons aux XIVᵉ, XVᵉ et XVIᵉ siècles pour la simple raison qu'avant cette période les sources sont plutôt clairsemées et qu'à la fin du XVIᵉ siècle le cadre géographique des XVII Provinces a éclaté dans la guerre religieuse et la rébellion contre Philippe II d'Espagne. La guerre a pour ainsi dire paralysé temporairement la vie sociale et communautaire. Après, le triomphe du Calvinisme dans le Nord et de la Contre-réforme dans le Sud a rendu les relations sociales et la vie communautaire plus austères et plus rigides.

Ce survol de la vie sociale et de la sociabilité dans les Pays-Bas pendant trois siècles ne repose que sur des souvenirs de lecture et un sondage hâtif dans les sources archivistiques (entre-autres comptes et ordonnances urbains), littéraires (comme les descriptions dans les chroniques, spécialement pour la période des ducs de Bourgogne, et les observations de visiteurs étrangers, surtout au XVIᵉ siècle) et iconographiques (miniatures, œuvres de Breughel et ses semblables). En effet, la sociabilité dans les villes des Pays-Bas n'a jamais été traitée en soi, bien que les problèmes de relations humaines y étaient plus aigus qu'ailleurs parce que les villes des Pays-Bas étaient plus grandes et plus nombreuses que dans nul autre pays de l'Europe, l'Italie du Nord exceptée, et que dès lors les tensions risquaient d'y être d'autant plus fortes. C'est aussi une des raisons pour laquelle nous ne nous occuperons pas de la sociabilité dans la campagne, bien que les formes de la sociabilité y étaient en partie au moins les mêmes que dans les villes.

Vue de très haut l'histoire des relations sociales et humaines s'articule autour de l'apparition des villes. Dans la période pré-urbaine, donc avant les XIᵉ-XIIᵉ siècles, la vie sociale était plus ou moins dominée par les liens du sang et par les liens vassaliques, que M. Bloch appelait d'ailleurs « une parenté de supplément ». Les droits et les devoirs réciproques du suzerain et du vassal rappellent en effet les relations de père et fils au point que le seigneur se faisait l'éducateur et éventuellement le tuteur des enfants de ses vassaux. Dans le droit coutumier de Namur le meurtre du seigneur par son vassal équivalait d'ailleurs au parricide.

Avec *les villes une cohésion horizontale* entre les hommes remplace en partie les liens verticaux antérieurs. J. Dhondt caractérisa déjà les villes flamandes du XIIᵉ siècle comme des « solidarités horizontales ». Dans les Pays-Bas anciens, comme ailleurs, les bourgeois étaient de par les statuts urbains et de par leur serment de bourgeois tenus à la solidarité. Ils se devaient assistance « comme des frères » contre les attaques d'un étranger. Les bourgmestres ou les autres chefs de la bourgeoisie figuraient comme mambours et tuteurs des citoyens, spécialement des faibles parmi eux, veuves et orphelins mineurs. Leur tâche de tuteurs et de gestionnaires de biens des bourgeois incapables de gérer leur propre fortune fut parfois confiée à des magistrats spécialisés : les maîtres des orphelins.

Pour une grande partie de la population urbaine, composée d'immigrés ou de descendants d'immigrés, les liens de famille avec leur lieu d'origine étaient dans un certain degré dissous, mais toute une série de solidarités, plus ou moins organisées, s'y était substituée. Nous avons déjà mentionné la solidarité obligatoire entre tous les membres de la communauté bourgeoise. Ils étaient d'ailleurs censés prendre part à la défense de leur ville et payer les taxes urbaines. Les bourgeois étaient même tenus responsables pour les dettes de leur ville et pour les méfaits d'un des leurs.

La solidarité urbaine s'étendait dans une certaine mesure aux non-bourgeois qui habitaient la ville : les simples manants ou résidants qui n'avaient pas acquis le droit de bourgeoisie, et même les ecclésiastiques, qui séjournaient dans la ville. En fait les non-bourgeois profitaient des avantages matériels que la ville offrait et des droits passifs des bourgeois. En revanche tous les habitants devaient comme les bourgeois contribuer à combattre les incendies en tenant à disposition devant leurs maisons les ustensiles nécessaires (échelles, tonneaux remplis d'eau en période de sécheresse, etc.) et en s'intégrant, le cas échéant, dans la chaîne qui amenait les seaux d'eau. Chaque habitant était aussi responsable de la propreté de la rue, éventuellement des cours d'eau, le long de sa propriété.

Au sein de la grande solidarité urbaine fonctionnaient différents réseaux de solidarité, au point que chaque citadin était impliqué dans plusieurs groupes sociaux. Parmi ces groupes il y en avait qui étaient le noyau d'un système de cercles concentriques, dont le plus grand englobait parfois toute la ville et pouvait à la rigueur déborder les limites urbaines.

Le système de la solidarité topographique débutait par les liens de voisinage. Les habitants des maisons avoisinantes se rendaient des petits services et le soir on se fréquentait pour discuter les dernières nouvelles ou simplement pour bavarder auprès du feu, tandis que les femmes filaient. Les deux ou quatre voisins directs de part et d'autre étaient sensés les témoins attitrés pour prouver qu'on avait satisfait à l'obligation de résider en ville ou qu'on était vraiment né dans la ville. Les voisins accompagnaient, parfois avec plusieurs dizaines, un des leurs pour le soutenir dans un pélerinage. Les voisins requéraient au magistrat, le cas échéant, l'hébergement gratuit dans un établissement de bienfaisance ou du secours pour les pauvres invalides parmi eux. Les habitants d'une rue devaient nécessairement s'entendre à l'occasion du nettoyage de la rue et des égoûts les jours de la semaine indiqués pour cela, pour la simple raison que ceux de la partie supérieure de la rue devaient logiquement commencer la besogne et que la corvée fut continuée par les autres en descendant la rue. Les voisins se cotisaient pour l'entretien du puits d'eau commun ou d'un accès à l'eau de surface. A Louvain chaque habitant contribuait à raison de la largeur de sa façade.

Les gens d'une rue ou d'un quartier collaboraient souvent pour orner ou illuminer leur voisinage à l'occasion de fêtes publiques. Les différents quartiers y rivalisaient pour remporter les prix promis par les autorités. Ils s'affrontaient d'ailleurs aussi dans des concours de jeux dramatiques et des championnats sportifs.

Au bas moyen âge les quartiers ou « parts » de la ville furent souvent reconnus et organisés avec des chefs élus par les gens du quartier, mais plus souvent nommés directement par les magistrats urbains. On faisait appel aux organisations de quartier pour monter la garde, soit à tour de rôle pour des parties déterminées de la ville et de l'enceinte, et pour les réparations urgentes de l'enceinte. Elles veillaient à ce que la glace fut brisée dans les cours d'eau et les fossés de leur circonscription et contrôlaient le respect des mesures contre les incendies, etc. On faisait appel à elles pour la répartition et la collecte des taxes. Les vinaves ou quartiers de Liège avaient leur propre milice, leur bannière et même un tribunal pour des menus litiges ; à Bois-le-Duc à la fin du XVe siècle les quartiers avaient des caisses pour soutenir leurs pauvres. Parfois les quartiers ont été dotés d'une certaine compétence politique, entre autres une représentation dans le conseil communal élargi. Cela fut réalisé souvent à l'occasion de réactions contre l'influence des corporations de métier, soit de la part du comte et de la haute bourgeoisie (ainsi à Bruges en 1384), soit de la part du même peuple qui jugeaient les corporations trop exclusives (ainsi à Bruxelles et à Louvain au XVe siècle).

Normalement les quartiers urbains étaient vraiment des quarts de la ville ; la division en quatre fut probablement un vestige des pratiques des géomètres du bas-empire romain. Au fur et à mesure que les villes grandissaient on procédait à des remembrements de quartiers ou à la création de nouveaux quartiers, au point que leur nombre atteignait six à Groningen (« kluften ») et Liège, neuf à Bois-le-Duc (« troncs ») et même 18 (« bonnen ») à Leyden au XVe siècle. A Bruges les « six parts » de la ville étaient sous-divisées en 119 « cercles ».

Les liens professionnels constituaient un autre système de solidarité et de groupement. Un artisan urbain, maître, valet ou apprenti, faisait dans la règle équipe avec un ou deux compagnons. Les métiers pour les fameux draps de laine des Pays-Bas étaient des métiers larges où travaillaient deux tisserands. Il fallait deux ou trois foulons pour travailler un drap pareil. Parallèlement les règlements industriels prescrivaient des équipes de travailleurs pour tondre, pour teindre ou pour tendre les draps. Le maçon ou le menuisier avait en principe son aide attitré au point que les salaires étaient parfois comptés par équipe. Plusieurs équipes pouvaient travailler dans l'atelier d'un maître, petit entrepreneur industriel, mais les statuts corporatifs imposaient toujours des limites au personnel d'un atelier. Seuls les grands chantiers de travaux publics groupaient parfois plusieurs centaines de travailleurs, bien que les loges des cathédrales et autres églises n'étaient en règle générale peuplées que de quelques dizaines d'ouvriers.

Tous les artisans d'une même profession étaient en principe membres de la corporation du métier. Le nombre de ces corporations fluctuaient naturellement selon les dimensions de la ville, puisque dans les petites villes certains secteurs spécialisés n'étaient pas assez développés pour constituer une corporation. Des petites villes comme Tongres et Namur en comptèrent 11 et 13, mais Tournai 43 et Gand même 53. Liège en avait 20 en 1302, mais 32 en 1386.

Seuls les maîtres étaient membres à part entière de leur métier. Néanmoins dans certains métiers de l'industrie de la laine, ainsi chez les foulons à Bruxelles, les valets étaient plus ou moins associés à la direction de la corporation. A Courtrai les compagnons-tisserands avaient droit à la moitié des postes de direction, mais à Liège en 1350 même le droit de vote des compagnons et des apprentis dans la corporation des tisserands fut aboli.

Au XVe siècle la discrimination envers les compagnons s'affirmait encore au sein des corporations au point que les valets ont formé leurs propres associations qui, sous l'apparence d'entr'aide et de dévotion, constituaient des organisations de combat.

Dans plusieurs villes on a procédé à un regroupement des corporations en vue d'une répartition plus équitable des mandats politiques entre elles. Ainsi à la fin du XIVe siècle les 38 corporations louvanistes furent réparties en dix « nations » qui chacune avaient droit à la désignation d'un conseiller urbain. Les 21 corporations d'Utrecht formaient 11 « gardes » avec des droits politiques égaux. A Bruges les 54 corporations sont au point de vue politique associées comme suit : 1e les métiers de la draperie, 2e les bouchers et les poissonniers, 3e dix-sept menus métiers, 4e les métiers du marteau, c'est-à-dire de la métallurgie, 5e les métiers du cuir, 6e les métiers de l'aiguille, 7e les boulangers et 8e les courtiers et quelques autres petits métiers. D'ailleurs un peu partout les métiers de la grande industrie de la laine étaient plus étroitement unis. En Brabant ils étaient tous soumis à la gilde des marchands drapiers. A Hasselt en 1389 « les quatre corporations » de la laine (tisserands, foulons, tondeurs et teinturiers) se détachaient comme tels parmi les douze métiers ; ailleurs (Termonde, Ypres, Saint-Omer) on désignait par « les trois métiers » ceux soumis au conseil des eswardeurs des draps.

L'ensemble des corporations fut défini comme « le commun » (*gemeen*) vis-à-vis de « la bourgeoisie » (*poorterie*) par excellence. Ces « bourgeois » étaient pour ainsi dire plus bourgeois que le commun bourgeois. Ces super-bourgeois avaient abandonné leur ancien métier ou au moins le travail manuel le concernant pour vivre de leurs rentes ou d'activités marchandes et à la rigueur industrielles, mais d'un caractère spécial. A Louvain les activités des peintres, brodeurs, verriers, orfèvres et drapiers étaient ainsi considérées comme des « activités bourgeoises ».

Cette super-bourgeoisie se distinguait çà-et-là par des traits particuliers qui en faisaient une classe plus ou moins fermée et héréditaire. Souvent les « bourgeois » descendaient d'anciens ministériaux ou sainteurs ou serfs d'église, ainsi à Liège, Louvain, Dinant, Tournai. Ailleurs (Gand, Dordrecht, Middelburg) les « bourgeois » étaient des *viri hereditarii* ou des « adhérités », donc possesseurs de parcelles du sol urbain. De par l'hérédité de ces biens immobiliers, eux aussi constituaient une oligarchie héréditaire. Cela valait aussi pour les « poorters » de Bruges et d'Aardenburg, qui comme membres de la Hanse de Londres (une organisation des marchands fréquentant l'Angleterre) détenaient à l'origine le droit exclusif de siéger au banc échevinal. En théorie tout un chacun pouvait se faire admettre dans la Hanse mais les droits d'entrée étaient six fois plus élevés pour un étranger que pour le fils d'un membre ; de plus on devait avoir abandonné depuis plus d'un an tout travail manuel. Dans les villes brabançonnes la gilde des marchands, en particulier ceux de draps, jouissait d'une situation privilégiée analogue.

Les liens du sang avaient, comme nous le notions, perdu de leur vigueur dans la ville, mais cela n'empêchait pas le système des relations familiales d'y fonctionner. Le ménage simple, c'est-à-dire la maisonnée de parents et d'enfants constituait toujours la cellule sociale par excellence du point de vue affectif, juridique, fiscal ou économique. Il faut peut-être ajouter que le ménage élargi était beaucoup moins fréquent qu'on pourrait le croire et que dans les villes industrialisées des Pays-Bas le nombre moyen des membres d'un ménage ne dépassait pas 4,5 ; dans les quartiers riches la moyenne montait à 6.

La solidarité familiale s'étendait naturellement au delà des murs de la maison, mais dans l'état actuel de la recherche il nous est impossible d'en fixer les contours. Nous avons l'impression que les « grandes familles », riches et influentes donc, étaient aussi littéralement de grandes familles à multiples rameaux, quoi que cette impression est peut-être due au fait que les sources concernant la conservation de leur patrimoine, le culte de leurs ancêtres et leur chapelle sépulcrale, les armoiries familiales plus ou moins brisées etc, reflètent mieux leur cohésion. En tout cas, la solidarité familiale était réelle et jouait aussi pour des affiliés par mariage. Pour cette raison des parents trop proches, soit directement soit par alliance matrimoniale, ne pouvaient pas siéger ensemble dans les conseils urbains. Le mariage avec une bourgeoise équivalait dans beaucoup de villes pratiquement à la qualité de bourgeois ; les villes hollandaises exigeaient comme lieu-tenant du prince chez eux un de leurs bourgeois ou le mari d'une de leurs bourgeoises. Par contre les villes flamandes récusaient un bailli bourgeois ou marié à une de leurs citoyennes.

Le patriciat héréditaire des villes brabançonnes était d'ailleurs divisé en « lignages » qui, au moins à l'origine, reposaient sur la parenté et l'affiliation matrimoniale. Le terme de lignage est d'ailleurs aussi d'usage dans les sources pour le patriciat d'Ypres. Dans les villes brabançonnes les « lignages » sont devenus des factions politiques (deux à Louvain, sept à Bruxelles et six à Anvers), visiblement pour faciliter la répartition des fonctions politiques parmi les familles patriciennes.

Pour des raisons documentaires (sources fiscales abondantes) et méthodologiques (quantification et description globale) les historiens modernes se sont évertués d'établir d'autres groupements dans la société urbaine. Dans un premier temps leur effort a porté sur le *classement des fortunes*. Mais faisant fi de toutes les subtilités statistiques et des chiffres, d'ailleurs toujours moins précis qu'ils en ont l'air, on constate partout le même clivage social très prononcé entre le petit groupe de riches, qui accaparaient presque toute la fortune urbaine, et le grand nombre de gens pour ainsi dire sans biens. Les contemporains d'ailleurs ne s'y trompaient pas ; ils ne voyaient que « riches et pauvres » et parfois encore plus bas sur l'échelle les indigents et les mendiants.

Les historiens se sont préoccupés aussi de *la participation politique* des différentes classes dans ce que H. Pirenne a nommé « les démocraties des Pays-Bas ». A première vue la participation politique y était assez large, surtout à partir du dernier quart du XIVᵉ siècle, sinon depuis le début du même siècle. La participation au gouvernement urbain était un peu partout le fait d'un Large Conseil qui rassemblait les délégués des « membres » ou corps constitués de la ville (la « poorterie » ou bourgeoisie patricienne et les différents corps politiques des métiers). Une assemblée pareille pouvait réunir facilement quelque cent personnes et en plus les représentants pouvaient tenir « arrière-conseil », c'est-à-dire consulter leurs mandants. Néanmoins les réunions de ces conseils considérés représentatifs de la population n'étaient pas régulières ; elles étaient en effet limitées à certaines occasions exceptionnelles ou pour des buts précis comme le renouvellement du gouvernement urbain ou le vote des taxes urbaines ou des aides au prince. De plus les représentants des corps de métier et les magistrats urbains étaient en grande majorité soit nommés par les commissaires du prince et les anciens gouverneurs de la ville soit choisis par leurs mandants, mais toujours parmi les gens aisés. On ne peut en toute bonne foi caractériser les villes des Pays-Bas au moyen âge que comme des oligarchies et des ploutocraties.

Le nombre restreint du personnel politique recruté parmi une même classe sociale ne prévenait pas les antagonismes. Bien au contraire des *factions politiques,* c'est-à-dire des coalitions d'une certaine durée avec une vision déterminée sur certaines questions se dessinaient de temps à autre dans les milieux urbains. Ainsi à Bruxelles on a décelé dans les années 1455-1467 au sein des magistrats l'existence de deux factions groupées respectivement autour de la famille de Mol et la famille Kestergat. Les villes flamandes sont, dès la fin du XIIIᵉ siècle, divisées entre les *Klauwaerts,* les partisans du Lyon (= comte) de Flandre, et les *Leliaerts,* les partisans du Lys (= roi) de France. Ce choix politique était, au moins en partie, une question de traditions familiales. Parmi les 29 personnes qui furent en 1315 victimes de confiscations pour cause de leur sympathie pour le roi de France, treize au moins appartenaient à des familles déjà connues vers 1300 pour ces sentiments. Il est probable que des rivalités entre familles ont contribué à cet antagonisme.

La scission définitive des lignages louvanistes en deux factions (les Colneren et les Blankarden) se produisit lors du conflit qui divisa le duché de Brabant à propos de la succession du duc Henri III (+ 1261). Les Colneren s'étaient liés à ce moment aux gens des métiers contre les Blankarden. Ils ont dû renouveler cette alliance en 1302-1306 lors d'une prise temporaire du pouvoir par le commun, puisqu'un Simon Colnere figure en bonne place sur la liste de ceux que le gouvernement patricien a bannis de la ville après sa restauration. Encore en 1360 la réorganisation du gouvernement urbain inspirée par les métiers attribua six postes de conseiller aux Colneren, tandis que les Blankarden durent se contenter de cinq mandats.

Les historiens économiques se sont efforcés d'entrevoir dans les villes médiévales les proportions des *classes économiques* dans le sens marxiste : d'un côté les capitalistes et de l'autre les salariés. On s'est rendu compte depuis longtemps que la distinction médiévale entre maîtres et valets ne convenait pas dans cette perspective, comme tant de « maîtres » tisserands, foulons et autres, tout en exploitant leur atelier avec quelques travailleurs à leur solde, n'étaient en fait que des salariés qui, contre un paiement à la pièce, étaient au service d'un entrepreneur ou commerçant. Il faut souligner que les entrepreneurs-marchands de draps, dont l'image a été rendue classique par G. Espinas et H. Pirenne, n'ont jamais dominé complètement l'industrie de la laine. Monsieur Derville vient même de soutenir que Jehan Boinebroke lui-même ne correspondait pas au type de marchand-entrepreneur auquel il a pour ainsi dire prêté son nom. Dès le XIIIᵉ siècle aussi bien à Ypres et Gand qu'à Douai et au XIVᵉ siècle dans les villes brabançonnes on aperçoit des petits entrepreneurs industriels parmi les tisserands, et même parmi les foulons et les tondeurs.

A l'encontre des historiens les contemporains classifiaient leurs semblables selon leur « état », c'est-à-dire selon *le prestige social.* Faute de pouvoir par des interrogations, comme les sociologues actuels, établir les normes de l'estime sociale que les gens manient, on a essayé de découvrir l'échelle des valeurs sociales des citadins au bas moyen âge à travers toute une série de manifestations pratiques, telles la préséance dans des manifestations publiques, l'importance des présents et des vins d'honneur offerts par les gouvernements urbains et le montant des frais de voyage alloués à différentes catégories de gens pour tenir leur rang ou « état » pendant des missions officielles. Quoique l'enquête ne vienne que de s'ouvrir, nous nous risquons à avancer déjà quelques constatations, aussi banales qu'elles puissent paraître. Le pouvoir et l'autorité, mais aussi l'influence auprès des gens au pouvoir (le bouffon du duc, le chapelain de la duchesse, etc.) conféraient du prestige. Le port des armes aussi était source de prestige, même plus que le savoir et l'expérience. La richesse, au moins si elle n'était pas fraichement acquise, honorait également son homme. Les « hommes nouveaux » (nouveaux riches, nouveaux nobles, ou nouveaux hommes politiques) sont d'ailleurs en général considérés avec une certaine méfiance. Par contre la haute noblesse qui depuis des générations cumulait toutes ces qualités, occupait toujours et sans rivaux le sommet de la pyramide sociale. Les grandes dynasties bourgeoises, malgré leurs richesses foncières et leur influence politique, y tenaient un rang plus modeste et en fait s'ingéniaient à s'assimiler à cette noblesse du sang. Dans l'automne du moyen âge, la société entière, y compris la société bourgeoise, se rêvait chevalier servant ou noble courtisan, comme Johan Huizinga nous l'avait révélé, et ces rêves ont coloré fortement les formes de la sociabilité.

Dans les groupes sociaux que nous avons évoqués jusqu'ici (systèmes concentriques et classifications des histoiriens modernes) un individu avait inéluctablement sa place. De par sa personnalité et sa situation il en faisait pour ainsi dire naturellement partie. D'autre part le bourgeois médiéval pouvait adhérer librement à une quantité d'associations que nous appellerons volontaires. Parmi celles-ci les confréries religieuses étaient probablement les plus anciennes et les plus nombreuses. Elles groupaient leurs membres autour de la vénération d'un saint particulier ou par des pratiques de dévotion spécifiques. Un individu pouvait d'ailleurs s'inscrire dans plusieurs confréries à la fois. Une dame louvaniste décédée en 1562 fut ainsi membre des confréries de Notre Dame du Dehors, de Notre Dame de Saint-Pierre, de Notre Dame des Dominicains, de la confrérie du Saint Sacrement, de Saint Louis, de Saint Hubert, de Sainte Barbe et de Saint Jacques. Dans la seule collégiale de Breda, une ville en somme secondaire, les confréries suivantes avaient leur chapelle propre : La Sainte-Croix, Notre Dame, le Saint Sacrement (1463), Sainte Barbe (1511), Saint Pierre (1511), sainte Anne, Saint Jacques, Sainte Catherine et Saint Hubert ; mais dans les autres oratoires de la ville on trouvait encore une confrérie de Notre Dame (1344) et une de Saint Josse (1430). Il y avait en plus une association des pélerins de Jérusalem. Un peu partout on rencontrait des confréries ou gildes de Sainte Anne, de Sainte Barbe (pour une bonne mort), de Saint Hubert (contre la rage et la folie), de Saint Nicolas. Parmi les associations d'anciens pélerins celles de Saint Jacques de Compostelle furent des plus répandues. A Anvers en 1481 200 hommes dans le costume typique de cette confrérie (bâton, coquille, etc.) prirent part à la procession. Comme des pèlerinages lointains n'étaient pas à la portée du premier venu, les associations de ces pèlerins étaient plutôt exclusives et conféraient un certain prestige à leurs membres. Les pèlerins du Saint Sépulcre ou de Jérusalem avaient le privilège de figurer, spécialement le dimanche des Rameaux, l'entrée du Christ, sur son âne, dans la ville de Jérusalem. A Hoegaarden, Hoogstraten, Anvers, cette tâche incombait à la confrérie encore plus exclusive des Douze Apôtres et quelques compagnons. Les statuts de la confrérie de la Sainte Croix à Anvers (1375) fixèrent le nombre des membres à trente et exigèrent le droit d'entrée consistant de six écus anciens.

Parmi les confréries les plus nombreuses et les plus actives il faut compter celles de Notre Dame et au XVe siècle celles du Saint Sacrement. A Bruges la confrérie de Notre Dame des Neiges compta en 1469 158 membres, dont 51 femmes et 24 ménages. Parmi les cotisants annuels on retrouve des bourgeois, des nobles, des clercs de Bruges et des membres des familles princières. Aux alentours de 1500 la confrérie de Notre Dame de Berg-op-Zoom comptait entre 800 et 1 100 membres. Un peu partout à la fin du XVe siècle on érigea des confréries de Notre Dame de Sept Douleurs. L'intérêt que la famille ducale et la cour manifestaient pour cette dévotion ne fut pas étrangère à son succès rapide.

Certaines confréries religieuses étaient comme l'incarnation de la conscience urbaine. Un cas typique de l'espèce fut la « noble » Confrérie du Saint Sang à Bruges, fondée en 1311 pour la vénération et la garde de la relique du Saint Sang, le palladium de Bruges et de Flandre. A Anvers la Confrérie de la prétendue relique de la Circoncision du Christ occupait une situation analogue. Elle fut érigée en 1426 et comptait toujours 24 membres. A Gand les confrères de Saint Liévin incorporaient la population urbaine à un tel point que leur procession fut à deux reprises au XVe siècle le signal d'une révolte générale dans la ville.

A partir du XIVe siècle des corps d'élite ou *gildes d'arbalétriers,* puis d'archers et à la fin du XVe siècle même d'arquebusiers se mettaient à remplir le service militaire qui en principe était le devoir de chaque bourgeois. Ces gildes étaient des associations reconnues par la ville. Les membres étaient tenus de monter la garde et de participer à des opérations militaires à la requête du gouvernement urbain. Ils étaient tenus de fournir leurs propres armes et de participer chaque semaine à des exercices de tir. En service commandé, ils touchaient de la ville une gratification par journée qui n'atteignait pourtant pas le montant de leur salaire d'artisan. Chaque année ils recevaient aussi un subside pour leur uniforme. Ils pouvaient se faire inscrire gratuitement dans le métier de leur choix et ils étaient exempts de sa juridiction à condition de rendre compte d'éventuelles fautes de métier devant le doyen et les anciens de la gilde. Le recrutement se faisait en principe par cooptation sous l'approbation des magistrats. Le nombre des confrères de chaque gilde était fixé. A Malines la compagnie des arbalétriers compta 40 confrères en 1453 et celle des archers vingt confrères, mais dans les décennies précédentes elles en avaient compté respectivement 60 et 40. Au XVIe siècle il y avait d'ailleurs quatre gildes malinoises. Une ville secondaire telle Herentals en avait aussi quatre au XVIe siècle, chacune de 28 membres : les archers de Saint Sebastien, les arbalétriers de Saint Georges, les arquebusiers de Saint Antoine (fondés en 1512) et les jeunes arquebusiers (vers le milieu du siècle). La petite ville de Ninove (à peine 1700 habitants) avait dès la fin du XIVe siècle ses deux gildes, respectivement des arbalétriers et des archers. Bruges en avait alors trois (deux d'arbalétriers et une d'archers). La grande métropole anversoise pouvait se prévaloir de six confréries de tireurs dès 1489 : aux environs de 1560 elles étaient chacune composées de cent confrères. Leurs membres, qui devaient être des bourgeois de bonne renommée devaient avoir au moins 26 ans. A Louvain les trois gildes officielles groupaient d'abord 134 membres, mais au milieu du XVIe siècle il y avait quatre confréries et au total 212 tireurs. Les amateurs du tir étaient normalement plus nombreux que le nombre fixé de confrères jurés, et ils pouvaient s'associer à la vie sociale de la gilde. Ainsi la Grande Gilde de Louvain avec ses 60 arbalétriers jurés fut en 1434 accompagnée par environ 500 sympathisants lors des déplacements pour des concours de tir. Les amateurs trouvaient à l'occasion opportun de se grouper dans des associations officieuses de jeunes tireurs en attendant d'être parfois agrégés dans les vraies gildes, à moins que cette association reçut à son tour une reconnaissance officielle de la ville. Parmi les associations officieuses de tireurs il y avait aussi celles connues sous le vocable « gildes de la corde cassée » qui groupaient les amateurs d'un quartier. Le chef ou connétable de la gilde était normalement nommé par le gouvernement urbain parmi les bourgeois notables.

Il n'est pas à confondre avec le Roi de la confrérie : celui des confrères qui avait triomphé lors du concours annuel du tir en abattant le perroquet ou l'oiseau artificiel. Le Roi portait autour du cou le collier de la gilde, dont la chaîne montrait généralement comme motif le briquet de Bourgogne. Régulièrement des tournois interurbains opposaient, parfois pendant plusieurs jours, de nombreuses gildes. Chaque gilde tenait à participer au moins une fois par an à ces concours. Le concours de tir de Malines de 1404 durait 4 jours et y participaient 46 gildes ; celui de 1534 s'étendit sur 35 jours et 17 gildes du duché de Brabant et de la seigneurie de Malines s'y affrontèrent.

Au sein des gildes de tir s'étaient formés des groupes spécialisés pour animer l'apparition de la confrérie par des représentations scéniques dans les autres villes. Pareillement des groupes de volontaires s'associaient pour donner plus d'éclat aux processions et aux fêtes publiques par des tableaux vivants et des jeux scéniques. Ces associations furent connues sous le nom de *chambres de rhétorique*. Elles furent reconnues par la ville qui les subventionnait et leur prêtait un appui matériel (scène, matériaux, main-d'œuvre, etc.) en échange de leurs services pendant les fêtes publiques. Le doyen de la chambre était, comme pour la gilde des tireurs, nommé par les magistrats urbains. Les membres étaient tenus de se réunir régulièrement pour pratiquer leur art : à Anvers à la fin du XVe siècle tous les après-midis de dimanche entre le 1er octobre et le 15 mars. Le nombre des membres d'une chambre était limité à quelques dizaines de personnes. Les femmes n'en étaient pas membres mais elles pouvaient participer de temps en temps aux activités de la chambre en accompagnant leur mari. En 1534 la ville de Malines avait cru nécessaire de limiter le nombre des chambres officielles à trois, dont une pouvait grouper 40 membres et les deux autres chacune trente membres. Visiblement la ville a limité son appui financier et matériel devant la pullulation des chambres.

Comme les gildes militaires les chambres de rhétorique organisaient dans leur sein *des concours* de poésie et de déclamation, et surtout de grands concours interurbains avec toutes sortes de prix, entre-autres pour le participant venu du plus loin, pour le groupe le plus nombreux, pour le meilleur bouffon, pour la meilleure pièce sérieuse, pour la meilleure farce, pour le cortège d'entrée le plus éclatant etc. Les pièces pouvaient prendre des dimensions importantes, durant quelques heures mais parfois plusieurs jours. Elles mobilisaient alors des dizaines, voire des centaines de collaborateurs. La participation aux concours de tir ou de rhétorique occasionnait des frais substantiels, tout comme l'organisation d'un tournoi pareil dans sa propre ville. Comme la renommée de la ville était en jeu et comme ces manifestations étaient une bonne publicité pour la ville et éventuellement une bonne affaire pour les détaillants locaux, la ville subventionnait largement ces évènements et obligeait même ses bourgeois à y contribuer. Ainsi les 326 chaperons rouges chargés d'un château et d'un arc en argent que la ville d'Anvers offrait en 1404 aux confrères des gildes afin qu'on puisse reconnaître la compagnie d'Anvers et les 400 torches qu'elle payait pour la même occasion, ainsi que le fait que les meilleures et les plus honorables personnes de la ville accompagnaient les confrères au concours de Malines ne furent certainement pas des faits exceptionnels. Le bouffon anversois qui chaque soir montrait ses grimaces à Malines avait fait de telles contorsions qu'il en souffrit dans la suite ! Les villes à vocation de port fluvial tenaient à ce que l'entrée de leur délégation se fasse en bateau. Ainsi les gildes malinoises faisaient leur entrée à Alost en 1435 en barges ornées pour l'occasion aux frais de la ville avec 36 armoiries peintes. La Pivoine, la principale chambre de Malines, se rendit au grand concours à Anvers en 1561 avec 326 personnes habillées pour l'occasion, avec 7 chars dressés à l'antique et 16 chars d'apparat.

Divers corporations de métiers et artisans avaient été obligées de la part de la ville de prêter leur concours ou support. La ville dépensa en tout 248,2 florins d'Artois pour la réfection des chars et des subsides. Les trois chambres anversoises se rendirent à Malines en 1515 avec 600 hommes.

Ce ne fut pas rare que dans la ville fonctionnait aussi une gilde ou association de joyeux compagnons, *une confrérie de fous* ou de bouffons, communément désignée comme la gilde de la barge bleue ou du Mont Caillou. Ces groupes, qu'on signalait p. ex. à Anvers, Berg-op-Zoom, Breda, Nimègue, Utrecht et dans les villes du Nord de la France actuelle, étaient surtout actifs les jours de carnaval ou de fête avec des mascarades, des parodies du charivari et des bouffonneries. Une fête des fous sous le sceptre d'un prince des fous dura en 1551 à Bruxelles dix jours. Dans les grandes villes on rencontrait parfois aussi une gilde ou confrérie, plus aristocratique celle-là, qui s'adonnait à *l'organisation de tournois*. Les grands bourgeois de Bruges avaient constitué aussi « la compagnie de l'Ours Blanc » qui chaque année finançait un tournoi. Au XVIe siècle on voit apparaître des *gildes de jeunes gens* qui étaient surtout actives, aux alentours du 1er mai, par la plantation d'arbres de mai.

On ne doit pas perdre de vue que dans une ville tous ces groupes de quelle nature qu'ils furent, s'entrecoupèrent et se superposaient pour une bonne partie. Ainsi la gilde de Saint Luc d'Anvers était une confrérie religieuse et en même temps plus ou moins une corporation de métier des peintres et autres fabriquants d'objets d'art ; dans son sein fonctionnait la chambre de rhétorique La Viollette. De plus, la gilde de Saint Luc était à l'origine de la confrérie de Notre Dame des Sept Douleurs. Pareillement à Bruxelles ce fut la chambre de rhétorique « Le Lys » qui fonda cette confrérie de Notre Dame dans l'église Saint-Géry en 1498, tandis que la Pivoine de Malines collabora étroitement avec la confrérie mariale à Malines. A Malines la chambre « Fleur de fèves » était enracinée dans le quartier de Nekkerspoel. A Malines encore, « Le Lys » recruta en 1561 ses membres parmi les petits artisans, « qui n'avaient que leur travail manuel pour gagner leur vie » ; par contre la Pivoine groupait surtout des prêtres, des intellectuels, des nobles et notables, des artistes et des magistrats. Beaucoup de ses membres étaient aussi inscrits à la Confrérie du Saint Sacrement. La Pivoine comptait aussi bon nombre de poissonniers - Malines étant une étape obligatoire du commerce de poissons - qui d'autre part faisaient partie du métier des poissonniers. C'est un fait bien connu que les artisans et les commerçants d'un même secteur économique pour des raisons pratiques, comme la présence d'eau ou d'une infrastructure commerciale (halles ou marchés), vivaient assez groupés. De là tant de noms de rue qui évoquent un métier ou une activité économique. Il en ressort que les métiers avaient presque des bases topographiques. A Louvain les neuf dixièmes des vieux-warriers habitaient en 1597 le Vieux-Marché. Les bateliers anversois avaient au XVᵉ siècle une préférence assez nette pour la partie ouest de la ville, le long de l'Escaut et des ruisseaux qui y débouchaient. A Alost la paroisse Saint-Nicolas fut surtout peuplée en 1380 de menuisiers, d'orfèvres et de tisserands de lin. Dans la même période les foulons bruxellois habitaient le quartier Overmaelen. Ce fut d'ailleurs la règle en certaines périodes du XIVᵉ siècle, tant perturbé par de graves tensions sociales, que les travailleurs de l'industrie de la laine étaient expulsés vers les quartiers extérieurs, non tellement parce que les loyers y étaient plus bas, mais simplement par précaution de la part des grands bourgeois qui vivaient ainsi protégés et isolés du commun par l'enceinte intérieure.

Les quartiers urbains se différenciaient par la fortune de leurs habitants aussi bien que par les occupations et les classes économiques et sociales de leurs habitants. Au XIVᵉ siècle la petite paroisse centrale de Saint Nicolas à Gand contenait plus de 12 % des grands bourgeois, mais pratiquement pas de foulons ou de tisserands (Tableau I).

TABLEAU I : Répartition paroissiale à Gand au XIVᵉ siècle des

	« poorters »	foulons	tisserands
St. Jean	22,7 %	48,6 %	33,8 %
St. Michel	43,4 %	16,3 %	31,7 %
St. Jacques	0	27,7 %	14,2 %
St. Pierre	21,5 %	7,5 %	20,0 %
St. Nicolas	12,4 %	0	0,3 %

Il est remarquable que la paroisse de Saint-Jean contenait presque la moitié des foulons et un tiers des tisserands, tandis que plus de 43 % des bourgeois aisés se retrouvaient dans la paroisse de Saint-Michel. A Ypres les quartiers portaient même un nom rappelant leurs caractères socio-économiques : les quartiers de la bourgeoisie, de la draperie, des foulons et des communs métiers.

Les gens d'un même voisinage fréquentant les mêmes chapelles et la même église paroissiale, étaient aussi enclins à s'inscrire en premier lieu dans les confréries religieuses qui y avaient leur autel.

La tendance à l'hérédité que certaines corporations de métier affectaient à la fin du moyen âge et même l'hérédité en droit que quelques unes, telles que celles des bouchers et poissonniers et des bateliers, avaient çà et là atteinte, renforçaient encore par la parenté la solidarité des confrères d'un métier. Egalement dans les milieux dirigeants de la ville, et certainement parmi les anciens lignages qui y donnaient toujours le ton, l'hérédité et l'endogamie furent la règle.

Les enchevêtrements des principes de formation de groupes et l'accumulation des associations volontaires renforçaient d'autant plus les liens de solidarité, la conscience des groupes et la sociabilité des gens impliqués. La sociabilité était d'autant plus grande que plus de groupes et d'associations coïncidaient.

L'expérience de cette communauté et les contacts avec ses semblables se faisaient dans les villes pour ainsi dire partout et continuellement. Il y avait néanmoins des *hauts lieux* et des grands moments de la sociabilité. La vie officielle de la communauté urbaine se déroulait naturellement à l'hôtel de ville, ou éventuellement dans les halles ou le beffroi, où siègeait le gouvernement urbain et où on recevait les hôtes de marque, avec une simple réception, de préférence un banquet et parfois un bal. Du balcon ou de la bretèche on lisait les proclamations officielles et les princes s'y faisaient acclamer lors de leur serment d'inauguration. Le jury des concours dramatiques à Mons siègeait à la bretèche où était exposée «la paix» en argent destinée à récompenser les lauréats. Dans les villes liégeoises le perron servait aux proclamations. Les églises, en particulier l'église principale, et en second ordre les couvents et les établissements de bienfaisance furent aussi le théâtre de bien des évènements publics religieux et profanes. Les grandes processions y prenaient le départ et s'y terminaient ; les associations et parfois la communauté urbaine tout entière y entendaient des messes de supplication, de grâce, de deuil ou du Saint Esprit ; les familles y vivaient des jours mémorables lors de baptêmes, de noces, d'enterrements. Les cloîtres et les cimetières servaient de place de marché, de champ de jeu ou de cadre pour les représentations des mystères.

Le cadre par excellence pour les grandes manifestations de masse était bien sûr la Grande Place, normalement devant l'hôtel de ville et/ou l'église principale. On y organisait les marchés, les foires, les représentations dramatiques et autres, les tournois, des exécutions, des grands sermons, etc. Avant tout la Grande Place était le lieu des grandes assemblées populaires, soit convoquées par les autorités, soit spontanées en période d'agitations.

Parfois un espace en bordure de la ville servait également comme champ de jeu, terrain de joutes et lieu de marché et de foire. Le gibet de la ville se trouvait également en bordure de l'agglomération.

La vie urbaine tout entière se déroulait en bonne partie dans les rues, entre autres parce que bon nombre d'ateliers, de par les statuts des métiers, devaient être ouverts à la vue des passants, et que le trafic lent des piétons et des charrettes en faisaient un lieu de rencontre naturel. Surtout les points de passage presque obligatoires comme : les ponts, les carrefours et les portes dans les enceintes urbaines intérieures et extérieures étaient des lieux privilégiés de la sociabilité. On y annonçait les nouvelles officielles et les publicités commerciales ; on y présentait à l'occasion des tableaux vivants et on y exposait les victimes d'une condamnation infamante ou d'un supplice. C'était d'ailleurs des repères et des arrêts classiques pour les processions et les cortèges d'inauguration pendant leur trajet traditionnel. La grande procession de Notre Dame à Anvers par exemple allait le long des portes de l'enceinte intérieure. Ici comme souvent ailleurs la procession suivait les contours de la paroisse, en fait de l'ancien territoire urbain.

Il va de soi que les tavernes et les débits de boissons étaient des lieux de contacts humains et de sociabilité par excellence. La ville y traitait ses hôtes ; le conseil urbain, les métiers, les gildes, les chambres de rhétorique et même les confréries y tenaient des réunions, des banquets et des beuveries et parfois tout cela à la fois. Certaines associations disposaient d'ailleurs de leur propre taverne. Dans l'auberge, la taverne ou le cabaret une famille pouvait rassembler ses membres et ses amis pour un repas, un banquet ou une fête à l'occasion d'un évènement important de la vie familiale. L'auberge offrait en plus à un chacun l'occasion de rencontrer des amis ou des compagnons. L'auberge et le cabaret faisaient pour ainsi dire commerce de la sociabilité.

VI

Les grands jours de la vie communautaire et de la sociabilité étaient en bonne partie les mêmes partout. De nombreuses fêtes du calendrier ecclésiastique donnaient lieu à des manifestations de sociabilité. Le Jour du Nouvel An enfants et serviteurs recevaient des étrennes. Le jour des Rois-Mages dans la plupart des associations et groupements, y compris le conseil urbain, il y avait fête : une fève cachée dans un gâteau désignait le roi du jour ou de la soirée. A cette occasion le conseil bruxellois s'offrait un jeu dramatique sur les trétaux. C'était aussi un jour de mascarades et de cortèges des Rois-Mages. Le lundi après (« le lundi perdu ») était jour de chômage et le personnel inférieur recevait des pourboires. Le clergé inférieur et les élèves se choisissaient un évêque ou un pape qui ce jour-là était investi de l'autorité. Lui-même et sa suite défilaient en ville en parodiant le grand monde et étaient régalés par les autorités ecclésiastiques et civiles. Ailleurs une fête pareille se tenait le jour des Innocents (28 décembre). Les mascarades se faisaient bien sûr surtout pendant le Carnaval, c'est-à-dire le dimanche avant le Carême et le Mardi gras, le jour avant le Carême. A la Chandeleur (2 février) il y avait une distribution solennelle de cierges bénits aux dignitaires et au personnel ecclésiastique et civil selon une hiérarchie bien établie. Dans certaines églises on donnait une représentation de la Purification de Marie. Comme les jours de Carnaval et le jour des Rois les grandes fêtes de Noël, Pâques, l'Ascension, l'Assomption de Marie et la Pentecôte étaient marquées par des concerts publics et des représentations de mystères, dans les églises et même dans la rue. A ces occasions on jonchait et fleurissait les églises et les hôpitaux. A la Pentecôte on lâchait un pigeon blanc dans l'église. A l'Annonciation on jouait la scène entre Marie et l'Ange Gabriel. L'ange, figuré par un enfant, était à cette occasion descendu dans l'église au moyen d'une corde. Le Jour des Rameaux on représentait l'entrée du Christ à dos d'âne dans Jérusalem. Le Jeudi Saint il y avait le lavage des pieds de douze vieillards, pauvres ou pèlerins dans les églises et les institutions de bienfaisance. On distribuait des craquelins et des biscuits blancs. Le Vendredi Saint était jour de chômage pour écouter les grands sermons dans les lieux publics. Ce jour les prisonniers recevaient des aumônes et étaient parfois relâchés et grâciés. Le 1er mai on offrait officiellement aux grandes dames des mais comme les soupirants individuels le faisaient à leur préférée. Ce mai était de préférence un tilleul orné ou une aubépine ou simplement un mât orné d'une couronne de romarin. On le plantait aussi devant la maison des gens en vue ; on exécutait des danses autour du mai et on buvait à la santé du notable qui en offrant à boire se montrait sensible à l'honneur qu'on lui faisait.

A la Fête-Dieu on offrait des roses ou des couronnes de roses à l'église, mais on en faisait don aussi à des gens qu'on voulait honorer. La veille de la Saint-Jean (24 juin) on allumait de grands feux de joie. Le jour même on ornait des arbres et on pendait des couronnes, spécialement de roses, devant les statues de la Vierge. Ce jour était aussi caractérisé par l'exécution de danses de mariage.

Pareillement, les fêtes nationales ou plutôt dynastiques furent communes à la plupart des villes des Pays-Bas. Ces fêtes prenaient d'ailleurs elles aussi une coloration liturgique. Elles s'accompagnaient de messes solennelles, de processions et de sermons publics. Elles étaient elles aussi jours de chômage obligatoire.

Des fêtes pareilles furent ordonnées pour l'intronisation ou le couronnement du prince, pour la conclusion d'une paix, pour une victoire, pour le retour du comte Gui de Dampierre de son emprisonnement à Paris en 1305, pour des mariages, des naissances ou des baptêmes princiers, etc. Même la naissance d'un fils du Dauphin, lors de son séjour auprès de son oncle de Bourgogne, fut fêtée aussi bien à Mons qu'à Gand.

Chaque ville avait en outre ses propres jours de fête annuels où elle vénérait son saint Patron, organisait ses grandes processions spécifiques et renommées (le Saint Sang à Bruges, La Chandeleur à Arras, Saint Rombout à Malines, la Circoncision à Anvers, le Saint Sacrement à Breda, etc.) et tenait ses foires, bien que des manifestations pareilles coïncidaient souvent. Ces manifestations étaient en plus souvent liées à la commémoration d'un grand évènement de l'histoire de la communauté, une victoire ou une bataille mémorable, telle la procession de Notre Dame de l'Enclos à Ypres pour remercier la Vierge de la levée du siège par les Anglais en 1383 ou le pélerinage annuel des Brugeois à West-Rozebeke pour rendre grâce à Marie de la protection des Brugeois pendant la bataille à cet endroit en 1382. A Malines la procession de la Paix sortait chaque mercredi après Pâques en commémoration de la levée du siège en 1302. Chaque paroisse, chaque confrérie, chaque gilde avait ses fêtes patronales et parfois ses processions. Les échevins anversois au début du XVIIe siècle assistaient officiellement à dix-huit processions par an, exactement le même nombre que pour leurs collègues brugeois en 1481. La pose de la première pierre d'une tour d'église ou de l'hôtel de ville, l'ouverture du canal de Bruxelles, l'arrivée de visiteurs princiers ou autres hôtes de marque, comme les participants à un chapitre provincial des Carmes, étaient l'occasion pour des fêtes supplémentaires.

Certains milieux avaient des manifestations de sociabilité très particulière comme l'offre des premiers harengs de la nouvelle saison aux magistrats de Bruges, ou le couronnement du bœuf le plus lourd.

Des évènements plus intimes comme la mort, la naissance, le baptème, les relevailles, le mariage, l'ordination et la promotion universitaire d'un proche ou même le jubilé d'un fait pareil étaient prétexte pour les familles et pour les associations de montrer leur solidarité dans la joie ou la douleur.

Les évènements communautaires et les manifestations de sociabilité se déroulaient pour ainsi dire selon des *rites traditionnels* en répétant des gestes ataviques. Le plus ancien de ces rites de sociabilité, plongeant ses racines dans les gildes payennes des Germains, était le fait de boire ensemble. En plein XVIe siècle encore les compagnons-buveurs ou les « cavaliers du banc d'auberge » s'appelaient aussi les « gildes ». Les gouvernements urbains offraient très libéralement des vins d'honneur, des présents de vin ou, surtout depuis le XVIe siècle, de bonne bière et étanchaient leur propre soif copieusement aux frais de la ville lors de leurs réunions, parfois tenues directement dans une auberge. Les professeurs de l'Université de Louvain au XVIe siècle se plaignirent du prix excessif du vin qui était indispensable pour recevoir dignement leurs collègues. Même les mendiants louvanistes buvaient parfois simplement pour leur «recréation ». L'auberge leur était cependant interdite. Pour sceller une vente il fallait une *licope,* c'est-à-dire boire un coup. Les ouvriers du bâtiment à la fin d'une tâche avaient droit à une beuverie d'adieu. Après les processions, mais parfois même pendant cette solemnité, les participants se rafraîchissaient pleinement. Dans certaines villes les auberges et tavernes devaient pourtant se fermer pendant la procession. Cela n'empêchait pas la confrérie du Saint Sang de banqueter à l'aise pendant le déroulement de la procession. La procession impliquait pour ainsi dire une grande consommation de boisson au point que le gouvernement louvaniste s'inquiéta de ce que les provisions de vin et de bière ne seraient pas suffisantes les jours de procession. En invoquant la procession un contemporain explique le fait que le peuple avait beaucoup bu. Les enterrements se poursuivaient obligatoirement dans une taverne. Les statuts des gildes et des confréries prévoyaient d'ailleurs que leurs membres versaient une dette mortuaire précisément pour payer ce genre de frais. A Kampen prendre congé de quelqu'un ne pouvait se faire sans boire. Pour cette seule raison on pouvait y fréquenter les auberges avant midi.

Le repas en commun et le banquet, auquel à l'occasion les épouses étaient conviées, n'étaient que des beuveries plus étoffées. Ils allaient de grands repas de gala offerts à des visiteurs de marque aux repas d'affaires entre gouvernement et administrateurs urbains soit dans un édifice urbain soit dans un cabaret privé. Des repas de pure sociabilité les jours de fête ou à l'occasion du changement du gouvernement urbain ne furent d'ailleurs pas dédaignés par ces messieurs. Toutes les associations, y compris les confréries religieuses et les corporations de métier, avaient leurs banquets statutaires. Ce repas pouvait consister simplement dans un plat de petits pois comme chez la gilde de Saint Jacques à Anvers, mais généralement il prenait des dimensions héroïques. Tel fut le banquet des vieux wariers louvanistes en 1543. Ils consommèrent des pains faits de 58 litres de froment, à peu près 200 litres de bière, un mouton, un veau, un agneau, de la viande de porc, 6 livres de beurre, de la moutarde, et comme légumes des tiges de navet et des choux, du fromage, des cerises, des guignes et des groseilles à maquereau. Le lendemain on consommait de nouveau 130 litres de bière, du fruit, du pain, du beurre et des fèves. D'ailleurs les repas destinés en principe aux membres d'une famille et aux amis intimes à l'occasion d'un baptème, d'un mariage, d'un enterrement, ou d'un jubilé n'avaient pas attendu le siècle de Brueghel pour prendre des proportions gigantesques et par le nombre des invités et par la quantité des mets. A Zwolle au XIVe siècle on limitait le nombre des invités à douze parents immédiats pour un enterrement et à trente-deux personnes pour un repas de noces. En Flandre un édit de 1531 fixa le maximum des invités pour les noces à vingt, mais la pratique était telle qu'en 1613 on souffrit la présence de trente-deux couples, bien qu'en réalité des noces avec plus de 500 assistants n'étaient pas exceptionnelles.

Le magistrat d'Anvers prescrivit au XIVe siècle qu'à la réception la veille de la noce on ne pouvait donner que du pain et du fromage et qu'au repas d'enterrement ne pouvaient assister que les héritiers. Aux obsèques d'une dame louvaniste en 1561 on servit deux chapons, deux canards, onze livres de gigot, onze livres de mouton, deux pâtés de mouton, deux tartes, environ 18 litres de vin du Rhin, du pain et des oranges et de la bouillie sucrée de riz au safran et à la cannelle. Un repas à peine moins copieux fut en plus servi le septième et le trentième jour après les funérailles.

La musique, les chants et les danses égayaient normalement les réunions de fête et les manifestations publiques d'allégresse. Les villes entretenaient même un corps de quatre, voire six musiciens pour donner des concerts aux banquets de gala, à l'ouverture de foires, dans les processions, etc. A Bruges les trompettes de la ville se faisaient entendre du haut du beffroi tous les jours des foires, des processions, des grandes fêtes liturgiques et des entrées princières. A Louvain le conseil urbain ordonnait en 1546 que les quatres musiciens de la ville donneraient devant l'hôtel de ville chaque jour une sérénade et chaque dimanche et jour de fête après la grande messe un concert. Parfois on engageait ou on invitait des musiciens et des trouvères étrangers.

Lors de la grande procession de Malines il y avait des concerts sur la tour de Saint Rombout. L'affluence de musiciens de Bruxelles, Alost, Louvain, Anvers et Termonde pour participer à la procession était énorme ; environ 200 recevaient une gratification de la part de la ville. Quand elles voulaient parader ou se régaler les associations et les confréries louaient aussi le service de musiciens et de chanteurs. Les repas de noces ou de baptèmes et autres réunions de familles ou d'amis étaient aussi l'occasion pour les musiciens et les chanteurs de se faire engager. A Anvers pourtant les règlements urbains défendaient au fiancé d'engager plus de deux musiciens. Les musiciens qui accompagnèrent en 1561 les rhétoriciens malinois à Anvers, demandèrent une gratification spéciale parce qu'entretemps ils manquèrent les revenus que leur procuraient les noces et les repas de fête. D'autre part, il était fréquent qu'un des convives entamait une chanson à la mode dont le refrain fut repris par toute la table. Au XVIe siècle il y avait même des recueils de chansons imprimés à cette fin. Les convives faisaient parfois d'ailleurs leur propre musique, sur des instruments classiques ou improvisés. Les chambres de rhétorique et les confréries de musiciens professionnels acceptaient aussi comme membres des amateurs de musique et de chant. On sait d'ailleurs qu'ils avaient l'habitude de faire de la musique entre eux à la maison comme divertissement. Qu'on dansait à des occasions pareilles peut se concevoir aisément, et même que cela se faisait dans les auberges et les tavernes et même dans les rues les jours de carnaval et de fête ou à l'hôtel de ville entre gens de bien et aux réunions des associations quand les épouses étaient présentes. Lors de réjouissances publiques on exécutait des danses de groupe qu'on avait apprises pour l'occasion. Des danseurs s'exhibaient également dans les processions. On connaissait entre autres la danse des sabres, particulièrement effectuée par les bouchers, la danse des bâtons, la danse des grelots et une danse mauresque. Au XVIe siècle des maîtres de danse offraient leur service aux amateurs dans la plupart des villes.

Le feu et les flammes ont toujours exercé une fascination sur les hommes et dans les grandes manifestations sociales cet élément ne pouvait pas manquer. Il nous suffit de rappeler les feux de joie de la Saint Jean, les illuminations par torches, par tonneaux à goudron, par brûlots de poix monumentaux, montés comme des tours ou sur une roue perchée sur un mât, par lampes d'huile, par cierges, etc. à l'occasion des réjouissances publiques. Mentionnons encore pour mémoire les torches des corporations et les cierges de cire qu'on portait dans les processions. Torches et cierges furent d'ailleurs indispensables dans les obsèques auprès de la civière et dans les cortèges funèbres. Parfois on offrait dans l'église des cierges, à l'occasion d'un baptême, d'un mariage et des relevailles. A Anvers le nombre et le poids des cierges étaient limités par ordonnance du conseil urbain. Des pénitents à la suite d'une condamnation d'une cour ecclésiastique ou civile devaient souvent porter un cierge dans la main et l'offrir à l'église. L'illumination et le feu d'artifice faisaient partie des fêtes et des parades. On allouait même des prix pour les quartiers les mieux illuminés. Une chambre de rhétorique de Malines éblouissait tout le monde à Anvers en 1561 en faisant un feu d'artifice devant son logement durant dix-sept soirées.

Les jours de réjouissances publiques les autorités prenaient soin de prévoir des attractions publiques : des acrobates qui escaladaient les façades ou dansaient sur la corde, des cascadeurs, des dresseurs d'ours, de singes ou de chiens, des gens qui plongeaient d'une hauteur vertigineuse dans l'eau, des combats et des duels sur l'eau, des tournois, etc.

Les divertissements de groupe dans les cercles plus intimes de parents, d'amis et de voisins ou même dans des groupes occasionnels allaient de promenades et d'excursions et pique-niques à la campagne aux jeux de hasard, d'échecs, de trictrac, etc. Les jeux de dés de tout genre, y compris le jeu de l'oie de nos jeunes années, et les jeux de cartes à partir du XVe siècle étaient mal vus par les autorités qui essayaient d'en limiter autant que possible les fâcheuses conséquences, c'est-à-dire les querelles et les rixes qui en découlaient et la ruine des joueurs trop assujettis à cette passion.

Les jeux de hasard n'étaient tolérés qu'en certains lieux, et les paris ne pouvaient pas excéder un certain amont. Une défense complète ne fut pas envisagée pour la simple raison que les visiteurs étrangers des foires, kermesses et marchés seraient déçus et parce que les princes octroyaient l'exploitation d'un tripot soit comme une récompense soit en affermage. A Anvers les escaliers du puits d'eau au Grand Marché étaient un lieu d'élection pour les joueurs.

Un passe-temps favori pour les jeunes aussi bien que pour les adultes était le jeu de boule. Particulièrement populaire était le jeu de crosse qu'on jouait aussi en équipe et qu'on jouait en hiver même sur glace. Le terrain indiqué était ou bien les près communs ou bien un mail spécial, mais toutes les peines édictées ne pouvaient jamais empêcher les gens de jouer à la crosse dans les rues, au cimetière ou sur les remparts. Depuis le XVe siècle on édifiait aussi des salles pour le jeu de paume.

Les jeux et les réjouissances publiques étaient des manifestations collectives et l'expression de la sociabilité urbaine. La conscience de la collectivité et les sentiments de solidarité y étaient stimulés. Le sens du groupe allait encore plus loin en affirmant son identité par un uniforme. Les corps d'archers avaient au moins un chaperon, mais parfois tout un uniforme. Ceux de la riche métropole d'Anvers en avaient même trois : un noir pour les obsèques, un rouge pour les réunions solennelles et un pourpre pour les processions. Les chambres des rhétoriciens montois pouvaient se choisir un uniforme à leur guise. Dans la ville le port d'un uniforme ou des couleurs d'un autre que le prince ou la ville était souvent défendu. Il était également défendu aux bourgeois de se vêtir d'une manière identique sauf pour les membres des gildes et pour les magistrats urbains qui recevaient d'ailleurs leurs vêtements ou au moins une gratification pour cela de la ville. Par crainte de discorde ou même d'infidélité au prince on ne pouvait pas porter des distinctions et des signes de ralliement à un parti. De toute façon les officiers du prince n'étaient pas autorisés de se « vêtir avec un bourgeois », donc de porter le même costume qu'un particulier parce que cela était une manière de souligner une parfaite amitié ou une dépendance.

Les magistrats anversois faisaient exécuter 326 chaperons rouges ornés d'un arc et d'un château d'argent pour l'excursion de leurs archers à Malines « afin qu'on reconnût la compagnie d'Anvers ». Les Malinois de retour d'une expédition contre les Bruxellois se firent confectionner un uniforme bleu et gris avec sur les manches la devise « Restez fidèles ».

Comme signes de ralliement beaucoup d'organisations, de la ville à la moindre corporation, avaient leur(s) bannière(s). Les membres étaient sensés se grouper derrière cette bannière et la suivre. Dans les villes flamandes l'apparition des étendards des métiers était toujours signe de grandes émotions et donc de risques de soulèvements. Pour cette raison les bannières ne pouvaient pas être produites avant que la bannière comtale et celle de la ville eussent été apportées là sur l'ordre du conseil urbain. Les métiers brabançons étaient moins belliqueux ; ils se contentaient au XIVe siècle au moins, de leurs torches et porte-cierges qu'ils entouraient dans les processions. Les rhétoriciens montois avaient une bannière et un pennon sous lesquels ils se groupaient. Comme moyen de ralliement on se servait régulièrement de « cris » qui exprimaient d'ailleurs le programme, les souhaits ou l'idéologie du groupe. Ainsi en 1451 quatre Gantois avaient convenu d'un « cri » pour inciter les métiers à la révolte :

> « Bonnes affaires, paix et tranquilité
> Et notre Seigneur légitime dans la ville ».

On comprend alors la défense en 1342 des cris « Bruges, Bruges » et «Franc, Franc » par lesquels les Brugeois et les habitants du Franc (le plat pays autour de la ville) se narguaient. En 1487 des bannis gantois essayèrent d'ameuter la population par leurs « cris » étranges.

Une autre manifestation de la conscience de groupe et de la solidarité était la démonstration de l'existence du groupe par des réunions. La communauté urbaine se manifestait par des assemblées massives, spontanées en période de commotions ou convoquées par les autorités, par des cortèges, des solennités de Joyeuse Entrée et des processions générales où toute la population participait. Les associations elles aussi avaient leurs réunions plénières et leurs jours de parade. Comme groupe elles figuraient d'ailleurs dans la plupart des manifestations de la communauté. Les « entrées » des groupes avec leurs sympathisants à l'occasion des concours de rhétorique et de tir prenaient pour cela une grande importance. Ces entrées se faisaient sous forme de cavalcades et de cortèges, mais les villes qui se prévalaient de leur trafic fluvial affectaient particulièrement des entrées en barques.

Le sentiment de groupe et la solidarité se montraient particulièrement dans les moments d'adversité. Depuis le XVe siècle des caisses de secours fonctionnaient au sein ou en marge des corporations de métier. A Louvain leurs membres payaient un droit d'entrée de dix ou douze plaques et une contribution d'un quart de plaque par semaine. Cela donnait aux chefs de famille malades ou infirmes droit à un secours de dix ou douze plaques la semaine. Des blessés à la suite d'une bagarre et des femmes incapables de travailler par grossesse ou par les « incommodités de femme » étaient exclus du soutien.

Ce secours mutuel était général. Les quartiers à Bois-le-Duc avaient leur tronc des pauvres et même le groupuscule de protestants louvanistes dans les années 1540 avait une caisse de secours.

Cette solidarité dans l'adversité était surtout très marquée à l'occasion d'un décès. Tous les membres de la famille, du voisinage, des confréries et des associations étaient obligés, moralement ou statutairement, d'assister aux obsèques. Déjà la veille on se réunissait pour veiller le mort ; quand le défunt était jeune, ces vigiles se dégradaient parfois en soirées dansantes. Le cercueil était normalement couvert d'un linceul fourni par la paroisse, la confrérie ou le métier et il était porté par les confrères. Le facteur d'une chambre de rhétorique malinoise fut en 1579 conduit à sa tombe par ses confrères. Devant la bière on portait un coussin de velours noir avec une couronne de lauriers. Le cercueil était orné de devises multiples.

Pour annoncer le décès on comptait sur les voisins ou sur un messager stipendié tandis que le glas sonnait parfois la veille, certainement le jour de l'enterrement et même plusieurs jours après.

Les moyens de communication et le transport des messages étaient en effet essentiels dans les relations sociales d'une communauté. L'usage de l'écrit était limité parce qu'une partie au moins de la masse urbaine ne savait pas lire, bien que l'Italien L. Guicciardini fût frappé par le degré de l'instruction des hommes et des femmes des Pays-Bas qui presque tous savaient lire et écrire selon lui. On se servait en effet d'affiches imprimées et, avant l'imprimerie même, copiées posées à des points stratégiques pour annoncer le cours officiel des monnaies, le prix imposé des denrées, les noms des nouveaux magistrats, et même le règlement des concours. En 1446 Malines afficha ainsi huit copies du règlement pour le concours des cortèges des Rois-Mages. Les malfaiteurs étaient exposés avec une pancarte au cou ou sur la tête faisant mention de leur crime. Ce fut le cas d'un condamné qui fut mis à Anvers en 1540 au pilori avec au dessus de sa tête un demi gibet, la corde au cou et l'inscription : « Parce que j'ai commis beaucoup de faux, suis-je ainsi exposé ». Les personnages qui devaient figurer dans les groupes de procession et dans les tableaux vivants portaient souvent des banderoles avec des inscriptions expliquant la scène. On sait d'ailleurs que dès le XVᵉ siècle on jetait dans les rues des villes flamandes des pamphlets pour ameuter l'opinion publique.

On se servait néanmoins surtout de la parole. Les ordonnances urbaines étaient « criées » du haut de l'hôtel de ville ou de la halle en Flandre et du perron dans les villes liégeoises, d'où leur nom caractéristique, des ordonnances des halles à Gand, et des « cris du perron » à Liège. Le prône des églises, surtout le dimanche, et plus encore les marches de l'église constituaient des moyens de publication très usités, aussi par les autorités civiles. Des crieurs officiels allaient en plus annoncer les nouvelles officielles et, contre une rémunération, également des communications de particuliers sur les marchés et partout en ville. Parfois ils étaient accompagnés d'un trompette ; parfois ils battaient eux-mêmes le tambour ou la platine ou agitaient une sonnette. Bien connue est l'apparition dans les rues des crieurs de vin qui, à la solde d'un tavernier, louaient à haute voix le vin fraîchement arrivé dans l'établissement de leur employeur.

Des signaux simplement sonores avaient l'avantage d'atteindre un plus grand nombre à la fois. La fonction de la cloche signalant le temps du travail, l'ouverture et la fermeture des cabarets et des portes urbaines et le couvre-feu est bien connue. La cloche banale ou des cloches spéciales sonnaient l'alarme en cas d'incendie ou d'une menace extérieure. Elles appelaient les bourgeois aux armes ou à une assemblée générale de la commune ou à une réunion du conseil. A Gand la cloche du travail au beffroi était frappée trois fois de quatre coups pour réunir le commun devant l'hôtel de ville. Pour donner l'alarme et appeler aux armes on frappait la cloche sans arrêt des deux côtés.

La cloche était parfois remplacée par la sonnerie de trompette, ainsi à Tournai pour signaler l'arrivée d'ennemis ou l'incendie, ou pour annoncer les heures du marché à Anvers. Pour les espaces plus restreints une sonnette et surtout une claquette, entre autres pour annoncer l'ouverture des ventes dans la halle, pouvaient aussi servir. Par une crécelle les lépreux devaient prévenir de leur venue.

De simples objets transmettaient un message. On connaît les pierres que certaines condamnées portaient au cou et même le tonneau qu'elles devaient porter dans certains cas. Une verge pouvait être signe d'autorité quand elle était portée devant un magistrat, ou quand elle était transmise à un prince ou son représentant. Elle signala en 1487 chaque prêtre qui avait juridiction spéciale pour les indulgences. La verge était aussi signe de respectabilité quand elle était portée par les magistrats urbains et par les membres des associations dans un cortège ou une procession. Elle était même signe de soumission quand elle était dans la main de pélerins ou de rebelles punis. Le bâton blanc avertissait que le porteur était atteint de la lèpre ou était peut-être porteur des infections pestilentielles. Une botte de paille annonçait que le brasseur avait commencé son travail ; elle marquait pourtant aussi les maisons pestiférées. Une bannière marquait à Bruges au XIVᵉ siècle un débit de vin ouvert. Une bannière sur le beffroi de Tournai indiquait la direction d'où venait l'ennemi ou où il y avait le feu dans la ville. Rappelons aussi qu'encore plus qu'aujourd'hui il y avait toute une sémantique de l'habillement. Le port d'armes caractérisait le noble, le chevalier, le seigneur, les officiers princiers et les magistrats urbains. La veuve avait un accoutrement typique. Le clergé se distinguait par ses vêtements sobres, le vagabond par sa chemise nouée autour de la poitrine et sa besace.

Le pénitent et les rebelles punis allaient en chemise, tête et pieds nus. Les riches et les nobles ne se distinguaient pas seulement par les étoffes plus luxueuses et par les couleurs plus somptueuses qu'ils pouvaient se permettre ; certains effets de luxe comme la soie, le velours, la fourrure ou le brocard étaient réservés selon une hiérarchisation très poussée à différentes classes de la société. Les ordonnances qui imposaient cette différentiation vestimentaire devaient être souvent réitérées, prouvant ainsi que les gens étaient très sensibles à ces signes de rang et essayaient continuellement de s'en servir pour sortir du rang.

Des couleurs avaient valeur de signal, qui ne rappelait que de loin le symbolisme savant ou ecclésiastique qu'on croit leur connaître. On se servait néanmoins de parures bleues pour afficher sa fidélité et du jaune pour frapper d'infamie ceux qui devaient porter des marques de cette couleur, par exemple des hérétiques, des adultères, des femmes publiques ou des juifs. Les couleurs dont on se servait couramment aux Pays-Bas du moyen âge comme partout ailleurs étaient le rouge, le noir et le blanc et cela dans des circonstances qui montrent qu'elles étaient pratiquement vides de toute valeur idéologique ou sentimentale. Pour signaler l'approche des ennemis on hissait sur la tour d'observation à Louvain un drapeau rouge ou blanc selon le cas. Les verges des magistrats étaient en général rouges mais parfois aussi blanches. Les drapelets par lesquels on devait marquer les marchandises de seconde qualité étaient selon les cas blancs, rouges ou noirs, exceptionnellement jaunes.

Les réjouissances publiques et les manifestations religieuses ordonnées par les autorités avaient au moins un partie un but informatif, afin d'agir sur l'opinion publique ou d'illustrer les évènements importants de la vie communautaire. Qu'on pense aux sermons publics « pour la paix » que les ducs de Bourgogne ordonnaient pendant leur guerre avec la France ou ceux pour annoncer leur victoire sur les Armagnacs en 1411. A Bruges on prescrivit des oraisons publiques pour le duc Jean sans Peur à l'occasion de sa campagne contre Liège ; à Damme on organisa en 1409, lors du conflit avec les Orléans, une procession générale pour la sauvegarde du duc. La procession de grâce officielle qu'on décréta en 1492 à Anvers pour la prise de Grenade sur les Maures avait visiblement un but informatif et propagandiste. On mimait d'ailleurs sur scène au grand marché ce grand fait d'armes. En 1452 on joua à Gand sur une char une pièce contant l'histoire de quatre sœurs, dont l'aînée fut mal vue de son père, malgré la médiation des trois autres filles. A la fin la sœur répudiée était forcée de recourir à l'aide du Lyon Blanc (c'est-à-dire la bannière à lyon blanc, de Gand qui était signe de mobilisation). Le message de cette allégorie sur les Quatre Membres de Flandre (Gand, Bruges, Ypres et le Franc de Bruges) et leur relation avec le comte fut facile à saisir. Pour fêter l'armistice de Nice de 1538 on organisa à Malines un concours de déclamation et de poésie.

De simples manifestations religieuses prenaient d'ailleurs automatiquement un aspect de propagande politique. Dans la grande procession d'Anvers en 1445 il y eut par exemple un char où la personnification de la ville d'Anvers trôna entourée de celles des Pays-Bas bourguignons. Un incident fortuit nous en a conservé les traces : le père de la fille qui dut représenter le duché de Brabant ne voulut pas que sa fille y apparût. Pour la nouvelle procession de Notre Dame à Anvers en 1399, on commanda deux drapeaux à l'image de la Vierge flanquée des armes du duc et de la ville. La procession de Saint Liévin à Gand en 1467 et 1491 fut le début d'une révolte en règle. Dans un éloge à l'honneur de Notre Dame des Sept Douleurs le facteur de la Chambre de Rhétorique anversoise passa automatiquement à des louanges envers le duc de Brabant.

Ce mélange de religion et d'idéologie politique fonctionnait d'ailleurs aussi en sens inverse. Les inaugurations princières débutaient toujours par un serment du prince dans une chapelle située à la limite de la ville et par l'offre des clés de la ville de la part des magistrats. De là un cortège avec tout le clergé et la population menait le prince à l'église principale où il répétait son serment devant l'autel principal. En Flandre le comte tenait en faisant son serment la corde de la cloche dans la main et après il la sonnait trois fois en signe de sa prise du pouvoir. En 1384 le duc Philippe et son épouse furent invités à ouvrir le livre des évangiles pour pronostiquer l'avenir. A la fin il refaisait encore son serment sur le marché et recevait en retour le serment de fidélité de la population. On n'hésitait d'ailleurs jamais à mélanger l'histoire biblique et l'histoire nationale dans les tableaux vivants et dans les représentations qu'on exécutait pour des entrées ou pour fêter d'autres évènements nationaux. En 1515 à Bruges on mit en parallèle le comte Thierry et le juge Josué, le comte Baudhuin et le roi David, Louis de Nevers et Moïse. A Bruxelles on compara en 1577 Guillaume d'Orange à David, à Moïse et à Joseph en Egypte. Les princes savaient d'ailleurs très bien combiner des actes de piété et la propagande politique par des dons de cloches, des subsides pour les frais de bâtiment et surtout des verreries à leurs armes et effigies, à des églises ou à des couvents.

La faste déployé et les attractions offertes lors des entrées princières et des autres occasions pareilles visaient à frapper les esprits. Dans cette perspective il faut voir les distributions de vin et d'aumônes. Fréquente fut l'habitude de jeter de l'argent dans le peuple rassemblé ou devant les enfants afin qu'ils se rappellent l'évènement. Dans le même ordre d'idées il faut voir les primes et les prix qu'on accordait à ceux qui s'étaient rendus particulièrement méritants en illuminant et en ornant la ville ou leur quartier ou en organisant des représentations, lors des manifestations pareilles. La libération des prisonniers, la sauvegarde d'un jour pour les endettés et l'amnistie pour les bannis à des entrées princières et autres occasions de ce genre visaient entre autres le même but.

La sociabilité et la solidarité au sein de la communauté urbaine excluaient pourtant plus ou moins *certaines catégories de marginaux.* Ils étaient littéralement exclus ou rejetés vers les marges de la ville. Tel fut le cas des lépreux qui étaient hébergés dans la léproserie commune, toujours située à la limite de la franchise urbaine, et des lépreux des champs qui vivaient dans des demeures individuelles à la campagne. Ce rejet en dehors de la communauté prit d'ailleurs une forme rituelle. Lors d'une messe des morts on imposait au lépreux reconnu comme tel son habit spécial. Il ne pouvait que certains jours venir en ville pour mendier, tout en respectant les précautions qu'on lui imposait pour limiter les possibilités de contagion. Même entendre la messe avec la communauté des paroissiens lui était interdit.

La même attitude était à peu près prise envers les pestiférés. On les isolait dans les cabanes érigées dans ce but sur les remparts ou on les enfermait dans leurs propres maisons. Même leurs proches ne pouvaient pas assister à la messe paroissiale ni se déplacer à leur guise. Les femmes publiques étaient reléguées vers les rues éloignées du centre de la ville. Souvent on leur imposait des distinctions vestimentaires. Leur infamie était si flagrante que le bourreau de Louvain ayant le droit de lever une taxe sur ces dames se sentait exclu des sacrements à cause de ces contacts impurs.

Les malfaiteurs qui constituaient un danger pour la communauté par eux-mêmes, ou par les actes de vengeance qu'ils pouvaient attirer sur la communauté, furent bannis de la ville, tandis que les mendiants et vagabonds étrangers étaient à peine tolérés. Ils ne pouvaient séjourner que quelques jours dans la ville et devaient passer la nuit dans l'hôpital désigné à cet effet. L'étranger, même le marchand, était toujours regardé avec une certaine méfiance et les hôteliers en étaient responsables devant le conseil urbain. Pour des besoins économiques on en venait néanmoins à flatter les acheteurs étrangers et même à les traiter comme des hôtes de marque. Ainsi en fit l'expérience le maire d'Hambourg en 1418 à Eeklo, parce que les marchands de cette ville-là « achetaient le plus nos draps » comme dit le compte urbain.

Tout sentiment de solidarité et les pratiques de sociabilité les plus rudimentaires étaient annulés au moment des crises graves de peste ou de famine. Au début on essayait encore de combattre le fléau par des oraisons publiques, par des processions de supplication et par des pénitences communes. L'épisode des flagellants est bien connu. Néanmoins au fur et à mesure que la panique gagne la ville, l'égoïsme le plus élémentaire reprend le dessus dans le sauve-qui-peut général. Toutes les réunions sont évitées. Le conseil louvaniste en 1458 n'est même pas en nombre suffisant parce que les magistrats se sont enfuis devant la menace de la contagion. Même les rites des obsèques ne sont plus respectés, même par les parents les plus proches. Les enterrements se font en hâte par des fossoyeurs volontaires, souvent des religieux ou des gens engagés à cette fin par les autorités. En outre il est hors de doute qu'en cas de disette grave les banquets, les distributions de pain aux enterrements, les œuvres de charité ne pouvaient pas continuer comme en temps normal. Les beuveries devenaient difficiles sinon impossibles pour la simple raison que la bière manquait, parfois parce que les autorités défendaient même de brasser tout grain panifiable. De toute façon la disette et la cherté des vivres ne pouvaient pas manquer de rétrécir la solidarité et de la limiter au seul ménage.

Des crises pareilles et surtout des stagnations économiques ou des perturbations politiques risquaient chaque fois en aiguisant les solidarités de classes ou de groupes économiques de les dresser les uns contre les autres et de faire éclater la grande solidarité urbaine. La décadence de l'industrie de la laine aux Pays-Bas a ainsi dressé d'abord les commerçants de draps et de laine et les «drapiers», les entrepreneurs industriels, contre les artisans de la draperie. Pour sauvegarder le pouvoir de concurrence des draps flamands sur les marchés étrangers les commerçants et entrepreneurs tentaient d'économiser sur les salaires des travailleurs. Très tôt les tisserands se sont affirmés comme entrepreneurs industriels eux-même et pendant les périodes où ils étaient au pouvoir dans les villes flamandes, ils ont essayé de détourner les effets de la crise sur le dos des foulons en comprimant leurs salaires. D'où un antagonisme prononcé et durable entre ces deux corporations d'artisans à Gand. Au sein même de chaque corporation un antagonisme de plus en plus aigu se fait jour au XVe siècle, entre les maîtres ou employeurs et leurs valets et au XVIe siècle, surtout quand le retour de la conjoncture se fit sentir, entre les grands maîtres qui en dépit des principes corporatifs employaient parfois des dizaines de travailleurs et les petits maîtres qui luttaient pour garder leur indépendance.

A partir du XVe siècle aussi la communauté des corporations connaissait des tensions internes, spécialement entre les corporations plus aisées vivant essentiellement du commerce local, et les corporations plus agitées parce que dépendantes de la conjoncture internationale et gouvernées en partie par les compagnons des métiers de la laine. Ce contraste se révélait fréquemment lors des insurrections urbaines où les « classes moyennes » des boulangers, bouchers, brasseurs, bateliers etc. se montraient toujours plus modérées et plus enclines à la réconciliation avec le prince que les artisans de la laine et les autres artisans, parce que les premiers pouvaient craindre pour leurs économies et leurs fortunes, tandis que les seconds n'avaient en général pas grand chose à perdre.

Toutes les manifestations de sociabilité et de solidarité avaient comme résultat de renforcer encore la cohésion et des groupes, dont elles étaient en somme l'expression, et de la communauté urbaine entière qui était constituée de ces groupes. Les grandes manifestations publiques démontraient en quelque sorte l'unité de la ville et donnaient à chacun l'impression de participer à la vie de la commune et d'avoir sa place dans cette communauté. Elles étaient du même coup une affirmation et une reconnaissance de la hiérarchie au sein de la communauté. De plus, les métiers, les confréries, les gildes et les chambres de rhétorique démontraient à chaque moment leur appartenance à la communauté par leurs blasons, leurs sceaux, leurs bannières et leurs uniformes qui de manière plus ou moins explicite proclamaient leur fidélité à leur prince et à leur ville. Toutes ces associations contribuaient de leur côté à maintenir les hiérarchies sociales, puisque certaines d'entre elles étaient vraiment des associations spécifiques de classes économiques et sociales ou de quartiers, mais avant tout parce que la plupart d'entre elles étaient le lieu de rencontre de toutes les classes et tous les groupes de la population tout en maintenant certaines séparations et distinctions. La direction des associations était toujours dans les mains des notables. Les princes, les nobles, les gouvernants participaient de temps en temps à leurs activités ou assistaient à leurs réunions comme membres d'honneur.

La fréquentation des mêmes auberges n'empêchait pas que le clivage social y était respecté parce que les nobles et les grands bourgeois siégeaient à la « table haute » ou la table des seigneurs tandis que le commun s'attroupait en bas aux tables communes.

Le sentiment de communauté était surtout fortifié par la participation à des concours à l'extérieur. Les associations, parfois accompagnées des notables et d'une masse de concitoyens, et équipées et habillées aux frais de la communauté, avaient le sentiment très net de représenter leur ville. De plus comme ces excursions pouvaient durer plusieurs jours, il était compréhensible qu'entre les participants se nouaient des relations amicales et intimes.

Ces participations à des processions et des concours n'étaient pas sans conséquences politiques plus générales. Les antagonismes entre villes, Louvain et Bruxelles ou Lierre et Herentals par exemple, pouvaient se défouler dans ce genre de concours et de discussions sur la préséance. Les rencontres entre délégations urbaines illustraient et renforçaient d'ailleurs leurs cohésions politiques. Rappelons « les paix du pays », c'est-à-dire les grands concours d'art dramatique et de tir où se rencontraient les villes du duché de Brabant en la ville de Malines, qui tout en étant une seigneurie indépendante, se sentait une ville brabançonne en matières politiques et économiques. En plus comme chefs des chambres et gildes brabançonnes figuraient en théorie des associations louvanistes, bien que cette autorité était parfois concurrencée par les associations de Bruxelles. Les évêques des écoliers de Louvain et de Bruxelles et ceux de Bruxelles et de Malines allaient se rendre visite et fraterniser. Les rencontres et la fraternisation débordaient d'ailleurs souvent les frontières d'une province et même les frontières linguistiques. Pour fêter la paix de Senlis à Bruges en 1493 on ordonna de jouer tous les soirs de dimanche, d'avril à août, des pièces flamandes et françaises. Les tireurs anversois se rendaient à Namur en 1540 et au concours de tir à Malines en 1458 on prévit des prix pour les plus belles représentations dramatiques en néerlandais et en français.

Des dizaines de Gantois, accompagnés de trouvères et de trompettes, allaient chaque année assister à la procession de Notre Dame à Tournai. En 1355 la ville procura à cette fin 51 chevaux et un chariot en plus de 50 livres de cierges de cire. Elle paya également les habits de la délégation et une chappe pour Notre Dame de Tournai. La gilde des trouvères brugeois participait à la procession de la Chandeleur d'Arras ; des Brugeois prenaient part au concours de l'Epinette à Lille. Celui qui remportait le prix, était sûr d'être bien reçu au retour dans sa ville.

Les formes de sociabilité et les multiples formes de solidarité et d'organisations, volontaires ou non, ont été des moyens de cohésion et de formation sociale. Chaque individu était pris dans une multitude de systèmes et de groupes et chacun d'eux le liait plus ou moins à la communauté urbaine. Le contrôle social sur l'individu était d'autant plus grand que dans chacun de ses cercles ou groupes il rencontrait pour une bonne partie les mêmes gens.

Le rôle d'instrument de contrôle social incombait surtout aux organisations reconnues, plus ou moins officielles comme les gildes de tir, les corporations de métier, les organisations de quartier, les chambres de rhétorique, dont la direction était d'ailleurs aux mains de représentants des milieux dirigeants. Cela n'empêche que ces organisations ont été à l'origine des solidarités spontanées et des unions officieuses. On a même l'impression que c'est à ce stade qu'elle ont été les moteurs des révoltes et les propagandistes des réformes. Quand elles ont réussi leur coup ou quand les autorités se les sont associées, en les incorporant dans le régime, elles en deviennent insensiblement le soutien et les défenseurs. L'histoire de Louvain fournit une illustration parfaite de cette évolution. Les gens de métiers s'y sont montrés conscients de leur masse et de leurs intérêts au XIIIe siècle, mais leurs organisations sociales, économiques et militaires n'étaient pas officiellement reconnues. Au XIVe siècle néanmoins les gildes d'arbalétriers recrutées dans leurs rangs furent dotées d'un statut officiel et commençaient à fonctionner comme un corps de police au service des autorités. Dans le coup d'état de 1360 les corporations de métier ont gagné des compétences politiques. Dès lors, après quelques décennies leurs représentants politiques sont pratiquement absorbés dans les milieux dirigeants. Ainsi en 1477 la vague de mécontentement envers le gouvernement urbain ne put se manifester qu'à travers les organisations officieuses de quartier qui momentanément surent se faire admettre comme les porte-parole officiels de la population dans le conseil élargi de la ville. Leur organisation militaire sous le commandement de leurs centeniers (chefs de cent hommes) fournissait la base de la garde civique qui depuis la fin du XVIe siècle constituait la force militaire et surtout la force de police de la ville. Presque dans toutes les villes les corporations de métier ont connu une évolution analogue : de fraternités d'artisans d'un métier, défendues, suspectées ou strictement contrôlées par les autorités, aux organisations politiques et corps constitutionnels de la ville, défendant l'ordre établi. Toute association de fait tendait à se faire reconnaître officiellement, ne fût-ce que pour avoir un certain pouvoir sur ses membres et une certaine compétence et pour profiter du soutien des autorités. Par le fait même elle s'intégra dans le système et elle opta pour le maintien des structures. Il n'en reste pas moins que le protestantisme a été propagé fortement par les chambres de rhétorique, tout comme par des contacts spontanés entre parents, amis, voisins et confrères de métier.

D'autre part, les corporations de métier reconnues ont fourni à plusieurs reprises les cadres pour des mouvements de rébellion. Il est vrai que dans plusieurs de ces cas elles affectaient de défendre le bien commun de la ville et de la population, mais il est aussi vrai que dans d'autres cas et parfois dans ces cas-mêmes elles servaient surtout leurs propres intérêts. Des recherches approfondies devront apporter plus de précision sur les rôles des organisations officielles et des solidarités spontanées dans les commotions urbaines.

En attendant nous inclinons à penser que solidarités et sociabilité étaient plutôt de nature à confirmer la cohésion sociale et l'ordre établi.

NOTES

Nous tenons à remercier M. le Prof. Mollat et Messieurs A. Derville et J.P. Deregnaucourt, ainsi que les autres participants au débat après notre communication. Leurs interventions nous ont aidé à préciser sur certains points nos vues.

VII

TECHNIQUE, PRODUCTIVITÉ ET PRODUCTION AU MOYEN ÂGE: LE CAS DE LA DRAPERIE URBAINE AUX PAYS-BAS

Une description quantitative de l'économie médiévale reste un des objectifs principaux de la recherche actuelle. Dans cette perspective, la draperie de la ville d'Ypres constitue un cas typique pour la draperie des Pays-Bas et pour toute l'industrie médiévale, étant donné que pour cette ville, qui fut «le type le plus complet qui ait sans doute jamais existé d'un centre d'industrie d'exportation au moyen âge», [1] on a cru pouvoir calculer la production annuelle à son apogée. Par ce biais, on pourra se faire une idée des aspects quantitatifs de la draperie, «l'unique grande industrie médiévale», car les villes flamandes jouissaient d'un quasi-monopole de fait dans ce secteur. [2]

Dès 1935, H. Laurent, s'était aventuré à calculer le nombre de draps à Ypres à partir du nombre des sceaux en plomb que les contrôleurs ou *eswardeurs* attachaient aux pièces de drap pour en attester la qualité. Dans les comptes urbains, on peut relever le nombre de plombs achetés dans ce but chaque année, mais, puisqu'il n'est pas dit que le stock des plombs était nécessairement épuisé à la fin de l'année, Laurent préféra procéder par des moyennes quinquennales. Laurent, comptant deux plombs par drap, conclut à une production annuelle de plus de 100.000 draps (de 20 m) vers 1344. [3]

En 1947 H. van Werveke reprit le problème et démontra que la courbe tracée par Laurent faussait complètement l'évolution de la draperie yproise parce que le nombre des sceaux par drap variait d'une année à l'autre et parce qu'un drap pouvait subir un contrôle et un scellage spécifique après chaque phase de fabrication: une simple addition des différents plombs n'aboutirait qu'à des erreurs et à des surestimations de la production. Dès lors, on doit s'en tenir à une catégorie déterminée de plombs. Puisqu'au début du XIVe siècle, on ne connaissait que des sceaux *ès liches,* le maître gantois, en dénombrant 89.500 de ces plombs pour l'année de compte 1317/18 et 34.100 pour l'année 1355/56, conclut à un nombre correspondant de draps produits dans ces années. Une analyse plus poussée l'amena pourtant à considérer ces chiffres comme «exagérés dans une mesure difficile à préciser (20%?)». [4]

Comparée aux chiffres de l'exportation anglaise au moyen âge, une production yproise de 72.000 draps reste néanmoins très impressionnante. Tout au long des XIVe et XVe siècles, l'exportation de draps anglais n'aurait jamais atteint le volume de la production de la seule

[1] G. Espinas - H. Pirenne, *Recueil de documents relatifs à l'histoire de l'industrie drapière en Flandre*, 4 voll., Commission royale d'Histoire, série in-4°, Bruxelles 1906-1923 (cité ci-après: E.P.), III, p. 436.

[2] G. Fourquin, *Histoire économique de l'Occident médiéval*, Paris 1969, pp. 241-242, 368.

[3] H. Laurent, *Un grand commerce d'exportation au moyen âge: La draperie des Pays-Bas en France et dans les pays méditerranéens (XIIe-XVe siècles)*, Paris 1935, pp. 344-345; *Esquisse d'une statistique de la production de la draperie d'Ypres au XIVe siècle. Méthode et résultats*, dans «Bulletin of the International Committee of Historical Sciences», X, 1938, pp. 519-520.

[4] H. van Werveke, *De omvang van de Ieperse lakenproduktie in de veertiende eeuw*, Mededelingen van de Koninklijke Vlaamse Academie van Belgie. Klasse der Letteren, IX, 2, Anvers 1947 (avec résumé français).

ville d'Ypres [5] et, d'autre part, la draperie yproise à elle seule aurait été en mesure d'absorber un tiers de toute la laine exportée d'Angleterre au début du quatorzième siècle. [6] Examinons à notre tour la capacité de production de l'industrie yproise, en nous inspirant de la méthode conçue par H. van Werveke. Il suffit de déterminer le nombre de foulons ou de tisserands et leur productivité individuelle pour pouvoir attribuer un ordre de grandeur à la production. La productivité individuelle est évidemment fonction du nombre des jours ouvrables dans l'année et de la durée de la fabrication d'un drap. Sur la foi de calculs basés sur les prestations journalières des maçons à Anvers et à Leyde aux XIVe et XVe siècles [7] et de prescriptions concernant les jours de fêtes et de repos dans les métiers médiévaux, [8] nous estimons les jours de travail dans la draperie à moins de 240 jours par an. En outre, lors des jours de gelée sévère, le travail était interrompu, car le tissage et les fils souffraient beaucoup du froid. Les ordonnances concernant la draperie prévoyaient d'ailleurs que les autres travailleurs devaient chômer en même temps que les tisserands. [9]

La durée du foulage d'un drap variait selon sa qualité mais, faute de précisions sur les proportions entre les différentes sortes de draps fabriqués à Ypres, H. van Werveke s'est contenté de la moyenne non-pondérée des diverses catégories: trois jours et demi de travail par drap. [10] Il va de soi que les règlements stipulaient qu'on ne pouvait travailler qu'un drap à la fois. Il se peut que la moyenne de trois jours et demi était au-dessus de la réalité. Dans les autres villes des Pays-Bas, du XIIIe au XVe siècle, la durée du foulage oscillait entre un jour et demi et cinq jours et demi mais elle s'élevait le plus fréquemment à trois jours. [11] Néanmoins, dans le duché de Brabant, les contemporains se rendaient compte que partout, sauf à Lierre, le foulage ne prenait que 2 jours. [12] La superiorité de la moyenne yproise pourrait s'expliquer par le fait qu'on exigeait, pour quelques catégories de draps, de consacrer un jour entier au dégraissage à l'argile. Ailleurs, cette opération est passée sous silence.

Il semble que la courte durée du foulage en Brabant doit être mise en rapport avec l'existence de moulins à foulon, dans cette région, au XIIIe siècle. [13] Pareillement, on constate une diminution du temps nécessaire aux foulons à Aire et à St.-Omer au milieu du XIVe siècle, quand l'usage du foulage mécanique s'y répandait. [14] Quand, en 1534, la ville de Diest

---

[5] E. M. CARUS-WILSON - O. COLEMAN, England's export trade 1275-1547, Oxford 1963, pp. 138-139.

[6] A la fin du XIIIe siècle à Ypres: il ne fache au plus hors d'un sac de laine ke siis draes (E. P., III, p. 463). A la même époque on ne fabriquait à Louvain et à Anvers que quatre draps par sac de laine (F. PRIMS, De eerste eeuw van de lakennijverheid te Antwerpen, dans «Antwerpsch archievenblad», 1928, pp. 147-149; F. H. MERTENS - K. L. TORFS, Geschiedenis van Antwerpen, III, Anvers 1846, pp. 562-563). Pour le nombre de sacs de laine exportés d'Angleterre: E. M. CARUS WILSON - O. COLEMAN, England's export trade 1275-1547, cit., pp. 122-123.

[7] E. SCHOLLIERS, Loonarbeid en Honger. De levensstandaard in de 15e en 16e eeuw te Antwerpen, Anvers 1960, pp. 84-86; H. VAN DER WEE, The Growth of the Antwerp Market and the European economy, I, Université de Louvain: Recueil de Travaux d'Histoire et de Philologie, 4e série, XXVIII, Louvain 1963, pp. 50-51; N. B. TENHAEFF - W. JAPPE ALBERTS (ed.), Bronnen tot de bouwgeschiedenis van den Dom te Utrecht, I, 1, La Haye 1946, pp. 578-629; I, 2, La Haye 1969, pp. 786-841; I, 3, La Haye 1976, pp. 829-851. Les samedis et les jours de vigile les tisserands ne pouvaient pas travailler l'après midi.

[8] E. P., I, pp. 202, 220, 293, 301, 423, 436, 538-539, 548; III, p. 575; H. E. DE SAGHER, Recueil de documents relatifs à l'histoire drapière en Flandre. Deuxième Partie: Le Sud-Ouest de la Flandre depuis l'époque bourguignonne, ed. J. H. DE SAGHER, H. VAN WERVEKE - C. WYFFELS, 3 voll., Commission royale d'Histoire, série in -4°, Bruxelles 1951-1966, (cité ci-après: D.S.), III, p. 460.

[9] E. P., I, pp. 292, 538, 106; D. S., I, p. 112; II, p. 134; III, pp. 118, 466; R. VERSTREYDEN, Ambachtsbrieven van Herentals, dans «Taxandria», XIII, 1921, pp. 14-21; N. H. L. VAN DEN HEUVEL, De ambachtsgilden van's-Hertogenbosch vóór 1629, I, Ould-Vaderlandsche Rechtsbronnen, 3e série, XIII, Utrecht 1946, pp. 92, 238.

[10] H. VAN WERVEKE, De omvang van de Ieperse lakenproduktie, etc., cit., p. 11. Cfr. le texte de l'ordonnance sur le foulage dans E. P., III, pp. 568-569.

[11] Cfr. les multiples ordonnances dans E. P. et D. S.

[12] N. H. L. VAN DEN HEUVEL, De ambachtsgilden van's-Hertogenbosch etc., cit., I, p. 44.

[13] R. VAN UYTVEN, The fulling mill: dynamic of the revolution in industrial attitudes, dans «Acta historiae neerlandica», IV, 1971, pp. 1-14.

[14] E. P., I, pp. 29-33; III, p. 289; R. VAN UYTVEN, The fulling mill, etc., cit., p. 6.

organisa le foulage dans le nouveau moulin à foulon, il fut en même temps admis que les foulons à pieds pourraient travailler autant de draps qu'ils le désiraient. [15] Une diminution de la durée du foulage se dessina aussi à Wervicq, à la fin du XIVᵉ siècle, peut-être en relation avec la situation de plein emploi due à la vogue grandissante des draps de la Lys. [16] Par contre, à Termonde en 1367, à Estaires en 1430, à Wervicq en 1466/80 et à Dixmude en 1521, on a diminué la productivité des foulons. [17] On serait tenté d'y voir la volonté de protéger l'embauchage. Cette considération est peut-être aussi pour quelque chose dans la longue durée du foulage à Ypres. Dans les statuts du métier, un article prévoit en effet des peines contre celui qui aurait fait des reproches à un foulon pour avoir raccourci, à la demande des jurés de métier, les opérations du foulage en période de haute conjoncture. [18] Officiellement la limitation imposée à la productivité visait la protection de la qualité. La pratique en est déjà attestée au XIIIᵉ siècle, quand il n'était pas question d'une crise dans la draperie yproise. Ainsi en 1258/68 des teinturiers furent condamnés pour avoir teint plus de douze draps par jour. [19]

Il faut évoquer ici l'histoire mystérieuse du moulin à foulon aux Pays-Bas. Le foulage mécanique était appliqué dès le XIIIᵉ siècle dans certains centres drapiers. Le moulin à foulon était alors absent du comté de Flandre et, ce qui est révélateur, quand la draperie brabançonne au début du XIVᵉ siècle essaya de se substituer sur les marchés étrangers à la draperie de luxe flamande, les moulins à foulon disparurent du duché. L'éclipse du foulage mécanique dans les villes brabançonnes ne peut pas être la conséquence de l'opposition des métiers des travailleurs contre une technique qui les menaçait de chômage, puisque les métiers brabançons n'ont gagné de l'influence dans les villes qu'à partir de la deuxième moitié du XIVᵉ siècle. Par contre, on remarque, en Brabant comme ailleurs, une certaine méfiance de la part des drapiers à l'égard du foulage au moulin.

Il semble qu'une bonne draperie soigneusement réglementée, qui produisit *des draps de loy,* se devait de ne pas recourir à la mécanisation parce que, comme parfois de nos jours encore, un produit obtenu mécaniquement était censé inférieur. [20] Un texte français de 1403 oppose clairement les *draps de loy* de Lormaye (Nogent-le-Roi), qui étaient des draps de qualité foulés aux pieds, aux draps de moindre qualité de Chartres qui n'étaient pas des *draps de loy,* parce que soumis au ban du moulin à foulon royal. [21] La méfiance dont les drapiers et les marchands de draps faisaient preuve à l'égard du moulin à foulon était en partie inspirée par le plus grand rétrécissement que les draps subissaient pendant le foulage mécanique. Il rendait le tissu tellement compact qu'on n'était plus en état de juger la qualité des fils et du tissage. [22] De plus les moulins à foulon se trouvaient souvent à la campagne et faisaient généralement partie d'un domaine, les seigneurs fonciers disposant à la fois des capitaux nécessaires pour ce genre d'investissement et des cours d'eau indispensables. Ainsi, les drapiers pouvaient craindre que la supervision du foulage au moulin leur échappa et surtout que, au moment où ils s'efforçaient d'établir la renommée de leur draperie comme une industrie de luxe bien réglementée et standardisée, le transport constant entre la ville et les moulins ruraux facilita la

---

[15] ARCHIVES DE LA VILLE, LIERRE, 1012 (règlement pour les foulons de Diest de 1534).

[16] D. S., III, pp. 446 n. 1, 468-469.

[17] E. P., III, pp. 382, 385; D. S., II, pp. 276, 280; III, pp. 468-469, 578-579; II, pp. 100-103, 122.

[18] E. P., III, p. 570.

[19] *Ibidem,* p. 479.

[20] R. VAN UYTVEN, *op. cit.,* pp. 1-14.

[21] G. FAGNIEZ, *Documents relatifs à l'histoire de l'industrie et du commerce en France,* II, Collection de textes pour servir à l'étude et à l'enseignement de l'histoire, Paris 1898, pp. 183-184.

[22] ARCHIVES DE LA VILLE, LOUVAIN, 760 (anno 1566).

fraude et la confusion entre les draps urbains et les draps villageois. La lutte des villes brabançonnes contre la draperie des villages voisins s'inspira d'ailleurs de cette même préoccupation. Ajoutons, qu'au début du XIVᵉ siècle, en Brabant et en Flandre, les drapiers pouvaient se permettre de dédaigner la mécanisation du foulage pour la simple raison que cette économie de main d'œuvre ne représentait qu'un minime pourcentage dans le calcul du prix de leurs draps de luxe. De plus, la division très poussée du travail et l'extrême spécialisation, qui étaient caractéristiques de cette industrie, diminuaient de beaucoup les effets de l'accélération du seul foulage parce que dans les autres opérations il se produirait alors de toute façon un embouteillage.

Tout ceci pour expliquer que la durée du foulage à Ypres était de trois jours et demi au maximum. Comme dans les autres villes des Pays-Bas, un drap y était toujours foulé par une équipe de deux hommes. Le fait est si évident que les ordonnances de la draperie, généralement si méticuleuses, ne le prescrivaient jamais, mais le supposaient toujours tacitement. [23] Il n'y a qu'une exception à cette règle: A Arras, il fallait trois hommes pour travailler un drap. [24] Çà et là, on a senti la nécessité de stipuler qu'une pièce de quelques aunes pouvait être foulée par un seul ouvrier. [25] Du coup, la capacité d'un seul foulon yprois était de

$$\frac{240:3,5}{2} = 34 \ 1/4 \text{ draps par an.}$$

La productivité du tisserand médiéval était encore moindre. Nous ne disposons malheureusement pas de données pour Ypres. Par contre, à Saint-Omer avant le dernier quart du XIVᵉ siècle, un drap de quarante-deux aunes se tissait en un minimum de cinq jours. Sur la plainte des tisserands, qui prétendirent que de cette façon il leur était impossible de soutenir leur famille, on haussa ce minimun à huit jours. [26] La production quotidienne d'un métier à tisser oscillait donc entre les maxima de huit et un quart et cinq et un quart d'aunes. A Bruges, à la fin du XIIIᵉ siècle, on considérait précisément cinq aunes en été et quatre aunes en hiver comme un minimum admissible. [27] On pourrait citer d'autres ordonnances analogues. [28] En acceptant sept aunes par jour comme une moyenne, un métier pouvait délivrer par an 1.680 aunes, soit 42 draps longs. Il faut préciser que la production réelle d'un métier était de loin inférieure à ce chiffre. A Leyde, au milieu du dix-septième siècle, un métier ne produisait que seize draps par an, [29] tandis que, selon des témoignages provenant de drapiers de Neuve-Eglise et de Poperinghe, la production d'un métier au seizième siècle était de vingt à trente draps au maximum. [30] En 1593, à Haubourdin, un métier devait travailler pendant six à sept jours pour tisser un drap de dix-huit à dix-neuf aunes. [31] Cela suppose une fois de plus une production annuelle d'une vingtaine de draps longs par métier.

Pour le tissage aussi, il importe de souligner que dans les villes des Pays-Bas, les tisserands travaillaient toujours à deux à un drap. La largeur de leurs draps étant en règle générale d'environ deux aunes (= 1 m 50) ou plus, il n'était pas possible pour un tisserand de lancer

---

[23] Pour Ypres par exemple cfr. E. P., III, pp. 507, 572-574, 581-582, 590.

[24] *Ibidem*, I, p. 201.

[25] *Ibidem*, I, p. 283; II, p. 84.

[26] *Ibidem*, III, pp. 279, 310, 332.

[27] *Ibidem*, I, pp. 388, 402.

[28] Pour Oudburg un minimum de 5 aunes par jour; (E. P., III, p. 72); pour Estaires un maximum de 8 aunes en été et de 6 aunes en hiver (D. S., II, p. 281); pour Wervicq un maximum de 4 aunes en hiver et 8 aunes en été (D. S., III, p. 464).

[29] N. W. Posthumus, *Bronnen tot de geschiedenis der Leidsche textielnijverheid*, V, Rijks Geschiedkundige Publicatiën, La Haye 1918, p. 38.

[30] D. S., III, pp. 141, 290-292.

[31] *Ibidem*, II, pp. 322-323.

la navette d'une main et de l'attraper de l'autre. Il suffit de lire les ordonnances de la draperie urbaine des Pays-Bas pour se rendre compte de l'usage généralisé dans la draperie urbaine des Pays-Bas du métier large, ouvré par deux hommes. [32] Il est très révélateur que le compte communal de Gand de 1325/26 mentionne une taxe d'un *ingelsche* imposée à chaque tisserand qui travaillait pendant une semaine, tandis que le brouillon de ce même compte parle d'une taxe de deux *ingelsche* par semaine pour chaque métier. [33] L'iconographie nous confirme d'ailleurs l'omniprésence du double métier dans les villes des Pays-Bas. Sur les deux représentations qu'on connaît d'un métier médiéval dans nos régions (il s'agit d'une miniature du XIVe siècle dans le registre de la draperie yproise elle-même [34] et d'un vitrail du XVe siècle à Hal), [35] figurent deux tisserands. Ainsi la production d'un tisserand serait de 21 draps par an au grand maximum. Remarquons que, tout comme le foulage et le tissage, la teinture, le noppage, le tondage, etc., se faisaient en équipe d'au moins deux personnes. Ce travail d'équipe impliquait que les risques d'interruption du travail par l'indisponibilité d'un des membres de l'équipe étaient d'autant plus grands. De même, les contrôles après chaque phase de la fabrication et «le système de la fabrique dispersée» causaient aussi une perte de temps énorme. La productivité de la draperie ancienne était étonnamment basse. A Haubourdin, en 1593, on assurait que *pour entretenir 1 hostille convient employer bon nombre de personnes, pour le moins en nombre de 26 ou 27.* [36] Encore au XVIIIe siècle, il est dit à Leyde que trente et une personnes interviennent dans la production d'un drap. [37] A Haubourdin pour un petit drap de vingt aunes de longueur et de deux aunes de largeur, *depuis que la laine se tire de la balle jusques à ce qu'elle soit preste d'estre mise ès mains du tondeur... convient employer 10 à 12 jours tant pour battre, triller que filler la laine..., 6 à 7 jours pour le tistre, environ une semaine pour le fouler.* [38] Pour une toute autre région, l'Italie du Nord, F. Melis a pu faire des constatations pareilles. [39]

Il nous faut encore déterminer le nombre des tisserands et des foulons travaillant à Ypres au début du XIVe siècle. Le Prof. H. Van Werveke s'est risqué à une estimation de la population yproise, qu'il a fixée à 28.000 têtes, dont 900 étaient, selon lui, des foulons. [40] Le même auteur a pu calculer la population de Gand au milieu du XIVe siècle. Elle se serait élevée à plus de 56.000 âmes dont 5.130 tisserands et 1.208 foulons. [41] Récemment D. M. Nicholas a contesté la validité de ce calcul, basé sur les contingents militaires fournis par les corporations. Il se décida néanmoins pour un chiffre de population très proche de celui du maître gantois, quelques 60.000 habitants, y compris les gens de la banlieue, mais il proposa le nom-

---

[32] Cfr. les éditions de E. P. et D. S.; pour Ypres par exemple: E. P., III, pp. 459, 462.

[33] J. Vuylsteke, *Oorkondenboek der stad Gent. Gentsche stads- en baljuwsrekeningen 1280-1336*, I, Gand 1900, pp. 407, 408; p. 407 n. c., p. 408 n. n.

[34] Le registre a été détruit pendant la première guerre mondiale, mais il existe plusieurs reproductions de la miniature. Cfr. F. Melis, *Aspetti della vita economica medievale. Studi nell'archivio Datini di Prato*, I, Sienne 1962, fig. 89; W. Endrei, *L'évolution des techniques du filage et du tissage du moyen âge à la révolution industrielle*, Paris-La Haye 1968, fig. 31, p. 74. Le registre date de 1363, non de 1320.

[35] J. Helbig, *Les vitraux médiévaux conservés en Belgique 1200-1500*, Corpus vitrearum medii aevi, I, Belgique, Bruxelles 1961, figure 47. L'auteur l'a décrit comme un moulin à foulon!

[36] D. S., II, p. 322-323.

[37] N. W. Posthumus, *Bronnen, etc.*, cit., VI, pp. 596-597.

[38] D. S., II, pp. 322-323.

[39] F. Melis, *Aspetti della vita economica, etc.*, cit., pp. 495-634 et graphique XCIII.

[40] H. van Werveke, *De omvang van de Ieperse lakenproduktie, etc.*, cit., pp. 12-13; *La famine de l'an 1316 en Flandre et dans les régions voisines*, dans «Revue du Nord», CLXI, 1959, pp. 5-14, (rééd. dans H. van Werveke, *Miscellanea medievalia*, Gand 1968, p. 329).

[41] H. van Werveke, *Het bevolkingscijfer van de stad Gent in de veertiende eeuw*, dans «Miscellanea L. van der Essen», Bruxelles-Paris 1947, pp. 345-354 (rééd. dans ses *Miscellanea medievalia*, cit., pp. 339-349).

bre de 4.671 tisserands et 3.114 foulons. [42] Depuis lors, H. van Werveke, dans une étude malheureusement posthume, a reconnu la validité de certaines vues de l'historien américain. Tout en maintenant le nombre de 5.130 tisserands, il dut admettre qu'il avait sous-évalué le nombre des foulons de quelques 2.000 unités. [43] Au milieu du XIVᵉ siècle Gand aurait donc compté 5.130 tisserands et 3.210 foulons sur une population d'à peu près de 64.000 habitants. [44] Cette proportion de 62 foulons pour 100 tisserands se retrouve dans la plupart des villes des Pays-Bas. A Gand même en 1340, 1.800 tisserands et 1.200 foulons participèrent à une expédition contre Tournai. [45] La composition traditionnelle de la milice brugeoise au XIVᵉ siècle prévoyait une proportion très proche entre les deux groupes d'artisans. [46] A Tournai 500 hommes servaient sous la bannière des tisserands contre 400 sous celle des foulons. Si on ajoute aux tisserands les 120 drapiers, qui constituaient un corps séparé, la proportion entre tisserands et foulons est de nouveau : 100/64,5. [47] En 1477 on peut établir à Louvain une proportion de 60 foulons pour 100 tisserands. [48] Remarquons que la proportion entre les nombres des tisserands et des foulons cadre assez bien avec ce que nous avons appris concernant leur capacité de production individuelle : 34 1/4 draps pour un foulon et 21 draps pour un tisserand par an.

La structure économique de la population gantoise au XIVᵉ siècle était unilatéralement axée sur la draperie. Dans une population d'environ 64.000 âmes, on compta non moins que 5.130 tisserands et 3.210 foulons. A Bruges par contre il n'y avait que 1.016 tisserands et 669 foulons pour une population d'environ 40.000 habitants. [49] A Tournai les 620 tisserands et drapiers et les 400 foulons faisaient encore moins de poids parmi les quelques 25.000 habitants. [50] Par contre, un grand centre de la draperie comme Lyde, à son apogée au XVᵉ siècle, compta près de 15.000 habitants, [51] dont à peu près 826 foulons. [52] Il va de soi que de par la structure socio-économique de sa population Ypres s'apparentait aux villes industrialisées telles que Gand et Leyde. Les résultats partiellement conservés d'un dénombrement de 1431 en font foi. Pour un des quatre quartiers urbains, celui des «communs métiers», le recensement contient des indications concernant la profession de 2.890 personnes. Quarante-huit sont enregistrées comme foulons et 184 comme tisserands ou drapiers. Néanmoins 51,6% des recen-

---

[42] D. M. NICHOLAS, *The population of fourteenth-century Ghent*, dans «Handelingen der Maatschappij voor Geschiedenis en Oudheidkunde te Gent», nouvelle série, XXIV, 1970, pp. 97-111.

[43] H. VAN WERVEKE, *Het bevolkingscijfer van de stad Gent in de 14de eeuw. Een laatste woord?*, dans *Album C. Verlinden*, Gand 1975, pp. 449-465.

[44] Ces chiffres sont également admis par W. PREVENIER, *Bevolkingscijfers en professionele strukturen der bevolking van Gent en Brugge in de 14de eeuw*, dans *Album C. Verlinden*, pp. 269-303.

[45] N. DE PAUW - J. VUYLSTEKE (ed.), *De rekeningen der stad Gent. Tijdvak van Jacob van Artevelde 1336-1349*, II, Gand 1880, p. 85.

[46] W. PREVENIER, *Bevolkingscijfers, etc.*, cit., pp. 269-297, 302.

[47] L. VERRIEST, *Les luttes sociales et le contrat d'apprentissage à Tournai jusqu'en 1424*, Académie royale de Belgique. Classe des Lettres, Mémoires in -8°, 2ᵉ série, IX, Bruxelles 1912, p. 16.

[48] R. VAN UYTVEN, *Stadsfinanciën en stadsekonomie te Leuven van de XIIᵉ tot het einde der XVIᵉ eeuw*, Verhandelingen Kon. Vlaamse Academie van België, Klasse der Letteren, XXIII, 44, Bruxelles 1961, p. 482.

[49] W. PREVENIER, *Bevolkingscijfers, etc.*, cit., pp. 277-279, 298.

[50] L. VERRIEST, *Les luttes sociales, etc.*, cit., p. 16.

[51] N. W. POSTHUMUS, *De geschiedenis van de Leidsche lakenindustrie*, I, La Haye 1908, pp. 372-374; J. A. VAN HOUTTE, *Maatschappelijke toestanden*, dans «Algemene Geschiedenis der Nederlanden», IV, Utrecht 1952, p. 226.

[52] N. W. POSTHUMUS, *De geschiedenis, etc.*, cit., I, pp. 313-314: En 1447 on dénombra 343 foulons, maîtres et valets, dans la ville; dans les années 1447/1452, 483 nouveaux foulons se sont fait inscrire. Une addition des deux chiffres comporte évidemment une exagération du nombre réel des foulons actifs dans la ville. Il se peut que le nombre des foulons a augmenté dans les décennies suivantes. En répondant à une enquête sur ses moyens financiers, Leyde prétend que vers 1470 à l'apogée de sa draperie il y aurait été 150 maîtres-foulons, qui chacun aurait employé entre 5 et 7 valets. Il va de soi que la ville a quelque peu embelli son passé industriel pour mieux apitoyer le gouvernement sur son sort actuel, et, en effet, lors d'un dénombrement en 1478, le nombre de maîtres-foulons ne fut que de 125, tandis qu'en 1447 chaque maître ne travaillait qu'avec 4 ou 5 valets.

sés trouvaient une occupation dans le secteur de la draperie. [53] Vers 1431 la prospérité de la draperie yproise ne fut pas beaucoup plus qu'un souvenir et dans deux autres quartiers, ceux des «drapiers» et des «foulons», l'importance de l'industrie de la laine pour l'emploi était de toute évidence encore plus grande. On doit donc supposer qu'à son apogée au début du XIVe siècle la draperie yproise occupa dans la structure économique de la ville une place pour le moins aussi importante que celle qu'on lui connaît vers le milieu du siècle à Gand où elle occupait à peu près 60% de la population. [54]

Si Gand avec ses 64.000 habitants compta à ce moment environ 80 tisserands et 50 foulons pour 1.000 habitants, le nombre de ces artisans à Ypres, en admettant le chiffre de population de 28.000 avancé par H. van Werveke, était certainement inférieur à 2.520 pour les tisserands et 1.680 pour les foulons. En comptant ainsi avec 90 tisserands et 60 foulons pour 1.000 habitants à Ypres on dépasse encore le niveau d'industrialisation atteint à Gand et pourtant le degré de spécialisation industrielle de la grande commune flamande fut visiblement exceptionnel, même parmi les villes des Pays-Bas.

En période de plein emploi, selon les normes de productivité que nous avons établies, la draperie yproise travaillant à plein rendement aurait été capable d'assurer le tissage de 52.920 draps et le foulage de 57.540 pièces. En admettant le nombre de 2.520 tisserands et de 1.680 foulons pour Ypres au début du XIVe siècle, nous nous sommes ménagé une marge de sécurité qui nous permet d'assurer que le maximum absolu auquel la draperie yproise a pu aspirer était d'environ 53.000 draps. Du coup, les chiffres de production de 110.000, 92.500, voire 72.000 draps qu'on a cru pouvoir déduire des achats des plombs de drap effectués par la ville d'Ypres sont à rejeter.

Un simple coup d'oeil sur les données sur les plombs de drap rassemblées dans l'étude du Prof. H. van Werveke [55] suffit pour se rendre compte que le système du scellage a beaucoup varié au cours des années et que, par conséquent, il est hasardeux d'établir une fois pour toutes une relation entre les nombres des plombs et les chiffres de production de la draperie. Une ordonnance que H. van Werveke a datée des environs de 1325 stipule explicitement que tout drap recevait un sceau ou plomb de tissage au métier même. [56] Dans les années 1325/6-1327/8 la ville d'Ypres acheta en moyenne 25.515 plombs «à l'hostille», donc pour le tissage.

Cela est à peu près le nombre moyen des sceaux *ès foulons,* achetés dans les années 1328/29-1330/31. Là encore, nous savons par une ordonnance que le contrôle du foulage était sanctionné par un seul plomb. [57] Les ordonnances sur le scellage *ès liches* mentionnent, elles aussi, «le» plomb ou un plomb dont on scelle les draps *ès liches.* [58] Il y a même deux sortes de sceaux *ès liches,* respectivement pour les draps teints et pour les draps bleus. Si on additionne les sceaux des deux catégories, on obtient pour les années 1325/26-1327/28 des sommes qui sont de loin supérieures aux chiffes de production suggérés par les sceaux du tissage. Dans les années 1328/29-1330/31, les deux sortes de sceaux *ès liches* ne sont plus spécifiées

[53] H. PIRENNE, *Les dénombrements de la population d'Ypres au XVe siècle (1412-1506)* dans «Vierteljahrschrift für Sozial- und Wirtschaftsgeschichte», I, 1903, pp. 1-27 (réimpr. dans H. PIRENNE, *Histoire économique de l'Occident médiéval*, s. l. 1951, p. 483); W. PREVENIER, *op. cit.,* p. 303 se promet de revenir sur le problème puisqu'il estime que le pourcentage tiré de cette source partielle est de beaucoup inférieur à la réalité.

[54] W. PREVENIER, *op. cit.,* p. 303.

[55] Les achats des plombs ou sceaux pour les draps sont spécifiés dans les comptes communaux. Les comptes jusqu'en 1328 sont publiés par G. DES MAREZ - E. DE SAGHER (ed.), *Comptes de la ville d'Ypres,* 2 voll., Commission royale d'Histoire, série in-4°, Bruxelles 1909-1913. Ces achats et ceux d'après 1328 ont été rassemblés et édités par E. P., III, pp. 809-834, H. VAN WERVEKE, *De omvang van de Ieperse lakenproduktie, etc.,* cit. pp. 20-25 les a classés et en a composé un tableau récapitulatif.

[56] E. P., III, pp. 505 507, 511-513; H. VAN WERVEKE, *De omvang van de Ieperse lakenproduktie, etc.,* cit., p. 28 n. 7.

[57] E. P., III, p. 525-526; H. VAN WERVEKE, *De omvang van de Ieperse lakenproduktie, etc.,* cit., p. 28 n. 10.

[58] E. P., III, pp. 508, 515, 520-523.

séparément dans les comptes, mais leur nombre global est de loin supérieur au total des sceaux des foulons. De plus, l'addition des deux catégories des plombs *ès liches* aboutirait, pour les années avant 1324, à des chiffres si élevés (près de 90.000 sceaux) qu'on ne peut accepter ce total comme une indication valable sur la quantité de draps produits à Ypres. La solution de l'énigme réside dans une analyse plus poussée des deux séries des plombs *ès liches*. Constatons d'une part que dans les années 1325/26-1327/28, la ville a acheté en total 76.550 plombs de tissage et 77.800 plombs pour des draps bleus *ès liches* et d'autre part que les achats des plombs *ès liches* pour les draps bleus sont toujours de loin supérieurs aux achats des plombs *ès liches* pour les draps teints. Ajoutons qu'on sait par des ordonnances d'après 1360 concernant le scellage à la perche, que des draps teints étaient en fait eux-aussi bleus à l'origine. [59] En conséquence, à Ypres, comme ailleurs, la teinture en bleu n'était souvent qu'une teinture de base. Il ne peut donc être question d'additionner les sceaux des draps bleus et des draps teints. Puisque la comparaison des sceaux du tissage et les sceaux *ès liches* pour les drap bleus nous apprend que pratiquement tous les draps étaient teints en bleu et que les draps qui restaient blancs devaient être extrêmement rares, on serait tenté de considérer les chiffres des draps bleus dans les années avant 1328 comme représentatifs pour la production totale à Ypres. Cela donnerait les résultats suivants: = 50.000 pièces par an pour les années 1308/9 à 1322/23, 38.000 pour 1323/24 et 25.900 pour 1325/28. Comme on se rappelle nous avions évalué la capacité de production de la draperie yproise à un maximum de 53.000 draps. [60] Il faut pourtant reconnaître que la statistique des plombs reflète la produc-

---

[59] *Ibidem*, pp. 507-509, 520, 522-523; cfr. G. DE POERCK, *La draperie médiévale en Flandre et en Artois. Technique et terminologie*. I: *La Technique*, Rijksuniversiteit Gent. Werken uitgegeven door de Faculteit van de Wijsbegeerte en Letteren, CX, Bruges 1951, pp. 168, 193-197; N. W. POSTHUMUS, *De geschiedenis, etc.*, cit., I, p. 52.

[60] Pour faciliter les comparaisons, nous avons constitué, à partir des données rassemblées par H. VAN WERVEKE, *De omvang van de lakenproduktie, etc.*, cit., pp. 20-25, p. 16, un tableau synoptique des achats des plombs en moyennes annuelles:

PLOMBS

	de tissage	de foulage	ès liches		
			draps teints	draps bleus	totaux
1308/10					68.500
1311/13			36.850	52.500	89.350
1313/14			17.500	46.000	63.500
1314/15					56.500
1315/16					28.000
1316/17					86.000
1317/21			33.125	49.750	82.875
1322/23			34.000	48.600	82.600
1323/24			21.000	38.000	59.000
1325/28	25.516		15.010	25.933	40.943
1328/31		23.533			53.412
1331/34		29.213			40.433
1335/36		36.700	14.300	47.400	61.700
1339/40	29.000	20.000			30.700
1340/41		28.400			32.000
1341/43	30.000	29.300			33.700
1343/45	42.200 *	34.750			44.475 *
1345/47	62.250	18.700			27.250
1349/52	23.483	21.783			39.317
1353/58		20.920			43.260

* A partir de 1345 au moins, le nombre des sceaux pour le tissage est gonflé parce que les plombs pour les draps teints sont parfois comptabilisés avec eux. Par contre le total des plombs ès liches est diminué d'autant.

tion avec une certaine exagération. En effet, les draps courts et même les coupons de quelques aunes recevaient au scellage un plomb tout comme les draps longs. De plus, une partie des plombs pouvaient se perdre, se détériorer ou se détacher des draps pendant les opérations et devaient être ainsi remplacés. D'un autre côté, on doit compter avec la fraude, car la falsification des sceaux permettait d'échapper à certaines taxes et surtout au contrôle de qualité. Les risques d'être pris étaient néanmoins très grands car les contrôles étaient multiples et répétés et tant de gens étaient impliqués dans la fabrication d'un drap! Les peines contre les faussaires étaient d'ailleurs énormes et allaient jusqu'au bannissement ou à la pendaison. [61]

Tenant compte de ces considérations, on peut néanmoins suivre la décadence de la production yproise dans la courbe des sceaux des draps bleus *ès liches* jusqu'en 1327/28 et celle des sceaux des foulons pour les années postérieures jusqu'en 1358. Excepté la crise de 1315/16, visiblement en relation avec la disette et la mortalité de ces années, le nombre des plombs des draps bleus se maintient près de 50.000 jusqu'en 1323. Une baisse rapide se dessine après 1323; mais dès 1325 une stabilisation au niveau de quelques 25.000 plombs s'est produite. Cela dit, il ne suffit plus d'évoquer la période de monnaie stable qui s'ouvre en Flandre en 1328 et qui désavantage les drapiers, ni l'embargo français contre la Flandre en 1325, ni la répression et les bannissements de centaines de tisserands et de foulons yprois après la bataille de Cassel en 1328 pour expliquer ce déclin. La régression s'inscrit dans la décadence générale de la draperie des Flandres concurrencée par l'industrie restructurée de la laine en Brabant et en Italie. [62]

Réduite à sa réelle mesure, la production yproise n'est pourtant nullement égalée par celles des autres villes des Pays-Bas dont on connaît les chiffres: 25.000 draps pour Malines à son apogée vers 1330, [63] 28.000 au grand maximum pour Louvain vers les même années. [64] A la fin du XVe siècle, Leyde atteignit à peine les 24.000 pièces. [65] Lierre, dans sa plus belle période du XVe siècle, aurait produit peut-être 6.000 pièces. [66] Lille, qui tissa 2.300 draps en 1336, en avait peut-être fait le quintuple dans les années antérieures. [67] Il est dommage que nous n'ayons aucun renseignement sur la production à Gand et à Bruxelles, respectivement les villes les plus grandes de la Flandre et du Brabant, mais il est néanmoins sûr que dans aucune ville des Pays-Bas la production moyenne par tête d'habitant ne s'éleva à deux draps. Dans la draperie médiévale la productivité était si limitée, faute d'une mécanisation digne de ce nom, qu'en dernière analyse la production était fonction du nombre des bras, du *input of labour*. La spécialisation et la division du travail y étaient poussées à un tel point qu'une hausse du rendement n'était plus à attendre de ce côté-là. La draperie avait atteint un palier provisoire dans l'évolution de la productivité: *the level of atteinable output per head*, qui, selon Rostow, serait typique pour la première phase toute primitive de la croissance économique. Une hausse de la production n'y était réalisable qu'en augmentant le nombre des travailleurs. Deux possibilités théoriques se présentent: ou élever la proportion des ouvriers de la draperie dans la population urbaine ou, toutes proportions gardées, augmenter la population globale

[61] E. P., III, pp. 645-647, 654, 668-670.

[62] E. CARUS-WILSON, *The woollen industry*, dans *The Cambridge Economic history of Europe*, III, Cambridge 1952, pp. 391-395; R. H. BAUTIER, *La place de la draperie brabançonne et plus particulièrement bruxelloise dans l'industrie textile du moyen âge*, dans «Annales de la Société royale d'archéologie de Bruxelles», LI, 1962-1966, pp. 35-47; R. VAN UYTVEN, *De omvang van de Mechelse lakenproduktie vanaf de 14e tot de 16e eeuw*, dans «Noordgouw», V, 1965, pp. 4-7; cfr. plus loin, n. 73.

[63] R. VAN UYTVEN, *De omvang van de Mechelse lakenproduktie, etc.*, cit., pp. 4-6.

[64] R. VAN UYTVEN, *Stadsfinanciën en stadsekonomie te Leuven, etc.*, cit., p. 354.

[65] N. W. POSTHUMUS, *De geschiedenis etc.*, cit., I, p. 370.

[66] J. CUVELIER, *Les dénombrements de foyers en Brabant (XIVe-XVIe siècles)*, Commission royale d'Histoire, série in -4°, Bruxelles 1912, p. cxc.

[67] E. P., III, p. 35.

de la ville. Dans des centres comme Ypres et Gand [68] et même dans d'autres tels que Tournai, [69] Lierre [70] et Leyde, [71] la structure professionnelle et économique était déjà axée si unilatéralement sur la draperie qu'une spécialisation encore plus poussée engendrait de graves perturbations dans la vie sociale et économique. D'un autre côté, un élargissement d'échelle des communautés urbaines était pour ainsi dire impossible en Flandre, en Brabant et en Hollande. L'expansion des villes y était endiguée par leurs propres murs et encore plus par leurs propres privilèges. Leurs superficies ainsi restreintes étaient d'autant plus vite saturées que l'architecture en bois qui y dominait ne se prêtait pas tellement à des constructions à multiples étages. Néanmoins, la concentration de la population dans les villes frisait des taux critiques, allant de 33% de la population totale en Brabant jusqu'à 52% en Hollande. [72] Sans égaler l'entassement humain des villes méditerranéennes, le nombre et la densité de la population des villes aux Pays-Bas tranchaient néanmoins nettement au milieu des villes européennes. Des concentrations plus importantes auraient été au-dessus des moyens commerciaux et alimentaires et des pouvoirs d'organisation des Pays-Bas. Ainsi, les villes méditerranéennes comme Florence offrent un type de ville drapière différent de celles des Pays-Bas. Si nous en croyons la description que Villani nous a livré de la grande ville italienne, [73] sa production en chiffres absolus serait de loin supérieure à celle des villes du Nord, et cela grâce à une population beaucoup plus élevée. Malgré cela, là aussi un production moyenne de deux draps par tête d'habitant n'a jamais été atteinte parce que l'industrialisation et la spécialisation n'y étaient pas aussi prononcées que dans les communes du Nord.

En Flandre et dans les régions avoisinantes, les concentrations industrielles étaient bien les plus anciennes et les plus impressionnantes, mais le développement industriel n'y doit pas être exagéré à outrance. Les structures techniques et psychologiques freinèrent la productivité et les structures démographiques et sociales limitèrent la production.

Au XVIᵉ siècle les signes précurseurs d'un changement de climat apparaissent. Les jours ouvrables par année sont en hausse. [74] L'usage du moulin à foulon et du rouet se répand dans toutes les villes. Les maxima imposés à la production individuelle sont constamment haussés ou tombent en désuétude. Le statut du métier des tisserands louvanistes témoigne ouvertement de ce nouvel esprit en proclamant: «Qui tisse le plus et le mieux, gagne le plus». Plusieurs opérations de la fabrication sont extrêmement simplifiées et du coup accélérées. La raréfaction des contrôles après chaque phase de la production ralentit moins le déroulement de la production, d'autant plus que la tendance à concentrer plusieurs métiers à tisser et même

---

[68] Cfr. supra.

[69] Les métiers de la draperie y constituaient plus que 40% de la population active (L. VERRIEST, *op. cit.*, p. 15 n. 2).

[70] Selon H. VAN DER WEE, *Die Wirtschaft der Stadt Lier zu Beginn des 15. Jahrhunderts*, dans « Beitrage zur Wirtschafts- und Stadtgeschichte. Festschrift für H. AMMANN », Wiesbaden 1965, p. 155, le tissage seul aurait occupé au XVᵉ siècle au moins 40% de la population active.

[71] N. W. POSTHUMUS, *De geschiedenis, etc.*, cit., I, pp. 398-404.

[72] R. VAN UYTVEN, *Sociaal-economische evoluties in de Nederlanden vóór de Revoluties (veertiende-zestiende eeuw)*, dans «Bijdragen en Mededelingen betreffende de Geschiedenis der Nederlanden», LXXXVII, 1972, p. 67; rééd. anglaise: *What is New Socially and Economically in the Sixteenth-Century Netherlands*, dans «Acta Historiae Neerlandicae», VII, 1974, p. 24.

[73] G. VILLANI, *Cronica*, ed. F. GHERARDI DRAGOMANNI, Florence 1846, XI, Chap. 94. Près d'un tiers de la population y vivait de la draperie. Florence aurait compté environ 100.000 habitants et produisait à peu près autant de pièces de draps au début du XIVᵉ siècle et 70 à 80 mille draps de meilleure qualité vers 1336. Bien qu'on ne connaît pas la production drapière de Milan, l'industrie de la laine aurait occupé dans cette ville d'une même grandeur quelques 6.000 travailleurs (R. FOSSIER, *Histoire sociale de l'Occident médiéval*, Paris 1970, p. 247). Les 38.000 artisans de la laine que Seville aurait hébergés et les 13.000 métiers qui auraient travaillé à Tolède au XVᵉ siècle (J. HEERS, *L'Occident aux XIVᵉ et XVᵉ siècles Aspects économiques et sociaux*, Nouvelle Clio, XXIII, Paris 1966², p. 129) nous semblent par contre invraisemblables puisque vers 1500 ces villes n'auraient compté respectivement que 45.000 et 25.000 habitants (J. VICENS VIVES, *Manual de Historia economica de España*, Barcelone 1959³, p. 244).

[74] ARCHIVES DE LA VILLE, LOUVAIN, 722, fᵒ 35.

différents stades de la fabrication sous un seul toit se réalise'de plus en plus. [75] Il semble même que dans certains centres on travaille de nouveau de préférence sur le métier simple, ainsi à Hondschoote et à Liège. [76] La productivité doit nécessairement augmenter parce que les matières premières, que la draperie du XVIe siècle est forcée de travailler au lieu de la bonne laine anglaise, ne supportent pas de frais de production aussi élevés. La politique et la fiscalité des Habsbourgs ont involontairement contribué à l'élargissement des économies urbaines en diminuant l'opposition entre les villes et le plat pays. [77] Hondschoote, le centre le plus brillant de la nouvelle draperie avec une production de près de 100.000 sayes, [78] ne peut avoir compté que 12 ou 15 mille habitants, mais le bourg est le centre d'une région industrielle beaucoup plus vaste. [79] Il importe pourtant de préciser que les sayes en question sont en ce qui concerne leur prix, [80] leur poids [81] et leurs dimensions [82] de loin inférieures aux draps traditionnels. De ce fait la production d'Hondschoote à son apogée n'a dépassé ni en volume ni en valeur la production yproise du premier tiers du XIVe siècle. Ceci est d'autant plus frappant que le village d'Hondschoote était au XVIe siècle le centre industriel le plus dynamique et le plus prospère des Pays-Bas et qu'il passe pour l'exemple par excellence de la croissance économique du siècle. Il reste néanmoins vrai que cette localité semi-rurale d'à peine 15.000 habitants a su égaler les records médiévaux de production en faisant largement appel aux forces économiques du plat pays environnant et que la restructuration de l'industrie de la laine des Pays-Bas au XVIe siècle s'est accompagnée d'une augmentation de la capacité de production. Pour le moyen âge néanmoins, la performance de la draperie yproise constitue une limite infranchissable de la productivité et nous fournit de cette façon une mesure bien tranchée des dimensions de l'économie médiévale.

---

[75] R. VAN UYTVEN, *Sociaal-economische evoluties in de Nederlanden, etc.*, cit., pp. 78-80; rééd. anglaise: *What is New Socially and Economically, etc.*, cit., pp. 32-34.

[76] D. S., II, pp. 351, 545-549; S. BORMANS, *Le bon métier des drapiers de la cité de Liège*, Liège 1866, pp. 76-77.

[77] J. A. VAN HOUTTE, *Stadt und Land in der Geschichte des flandrischen Gewerbes im Spätmittelalter und in der Neuzeit*, dans «Forschungen zur Sozial- und Wirtschaftsgeschichte», X, 1968, pp. 90-101.

[78] D. S., II, p. 490; E. COORNAERT, *Un centre industriel d'autrefois: la draperie – sayetterie d'Hondschoote (XVIe-XVIIIe siècles)*, Paris 1939, p. 28.

[79] D. S., II, pp. 344, 598; E. COORNAERT, *Un centre industriel, etc.*, cit., p. 29.

[80] En 1552-1533 des sayes d'Hondschoote étaient officiellement estimées à 12,2 florins contre 20 florins pour les draps (W. BRULEZ, *The balance of trade of the Netherlands in the middle of the 16th century*, dans «Acta historiae neerlandica», IV, 1970, p. 40) mais en fait ce genre de sayes était précisément de loin le plus cher. La saye ordinaire ne coûtait même pas la moitié (E. COORNAERT, *op. cit.*, p. 225).

[81] E. COORNAERT, *op. cit.*, pp. 217-219; D. S., II, pp. 349-355; A. THIJS, *Hondschootse saaiwevers te Antwerpen*, dans «Bijdragen tot de Geschiedenis», LIV, 1971, pp. 234, 238) tandis que les draps flamands avaient toujours une largeur d'au moins deux aunes (D. S., III, p. 428). Les longueurs des draps et des sayes ne différaient guère (H. VAN WERVEKE, *De omvang van de Ieperse lakenproductie, etc.*, cit., p. 11; G. DE PODERCK, *op. cit.*, I, pp. 233-298).

[82] Les «sayes larges» d'Hondschoote ne dépassaient jamais 6 1/2 quartiers, donc à peu près une aune et demie (E. COORNAERT, *op. cit.*, p. 61; G. DE POERCK, *La draperie médiévale, etc.*, cit., I, 237; R. VAN UYTVEN, *Stadsfinanciën en stadsekonomie, etc.*, cit., p. 368.

Un paquet de 200 livres pouvait contenir 4 à 5 draps, mais plus de 20 sayes de Hondschoote (F. EDLER, *The van der Molens, Commission Merchants of Antwerp: Trade with Italy 1538-1544*, dans «Medieval and historiographical essays in honor of J. W. Thompson», Chicago 1937, p. 135).

LA DRAPERIE BRABANÇONNE ET MALINOISE DU XIIe AU XVIIe SIÈCLE: GRANDEUR ÉPHÉMÈRE ET DÉCADENCE

Le berceau de la draperie brabançonne doit se situer à la campagne chez les tisserands, les foulons et les teinturiers dispersés dans les villages et dans les exploitations domaniales. La fondation de nombreuses abbayes et la création de « villages libres » par les ducs de Brabant au cours des XIIe et XIIIe siècles ont stimulé l'élévage du mouton et le travail de la laine dans toute l'étendue du duché. A peine aperçoit-on au XIIe siècle une concentration de tisserands à Bruxelles et à Léau et peut-être à Louvain et à Anvers.[1] Les produits assez grossiers, qu'ils tissaient, tout comme leurs confrères villageois, de laine indigène et envoyaient parfois, pour le foulage, aux moulins des seigneurs fonciers voisins, ne sortaient guère du duché.

Le seule mention d'une exportation date de 1189, quand les *vina et scarlatas et alios pannos et argentum* de marchands flamands et brabançons furent confisqués à Duras et à Clermont (sur la Meuse). Si le trafic flamand vers le Rhin à travers le duché n'a pas créé les villes brabançonnes, il fut néanmoins un stimulant puissant pour leur draperie naissante, qui s'organisa officiellement au cours du XIIIe siècle à Louvain, Malines, Bruxelles, Anvers, Léau, Lierre, Diest, Tirlemont et Nivelles. Bienqu'elle travaillât parfois, au moins depuis 1228, la laine anglaise, qu'on importait à travers la Flandre ou par Anvers,[2] ses produits peu raffinés ne pouvaient pas s'imposer sur les marchés extérieurs. Il est vrai que la gilde de Léau prévit, en 1248, une exportation *ultra Mosam* et qu'en 1253 l'abbaye de Saint-Trond acheta des draps pour ses ouvriers à Bruxelles et à Diest, mais là s'arrête jusqu'à nouvel ordre notre information.[3]

Le démarrage réel de la draperie brabançonne se produisait dans les trois dernières décennies du XIIIe siècle, quand les frictions politiques entre la Flandre et l'Angleterre et l'embargo sur l'exportation de la laine anglaise vers ce comté en 1270, donnèrent le champ libre aux Brabancons pour augmenter leurs achats de laine, la matière première par excellence de la draperie médiévale, et pour écouler leurs draps dans le royaume britannique. Dès 1271 l'importation de tissus bra-

---

[1] P. BONENFANT, *L'origine des villes brabançonnes et la « route » de Bruges à Cologne*, dans « Revue belge de Phiologie et d'Histoire », XXXI, 1953, p. 432 s.

[2] J. DE STURLER, *Les relations politiques et les échanges commerciaux entre le duché de Brabant et l'Angleterre au moyen âge*, Paris 1936, pp. 82-85, 115; H. VANDER LINDEN, *Les Gildes marchandes dans les Pays-Bas au moyen âge*, Gand 1896; T. LUYKX, *Een Klachtenlijst van Brabanders over hun wederrechtelijke behandeling op Vlaams grondgebied in 1260*, dans « Bulletin de la Commission royale d'Histoire », CXIII, 1948, p. 1640.

[3] C. PIOT, *Inventaire des chartes, cartulaires et comptes en rouleau de la ville de Léau*, Bruxelles 1879, p. 2; H. PIRENNE, *Le livre de l'abbé G. de Ryckel (1249-1272)*, Bruxelles 1896, pp. 12-13. Les autres cas précoces d'exportation de draps brabançons qu'on rencontre dans la littérature, reposent sur une interprétation abusive des sources. Nous nous permettons de renvoyer le lecteur à la mise au point chez R. H. BAUTIER, *La place de la draperie brabançonne et plus particulièrement bruxelloise dans l'industrie textile du moyen âge*, dans « Annales de la Société royale d'Archéologie de Bruxelles », LI, 1966, p. 34 s.

bançons y est attestée. Les difficultés de la draperie flamande, causées par le conflit avec l'Angleterre de 1270-1278 et par les troubles sociaux qui en résultèrent,[4] fortifièrent encore l'industrie brabançonne par l'afflux d'artisans qualifiés et lui permirent de s'affirmer sur les marchés étrangers.

En 1274 des étoffes brabançonnes se vendirent à Haarlem (Hollande) et dans les dernières décennies du XIIIe siècle les marchands-drapiers de Malines et de Louvain étaient actifs aux foires de Champagne. A l'extrème fin du siècle quelques pièces de bas prix originaires de Malines furent débarquées en Espagne et des bourgeois de cette ville prirent part au commerce dans la Baltique.[5] L'avance que Malines eut sur les autres villes s'explique par le fait que ses marchands s'étaient tournés vers la Flandre, par suite des frictions constantes que la ville avait eues avec Anvers, et qu'ainsi ils surent profiter de l'expérience flamande dans le commerce international.

Hiérarchiser les centres brabançons selon l'importance de leur industrie ou même chiffrer la production d'un seul parmi eux est impossible dans l'état actuel de la recherche. On sait pourtant que les ouvriers du textile étaient relativement nombreux à la fin du XIIIe siècle à Bruxelles et à Louvain.

Si on considère comme valables les données rassemblées par J. de Sturler sur les activités des Brabançons en Angleterre pendant la période 1271-1278, on peut classer en tête Louvain et Malines. A elles seules elles accaparèrent plus de 70 % de l'exportation totale de laine des Brabançons. Bruxelles suivait de loin, tandis que la part de Diest, Anvers, Léau, Herentals, Bois-le-Duc, Tirlemont et Nivelles était insignifiante.

Rappelons que les 6894 sacs de laine, exportés par les Brabançons pendant les 28 mois pour lesquels nous possédons des chiffres, ne représentent qu'une moyenne annuelle de 2520 sacs. Il est évident que l'industrie brabançonne devait s'approvisionner encore par d'autres canaux et qu'elle a dû travailler aussi la laine indigène.

Vers 1300 la draperie a fait un nouveau bond en avant dans le duché.

Une fois de plus, elle en fut redevable aux incidents de la politique internationale, dont sa rivale flamande fut la victime. Depuis 1290, le commerce de celle-ci avec l'Angleterre fut sérieusement troublé par les hostilités françaises contre ce pays. Puis, la rupture ouverte entre Gui de Dampierre et son suzerain de France, en 1297, livra la Flandre aux dévastations de la guerre et aux représailles économiques de Philippe le Bel. En même temps, les villes flamandes étaient déchirées par des luttes intestines qui se soldèrent par la prise de pouvoir des corporations. En Brabant, par contre, la situation politique tourna tout à l'avantage de la draperie.

Jean II de Brabant obtint du roi Edouard I la fixation de l'étape de la laine anglaise à Malines en 1295, puis à Anvers jusqu'en 1298. Elle y retourna encore en 1316-1317. De son côté Philippe le Bel favorisa nettement les marchands-drapiers de Louvain, Bruxelles, Malines, Anvers, Tirlemont, Diest, etc., dans ses territoires et spécialement à Paris, où ils recontraient aussi les marchands italiens. Ceux-ci, tout comme les Hanséates, furent d'ailleurs attirés en Brabant par l'étape anglaise.[6] De plus, le prix des étoffes était plus avantageux en Brabant qu'en Flandre, puisque les marchands-drapiers, groupés dans les gildes et soutenus par les ducs, ont su y triompher des rébellions ouvrières et freiner ainsi la hausse des salaires. Il est vrai que les gildes à Malines, Bruxelles et Anvers durent mitiger quelque peu leur domination économique. Une minorité

---

[4] J. DE STURLER, *Les relations politique, etc.*, cit., p. 122-133; C. WYFFELS, *Nieuwe gegevens betreffende een XIIIde eeuwse «democratische» stekelijke opstand: de Brugse «Moerlemaye» (1280-1281)* dans «Bulletin de la Commission royale d'Histoire», CXXXII, 1966, pp. 37-142.

[5] H. LAURENT, *La draperie des Pays-Bas en France et dans les Pays-Bas méditerranéens (XIIe-XIVe siècle)*, Paris 1935; R. BAUTIER, *La place de la draperie, etc.*, cit., pp. 34-36; R. VAN UYTVEN, *Standenprivilegies en -beden in Brabant onder Jan I (1290-1293)*, dans «Revue belge de Philologie et d'Histoire», XLIV, 1966, p. 441.

de tisserands a su profiter de la présence des marchands étrangers pour se constituer comme entrepreneurs indépendants qui achetaient eux-mêmes les matières premières à Anvers ou dans leur propre ville et y écoulaient leur production.[7]

Pour se substituer sur le marché international à la draperie de luxe flamande, l'industrie du Brabant a dû adapter ses techniques. Bruxelles et Malines en donnèrent l'exemple. La fabrication est strictement réglementée et contrôlée; la laine indigène est délaissée et l'usage du moulin à fouler est proscrit. Le souci de la perfection et de la qualité, plus que le désir d'enrayer une concurrence éventuelle, est à la base des mesures urbaines contre la draperie rurale. En faisant le vide autour d'elles, les villes voulaient empêcher toute fraude qui aurait pu nuire à la renommée de leurs produits. Dans les mêmes années, en effet, elles toléraient que des centres secondaires tels que Diest, Breda, Bois-le-Duc Vilvorde, Herentals, Hoogstraten, se constituent une gilde, réglementent leur fabrication et se créent une marque officielle pour leurs draps.[8]

Le rayonnement commercial des tissus brabançons dans le premier tiers du XIVe siècle est bien connu.

Par Bruges ou Anvers les marchands-drapiers du duché se rendent en Angleterre, démeurée leur marché par excellence, où ils achètent la laine, même pendant les années de l'étape continentale, et où ils vendent leurs draps sur les foires ou à la cour. Il s'agit surtout des tissus de Louvain, Malines, Bruxelles, Anvers et Diest.

Des Italiens et des Anglais les achètent d'ailleurs dans le duché même pour les importer en Grande-Bretagne.

En France, les marchands de Malines, Bruxelles, Louvain et même de Lierre, Diest et Nivelles fréquentent les foires de Champagne et de Chalon, mais le centre de leur trafic dans le royaume est incontestablement Paris. Ils fournissent directement les hôtels princiers ou passent leurs draps à des firmes françaises et surtout italiennes qui les distribuent dans le pays ou les expédient vers la Méditerranée.

Comme certains princes et comme les papes, ces firmes ont souvent des agents à Bruges et dans les centres de production. Selon Pegolotti, confirmé et complété par les recherches de R. Bautier, R. Doehaert, M. Laurent, A. Sapori et C. Verlinden, la présence des draps de Bruxelles, Malines, Louvain, Anvers et Diest est attestée à Avignon, Lyon, Marseille, Montpellier, Montauban, Gênes, Venise, Florence, Pise, Milan, Messines, Naples, Pera, Famagouste, Constantinople et dans le royaume d'Aragon.

Des draps du Brabant, notamment de Malines et d'Anvers, sont signalés en Scandinavie. Dans l'Allemagne du Sud et son arrière-pays les draps de Bruxelles sont achetés par les princes, la noblesse et le clergé à Munich, Nuremberg, Freiberg, Salzbourg et Vienne. Ils y sont suivis de ceux de Malines et de Louvain. Presque en même temps les draps de Bruxelles, Louvain et Malines pénètrent dans les pays slaves.[9]

---

[6] J. DE STURLER, op. cit., pp. 142-319.

[7] F. FAVRESSE, L'avènement du régime démocratique à Bruxelles pendant le moyen âge, Bruxelles 1932, pp. 65-102.

[8] H. JOOSEN, Documents relatifs à l'histoire de l'industrie drapière à Malines, dans « Bulletin de la Commission royale d'Histoire », XCIX, 1935, pp. 462-526; F. FAVRESSE, Etudes sur les métiers bruxellois au moyen âge, Bruxelles, pp. 95-117; J. P. PEETERS, De lakengilde van Vilvoorde als voorbeeld van een typisch orgaan van de stedelijke inrichting in Brabant, dans « Eigen Schoon en de Brabander », LIII, 1970, pp. 175-178; J. R. VERELLEN, Lakennijverheid en lakenhandel van Herentals, dans « Taxandria », XXVII, 1955, pp. 7-8, 31-32; R. VAN UYTVEN, De volmolen: motor van een omwenteling in de industriële mentaliteit, dans «Alumni», XXXVI, 1968, pp. 62-65, traduction anglaise: The fulling mill: dynamic of the revolution in industrial attitudes, dans « Acta historiae neerlandica », V, 1971, pp. 4-6.

[9] H. AMMANN, Deutschland und die Tuchindustrie Nordwest-Europas im Mittelalter, dans « Hansische Geschichtsblätter », LXXII, 1954, pp. 1-63; G. SZEKELY, Niederländische und Englische Tucharten im Mitteleuropa des 13.-17. Jahrunderts, dans « Annales Universitatis Scientiarum Budapestinensis. Sectio Historica », VIII, 1966, pp. 11-42.

Si l'on peut considérer le cas malinois comme typique pour la draperie brabançonne dans son ensemble, la production était en hausse depuis le debut du siècle jusqu'aux environs de 1334. D'environ 13000 pièces de 39 aunes en 1314, elle monta à Malines à 30000 pièces vers 1334 (Graphique 1).[10]

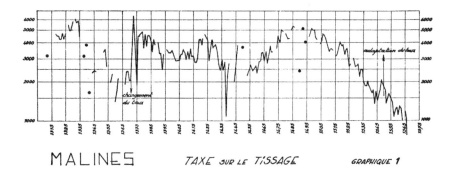

MALINES   TAXE sur le TISSAGE   GRAPHIQUE 1

La politique internationale, qui jusqu'ici avait toujours joué en faveur de la draperie brabançonne, se retourna brusquement contre elle. A deux reprises, en 1332 et 1334, le duché dut faire face à un encerclement et un blocus en règle par les seigneurs voisins. De plus, la guerre anglo-française vint entraver tout commerce. Pour financer son entreprise continentale, Edouard III d'Angleterre se créa un monopole de la laine anglaise en interdisant, en 1336, toute exportation. Ce ne fut qu'en 1338 que son étape commença de fonctionner à Anvers. Entretemps l'industrie brabançonne avait chômé, malgré des dérogations partielles et des faveurs particulières accordées aux Brabançons.

Quand le roi d'Angleterre transféra en 1340 l'étape à Bruges, les villes flamandes essayèrent de se réserver la laine anglaise au détriment des autres acheteurs. En guise de compensation, les Brabançons reçurent des privilèges spéciaux, exemptant leurs importations de l'aunage royal ou autorisant des exportations directes sans passer par l'étape, et cela même après le traité franco-brabançon de 1347 qui avait rétabli, pour le duché, les bonnes relations et le commerce avec la France.[11] A peine huit ans après, la guerre de succession du Brabant paralysa de nouveau l'économie du duché.

On peut évaluer l'étendue de la crise à partir de 1334 dans les chiffres malinois, qui, au milieu du siècle, étaient tombés à 9.000 draps, c'est à dire à un tiers de ce qu'ils étaient à leur apogée (Graphique 1). A Louvain, les premières indications ne datent que du milieu du XIV⁴ siècle et semblent indiquer que la production n'atteignit point les 750.000 aunes.

En 1368, elle n'était plus que de 475.000 aunes (Graphique 2).[12] En relation avec cette crise, Bruxelles probablement eut recours à une spécialisation plus poussée dans la fabrication de draps de grand luxe. L'augmentation brusque de la valeur des produits bruxellois entre 1335 et

[10] R. VAN UYTVEN, *De omvang van de Mechelse lakenproduktie vanaf de 14e tot de 16e eeuw*, dans « Noordgouw », v, 1965, pp. 1-22.

[11] J. DE STURLER, *op. cit.*, pp. 321–469; H. S. LUCAS, *The Low Countries and the Hundred Years War*, Ann Arbor 1929.

[12] R. VAN UYTVEN, *De omvang van de Mechelse lakenproduktie, etc.*, cit.; *Stadsfinanciën en stadsekonomie te Leuven van de twaalfde tot het einde der zestiende eeuw*, Bruxelles 1961, p. 353 s.

1340 a été mise en lumière par R. Bautier. En se faisant le fournisseur attitré des Cours, la draperie bruxelloise a voulu se protéger contre les vicissitudes de la conjoncture. Ainsi elle a encore pu conserver la clientèle des princes jusque vers 1375.[18] Quoique la valeur globale de la production fût peut-être maintenue de cette façon, son volume diminua certainement.

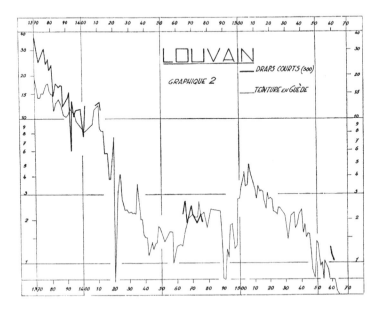

LOUVAIN

GRAPHIQUE 2

DRAPS COURTS (500)

TEINTURE en GUÈDE

Les chiffres de production cités ci-dessus expliquent les révoltes des tisserands et des foulons dont Louvain et Bruxelles furent le théâtre en 1340 et Louvain à nouveau en 1350. La tension sociale s'accrut encore par la dévaluation de la monnaie de compte brabançonne qui réduisit, à partir de 1347, le pouvoir d'achat des salaires, permettant ainsi aux drapiers d'augmenter leur marge de bénéfice aux frais des ouvriers ou au moins de diminuer les prix des draps sur le marché extérieur. Notons que les gildes se servaient d'une monnaie de compte particulière, le *lakengeld* ou monnaie de drap, qui représentait une teneur fixe d'argent. Dans le dernier quart du XIVe siècle, les monnaies d'or semblent avoir supplanté le *lakengeld* dans les transactions des gildes. Par contre, la fixation des salaires nominaux en monnaie dévaluée fomenta la mécontentement social qui éclata en 1360-61 dans les rébellions des tisserands à Louvain, Bruxelles, Anvers et Malines. Ces révoltes contribuèrent encore à la désorganisation de l'industrie; les bannissements et la fuite de ceux qui cherchèrent à se mettre en sécurité renforcèrent l'émigration des travailleurs désoeuvrés et mal payés.[14] En diffusant les procédés techniques de la draperie brabançonne en Angleterre, en Italie et même en Suisse, les émigrés affaiblirent d'autant plus la position du Brabant.

[18] R. H. BAUTIER, *op. cit.*, pp. 45-56.

[14] F. FAVRESSE, *L'avènement du régime démocratique à Bruxelles, etc.*, cit., pp. 98-106; R. VAN UYTEN, *Peter Couthereel en de troebelen te Leuven van 1350 tot 1363*, dans « Mededelingen Geschied- en Oudheidkundige Kring voor Leuven », III, 1963, pp. 63-97.

Depuis les incidents de 1360, les corporations gagnèrent de l'influence dans les villes du duché. Dans leur désir d'assurer à chacun de leurs membres une existence honnête, elles se sont abandonnées à un exclusivisme excessif, à des prescriptions détaillées, forcément rigides et conservatrices, pour la fabrication et même à des limitations de la production individuelle. Cette stérilisation économique exhauça les voeux des maîtres-artisans qui, en nombre grandissant, étaient parvenus à se défaire du joug commercial et industriel des marchands-drapiers des gildes, mais qui, se sachant impuissants à reprendre pour leur propre compte la domination sur leurs semblables, voulaient empêcher les autres de le faire. Ces petits entrepreneurs indépendants, maîtres tisserands et autres, ne disposaient point, en fait, d'un capital suffisant à cette fin. Leurs moyens financiers étaient tellement limités que les magistrats urbains durent avancer les fonds pour leur permettre de s'approvisionner en matières premières.

La faiblesse financière de la draperie brabançonne découlait de la disparition progressive du marchand-drapier, dont les investissements, sous forme d'importations de laines que les artisans transformaient pour son compte en draps, avaient fourni une bonne partie des capitaux de l'industrie urbaine. Dès l'apparition des marchands étrangers de laine et de draps en Brabant, la fonction commerciale du marchand-drapier avait été menacée. Ce danger se concrétisa à partir de 1336, quand les marchands brabançons eprouvèrent des difficultés à se procurer la laine anglaise parce que le roi d'Angleterre s'en servait pour payer les grandes compagnies italiennes et ses autres gros créanciers.

L'établissement de l'étape de la laine anglaise à Anvers même, de 1338 à 1340, rendit l'entremise des marchands-drapiers en partie superflue, tandis que le système de l'étape continentale, depuis 1363 à Calais, doubla leurs frais de déplacement à un moment où l'importation des draps en Angleterre devenait moins attractive, puisque les Italiens et les Anglais prenaient part à ce trafic et surtout parce que le marché britannique était en grande partie conquis par la draperie nationale. Ainsi, bien que les marchands-drapiers brabançons retirèrent leurs capitaux du commerce et de l'industrie pour se faire rentiers et propriétaires fonciers. Les autres, quantitativement et qualitativement amoindris par la dépression, ont dû tolérer l'émancipation économique et politique des maîtres des corporations qui accentua encore la faiblesse des gildes des marchands-drapiers. Avant la fin du XIVᵉ siècle, le nivellement par le bas du milieu de la draperie était un fait accompli.

Un redressement de la draperie traditionelle en Brabant était exclu. Les marchands étrangers qui auraient pu figurer comme « patrons » en remplacement des marchands-drapiers n'ont jamais rempli cette tâche à fond. En effet, le triomphe de la draperie brabançonne, dans le premier tiers du XIVᵉ siècle ne fut jamais aussi absolu que la fortune de l'industrie flamande au XIIIᵉ siècle. Parallèlement à l'essor de la draperie en Brabant, le travail de la laine anglaise avait pris de l'ampleur en Italie. Au cours du XIVᵉ siècle, les concurrences se multiplièrent partout en Europe. S'ouvrant d'abord aux clientèles régionales, elles parvinrent ensuite, en améliorant leur technique, à détrôner les draps fins du Brabant dans une aire plus large.

Du fait des frais de transport, les draps locaux, à qualité presque égale, coûtaient forcément moins cher que les tissus importés.

Une certaine surproduction n'est donc point à exclure. Cela expliquerait la baisse des prix des draps bruxellois que R. Bautier a signalée entre 1318 et 1334. L'hypothèse est d'autant plus plausible que la population européenne déclinait peut-être depuis 1316, mais certainement après 1348.

La dépression agricole de la fin du moyen âge, en diminuant les revenus fonciers de la noblesse et du clergé, la clientèle typique de la draperie de luxe brabançonne, peut avoir contribué à ce rétrécissement du marché.

Pour expliquer le recul de la draperie des Pays-Bas, la littérature a surtout souligné la montée d'une draperie en Angleterre. N'exagérons pas les effets de cette concurrence anglaise, qui, à elle seule, sans tenir compte des autres draperies nouvelles, était incapable de justifier la dépression aux Pays-Bas. Tous les avantages de la draperie anglaise, qu'on a abondamment mis en evidence, ne peuvent faire oublier que son exportation de 40.000 pièces, qu'elle n'atteignit encore que vers 1400, est bien minime à côté de la production des villes brabançonnes et flamandes. Bien sûr, le marché anglais, peut-être le plus important pour la draperie du Brabant, fut perdu, mais plus lourde de conséquences fut sans doute la baisse de l'exportation de la laine anglaise qui se manifesta surtout depuis les années 1360, tandis que la demande s'était sensiblement accrue par la multiplication des draperies régionales. La disette de la laine anglaise se fit sentir immédiatement. Déjà en 1371 personne ne se risqua plus à prendre à ferme la taxe sur la laine à Bruxelles et, entre cette date et 1405, le produit déjà minime de cette accise tomba à un tiers. A Louvain, les transactions de laine portaient sur 1000 sacs vers 1370, mais le trafic diminuait progressivement jusqu'à 150 sacs en 1411.[15]

Les villes brabançonnes étaient donc forcées de se contenter de laines de moindre qualité. A côté de la laine peignée anglaise des meilleures qualités, on travaillait aussi à Bruxelles, dans le dernier quart du XIVe siècle, la laine cardée et même des laines inférieures non ointes, bien que les ordonnances consacrant la nouvelle draperie légère et la petite draperie ne datent que du XVe siècle.[16] Des mesures analogues étaient prises à Louvain, où le travail de la laine indigène regagnait de l'importance et où on se servait même de laines écossaises et françaises. Les tentatives d'adaptation avaient visiblement peu d'effet. La production louvaniste tombait sans cesse (de 9200 draps longs vers 1370 à 3000 vers 1410) et, à en juger par l'évolution de la taxe sur la teinture en guède, la décadence se prolongeait dans les décennies suivantes (Graphique 2).[17] A Bruxelles, les perspectives étaient tellement peu brillantes qu'il n'y avait que 73 personnes pour acquérir la maîtrise dans le métier des tisserands entre 1417 et 1461. Parmi eux, on en décèle encore 32 qui se firent enregistrer en application de l'ordonnance de 1423 stipulant qu'un chacun, sauf les Hanséates et les Italiens, devait faire partie d'une corporation (Graphique 3).[18] On sait à quel point la draperie brabançonne, spécialement celle de Bruxelles et de Louvain, a perdu du terrain durant le dernier quart du XIVe siècle. Avant 1400, leur commerce actif à Paris, leur grand centre de distribution, avait pratiquement cessé.[19] La draperie légère, que les deux villes pratiquaient maintenant, ne pouvait pas garder la riche clientèle de la capitale française. La riche moisson de mentions de draps brabançons que H. Amman a réunie pour l'Allemagne dans la deuxième moitié du siècle, ne doit pas faire illusion sur l'évolution de la production à Bruxelles et à Louvain. Pour autant que l'augmentation de ces mentions, tirées d'ailleurs surtout de sources normatives, ne soit pas due au hasard de la documentation, il ne peut s'agir que d'une réorientation de l'exportation. Les Brabançons ont su tirer profit de l'essor des foires de Francfort et de l'attraction des foires brabançonnes sur le commerce rhénan, au moment même où le marché anglais se ferma pour eux et où celui de France leur échappa. En assumant le rôle de marché international de draps, Anvers sanctionna définitivement la ruine de sa propre draperie. Aux alentours de 1400, la production y atteignit à peine 700 draps par an[20].

[15] P. GORISSEN, *Les finances de la ville de Bruxelles au XIVe siècle*, dans « Cahiers bruxellois », I, 1957, p. 167; R. VAN UYTVEN, *Stadsfinanciën en Stadsekonomie te Leuven, etc.*, cit., p. 340 s; « Hirlandsche » wol en lakens in Brabantse documenten (XIIIe-XVIe Eeuw), dans » Bijdragen tot de Geschiedenis », LIII, 1970, pp. 5-16.

[16] F. FAVRESSE, *Etudes sur les métiers, etc.*, cit., pp. 55-93.

[17] R. VAN UYTVEN, *Stadsfinanciën en stadsekonomie te Leuven, etc.*, cit., pp. 354 s; 361 s.

[18] J. CUVELIER, *Le registre des statuts, ordonnances et admissions du métier des tisserands de laine ou grand-métier de Bruxelles*, dans « Bulletin de la Commission royale d'Histoire », LXXXI, 1912, pp. 121-146.

[19] R. H. BAUTIER, *op. cit.*, pp. 47, 53-54; R. VAN UYTVEN, *Stadsfinanciën en stadsekonomie te Leuven, etc.*, cit., pp. 381-383.

[20] H. VAN DER WEE, *The Growth of the Antwerp market and the European economy*, II, Louvain 1963, pp. 20-28, 9-11.

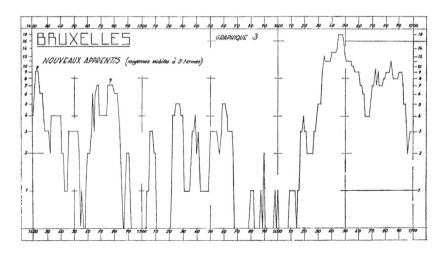

A Malines, le déclin, commencé en 1334, continuait indéniablement au-delà de 1375, mais la déchéance n'y prenait point les mêmes dimensions qu'à Louvain, Bruxelles et Anvers.

Le produit de la taxe sur la fabrication drapière, qui était de 4500 lb. vers 1380, oscillait autour de 3250 lb. dans les années 1390-1415. Après une amélioration passagère dans les années 1420, il tombait à 2500 lb. dans la période 1435-1455 (Graphiques 1, 2, 3).[21] Les chiffres disponibles pour Diest entre 1389 et 1434 indiquent plus ou moins la même tendance, mais le déclin s'accentuait ensuite. La résistance plus soutenue de Malines et de Diest est confirmée par les données chiffrées qu'on a pu rassembler sur la présence des draps brabançons sur les marchés étrangers: ainsi à Marseille,à Hambourg, à Cracovie, dans les comptabilités des factoreries de Datini et de l'Ordre Teutonique et dans des documents financiers portugais. A côté des draps de Malines et de Diest, on constate une représentation non négligeable de centres comme Lierre, Herentals, Aarschot, Tirlemont, Vilvorde et même de Bergen-op-Zoom.[22]

La défaveur de Bruxelles et de Louvain était le fait d'une fiscalité écrasante. La guerre flamande de 1356 et les grands travaux de fortification qu'elles entreprirent dans les années suivantes, les dépenses occasionnées par la guerre désastreuse contre la Gueldre et les exigences financières du duc Wenceslas ont épuisé leurs finances, déjà durement touchées par le malaise économique. Ainsi leur commerce était en grande partie paralysé par des arrestations et des saisies de la part des créanciers urbains non payés. Les magistrats se rendaient bien compte des conséquences néfastes d'une taxation trop lourde pour le pouvoir compétitif de leur draperie et ils s'efforçaient en vain d'alléger quelque peu les impôts urbains, au moins ceux qui frappaient directement la draperie.[23]

[21] R. van Uytven, De omvang van de Mechelse lakenproduktie, etc., cit.

[22] E. Baratier-F. Reynaud, Histoire du commerce de Marseille, II: De 1291 à 1480, Paris 1951, Annexe; H. Nirrnheim, Das Handlungsbuch Vickos von Geldersen, Hamburg 1895; F. Renken, Der Handel der Königsberger Groszschäfferei des deutschen Ordens mit Flandern um 1400, Weimar 1937; W. Bohnke, Der Binnenhandel des deutschen Ordens und seine Beziehung zum Aussenhandel um 1400, dans « Hansische Geschichtsblätter », LXXX, 1962; Ch. Verlinden, Deux pôles de l'expansion de la draperie flamande et brabançonne au XIVᵉ siècle : la Pologne et la Péninsule ibéri que,dans « Studia historica Gandensia », CIV, 1968; F. Melis, La diffusione nel Mediterraneo occidentale dei panni di Wervicq e delle altre città della Lys attorno al 1400, dans « Studi in onore di A. Fanfani », III, Milan 1962, pp. 219-243.

[23] R. van Uytven, Stadsfinanciën en stadsekonomie te Leuven, etc., cit., pp. 204-222, 375-376.

Par contre, Malines, échappée aux infortunes du Brabant par son annexion à la Flandre en 1356, était favorisée intentionnellement par Louis de Male et son successeur comme moyen de pression monétaire et économique contre le Brabant. Philippe le Hardi y attira une colonie de marchands de la Hanse. La situation géographique et politique de Malines en faisait un débarcadère avancé de Bruges et d'Anvers pour les expéditions terrestres vers la Rhénanie et la Lombardie. Cela et une puissante tradition de commerce actif et d'opérations de crédit ont assuré à la draperie malinoise un approvisionnement plus satisfaisant en laines anglaises au point que la ville assumait même au milieu du xve siècle, le rôle de marché de cette matière première pour les villes brabançonnes.[24] Dans les petites villes brabançonnes, les charges du budget urbain sur l'économie semblent avoir été plus supportables que dans les chefs-villes. Au moins jusqu'en 1437, la répartition des aides les avantageait aussi. Leur draperie était relativement jeune et ne s'était pas axée autant que celle des centres anciens sur la laine anglaise. Il est typique que la plupart de ces villes sont situées près des régions productrices de laine et surtout en Campine.

Elles se trouvaient de plus sur les routes de transit de l'Allemagne vers Anvers et Bergen-op-Zoom. Leurs drapiers n'hésitaient pas d'ailleurs à amener leurs marchandises à Bruges, à Francfort et aux foires brabançonnes. De là, leurs draps atteignaient la Méditerranée et l'Allemagne, la Prusse et son arrière-pays en particulier. Le principal atout des villes secondaires était certainement leur niveau peu élevé du coût de la vie et des salaires et donc le prix relativement modéré de leurs draps. Aussi, le succès relatif des villes secondaires sur le marché international depuis le milieu du xive siècle a sensiblement souffert de la réévaluation et de la stabilisation du système monetaire brabançon en 1434, au moment précis où les exportations de draps anglais, spécialement par les Hanséates, atteignirent des chiffres records.[25]

A la fin du xive siècle apparaissaient en Allemagne et dans l'arrière-pays de la Hanse des draps de Duffel, Kontich, Walem et Rumpst. Ces localités des environs de Malines travaillaient surtout des laines inférieures indigènes et autres. Toute une série de villages brabançons s'adonnaient d'ailleurs à cette industrie durant ces années: Geel, Retie, Mol, Westerlo, Weelde, Tilburg, Oosterwijk, Zichem, Messelbroek, Testel, Kortenaken, Merchtem, etc. Leurs fabrications moins soignées, plus libres et pas ou peu teintes, profitaient surtout des bas salaires et de la fiscalité peu élevée à la campagne.

A en juger par les données fournies par la draperie rurale, qui se développait en même temps dans le Brabant wallon, ces villages, à l'instar de l'industrie liégeoise et limbourgeoise, faisaient de nouveau appel au moulin à fouler, tandis que les métiers urbains s'opposaient à toute mécanisation. Par leur prix abordable, les produits de la draperie rurale s'adressaient à des couches plus étendues de la société que les draps urbains, même de la draperie légère. Ils pouvaient ainsi répondre à la demande accrue de produits industriels qui se manifestait chez les artisans urbains, favorisés par l'évolution des prix et des salaires.

Les villes ont bien tenté de conserver leur marché interieur pour leur propre draperie, mais elles devaient convenir qu'il leur était impossible de produire des tissus pareils à si bas prix. Elles ont donc tenté d'enrayer et d'interdire la draperie rurale, mais bien des villages pouvaient compter sur l'appui d'un seigneur haut-justicier.

De plus, toutes les mesures de protectionnisme urbain étaient impuissantes en face des intérêts de la masse des consommateurs.

Le rayonnement industriel de Duffel, Walem, Kontich et Rumpst s'explique par leur posi-

---

[24] H. van Der Wee, *Die Wirtschaft der Stadt Lier zu Beginn des 15. Jahrhunderts*, dans « Beiträge zur Wirtschafts- und Stadtgeschichte. Festschrift H. Ammann », Wiesbaden 1965, pp. 145-165; R. van Uytven, *De omvang van de Mechelse lakenproduktie, etc.*, cit.

[25] H. van Der Wee, *Die Wirtschaft der Stadt Lier, etc.*, cit.; J. R. Verellen, *Lakennijverheid en lakenhandel, etc.*, cit.

tion géographique entre Malines et Anvers, deux centres importants du commerce hanséate et international.

Dès la deuxième moitié du xve siècle, les draps des villages voisins de Diest, et, plus tard ceux de la Campine anversoise actuelle étaient evincés par les produits de Weert, d'un prix encore nettement inférieur.[26]

Entre la draperie légère des grandes villes et la draperie rurale se situait encore une industrie à qualité intermédiaire qui prenait une certaine importance commerciale en même temps que les draps villageois. Il s'agit des draps de Bois-Le-Duc, qui s'exportaient, par Bruges et par les foires brabançonnes, dans toute la Baltique, et de ceux de Breda, Hoogstraten et Turnhout, qui, bien que représentés sur les marchés d'Anvers et de Bergen-op-Zoom, étaient surtout importants pour la consommation intérieure de Brabant.[27]

La deuxième moitié du xve siècle apporta une reprise toute relative et temporaire pour la draperie brabançonne. Ceci est lié à une nouvelle baisse progressive de la monnaie de compte brabançonne depuis 1466 et coincide à la fois avec une augmentation de l'exportation de la laine anglaise et avec une défaillance du commerce des draps anglais dans la Baltique.

Par Bruges encore, mais surtout par Anvers et Bergen-op-Zoom et par un commerce plus actif de la part des Brabançons vers Francfort et même vers la Baltique, les produits de Bruxelles, Louvain, Bergen-op-Zoom, Lierre, Diest, Herentals, Tirlemont, Vilvorde, Walem, Rumpst, Kontich, mais surtout de Malines, Lierre, Bois-le-Duc, Duffel, Mol et Retie se diffusaient dans l'Europe de l'Est (Mecklenbourg, Danzig, Riga, Reval, Lubeck, Hambourg, Schonen, etc.).[28]

La hausse de la production n'était pourtant point sensationnelle. En 1470, Bruxelles ne comptait qu'une quarantaine de maîtres tisserands, dont certains se muaient encore en tisserands de lin. En 1497, on reconnut officiellement la ruine de la draperie ancienne et même légère et on essaya d'imiter les serges de Hornes. A Louvain, la production plafonnait à 30000 aunes (Graphique 2). En dépit des primes de fabrication, l'exportation se limitait à une centaine de pièces expédiées sur Francfort. Les acheteurs étrangers ne se montraient même plus dans la ville.

A Herentals, la situation était telle que les tisserands et les foulons désertaient la ville en grand nombre.[29] Malines, Lierre, Turnhout et Bois-le-Duc semblent avoir mieux profité du renouveau. L'accise sur le tissage montait dans cette première ville de 2500 lb. vers 1460 à 5000 lb. en 1485 (Graphique 1). A Lierre, la production annuelle aurait été de 5000 draps sous Charles le Téméraire. Le commerce actif grandissant de Bois-le-Duc préoccupait même la Hanse.[30]

La crise politique, économique et sociale des dernières décennies du xve siècle brisa cet élan, et, bien que le rétablissement de l'ordre en 1492 permît de reprendre l'activité, l'histoire de la draperie brabançonne aux siècles suivants ne peut être que le récit d'une longue décadence.

A Bruxelles, les entrées dans la corporation des tisserands sont rares au xvie siècle (Graphique 3). Quelques deux cents draps louvanistes étaient encore exportés vers Francfort et quelques

[26] H. VAN DER WEE, The Growth of the Antwerp market, etc., cit., II, pp. 10, 42-44, 49-56, 67-69, 98-99; P. BONENFANT, Achats de drap pour les pauvres de Bruxelles aux foires d'Anvers de 1393 à 1487, dans « Beiträge zur Wirtschafts- und Stadtgeschichte. Festschrift H. Ammann », Wiesbaden 1965, pp. 179-192; R. VAN UYTVEN, De volmolen, etc., cit., pp. 66-69.

[27] P. BONENFANT, Achats de drap, etc., cit.; R. VAN UYTVEN, Stadsfinanciën en stadsekonomie te Leuven, etc., cit., pp. 371-376; N. H. L. VAN DEN HEUVEL, De ambachtsgilden van 's-Hertogenbosch voor 1629, 's-Hertogenbosch 1946.

[28] H. AMMANN, Deutschland und die Tuchindustrie, etc., cit.; F. BRUNS, Die Lübeckischen Pfundzollbücher van 1492-1496, dans « Hansische Geschichtsblätter », XI-XIV, 1905-1908; W. S. UNGER, De tol van Iersekeroord, 's-Gravenhage 1939.

[29] F. FAVRESSE, Etudes sur les métiers, etc., cit., p. 55; R. VAN UYTVEN, Stadsfinanciën en stadsekonomie te Leuven, etc., cit., pp. 388-389; J. R. VERELLEN, op. cit., pp. 24-25, 29.

[30] R. VAN UYTVEN, De omvang van de Mechelse lakenproduktie, etc., cit.; N. H. L. VAN DEN HEUVEL, De ambachtsgilden, etc., cit., pp. 367-369.

autres prenaient parfois la voie fluviale vers Amsterdam et la Baltique. La production totale de Louvain oscillait autour de 500 draps vers le milieu du siècle. A Diest, on peut l'évaluer grossièrement à 2500 pièces vers 1540, mais elle ne s'élevait plus qu'à la moitié quinze ans plus tard. Ses drapiers trafiquaient à Francfort, Bergen-op-Zoom et Anvers, mais la ville était forcée, afin de garder ses privilèges de vente dans le marché de l'Escaut, de subventionner les rares marchands.

Dès 1521, la draperie s'était ruinée à Herentals. La production globale n'y était plus que 316 pièces en 1566. Geel déclinait rapidement. Le droit du scel aux draps rapportait 25 florins en 1484, mais avant 1523, il était tombé à 10 florins. Dans les années 1530, il était devenu insignifiant.[31]

La présence des draps malinois en assez grand nombre à Breslau dans les années 1512/1516, des ventes importantes en Valachie dans les années 1500 à 1546, et les rares envois dans ces années à partir d'Anvers, pour la Péninsule ibérique et l'Italie, ne doivent point chacher la décadence industrielle. La taxe sur la fabrication de draps à Malines tombait de plus de 4000 lb. par an au début du siècle à 1500 lb. vers 1550. A cette date 70000 aunes y quittaient les métiers par an (Graphique 1).[32]

On ne sait malheureusement rien sur le volume de la production à Duffel, la seule localité dont les tissus figurent à côté de ceux de Malines dans les expéditions vers la Péninsule ibérique au milieu du siècle. Le village a pourtant ébloui le florentin anversois L. Guicciardini, qui, en marchand, dépeignit la situation des Pays-Bas vers 1560. Les draps, serges et autres étoffes de laine du village se vendaient, selon lui, en grande quantité en divers pays et villes. Nous savons d'ailleurs que Leyden, le centre de la draperie hollandaise, se plaignit de l'imitation frauduleuse de ses tissus dans cette seigneurie. En travaillant la laine espagnole, on y imitait aussi, non sans succès, des serges espagnols.

Guicciardini mentionna aussi une abondante production à Lierre, à Oosterwijk, Turnhout, le grand nombre de draps produits à Bois-le-Duc, dont on sait d'autre part qu'ils étaient exportés vers l'Espagne, et une certaine activité à Malines, Anvers, Diest et Walem.

En somme, dès avant 1566, la draperie brabançonne était réduite à peu de chose. La décadence du XVIᵉ siècle n'était pas due en premier lieu à la disette de la matière première; cela ressort des données pour Diest. La rareté de la laine anglaise était probablement largement compensée par l'usage des laines relativement bonnes de la Campine et de l'Espagne.

La ruine de la draperie brabançonne était avant tout le résultat du désistement de la clientèle étrangère. Les marchés français et anglais étaient perdus depuis longtemps. L'Italie ne s'intéressait plus guère aux draps brabançons, tandis que le marché allemand était définitivement conquis par les étoffes légères anglaises depuis les dévaluations anglaises de 1526-1527. De plus, un conflit entre la Hollande et Lubeck ferma temporairement la Baltique aux produits brabançons.[33] Par surcroît, le marché intérieur était submergé par les produits tissus bon marché de Liège et de Limbourg. Les tentatives d'adaptation et de défense en Brabant étaient incapables d'arrêter le courant. Pourtant les villes abandonnaient progressivement la technique traditionnelle et le corporatisme rigide. L'usage du rouet, du fuseau, même en fer, et de teintures plus vulgaires, dont on peut apercevoir le résultat sur les tableaux de Brueghel, se diffusaient. Le nombre des métiers et des ouvriers n'est plus limité par atelier, lequel, çà et là, prend l'allure d'une petite usine. Le son nou-

---

[31] R. VAN UYTVEN, *Stadsfinanciën en stadsekonomie te Leuven, etc.,* cit., pp. 357-360, 389-390; ARCHIVES DE LA VILLE, DIEST; J. R. VERELLEN, *Linnennijverheid in Herentals vooral in de 16de eeuw,* dans « Taxandria », n.s. XXIX, 1957, pp. 10-11.

[32] H. AMMANN, *op. cit.,* pp. 52 s; J. A. GORIS, *Etudes sur les colonies méridionales à Anvers,* Louvain 1925; R. VAN UYTVEN, *De omvang van de Mechelse lakenproduktie, etc.,* cit., pp. 2-3, 10; les données sur la Valachie nous furent communiquées par M. le Prof. S. Goldenberg. Nous le remercions vivement.

[33] H. VAN DER WEE, *The Growth of the Antwerp market, etc.,* cit., II, pp. 163 s.

veau qu'on entend dans des adages comme « Qui tisse le plus, gagne le plus » résonnait aussi dans le martèlement des moulins à fouler qui se répandent partout.[34]

Ce fut trop tard. La crise politique et économique qui s'abattit sur les Pays-Bas en 1566, se prolongea surtout en Brabant et l'empêcha de tirer profit des interdictions des draps anglais, tandis que l'étape de la laine espagnole à Bruges profita surtout à la Flandre, consolidée plus vite par Farnèse. Plusieurs centres de la draperie brabançonne ont été d'ailleurs saccagés par la soldatesque : Zichem, Diest, Geel, Duffel, Malines, Lierre. L'émigration pour des motifs religieux, politiques et économiques accentuait encore la dépopulation générale. Les émigrés renforçaient la concurrence étrangère, tandis qu'en Brabant le haut niveau des salaires, provoqué par le boom commercial anversois, était maintenu, malgré le desarroi économique, par la baisse de la population et par la cherté de la vie. Les dévastations de la campagne avaient en outre décimé les troupeaux de moutons, dont la draperie brabançonne tirait en partie sa matière première.[35]

Dans les dernières années du XVIe siècle, la vie économique reprit et les magistrats urbains rivalisèrent pour attirer des drapiers et artisans du textile dont certains fuyaient le théâtre des hostilités trop proche. En 1604-1605, 33 tisserands de Bois-le-Duc, d'Oosterwijk, mais aussi de Duffel et même de Weert, fixés à Louvain, produisirent 352,5 pièces de laine, mais, malgré le soutien de la ville, ils manquaient de capitaux et d'outillage.[36] A Bruxelles la reprise se manifesta depuis 1619 par la production de bayettes.[37]. Malines fabriquait des serges, tout comme Lierre, où cette industrie avait été implantée par quelques Duffelois. En dépit des primes et autres avantages accordés par le magistrat, les 5 drapiers d'Anvers n'ont produit que 51 draps entre mai 1621 et déc. 1622. Les Anversois préféraient se faire marchands-drapiers.[38]

La firme G. de Mont par exemple importait la laine espagnole par Bruges et Amsterdam et la faisait travailler par des tisserands à Louvain, Malines, Bruxelles et Lierre. Ainsi elle écoulait, entre oct. 1637 et déc. 1642, 78110 aunes de draps de laine espagnole et 4106 aunes de laine indigène dans les villes principales des Pays-Bas espagnols.[39] Quelques villages de la Campine comme Hoogstraten ont repris aussi leur activité industrielle. Duffel exportait vers Bruxelles et la Flandre.

En fait, l'industrie de la laine en Brabant ne parvenait pas à regagner une signification internationale et ne savait même pas se conserver le marché intérieur très réduit.

Le protectionnisme des magistrats urbains et du gouvernement central était impuissant devant l'invasion des étoffes anglaises, hollandaises et liégeoises, d'autant plus que les autorités urbaines ne parvenaient pas à se mettre d'accord sur une ligne de conduite commune et qu'elles se méfiaient des mesures du gouvernement, jugées trop étatiques.[40] Sa fonction de capitale permettait à Bruxelles de redonner quelque ampleur à l'industrie de la laine. Entre 1620 et 1690 le nombre des apprentis acceptés par le métier des tisserands dépassait de loin celui des deux siècles antérieurs (Graphique 3). Vers 1675, la production bruxelloise de sayettes inquiétait même la ville de Leyden. Malines avait réussi à attirer des drapiers d'Anvers et surtout de la Hollande. Les fileurs qu'ils avaient engagés se constituèrent même en métier, mais en 1677 celui-ci essaya de se

---

[34] R. VAN UYTVEN, *Stadsfinanciën en stadsekonomie te Leuven, etc.*, cit., pp. 365-375; *De volmolen, etc.*, cit., pp. 69-73.

[35] H. VAN DER WEE, *The Growth of the Antwerp market, etc.*, cit., II, pp. 245-280; A. COSEMANS, *Het uitzicht van Brabant op het einde der XVIe eeuw*, dans « Bijdragen tot de Geschiedenis », XXVII, 1936, pp. 285-351.

[36] ARCHIVES DE LA VILLE, LOUVAIN.

[37] J. CUVELIER, *Le registre des statuts, etc.*, cit.; cfr. Graphique 3.

[38] F. PRIMS, *Geschiedenis van Antwerpen*, VIII, 2, Antwerpen 1942, pp. 13-15. Cfr. aussi: A. K. L. THIJS, *Hondschootse Sasaiwers te Antwerpen*, dans « Bijdragen tot de Geschiedenis », LIV, 1971, pp. 225-239.

[39] Renseignements dus à M. R. BAETENS, qui prépare une thèse sur Anvers vers 1600.

[40] F. PRIMS, *Geschiedenis van Antwerpen*, cit., pp. 277-278, 282-283, 286, 294-305.

réserver tout filage dans la ville. Cette tentative prouve à suffisance que la situation n'était pas brillante. On sait d'ailleurs que, dans ces années, la vingtaine de drapiers malinois ne faisaient marquer pour l'exportation que 200 draps à peine.[41]

En 1651, une quinzaine de fabricants étaient actifs à Anvers. C'étaient surtout de simples tisserands à un métier, souvent encore en chômage; trois d'entre eux étaient d'une certaine importance, dont un seul exploitait cinq métiers et employait environ septante personnes.[42]

L'industrie de la laine s'était en fait retirée du duché proprement dit et se concentrait dans le quartier de Bois-le-Duc, annexé par les Provinces Unies en 1629. Cette situation politique ambigue et frontalière, loin de nuire à la draperie, a plutôt favorisé Tilburg, Oosterwijk, Helmond et Breda. L'embargo contre les draps hollandais dans les Pays-Bas espagnols était souvent levé en faveur de l'ancien territoire brabançon.

D'un autre côté les ordonnances hollandaises sur la « buitennering », c'est à dire contre la draperie rurale, n'étaient point appliquées dans cette terre étrangère. Ainsi les milieux commerciaux d'Amsterdam s'efforçaient d'exploiter le niveau peu élevé des salaires villageois et y envoyaient des laines espagnoles pour être travaillées.

Ces produits, parfois apprêtés en Hollande, s'exportaient ainsi dans toute l'Allemagne. Déjà en 1641, 189017 livres de laine espagnole et en 1645 même 454720 livres y étaient travaillés.

Breda fabriquait surtout des serges et des futaines. Le vrai centre industriel du quartier était pourtant Tilburg. Sa production était de 1818 pièces en 1653, de 2712 en 1660, de 2505 en 1668, de 2851 en 1671 et de 2919 en 1674. Le nombre des drapiers y variait de 100 à 135 entre 1661 et 1687. Parmi eux, on reconnaît les ancêtres des grands industriels des siècles postérieurs, mais la grande masse était constituée par de petits entrepreneurs qui portaient eux-mêmes la main au métier et allaient mettre en vente leurs produits sur les marchés de la Campine anversoise ou du quartier de Bois-de-Duc. Quelques-uns se liaient par contrat à des entrepreneurs de Leyden, où leurs étoffes teintes et finies.

Progressivement, surtout après 1687, Tilburg se débarassa de cette tutelle technique et financière; même le capital et l'industrie de Leyden se déplaçaient vers le centre brabançon, consacrant ainsi le rôle primordial de cette ville dans l'industrie de la laine des Provinces-Unies.[43]

Le seul centre de la draperie brabançonne qui a gardé une importance internationale, était en fait une possession hollandaise, démonstrant ainsi que la fermeture de l'Escaut en 1585 avait tout de même eu une répercussion profonde sur l'économie du duché même.

---

[41] R. van Uytven, *De omvang van de Mechelse lakenproduktie, etc.*, cit., pp. 10-11; F. Donnet, *Un conflit entre les drapiers et fileurs malinois au XVIIe siècle*, dans « Annales XIIe Congrés Fédération archéologique et historique de la Belgique », II, Malines 1911, pp. 853-858.

[42] F. Prims, *op. cit.*, p. 15.

[43] P. C. Boeren, *Het hart van Brabant*, Tilburg 1942.

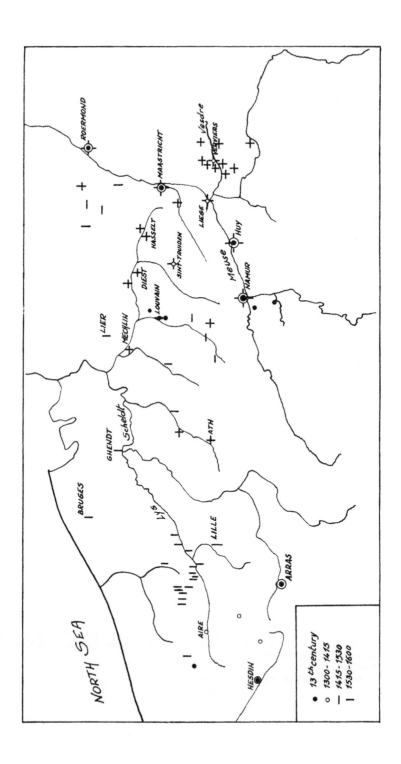

NORTH SEA

BRUGES

GHENDT

Scheldt

Lys

LILLE

AIRE

HESDIN

ARRAS

ATH

LIER

MECHLIN

LOUVAIN

DIEST

HASSELT

SINT-TRUIDEN

Meuse

NAMUR

HUY

LIEGE

MAASTRICHT

ROERMOND

Vesdre

VERVIERS

● 13ᵗʰ century
○ 1300-1415
| 1415-1530
I 1530-1600

IX

THE FULLING MILL:
DYNAMIC OF THE REVOLUTION IN INDUSTRIAL
ATTITUDES *)

Although it was Southern Netherlands cloth that had come to dominate the European market by the twelfth and thirteenth centuries [1]),
a technical innovation had already taken place at the end of the tenth
and in the eleventh century when the woollen industry in France,
Northern Italy and England had begun to use water-driven fulling
mills on a considerable scale [2]). Previously, cloth had been worked
entirely by man-power. When the woollen fabric had been removed
from the looms, it then had to be fulled. This was done by placing
it in a vat of warm water with a kind of clay called fullers' earth. The
cloth was thus cleared of grease and dirt; and was also trodden under
foot in a trough for twenty-four hours or even for as long as three
days by two or three nearly-naked men so that it became felted and
the warp invisible from the woof. When this process of foot-fulling
was replaced by a series of water-driven hammers, productivity rose
sharply and labour-costs were very much reduced [3]).

---

*) Translation of: R. VAN UYTVEN, "De Volmolen, motor van de omwenteling
in de industriële mentaliteit," *Alumni*, XXXVIII (1968), 61-76.

[1]) H. LAURENT, *Un grand commerce d'exportation au moyen âge: La draperie des Pays-
Bas en France et dans les Pays méditerranéens* (Paris 1935); H. AMMANN, "Deutschland
und die Tuchindustrie Nordwest-Europas im Mittelalter", *Hansische Geschichts-
blätter*, LXXII (1954), 1-63, and IDEM, "Die Anfänge des Aktivhandels und der
Tucheinfuhr aus Nordwest-Europa nach dem Mittelmeergebiet", *Studi in onore di
A. Sapori*, (Milan 1957), I, 273-310.

[2]) L. WHITE, *Medieval technology and social change* (Oxford 1962), 83-84; B. GILLE,
„Le moulin à eau, une révolution technique médiévale", *Techniques et civilisations*,
III (1954), 1-15; M. BLOCH, „Avènement et conquête du moulin à eau", *Annales
d'histoire économique et sociale*, VII (1935), 538-563; E. M. CARUS-WILSON, "An
industrial revolution of the thirteenth century", *Economic History Review*, XI (1941),
39-60, published with supplementary material in her *Medieval Merchant Venturers.
Collected Studies* (London 1954), 183-210.

[3]) N. W. POSTHUMUS, *De geschiedenis van de Leidsche lakenindustrie, vol. I: De
Middeleeuwen* ('s-Gravenhage 1908), 61-62; G. DE POERCK, *La draperie médiévale en
Flandre et en Artois* (*Rijksuniversiteit Gent. Fac. Wijsbeg. en Letteren*, vol. CX, Brugge
1951), I: *Technique*, 100-108. Cf. also P. VÁCZY, *La transformation de la technique
et de l'organisation de l'industrie textile en Flandre aux XIe-XIIe siècles* (Studia Historica
Academiae Scientiarum Hungariae, XLVIII, Budapest 1960).

2

According to Professor Carus Wilson, the introduction of mechanical fulling on a considerable scale, was the determinant in the development of the English cloth industry. For in search of the necessary sources of power, this industry began leaving towns for the open country from the thirteenth century onwards, thus also escaping from rigid industrial controls generally exercised in urban areas. This, together with ample supplies of English wool, essential raw material also for the Netherlands cloth industry, explains the tremendous growth of England's textiles from the fourteenth century onwards. So, the flat region of Flanders, lacking fast-running streams—a windmill region—is said to have been at a disadvantage compared with cloth manufacturing areas in England as well as with those in Northern Italy, which were able to make effective use of rapid watercourses descending from the Appenines to the country around Florence [1]). It is indeed generally supposed that such mechanization did not penetrate into Flanders or at least that in the Netherlands the fulling mill was introduced much later [2]).

Until we have a systematic enquiry, which is badly needed, into the distribution of fulling or indeed of all mills in the Netherlands [3]), a few examples will have to suffice to show that mills were already being utilized here in the thirteenth century. A *molendinum fullendi* existed at Louvain as early as May 1246 [4]). In April 1265 the Cistercian Abbey of Vrouwen-Park at Rotselaar, in the hamlet of Dieve, set up *duo molendina..., unum fullonum pro pannis tam alienis quam propriis fullendis aliud pro oleo et aliis seminibus tantummodo propriis et non aliis exprimendis...* [5]). About the 1st September 1285 the Norbertine Abbey at Park

[1]) E. M. CARUS-WILSON, *The Cambridge Economic History of Europe* (Cambridge 1952), II, 380 and 409-413; H. KELLENBENZ, „Les industries rurales en Occident de la fin du moyen âge au XVIIIe siècle", *Annales*, XVIII (1963), 843-844.

[2]) J. A. VAN HOUTTE, *Algemene Geschiedenis der Nederlanden* (Utrecht-Antwerpen 1952), vol. IV, 204; POSTHUMUS, *op. cit.*, 61-62; J. DEMEY, „De »mislukte« aanpassingen van de nieuwe draperie, de saaainijverheid en de lichte draperie te Ieper", *Tijdschrift voor Geschiedenis*, LXIII (1950), 228, note 34.

[3]) As has been done for the woad mills in Hesbaye (J. HERBILLON and A. JORIS, „Les moulins à guède en Hesbaye au moyen âge", *Belgisch Tijdschrift voor Filologie en Geschiedenis*, XCII (1964), 495-515). Studies of this kind are greatly hampered by the constitutional dislike of Belgian historians and archivists for subject indexes which facilitate the use by scholars of such texts and studies.

[4]) *Algemeen Rijksarchief* (= *A.R.A.*) Brussel (State Archives Brussels), Kerkelijke archieven van Brabant, no. 10967, folio 65-65 verso.

[5]) *A.R.A., ibidem*, no. 9497, folio 23 verso-24. No better illustration can be given of the historians' failure to do their "technical chores" than a recent interpretation of this text. The two mills, one for fulling the proprietor's own and another's (woollen) cloth, and the other for milling only the proprietor's oil and

(Heverlee, near Louvain) started to build *molendina fullonum et olei.* These were completed by July 1286 and cost the impressive sum of 35 libras without the necessary timber and the cost of providing food and drink for the labour force [1]. In 1264 a mill in two sections, one for fulling and one for milling oak-bark for tanning, appears in the Meuse district outside the town-gates of Maastricht. In 1295 we hear of a fulling mill at Roermond [2]), and about this time there was probably one at Huy [3]). Further south in the county of Namur, towards the end of the thirteenth century mention is also made of the count's fulling mills at Namur (1289 and 1294) and Moulins (1294) [4]). A fulling mill was working at the Norbertine Abbey of Floreffe as early as 1284 [5]). Also, in 1278 the count of Artois had a fulling mill, the site unidentified. The fulling mills of the priory of Saint-Georges at Hesdin-le-Vieux and district, and those of the manor of Fauquembergues also were probably already in existence at this date [6]).

It is remarkable that as in England these fulling mills not infrequently belonged to the estates of abbeys or lay lords. This fact points to the existence of an ancient rural industry which hitherto could only be guessed at from the countermeasures taken by the towns in the fourteenth century [7]). But more important still, their presence disposes of the theory that the Flemish and Brabant cloth industry had to be carried on without fulling mills because of lack of waterpower. In any case corn mills were traditionally dependent on water-power in this region, whereas the windmill did not become widely diffused until the

---

seed, but not that of others, become "two mills and the retting of flax" (A. and G. DESPY, „Un problème d'histoire cistercienne: les débuts de l'abbaye de Parc-les-Dames", *Belgisch tijdschrift voor Filologie en Geschiedenis*, XLII (1964), 1251, n. 3).

[1]) R. VAN WAEFELGHEM, "Status monasterii Parcensis", *Bulletin de la Commission Royale d'Histoire*, LXXXVII (1923), 247 and 312-313.

[2]) G. W. A. PANHUYSEN, *Studiën over Maastricht in de dertiende eeuw* (Maastricht, 1933), 131-133.

[3]) A. JORIS, *La ville de Huy au moyen âge* (Bibliothèque de la Faculté de Philosophie et Lettres de l'Université de Liège, vol. CLII, Paris 1959), 307-308.

[4]) D. D. BROUWERS, *Cens et rentes du Comte de Namur au XIIIe siècle*, (Namur 1910-11), vol. I, 259 and vol. II, 250; J. BORGNET and S. BORMANS, *Cartulaire de la Commune de Namur*, (Namur 1876), I, 127 and 175.

[5]) L. GENICOT, „Le Namurois politique, économique et social au bas moyen âge", *Annales de la Société archéologique de Namur*, LII (1964), 218.

[6]) G. ESPINAS, *La draperie dans la Flandre française au moyen âge* (Paris 1923), I, 60 and II, 212 n. 5, 743-744.

[7]) H. VAN WERVEKE, „Landelijke en stedelijke nijverheid", *Bijdragen en Mededelingen Historisch Genootschap te Utrecht*, (1951), 37-53, especially p. 47; E. COORNAERT, „Draperies rurales, Draperies urbaines", *Belgisch Tijdschrift voor Filologie en Geschiedenis*, XXVIII (1950), 59-96.

4

late twelfth and the thirteenth century [1]). We need only recall the water-driven oil mills, bark mills, etc. already existing here in the latter century, both in the town and country, and the water-driven fulling mills that sprang up everywhere in the sixteenth century. Nor should it be forgotten that our fulling-mill inventory is far from complete and that apart from the few mills of which we know the date of construction, there were others probably far older than a chance reference in the sources would cause us to believe.

It was not material difficulties but deliberate preference on the part of the great cloth centres of the towns of the southern Netherlands that explains the non usage of fulling mills in the Flemish and Brabant export industry in the late middle ages. For instance, it is highly significant that these should have disappeared from the Louvain district at the beginning of the fourteenth century at the very time that Brabant cloth was paramount in Europe [2]). The success of Brabant cloth was due to the switchover from cheaper fabrics to luxury materials. Compared with Flemish products, Brussels, Louvain and Malines cloth still fetched only low prices in the south in the thirteenth century [3]). From the second quarter of the fourteenth century onward the situation underwent a marked change. Brussels cloth, and to a lesser degree that of Malines and Louvain, became a luxury product for princes and nobles [4]). The reason is undoubtedly political tension between France and Flanders, beginning in 1285, which left a gap in

---

[1]) WHITE, op. cit., 87-88; J. DEWERT, Les moulins du Hainaut. Notes historiques. (Brussels 1935), vol. II, 5-6; P. PIETRESSON DE SAINT-AUBIN, „L'ancienneté des moulins à vent en Flandre", Revue du Nord, XXV (1939), 290; M. A. ARNOULD, „Une charme probablement romane du XIIe siècle (Chièvres, 1195)", Miscellanea Medievalia in memoriam J. F. Niermeyer, (Groningen 1967), 254-266.

[2]) R. H. BAUTIER, „La place de la draperie brabançonne et plus particulièrement bruxelloise dans l'industrie textile du moyen âge", Annales de la Société royale d'archéologie de Bruxelles, LI (1962-1966), 33-39; H. AMMANN, Deutschland und die Tuchindustrie, 30, 38, 49.

[3]) Deliberazioni del Maggior Consiglio di Venezia, (R. CESSI ed., R. Accademia dei Lincei. Commissione per gli atti delle Assemble Constituzionali Italiani, s. III, vol. I, Bologna 1931), vol. II, 276-277; BAUTIER, op. cit., 34-35 admittedly rejects this evidence of a Venetian Council Decree of 1265 regarding a cloth tax as it is badly preserved and in a later often adapted codification. But the share and interest of such towns as Cambrai, Arras, Stamfort, Montreuil, and the absence of Ghent, would seem to indicate earlier conditions (cf. H. AMMANN, „Die Anfänge des Aktivhandels", 276-301; LAURENT, op. cit., 63 and 109); M. GAIBROIS DE BALLESTEROS, Historia del reinado de Sancho IV de Castilla (Madrid 1922), vol. I, quotes in appendices customs accounts from San Sebastian dated 1293 in which the few Malines fabrics are subject to a very low assessment (BAUTIER, op. cit., 36).

[4]) BAUTIER, op. cit., 37-57.

the French market. Philip the Fair pursued a deliberate policy of encouraging the Brabant cloth merchants to take the place of the Flemings [1]). It looks as though the disappearance of the fulling mills was brought about by the structural shift in the Brabant cloth industry. This preference for an expensive and finely-woven fabric, and criticism of the less efficient method of preparing cloth in the fulling mill, can already be seen in the wage regulations forced on the Louvain fullers in 1298 by the clothmakers' guild. The master fuller was not allowed to take the cloth entrusted to him to a fulling mill without the owner's consent [2]). This was evidently a countermove by the drapers and cloth dealers who would sooner have a quality product than the chance of saving money by mill-fulling; in other words, they preferred a small market with a large profit margin to a greater turnover and smaller profits. Given the lack of political power among Brabant artisans [3]) the hatred of the foot-fullers for the fulling mill that deprived them of work can not yet have been a factor of any importance.

Outside the sphere of influence of the Flemish and Brabant towns, the fulling mills remained however in use and even increased in number during the fourteenth and fifteenth centuries. The Meuse region and Artois, with the neighbouring Leie valley of south-west Flanders, seem to have settled for a less expensive product [4]), and occasionally, as at Aire and Hesdin, for a costlier cloth as well. Apparently these fabrics did not at first find a ready market in southern Europe, although they penetrated to those areas of Germany and eastern Europe where tastes were less exotic. They were ensured a

---

[1]) LAURENT, *op. cit.*, 121-123, 134-137 and 260-262. This is also reflected in the differences in development between cloth manufacture at Ypres and at Malines (R. VAN UYTVEN, „De omvang van de Mechelse lakenproductie vanaf de 14e tot de 16e eeuw", *Noordgouw*, V (1963), 7 and table 2).

[2]) F. PRIMS, „De eerste eeuw van de lakennijverheid te Antwerpen", *Antwerpsch Archievenblad*, 2nd series, III (1928), 148; similar pronouncements were also made at Aire about the middle of the 14th century (G. ESPINAS and H. PIRENNE, *Recueil de documents relatifs à l'histoire de l'industrie drapière en Flandre*, (CRH in-4°, Brussels 1906), I, 31).

[3]) It was only after 1360 (Louvain) and 1423 (Brussels) that the crafts were given some measure of political enfranchisement to equate them with the still very powerful cloth guild (J. CUVELIER, *Les institutions de la ville de Louvain* (Académie r. de Belgique, Letters, Mémoires, in-4°, Brussels 1935), 2nd series, vol. XI, 215-225, 245-251; F. FAVRESSE, *L'avènement du régime démocratique à Bruxelles*, (Académie r. de Belgique, Lettres, Mémoires, in-8°, vol. XXX, I; Brussels 1932), 35-48, 72-77).

[4]) ESPINAS, *op. cit.*, vol. II, pp. 935-936.

fairly substantial trade by the markets of Champagne and by the important Meuse and Rhine trade, and above all shortly afterwards by the annual Frankfurt fairs [1]). Meanwhile the English industry and that of Normandy, with lower production costs, due to the use of fulling mills and the freedom which came from being situated in the country [2]), were experiencing a boom. True this was stimulated by the increasing prosperity of the urban middle-class, attracted into the market by favourable trends in prices and wages, but naturally created a demand only for a cheaper kind of cloth [3]). This must have given a fillip to the production of cheaper textile goods, and frequently to mill fulling, particularly in districts where, as we have seen, the fulling mill had been operating in the thirteenth century (except, of course, the mills of the Louvain region since this town, like the entire urban Brabant cloth industry, was now concentrating on expensive fabrics).

We hear of a fulling mill at Maastricht in 1385. In 1365 the drapers' guild of Liège purchased an already existing fulling mill, while two new fulling mills were built at Huy before 1367 and 1399 respectively. The construction of fulling mills in the Liège countryside was to prove even more important for the future. A fulling mill must have been operating in the St. Trond district (Gorsem?) earlier than 1363, while four mills were working at Verviers before 1413, at that time still a village [4]). In Artois mills are reported from Hesdin (at least four prior to 1379, some of which had been set up by the count), Aire (also a mill erected prior to 1358), Saint-Pol, and probably also at Atrecht (after 1358) and Bruay (after 1361 [5]). This also explains the great increase in the cultivation of woad, important as a dye in the cloth

---

[1]) LAURENT, *op. cit.*, passim; H. AMMANN, *Deutschland und die Tuchindustrie*, passim.

[2]) M. MOLLAT, *Le commerce maritime normand à la fin du moyen âge* (Paris 1952), 274-277.

[3]) W. ABEL, "Wüstungen und Preisfall im spätmittelalterlichen Europa", *Jahrbücher für Nationalökonomie und Statistik*, CLXV (1953), 392-402; E. PHELPS BROWN and S. V. HOPKINS, "Seven centuries of the prices of consumables, compared with builders' wage rates", *Economica*, n. S., XXIII (1956), 296-314; H. VAN DER WEE, *The Growth of the Antwerp market and the European economy*, (Louvain 1963), III, 92.

[4]) J. G. J. KOREMAN, „Aspecten van de Maastrichtse lakennijverheid en -handel", *Miscellanea Trajectensia* (Maastricht 1962), 195-225; S. BORMANS, *Le bon métier des drapiers de la cité de Liège* (Liège 1866), 122-123; JORIS, *op. cit.*, 307-308; J. GRAUWELS, *Regestenlijst der oorkonden van het Begijnhof van St.-Truiden* (Brussels 1962), no. 63 and passim; E. FAIRON, *Les industries du Pays de Verviers* (Verviers 1922), p. 15.

[5]) ESPINAS, *op. cit.*, II, 212, n. 5, 742-746. Cf. also ESPINAS and PIRENNE, *op. cit.*, under the localities in question.

industry, in Hesbaye in the fourteenth and fifteenth centuries [1]). In fact a number of fulling mills appeared in that area before 1530:— Chaumont (1468 and the sixteenth century), Ottignies (1469 and 1527), Genappe (1504-1505) and Hamme (-Mille) (1523-1534). One is also reported in 1448 at Gerardsbergen [2]).

It is undeniable that the jealous Flemish and Brabant towns, centres of the traditional luxury industry, did everything possible, even to organising armed expeditions, to stifle this rising rural industry in their own district [3]). Therebye the future of the rural industry in the Vesdre valley at Liège and the Duchy of Limburg was guaranteed, since it was situated in a practically townless area. True the towns of the Prince-Bishopric lay along the Meuse or on the trade-route from Brabant to the Rhine. It seems likely however that the rural industry of this area was greatly stimulated by nearby Aix-la-Chapelle [4]), so that the rivalry of the city clothiers in the Prince-Bishopric, reflected in regulations restricting the sale of country-made cloth in the town of Liège [5]), was not a serious drawback.

The rise of the cloth industry around Verviers was phenomenal. The four fulling mills existing prior to 1413 were very soon supplemented by others, as for instance at Ensival and Stembert. Including Pepinster and Theux, the Marquisate of Franchimont could boast about 17 fulling mills before 1530, mainly on the Vesdre. In the nearby Duchy of Limburg the situation was much the same. One mill is reported from Hodimont in 1448, one from Malmédy in 1429, one from Chaîneux in 1464, and one from Dison in 1502, although in many other Limburg villages the fulling mill certainly dates from this period (for instance that at Dolhain) [6]).

[1]) HERBILLON and JORIS, op. cit., 500-501.

[2]) J. TARLIER and A. WAUTERS, Géographie et Histoire des communes belges. Canton de Wavre, 262 and 141; Canton de Genappe, 2; Canton de Jodoigne, 165; E. SOENS, „De voormalige scholen te Geeraardsbergen", Annales Cercle historique de Gand, XI (1911), 47, n. 2.

[3]) J. A. VAN HOUTTE, "Stadt und Land in der Geschichte des flandrischen Gewerbes im Spätmittelalter und in der Neuzeit", Wirtschaft, Geschichte und Wirtschaftsgeschichte, Festschrift F. Lütge (Stuttgart 1966), 93; VAN WERVEKE, op. cit., 37-53.

[4]) At any rate this was the case in the Limburg mining industry (M. YANS, Histoire économique du duché de Limbourg sous la Maison de Bourgogne (Académie r. de Belgique, Lettres, Mémoires, in-8°; Brussels, 1938), vol. XXXVIII/2).

[5]) BORMANS, op. cit., 86-87, 89-99; J. S. RENIER, Histoire de l'industrie drapière au pays de Liège (Liège 1881), 31-35.

[6]) FAIRON, loc. cit.; RENIER, op. cit., 23, 150, 178-179; P. LEBRUN, L'industrie de la laine à Verviers pendant le XVIIIe et le début du XIXe siècle (Bibliothèque de la

The towns of the Meuse-region itself had no hesitations about increasing the number of fulling mills. In addition to those still working at Namur, Maastricht, Huy, Liège and St. Trond, two others were set up at Maastricht in 1465 and 1498 and two at Roermond in 1421 and 1462. Around this time there are also reports of one at Tongres. From 1518-1519 Hasselt requested the use of a fulling mill which in 1522-1523 was already being worked by a fulling miller from Stamprooi, near Weert, and in 1523-1525 two mills were erected at Genk to serve the needs of Hasselt, following the example given by Diest. A mill was also working at nearby Zichem. The town of Malines built one in 1524, to be followed the year after by Ath which specialised in imitating Malines cloth. The date of the Lier mill is uncertain. A mill was set up at Bocholt in 1515 and another at Neeroeteren in 1550. One was working at Ellikom in 1515 and another at Overpelt in 1576 [1]).

The example of Malines and Diest shows that the traditional cloth-making centres of the Flemish and Brabant towns tried to adapt themselves to the altered methods of production. After 1530 the fulling mill rapidly spread to the west and new ones were built in the Vesdre area. In 1543 we hear of mills at Ninove and Ypres. In 1551 a new fulling mill was built at Hasselt and another was working at Geraardsbergen. In 1538 one was in action at Lille, and a clothier of that town built one at Menen. There was one at Komen in 1550, and Wervik followed suit in 1569. About 1550 one such mill must have existed at Brussels, seeing that Louvain refers to this example when building a similar machine in 1559. By 1558 Bruges had also adapted itself to the new technique. Meanwhile the fulling mill had reached Holland, but here it was used solely for imitating English cloth. By 1562 the

Faculté de Philosophie et Lettres Univ. de Liège, CXIV, Liège 1948), 436-438; A. J. MATHIEUX, *L'industrie drapière au pays de Verviers et au duché de Limbourg* (Verviers 1954), 16-18.

[1]) Cf notes 4 (p. 6) and 2 (p. 7). Also J. LINSSEN, „De volmolen van de stad Roermond", *De Maasgouw*, LXXXV (1966), 7-18 and 135-142; S. BORMANS, *Cartulaire de la commune de Namur*, (Namur 1876), III, 268-271; J. A. VAN HOUTTE, *Algemene Geschiedenis der Nederlanden*, IV, 204; R. VAN UYTVEN, *Stadsfinanciën en Stadsekonomie te Leuven* (Verhandelingen Kon. Vlaamse Academie, Letteren, XXIII, 44; Brussels 1961), 369-370; C. DE BAERE and C. VANDERSTRAETEN, „De volmolens in de Hasseltsche lakennijverheid", *Limburg*, III (1921-'22), 221-224 and IV (1922 '23), 5-11; IDEM, „Geschiedenis van de lakennijverheid te Hasselt", *Limburgsche Bijdragen*, XVIII (1923), 40-61; B. JANSSENS, „*Water- en windmolens in het oude Lier*", *'t Land van Ryen*, IV (1954), 51. As Prof. Van der Wee assumes, it probably did not reach Lier until the very late 16th century; A. REMANS, „Volmolens in Limburg", *Limburg*, XLVI (1967), 187-191 and XLVII (1968), 277-279.

fulling-mill technique had become widespread in the south-west of Flanders at Bailleul, Nieppe, Vleteren, Eecke, Godewaersvelde, Berthen and Meteren. Two years later new mills were built at Steenwerck, St. Janscappel and Nieuwkerke. Before this date a fulling mill had existed at Blendecque near St. Omaars to which in 1600 cloth was sent from Bailleul, Nieppe, Armentières and Ypres and district. It seems that a fulling mill also existed at Ghent before 1583. In 1598 a Nieuwkerke clothier built one at Dranouter near Bailleul. Another mill existed at Bonnert near Arlon in 1567 [1]).

Such a sixteenth century "industrial revolution" reflects a change in the economic outlook of clothmakers in both town and country. Those who had been opposed to mechanisation now became the driving force behind the innovation, contrary to the wishes of the foot-fullers of the towns. Not for nothing were the clothmaking industries of Louvain and Brussels robbed even of their own town markets by the cheap cloth produced at Maastricht, Hasselt, Liège, Tongres, St. Trond and certainly by such smaller places as Duffel, Zichem, Weert and others in the Prince-Bishopric, Limburg and Brabant itself [2]) which had been using fulling mills intensively.

Thanks to mechanisation the cloth-industry of the Liège towns had been able to compete with that of rural areas, which was now in a particularly favourable situation. In fact, up to very late in the sixteenth century the rural industry was far less burdened with taxation than that of the towns. Moreover the rigid labour regulations governing the town industry were much less restrictive in the country, enabling rural artisans to use other, cheaper, kinds of wool than the rare English variety and greatly simplify cloth manufacture [3]). Despite attempts to relax the labour rules and allow some concentration of

---

[1]) Cf. the previous note. Also H. VANGASSEN, *Geschiedenis van Ninove*, (Ninove 1959), II, 271; *A.R.A.*, Dozen der Rekenkamers, nos. 247, 255A, and 775; POSTHUMUS, *op. cit.*, I, 61-62 and 68; H. E. DE SAGHER, *Recueil de documents relatifs à l'histoire de l'industrie drapière en Flandre. Le Sud-Ouest de la Flandre depuis l'époque bourguignonne*, ed. J. H. DE SAGHER, H. VAN WERVEKE and C. WYFFELS (CRH in-4°; Brussels 1966), III, 54, 192, 205, 409-410; L. GILLIODTS-VAN SEVE-REN, *Cartulaire de l'ancienne estaple de Bruges* (Bruges 1905), III, 113, 293-294, 353; R. DEFRANCQ, *Bijdragen tot de Geschiedenis van Wervik* (Wervik 1960), 76; M. BOURGUIGNON, „Histoire de la platinerie de Bonnert, *Annales de l'Institut archéologique du Luxembourg*, XCII (1961), 83-84; J. PRATE, *Droit d'eau et de vent en Flandre, en Hainaut et en Cambrésis* (Lille 1910), p. 60.

[2]) P. BONENFANT, „Achats de drap pour les pauvres de Bruxelles", *Beiträge zur Wirtschafts- und Stadtgeschichte. Festschrift H. Ammann* (Wiesbaden 1965), 179-192; VAN UYTVEN, *op. cit.*, 371-375.

[3]) VAN HOUTTE, *op. cit.*, 93-98.

industry, to draw on new types of raw materials and manufacture other kinds of fabrics [1]), the larger cities of Brabant and Flanders often met with resistance from the now more politically sophisticated craft-guilds whose membership was still considerable. For instance, the fullers opposed the erection of mills at Malines, Hasselt, Ypres, Bruges, Louvain and Menen. But the town magistrate could usually insist on the full use of the new technique, at any rate for certain materials. The innovation, so thoroughgoing that later the new industry was even renamed serge and baize manufacture, marks a clear preference for the production of more saleable articles with a smaller profit margin but larger turnover. This change in attitude inevitably calls to mind the great Industrial Revolution of a later age; the dispute about the construction of the Louvain fulling mill in 1559, as evidenced by the foot-fullers' tragic protest, is a good illustration. The latter complain of the hasty production methods demanded by the clothiers to ensure a regular flow of working capital, but as a result of which the work was liable to be inferior and escape proper inspection. "These clothmakers now want one end of the cloth in the fulling trough while the other end is in the loom and the work cannot be properly examined or pressed. Their one cry is "Hurry! Hurry! All I want is the money!" In order to save wages the clothmakers wanted to do away with foot-fulling, even though the foot-fullers earned barely $2\frac{1}{2}$ stuivers a day [2]). Actually a great part of the costs of fulling were the result of municipal taxes. It makes one vindictive, decided the fullers, to think that "one craft is trying to oust another and that a great many poor workmen are being driven out by a few clothmakers" [3]). Practically every cloth-maker was influenced by the same motives, low wage-costs and quicker processing [4]). In 1728 it was estimated at Amiens that fulling by foot, which anyhow took much longer, was ten to twelve times more expensive than mill-fulling [5]). It seems that at Louvain mill-fulling meant a saving of 70 per cent of fulling costs and at Hasselt even more. But this was only a small fraction of the price of a finished piece of cloth [6]). The clothiers' profit margin must have been ex-

---

[1]) J. A. van Houtte, *Algemene Geschiedenis der Nederlanden*, IV, 202-207; Van Uytven, *op. cit.*, 368-371, 376; Demey, *op. cit.*, 222-235.

[2]) A mason earned 5 stuivers a day and an assistant 3 (van Uytven, *op. cit.*, 563).

[3]) *Stadsarchief Leuven* (Louvain Town Archives), no. 488 (15 July, 1556).

[4]) For Bruges and Bailleul cf. Gilliodts-Van Severen, *op. cit.*, III, 293-294.

[5]) P. Deyon, *Amiens capitale provinciale* (Ecole pratique des Hautes Etudes. Civilisations et Sociétés, II, Paris 1967), 187 and n. 33. n. 33.

[6]) According to evidence in van Uytven, *op. cit.*, 368-369, 372, 375, n. 5, 544 and 563 and C. de Baere and C. Vanderstraeten, *Geschiedenis*, 40 and 61.

tremely small for them to be so concerned about a few stuivers. But time-saving and flow of capital were other important considerations.

The clothmakers must have been very staunch patrons of the fulling mill since they sent cloth from Bruges, Eecke, Godeswaersvelde, Bailleul, Nieuwkerke, Armentières and Ypres to the mill at Blendecques near St. Omaars, and in some cases to Harelbeke when no mill was available in their own district [1]). The demand even led to the construction of windmills, as at St. Janscappel as early as 1564 [2]). This underlines the importance attached by the new industry to rapidly-falling streams. Some centres in Flanders were obliged to make do with the more complex and expensive windmills or man-made sources of water-power [3]). This also explains the success of the fulling-mill technique and clothmaking industry in the well-watered areas of Liège and Limburg.

These areas had also been far less exposed to such trials and tribulations as beset the Southern Netherlands during the religious wars. It is true that in common with all European textile centres they were not immune from the maritime and commercial crisis which set in after 1560 [4]), but the Prince-Bishopric of Liège, being politically separated from the Spanish Netherlands, was obviously less devastated by military operations [5]). Riots connected with iconoclasm, with consequent repression followed by Protestant persecution did not reach the same proportions as in the Spanish territories because of the comparative lack of political power in the Prince-Bishopric. The only towns seriously affected were in the north, such as Hasselt, Maastricht and St.-Trond; these suffered all the more on account of their economic dependence on Antwerp and on the badly hit trade between that town and Germany [6]).

In the Spanish Netherlands the destruction wrought by the Farnese war of conquest completely wrecked an industry already in the throes of a violent crisis. In 1571 the Ninove and Ath fulling mills were

---

[1]) GILLIODTS-VAN SEVEREN, op. cit., vol. III, 355; A.R.A., Dozen der Rekenkamers, no. 776.

[2]) DE SAGHER, op. cit., II, 409-410.

[3]) Thus a great deal was expected from the Nieuwe Leie dug out by Bruges in 1584 (GILLIODTS-VAN SEVEREN, op. cit., III, 293).

[4]) VAN DER WEE, op. cit., II, 228-263; DEYON, op. cit., 167-169; F. J. FISHER, "Commercial trends and policy in sixteenth-century England", Economic History Review, X (1940), 95-117.

[5]) H. PIRENNE, Geschiedenis van België, II, 243-374 and 422-431.

[6]) C. DE BAERE and C. VANDERSTRAETEN, Geschiedenis..., Limburgsche Bijdragen, XVII (1921), 99, 109-110.

reduced to rubble and except for Blendesques, by 1584 there were hardly any fulling mills still working in Flanders. Many clothmaking centres, including the rural ones, such as Hondschote, Bailleul, Nieuw-kerke, Weert, Zichem, and others, had been severely damaged by the military operations [1]).

The emigration from the Spanish Netherlands, which for religious reasons had begun before 1570, was greatly accelerated by economic stagnation. Protestant Holland, securely situated behind the great rivers, attracted many immigrants (most, of course, textile workers), especially from the present day provinces of East and West Flanders (some of them had first gone to England). With its fleet and ports Holland also afforded a much better market for their produce [2]). In Rotterdam and Leiden in particular they began a market in a wide range of textile products. The new industrial spirit they brought with them greatly influenced technology and mechanisation. Thus the fulling mill, especially the windmill [3]), makes its appearance in Leiden in 1585 and in Rotterdam in 1591. The migrants introduced also a number of other mechanical inventions such as the ribbon mill on which twelve or more ribbons could be woven at the same time, and the calender mill for pressing serge. The new spirit informing these immigrants is also reflected in the far more flexible organisation and regulation of the trades and professions and the clothmaking industry. We can also perceive the beginnings of industrial integration [4]).

The textile manufacturing areas of the Prince-Bishopric of Liège and to a lesser extent the Duchy of Limburg and Aix-la-Chapelle, were reinvigorated by the immigration, although it was mainly the disappearance of their rivals in the Flemish countryside that enabled this industrial area to make further headway on the German market. Now that Amsterdam had virtually clipped the wings of the trade

---

[1]) J. A. VAN HOUTTE, *Algemene Geschiedenis der Nederlanden*, IV, 206; VAN DER WEE, *op. cit.*, II, 239-240, 245-262; *A.R.A.*, Dozen der Rekenkamers, no. 262; GILLIODTS-VAN SEVEREN, *op. cit.*, III, 293-294 and 355.

[2]) VAN HOUTTE, *op. cit.*, V, 184-195, and T. S. JANSMA, *Algemene Geschiedenis der Nederlanden*, V, 220-224.

[3]) Although the fulling windmill may seem to us to be typically Dutch, it actually came from Flanders (cf. above). By 1578 one had been set up in Groningen (*Diarium van Egbert Alting*, ed. W. J. FORMSMA and R. VAN ROYEN (*Rijks Geschiedkundige Publicatiën*, grote serie, CXI; 's-Gravenhage 1964) 429.

[4]) C. TE LINTUM, „De textielindustrie in Oud-Rotterdam", *Rotterdamsch Jaarboekje*, VII (1900), 24; POSTHUMUS, *op. cit.*, II, 1-152 and III, 661-664; J. G. VAN DILLEN, „Leiden als industriestad tijdens de Republiek" *Tijdschrift voor Geschiedenis*, LIX (1946), 25-51, warns us, however, not to exaggerate its modern character.

and exports of Antwerp these areas became dependent on Holland
for supplies of finer quality wool than could be produced locally, and
for a part of their exports. But owing to lack of capital they came
under the influence of Leiden where they sometimes sent their cloth
for the last and most refined finish [1]). The progressive Leiden clothiers
also tried to profit from the lower wages paid in the Liège and Limburg countryside, being hampered in their own district by the traditional opposition to rural industry [2]). Absence of craft organisations
in the villages of the Vesdres district [3]), the presence of surplus labour
released by the changeover from arable to livestock farming [4]), and
intensive use of abundant water-power lightening pressure on wages
which resulted from increased industrial activity, made this district
especially suitable for such a purpose. Added to this, the rural industry
still had its now old-established advantages of absence of taxation and
greater industrial freedom [5]); making use of these, the Liège and Limburg textile industry soon became a completely independent development. Industrial integration, already present in essence, seeing that
the cloth manufacturer could easily become the co-proprietor of a
fulling mill [6]), was also able to continue unhampered in this area [7]).
Thus there sprang up a kind of business closely resembling our modern
large-scale industries.

Intensive use of the fulling mill [8]) also showed manufacturers the

---

[1]) N. W. POSTHUMUS, *Bronnen tot de Geschiedenis van de Leidsche textielnijverheid,*
(*Rijks Geschiedkundige Publicatiën,* Large series, XXII; 's-Gravenhage 1914), IV, 71.

[2]) VAN DILLEN, *op. cit.,* 29.

[3]) The Prince-Bishop's final attempt to introduce the guild system had failed
in 1685 (LEBRUN, *op. cit.,* 256).

[4]) J. A. VAN HOUTTE, *Algemene Geschiedenis der Nederlanden,* V, 201.

[5]) N. W. POSTHUMUS, „De industriële concurrentie tusschen Noord- en Zuid-
Nederlandsche nijverheidscentra in de XVIIᵉ en XVIIIᵉ eeuw", *Mélanges d'Histoire
offerts à H. Pirenne,* (vol. II Brussels 1926), 371, quotes a statement dated 1659 on
the difference between Leiden and Verviers; J. A. VAN HOUTTE, Stadt und Land,
loc. cit.

[6]) FAIRON, *Les industries,* 16-17.

[7]) The number of looms allowed per clothmaker was two in 1526, five in 1659,
and six in 1678, but at this period some had 20 in operation, and in 1699 nine
and three off the premises (RENIER, *op. cit.,* 170). Cf. also LEBRUN, *op. cit.,* passim,
especially 342.

[8]) The following fulling mills were registered in the duty and rent books of
the Duchy of Limburg even before 1668 (*A.R.A.,* Dozen der Rekenkamers,
no. 530): town of Limburg 3; country of Dalem 5; District of Walhorn: 1 at
Astenet and 2 at Kettenis; District of Balen: 4 at Goé, 3 at Balen, 4 at Membach;
District of Eupen: 4 at Eupen, 4 at Berg en Grave, 2 at Asse, 4 at Goestorp,
3 at Nystorp, 1 at Stockem. In addition nine copper mills and four bark mills
were working for the tanners in the Districts of Walhorn and Montzen-Gemme-

14

advantages to be derived from mechanisation; small wonder that precisely this area was to be the cradle of the Industrial Revolution in the textile industry of the Netherlands and indeed of the entire continent [1]). The fulling mill was so well adapted to the new technical industry that in the nineteenth century it was only improved in a few minor details, and at Verviers in 1806 there were only 17 fullers out of a total of 2,523 textile workers [2]).

nich. Fulling mills were also working at Verviers, Dison, Hodimont, Ensival, Lambermont, Malmédy, Stavelot, Stembert, Theux and Wégnez (LEBRUN, op. cit., 436-438; RENIER, op. cit., 178-180).

[1]) LEBRUN, op. cit., 234-254; RENIER, op. cit., 63-203.

[2]) LEBRUN, op. cit., 199-206, 510-511; RENIER, op. cit., 180-182.

X

Cloth in Medieval Literature of Western Europe

I

For the student of the medieval cloth industry in the Netherlands and on the Continent there is no equivalent to the marvellous series of statistics that Professor Carus-Wilson and Miss Coleman have provided for England.[1] For evaluating the importance of the famous cloth-making towns of Flanders and Brabant during the Middle Ages, quantitative material is either entirely lacking or much less systematic. In an attempt to overcome this shortage of information, scholars have been obliged to look through all sorts of historical sources in search of references to Netherlands cloth in various places.

Their impressive picture of the diffusion of Flemish and Brabant woollens risks overstating the case for the scale of output and of the export trade. Cloth of the Netherlands was in fact an expensive commodity. One single ell (about 0.7 metres) of the cloth Ghent bought in 1362–63 for the town's soldiers cost from 1 shilling to 1s 4 *groot* (1 *groot* = about 1 gram 75 fine silver). For a complete outfit, a surcoat, a coat, a hood and a pair of trousers, some fifteen ells were needed,[2] and at the time a master carpenter earned only 6d *groot* a day. A whole piece (about thirty ells) cost about 30s 4d *groot*, but there were also pieces costing £2 5s 0d, £2 10s 0d, and £4 12s 6d, whereas a scarlet cost as much as £8 1s 6d *groot*. In the hierarchy of values cloth ranked high, as an *ame* of wine (about 135 litres) cost £1 4s 0d and a basket of fresh herrings cost 4s 3d. A mark (about 245 grams) of wrought silver was worth about 11s 6d.[3] A fine Brussels cloth was worth about

[1] E. M. Carus-Wilson and O. Coleman, *England's Export Trade, 1275–1547* (Oxford, 1963).

[2] 'Caxton's dialogues', J. Gessler (ed.), *Le Livre des Mestiers de Bruges et ses Dérivés* (Bruges, 1931), p. 19.

[3] A. and H. Van Werveke (eds.), *Gentse Stads- en Baljuwrekeningen (1351–64)* (Brussels, 1970), pp. 561–80.

800 grams of gold, equivalent to one diamond, five rubies and five emeralds or some thirty kilos of pepper, a proverbially high-priced spice.[4]

As a craftsman had to spend between a third and a half of his earnings on food for his family,[5] it is clear that his purchases of clothing would be limited in volume and in value. Only an exclusive upper-class person could afford to wear the quality cloth of the Netherlands and therefore even a modest production of luxury woollens called for distribution over a very extensive area. The bulk of our information, originating from toll lists, market ordinances and other such sources, does not prove the actual presence of a single cloth and it is not unreasonable, in fact, to assume that the passing of a few cloths along the traditional trade routes was considered as a major event at each of the successive commercial centres. On the other hand, the surviving quantitative data concerning actual transactions or cargoes are isolated and accidental, and it would be hazardous to generalise on the basis of these exceptional references.

Such objections may be more or less disregarded when we come to deal with purely literary texts. To captivate an audience a work of fiction must seem real. A writer may idealise persons, things or situations and his imagination can be hyperbolical, but the concrete representation of his images will always reveal features of the real world around him. His casual remarks and comparisons will reflect the common opinion of his public and other generally acknowledged facts of the time.[6] The knights in an epic are doubtless richer and bolder than they usually were, the ladies lovelier and more elegant, but for them to be seen in this way the author has to dress them in the richest clothes he actually knew. The numerous literary allusions containing textiles from the Netherlands sum up, so to speak, the contemporary view of the place these cloths occupied in the economy of the time and the part they played in medieval life. In this sense, literary sources attain a degree of objectivity and a general significance seldom realised by official records. The samples discussed in this essay will show that the information concerning cloth-making centres found

---

[4] R. H. Bautier, 'La place de la draperie brabançonne et plus particulièrement bruxelloise dans l'industrie textile au Moyen Âge', *Annales Société Royale d'Archéologie de Bruxelles*, LI (1962–66), pp. 45–6.

[5] E. Scholliers, *Loonarbeid en Honger. De Levensstandaard in de XVe en XVIe eeuw te Antwerpen* (Antwerp, 1960), pp. 171–80.

[6] J. C. Payen *et alios*, *Le Roman* (*Typologie des Sources du Moyen Age occidental*, *12*) (Turnhout, 1975), pp. 19 and 61–6; O. Jodogne, *Le Fabliau* and J. C. Payen, *Le Lai Narratif* (*Typologie* ... *13*) (Turnhout, 1975), pp. 26–8 and 61–3; A. Sempoux, *La Nouvelle* (*Typologie* ... *9*) (Turnhout, 1973), pp. 22–30.

in medieval literature is much nearer to reality than F. Michel and K. Zangger, for instance, were willing to admit.[7]

II

A historical survey of cloth-making in western Europe usually opens with an examination of the fascinating 'Frisian' cloths. Professor Doehaerd recently assembled all kinds of literary references to them in sources ranging from biographies to letters.[8] The only real piece of poetry among them may be singled out. The *Carmen in honorem gloriossimi Pippini regis* composed by Ernoldus Nigellus, an exiled courtier, about 826–8 quotes the Rhine speaking to the Vosges:

> Utile consilium Frisonibus atque marinis
> Vendere vina fuit et meliora vehi . . .
> Nam toga vestit eos vario fucata colore,
> Quae tibimet nusquam, Wasace, nota foret

> (It was a useful decision to sell wine to the Frisians and coastmen, and to import better ware . . . For, a coat dresses our people in a variety of colours, that never was known to you, O Vosges)[9]

A few purely literary references should be added to the dossier concerning 'Frisian' cloths. In *Partonopeu de Blois*, a French romance of the twelfth century, a knight was dressed 'd'un fres palie de Frise' (a bright cloth of Frisia), a present from the emperor.[10] A character in *Li romans de Dolopathos* (about 1222–26) wears a cloak 'd'un drap de Frise (a cloth of Frisia).[11] The actual origin of the 'Frisian' cloths is still a matter of discussion and it is not clear whether they were actually woven in Frisia or whether they were only called 'Frisian' because the merchants of that region were dealing in them. In this debate the following literary texts have been overlooked. *Li romans de Berte aus grans piés* by Adenet le Roi (dating from the second half of the thirteenth century) describes a cloak 'et le drap en fut fait el réaume de Frise', that is to say its cloth is specifically stated 'to be made in the kingdom of Frisia'.[12] The contemporary *Roman d'Auberi* similarly refers to

---

[7] K. Zangger, *Contribution à la Terminologie des Tissus en ancien Français* (Zurich, 1945), p. 1; F. Michel, *Recherches sur le Commerce, la Fabrication et l'Usage des Etoffes de Soie, d'Or et d'Argent et autres Tissus précieux en Occident* (Paris, 1852–54), p. 337.

[8] R. Doehaerd, *Le Haut Moyen Age: Economie et Sociétés* (Nouvelle Clio, 14) (Paris, 1971), pp. 232–4.

[9] E. Faral (ed.), *Ermold le Noir, Poème sur Louis le Pieux et Epitres au Roi Pépin*, (*Les Classiques de l'Histoire de France au Moyen Age* (Paris, 1932), p. 210; see also p. 88, vv. 1124–5.

[10] J. Gildea (ed.), *Partonopeu de Blois. A French Romance of the Twelfth Century*, I (Villanova, 1967), p. 468, vv. 1700–1.

[11] C. Brunet and A. De Montaiglon (eds.), *Li Romans de Dolopathos* (Paris, 1856), pp. 134–5, especially v. 3880.

[12] P. Paris (ed.), *Li Romans de Berte aus grans Piés* (Paris, 1832), p. 46: XXXI.

'Mantelet cher, que tessurent Frisons' (a costly cloak, the Frisians wove).[13] We would not overestimate the cogency of these texts, but they do nevertheless corroborate other evidence for the production of cloaks (*sagi*) and cloths in Frisia itself. The Latin sources and diplomatic documents concerning Frisian cloth leave little room for doubt that the French poets did indeed mean Frisia and not Phrygia, as A. Schultz supposed.[14] That Frisia was called a kingdom by Adenet le Roi does not contradict this identification because the mythical kings of Frisia are a commonplace in medieval historical literature.[15]

It has been argued that the 'Frisian' cloths were, in fact, Flemish woollens. By the eleventh century Flanders was certainly exporting cloths of various colours. In the words of the poet Winric of Trèves, who wrote his *Conflictus ovis et lini* (Conflict between Sheep and Flax) around 1068–70, Flemish cloth was worthy of a lord to wear:

> hunc tamen egregium facit hec provincia pannum
> qui viret aut glaucus aut quasi ceruleus.
> Has vestes dominis gestandas, Flandria, mittis,
> has flocco crispans leniter, has solidans.[16]

(This province makes this excellent cloth in green or blue–green or deep-blue colours. Those clothes, worthy of lords to wear, Flanders, you are exporting, are slightly crisping in the wool; some are more solid.)

In a recent paper, these verses have been quoted by Professor Verlinden to substantiate his theory concerning a technical revolution in cloth-weaving in Flanders during the eleventh century. The word *pannum* instead of *pallia* or *vestes* would mean that a new type of cloth woven in standard-sized pieces was being produced and that consequently a new kind of loom was being used.[17] But this argument is not plausible since a *capitulare* of as early as 805 already used the expression *panni integri* (whole cloths).[18]

Professor Carus-Wilson has herself utilised another literary text, a comment on the Talmut by Rabbi Solomon Izhagi (commonly called

---

[13] Cited by N. W. Posthumus, *De Geschiedenis van de Leidsche Lakenindustrie*, I. *De Middeleeuwen* (The Hague, 1908), p. 2 n. 3.

[14] A. Schultz, *Das höfische Leben zur Zeit der Minnesinger*, I (Leipzig, 1889), p. 337.

[15] A. G. Jongkees, *Het Koninkrijk Friesland in de 15de Eeuw* (Groningen, 1946); idem, 'Gondebald, Koning van Friesland', *Tijdschrift voor Geschiedenis*, LXXIV (1961), pp. 309–29.

[16] A. Van de Vijver and C. Verlinden, 'L'auteur et la portée du Conflictus ovis et lini', *Revue Belge de Philologie et d'Histoire*, XII (1933), pp. 59–81.

[17] C. Verlinden, 'Marchands ou tisserands? A propos des origines urbaines', *Annales ESC*, XXVII (1972), pp. 396–406. His theory has met severe criticism, cf. *Bulletin Critique d'Histoire de Belgique et du Grand-Duché de Luxembourg 1972–73* (Ghent, 1974), pp. 187–8.

[18] A. Boretius (ed.), *Capitularia regum Francorum*, I (Monumenta Germaniae Historica. Leges, Sectio II) (Hanover, 1883), p. 125.

Rashi), who lived at Troyes between 1040 and 1105, to argue that the horizontal treadle loom, operated by professional weavers, had been introduced into northern France by the early eleventh century.[19]

The cloths of northern France and nearby Flanders were not only woven professionally, but they were also dyed with great skill. The French poet William Britto (d. *c.*1227) in his epic *De Philipidis* characterised a number of Flemish towns as follows:[20]

Ypra colorandis gens prudentissima lanis   (v. 92)

Atrebatum, potens urbs antiquissima, plena
Divitiis, inhians lucris et fenore gaudens . . .   (vv. 94–5)

Brugia que caligis obnubit crura potentum
Frugibus et pratis dives portuque propinquo   (vv. 103–4)

Insula villa placens, gens callida lucra sequendo
Insula que nitidis se mercatoribus ornans
Regna coloratis illuminat extera pannis.   (vv. 110–2)

The ancient and rich city of Arras was naturally described as a centre of usury.[21] Bruges was described as a rich town with its nearby seaport of Damme and its surrounding orchards and meadows. Its manufacture of trousers, which impressed Britto, has received little attention in the historical literature, although it must have been of international importance. The French poet who during the thirteenth century composed *Le Dit d'un mercier* thought it fit among the commodities a Parisian mercer was offering[22] to include trousers of Bruges; and the Vienna citizen, Jansen Enikel, wrote, about 1280, that a proud Hungarian wore such trousers together with scarlet cloth, gold and silk.[23] The 'fabliaux' *Des deux Bordeors ribauth* in the thirteenth century presented two well-dressed characters:

Vois quiex sollers de Cordoan
et com bones chauces de Bruges[24]

(Soft shoes of Cordovan leather and good trousers of Bruges).

[19] E. Carus-Wilson, 'Haberget: A medieval textile conundrum', *Medieval Archaeology*, XIII (1969), pp. 165–6.
[20] G. Waitz (ed.), *Willelmus Britto. De Philipidis* (Monumenta Germaniae Historica, Scriptores, XXVI) (Hanover, 1882), pp. 321–2.
[21] G. Bigwood, 'Les financiers d'Arras. Contribution à l'étude du capitalisme moderne', *Revue Belge de Philologie et d'Histoire*, III (1924), pp. 465–508, 969–1000; IV (1925), pp. 110–19, 379–421.
[22] P. Ménard (ed.), *Le Dit d'un Mercier*, *Mélanges de Langue et de Littérature du Moyen Âge et de la Renaissance J. Frappier*, II (Geneva, 1970), p. 799, v. 67.
[23] P. Strauch (ed.), *Jansen Enikels Werke* (Monumenta Germaniae Historica, Deutsche Chroniken, III) (Hanover, 1900), p. 652, v. 2741.
[24] A. De Montaiglon (ed.), *Recueil général et complet des Fabliaux des XIIIe et XIVe Siècles*, I (Paris, 1872), p. 1.

Eustache le Moine also has an interesting statement: 'De Bruges en Flandre venoie cauches de saie' (From Bruges in Flanders came trousers of serge).[25] The people of Ieper (Ypres) were praised by Britto for their ability to dye wool and the merchants of Lille were praised for their exports of dyed woollens to several foreign countries. Both Winric of Treves and William Britto were impressed by the technical know-how of Flemish cloth-makers and by the variety and splendour of their dyeing. It was probably the deep colours of Flemish woollens that struck the French poet Jean Renart when writing his *L'escouffle*, an adventurous romance, in the early years of the thirteenth century. Its noble hero, when preparing himself for a honeymoon, asks for the best Italian mules and for appropriate travelling coats 'd'un drap de Flandres poleté' (of a dark cloth of Flanders).[26]

In a versified French version of the legend of St Catherine, originating about 1250 in Verona, the noble lady is dressed

> d'un ver de Gant
> E d'un gris le meilor del mont.[27]

Obviously 'a green cloth of Ghent and the world's best grey cloth' went well together. The lovely lady whom William of Lorris in his famous *Roman de la Rose* (about 1236) planted at the gate of Love's garden, was dressed 'd'un riche vert de Ganz' (a rich green cloth of Ghent).[28] Green cloth of Ghent had its part in *Le tournoiement d'enfer*, a satire of the second half of the thirteenth century, where a cloth merchant is found singing the praises of his green and brown woollens:[29]

> Veez comme est doujce et nete
>
> (Look how soft and clean it is)   (vv. 552–6)

But the noble customer objects:

> Elle ne fut pas fete a Gant.
>
> (It was not made at Ghent)

[25] Cited by A. Schultz, *Das höfische Leben* (see n. 14), I, p. 293.

[26] F. Sweetser (ed.), *Jean Renart. L'Escouffle, Roman d'Aventure* (Paris, 1974), p. 116, v. 3585.

[27] H. Breuer (ed.), *Eine gereimte Altfranzösisch-Veronische Fassung der Legende der Heiligen Katharina von Alexandrien* (Halle, 1919), p. 254, vv. 2090–1.

[28] E. Langlois (ed.), *Le Roman de la Rose par Guillaume de Lorris et Jean de Meung*, II (Paris, 1920), p. 30, v. 564.

[29] A. Langfors (ed.), 'Le Tournoiement d'Enfer. Poème allégorique et satirique', *Romania*, XLIV (1915–17), p. 532.

So the seller insists:

Sire, mès car ostez vos guant
Si la bailliez a la main nue
Elle n'est pas grosse ne vellue

(Sir, do take off your gloves
If you take it in your bare hand
It is not coarse nor hairy.)

The green cloth of Ghent clearly enjoyed very high esteem during the thirteenth century.[30]

The expensive cloths (*chiers dras*) of Flanders were on sale at all the great fairs. Hervis of Metz, the hero of a thirteenth-century epic, for instance, bought such cloth along with other luxury goods like furs and Paris jewels at Provins, Lagny and Lendit (Compiègne).[31] The merchant in the 'fabliaux', *De pleine bourse de Sense* by John le Galois, travelled to the fair at Troyes, where he only bought:

escarlate tainte en graine
de bon pers et de bone laine
de Bruges et de Saint Omer!

(scarlets of Bruges and of St Omer, dyed in grain (or kermes), from good colour and good wool)

He did not like even the cloth of Bruges or of St Omer as a personal gift for his wife, and he went to the Ieper (Ypers) hall at Troyes to buy her

bonne robe de bons pers d'Ypre
Il n'a meillor de ce en Cypre.[32]

(a good dress of a good blue cloth of Ypres; there is no better from here to Cyprus.)

In another 'fabliaux', composed by Guillaume le Normand, *Du prestre et d'Alison*, a shrewd woman recruits an accomplice by making her great promises:

---

[30] Cf. E. Faral, *La Vie Quotidienne au Temps de Saint Louis* (Paris, 1938), p. 74, who completely mistook the passage.

[31] E. Stengel (ed.), *Hervis von Metz. Vorgedicht der lothringer Geste* (Dresden, 1903), I, pp. 13–14, vv. 300–8, pp. 16, 25, vv. 590–4 and p. 123, vv. 3030–3.

[32] A De Montaiglon and G. Raynaud (eds.), *Recueil général* (see n. 24), III (Paris, 1878), pp. 91, 94.

Et bone cote à mon savoir
De vert de Doai trainant.[33]

(and a good green train-gown of Douai.)

Gerard of Amiens in his *Escanor* (about 1280) also seems to have held in high esteem the rich cloths of Douai, Ghent, Lille and other Flemish towns:

Riches escarlates vermeilles,
Noires et blanches et sanguines
I troivissiez bien d'aussi fines
Comme en trovast in nule terre
Et qui pers ou vert vausist guerre
De Douai, de Gant ne de Lille ...

(Rich scarlets vermilion,
Black and white and blood-coloured,
Would you find there, as fine
As one can find in any country
And well worth a blue or green
Cloth of Douai, Ghent or Lille)[34]

In an early-thirteenth-century German epic, *Moriz von Craûn*, Flanders was the manufacturer *par excellence* of red scarlets:

Ze Vlandern er hâte
Nach rôtem scharlate
Ein karich gesant.

(To Flanders he sent for red scarlet.)[35]

Wolfram von Eschenbach, the best of the German courtly poets of the time, dressed his knights and their ladies in *Parzival* and *Willehalm* in:

Brunez Scharlach von Gint
Daz man heizet brûtlachen[36]

(Brown scarlet of Ghent called broadcloth)

---

[33] A. De Montaiglon and G. Raynaud (eds.), *Recueil général* (see n. 24), II (Paris, 1877), p. 13.
[34] Cited by A. Schultz, *Das höfische Leben* (see n. 14), I, p. 355.
[35] Cited by A. Schultz, ibid., I, p. 354.
[36] W. J. Schröder and G. Hollandt (eds.), *Wolfram von Eschenbach. Willehalm. Titurel* (Darmstadt, 1971), p. 55, LXIII, vv. 15–16.

and in

Ein brûtlachen von Gent
Noch plâwer denne ein lâsûr

(A broadcloth of Ghent, even more blue than a lazuli)[37]

Another contemporary, Heinrich von den Turlin, in *Diu Crône* needed
fifty-seven verses to praise a scarlet of Ghent:

Sine varwe als ein viure . . .
Linde was er an dem griffe . . .
Kleine gespunnen, dicke geweben
Und ûf den vadem geschorn . . .
Diu Wolle, lûter uzerkorn.[38]

(Its colour as a fire . . .
Soft was it to touch . . .
Thinly spun, thickly woven
and thoroughly shorn . . .
The wool, the most selected.)

In the second half of the thirteenth century, Konrad von Stoffeln
of Swabia wrote an epic about *Gauriel von Muntabel* in which there is
a richly dressed knight:

Fritschal von Gent was in den roc
Von Yper blô sin schaperun.[39]

(His coat was of Ghent cloth,
His cap of blue cloth of Ypres.)

About 1280 Jansen Enikel of Vienna thought a garment of Ieper
(Ypres) cloth 'daz beste daz ieman dâ weste' (the best, which any
knew), but he also cited cloth of Ghent and trousers of Bruges.[40] A
few years later another Austrian author, Seifried Helbing, also mentioned cloth of Ghent.[41]

[37] G. Weber (ed.), *Wolfram von Eschenbach. Parzival* (Darmstadt, 1967), p. 263.
[38] G. H. F. Scholl (ed.), *Die Crône von Heinrich von dem Türlin* (Bibliothek des litterarischen Vereins in Stuttgart, XXVII) (Stuttgart, 1852), p. 84, vv. 6832–57.
[39] A. Schultz, *Das höfische Leben* (see n. 14), I (Leipzig, 1889²), p. 353.
[40] P. Strauch (ed.), *Jansen Enikel, Werke* (Monumenta Germaniae Historica. Deutsche Chroniken, III) (Hanover, 1900), p. 437, vv. 22472–4 and p. 605, vv. 331–3.
[41] T. G. Von Karajan (ed.), 'Seifried Helbing', *Zeitschrift für deutschen Alterthum*, IV (1844), p. 43: II, v. 77.

The poet of *Von den ledigen wiben* highly esteemed the cloth of Ghent and of Ieper (Ypres):

Beidiu, rok und mandel
In rôter varw der guoten
Von Iper . . .

(Both coat and cloak in red colour, of good cloth of Ypres)

and

Rok und mantel dû mir bring
Von Gent des guoten . . .

(Coat and cloak of good cloth of Ghent you bring me)

The author of *Des Teufels bâbest*, on the other hand, was most impressed by Ieper (Ypres) cloth:

Do gab man im klaider an
Fon Yper daz beste . . . [42]

(One gave him then the best clothes of Ypres to dress)

The prevailing impression is that it was Ghent more than Ieper or Douai – and certainly more than Bruges, Lille or St Omer – which had the lead in cloth-making in thirteenth-century Flanders. The level of output of Ghent cloth was considered so high in the twelfth century that the author of the Flemish epic *Vanden Vos Reynaerde* (About Renard the Fox) used the volume of cloth produced at Ghent to express an enormous quantity. 'If all the cloths made at Ghent were parchment, he claimed, they would be insufficient to contain the records of all the rogeries of the Fox':

Al ware al tlaken paerkement
Datmen maket nu te Ghent
In ne gescreef niet daer an . . . [43]

Until the end of the thirteenth century, Flemish cloths, especially those of Ghent, Ieper and Douai, had practically no competition. It was very rare for literary writers to bother to mention any other clothing towns.

---

[42] Cited by A. Schultz, *Das höfische Leben* (see n. 14), I, p. 355.
[43] W. G. Hellinga (ed.), *Van den Vos Reynaerde, I. Teksten* (Zwolle, 1952), pp. 8–9.

An exception was Hartman van Aue in his *Erec* (about 1190) who knew of English cloth

> Den besten brûtlach den man vant
> Uber allez Engellant.

(the best scarlet that was found in all England.)[44]

Seifried Helbing, almost a century later, mentions 'einem guoten stampfhair'.[45] However, 'a good Stamford' (possibly derived from *stamen forte*) could merely be a type of cloth, as it probably was in the 'fabliaux', *Du vallet qui d'aise a malaise se met*. The lad in this tale saved all his earnings to have 'une cote en son dos de bleu, de rouge ou d'estainfort' (a coat in its back blue, red or of stamford).[46] Criticising the luxury taste and the easy way of life of the Dominican friars, the troubador Peire Cardenal (*c.* 1190–1271) portrays them as eating the nicest chickens, drinking excellent French wines, and wearing elegant clothes and shoes of fine Marseilles leather. Their soft cassocks were woven of English wool ('tescutz de lan engleza'). Cardenal was perhaps thinking of an English fabric, but he is more probably referring to Flemish cloth made of English wool. It is true when sneering about the subtle speeches of the Dominicans, he alludes to an English textile: 'plans plus c'obra d'englés' (more close than English work).[47] This 'obra d'englés', however, is the equivalent of the Latin *opus anglicanum*, which usually designates English embroidery work. In this field England enjoyed such an esteem that Pope Innocent IV, in 1236, ordered vestments embroidered in England, a command which Mathew Paris in his chronicle said 'did not displease the London merchants who traded in embroideries'.[48] An old French romance, recorded by Jean Renart about 1228, in his *Roman de la Rose*, depicts a lovely maiden at work:

> sor ses genouls une paile d'Engleterre
> et a un fil i fet coustures beles![49]

(on her knees a textile of England . . . and with a thread she is making nice sewings on it)

---

[44] E. Schwarz (ed.), *Hartmann von Aue. Erec. Iwein* (Darmstadt, 1967), p. 58, vv. 1986–7.

[45] T. G. Von Karajan (ed.), 'Seifried Helbing' (see n. 41), IV (1844), p. 43, v. 73.

[46] A. De Montaiglon and G. Raynard (eds.), *Recueil général* (see n. 24), II, p. 157.

[47] H. Gougaud (ed.), *Poèmes politiques des Trobadours* (Paris, 1969), pp. 60–2.

[48] G. Wingfield Digby, 'Technique and production', *The Bayeux Tapestry. A Comprehensive Survey* (London, 1965), pp. 42–5; M. Fitch, 'The London makers of Opus anglicanum', *Transactions of the London and Middlesex Archaeological Society*, XXVII (1976), pp. 288–96.

[49] F. Lecoy (ed.), *Jean Renart. Le Roman de la Rose ou de Guillaume de Dole* (Paris, 1962), p. 37, vv. 1184–5.

This girl is probably embroidering a piece of textile, but it is not clear whether it is woollen or linen. However, in another passage of this work an allusion is made to 'une escarlate d'Engleterre' (a scarlet of England).[50]

In the thirteenth century, Bertold von Holle in his *Dêmantin* also refers to 'scharlachen von Engelant' and Ulrich von dem Türlin mentions 'Zwelf scharlachen ûz Engelant' (twelve scarlets of England).[51]

A French metrical list of English places, dating from the middle of the thirteenth century, enumerates four cloth-making towns and their fabrics:

> *Escarlate de Nichole* (Lincoln)
> *Haubergé de Estanford* (Stamford)
> *Blaunket de Blye* (Blyth)
> *Russet de Colcester* (Colchester).[52]

In the accounts of Henry III of England, Professor Carus-Wilson found indeed purchases of scarlets of Lincoln, habergets of Stamford and russets of Colchester.[53] The thirteenth-century *Dit de l'apostoile* listed the good white cloth of Lincoln,[54] and Chrétien de Troyes in his *Conte du Graal*, at the end of the preceding century, gave a description of the great city of London with its great variety of merchandise including 'de panes veires et grises' (green and grey cloths).[55] Two French clothing towns also attained some literary notice during the thirteenth century. *Huon de Bordeaux* dating from about 1216–29 mentions 'dras de Biauvesis' (Beauvais)[56] and Ulrich von dem Türlin of Augsburg referred to 'kaemmlin von Pruvis' (camlets of Provins). In the twelfth-century version of the romance of Tristan by Beroul King Arthur is dressed in cloth of Ratisbon.[57]

[50] Ibid., p. 137, v. 4489.
[51] A. Schultz, *Das höfische Leben* (see n. 14), I, p. 354.
[52] Cited by E. Carus-Wilson, 'Haberget: A medieval textile coundrum' (see n. 19), pp. 149–50. Modern edition in D. C. Douglas (ed.), *English Historical Documents*, III (London, 1975), p. 881.
[53] E. Carus-Wilson, 'The English cloth industry in the late twelfth and early thirteenth centuries', *Economic History Review*, XIV (1944), reprinted in her *Medieval Merchant Venturers. Collected Studies* (London, 1954), pp. 211–15.
[54] Crapelet (ed.), *Proverbes et Dictons populaires*, p. 14.
[55] W. Foerster and A. Hilka (eds.), *Chrétien de Troyes. Perceval ou le Conte del Graal* (Halle, 1932), v. 5781.
[56] P. Ruelle (ed.), *Huon de Bordeaux* (Université Libre de Bruxelles, Faculté de Philosophie et Lettres, XX) (Brussels, 1960), p. 118, v. 774.
[57] H. Ammann, 'Deutschland und die Tuchindustrie Nordwesteuropas im Mittelalter', *Hansische Geschichtsblätter*, LXXII (1954), p. 31; A. Ewert (ed.), *The Romance of Tristan by Beroul*, I (Oxford, 1977), p. 111, vv. 3721–2.

III

According to literary sources of the type cited here, competition grew more severe for the Flemish cloth industry during the fourteenth and fifteenth centuries. For instance, the Viennese physician Henry of Neustadt, in the early fourteenth century, mentioned 'stanford' and 'gewant von Schalawn' (cloth of Châlons)[58] and the contemporary story *Lohengrin* alludes to 'scharlach . . . uz Engellant' (scarlet from England).[59] A broad view of the great cloth-making centres of northwest Europe at the beginning of the fourteenth century is provided by the famous *Dit du Lendit*.[60] This versified pamphlet[61] flatters the merchants frequenting the fair of Lendit at Compiègne near Paris, 'la plus roial foire du monde' (the most royal fair in the world) (v. 5). The poet was right in considering this fair as the most important one of the time, because the Champagne fairs were already declining by the end of the thirteenth century. Although 'tiretaine dont simple gent son revestu de pou d'argent' (a light woollen, dressing poor people for little money) was also sold at Lendit, the author was chiefly concerned with the woollen draperies. He enumerates some eighty centres, ranging from Brittany up to the Meuse area, most of them north of the Loire (Figure 10.1). The famous Flemish centres – Ghent, Ieper (Ypres), Douai and St Omer – were represented at the Compiègne market, together with some minor towns like Dendermonde (Termonde), Poperinge, Kortrijk (Courtrai), Aire, Geraardsbergen (Grammont), Lille, Arras and Bailleul. Flanders had to reckon with competition from the other towns of the Netherlands, especially with those of Brabant, Hainaut and Liège and with a host of French centres. Normandy and Ile-de-France, each with some fifteen centres, were quantitatively more strongly represented than Flanders; and as for quality, Brabant did not lag far behind Flanders:

> Gant et Ypre et puis Douay
> et Maaline et Broiselles
> Je les doi bein nommer com celles
> qui plus belles sont a voir   (vv. 92–5)

[58] S. Singer (ed.), *Die Werke Heinrichs von Neustadt* (Deutsche Texte des Mittelalters, VII) (Berlin, 1906), p. 12, vv. 604, 607.

[59] Th. Cramer (ed.), *Lohengrin. Edition und Untersuchungen* (Munich, 1971), p. 385, v. 3845; for the date: H. Thomas, 'Der Lohengrin, eine politische Dichtung der Zeit Ludwigs des Bayern', *Rheinische Vierteljahrsblätter*, XXXVII (1973), pp. 152–90 and H. Wenzel, 'Die Datierung des Lohengrin. Beiträge zu einer Forschungskontroverse, *Rheinische Vierteljahrsblätter*, XLI (1977), pp. 138–59.

[60] G. Flagniez (ed.), *Documents relatifs à l'Histoire de l'Industrie et du Commerce en France, II. XIVe et XVe Siècles* (Paris, 1900), LXXIX, pp. 173–9.

[61] For the dating, see R. H. Bautier, 'La place de la draperie brabançonne et plus particulièrement bruxelloise dans l'industrie textile du Moyen Âge', *Annales Société Royale d'Archéologie de Bruxelles*, LI (1962/66), p. 35 n. 6.

(Ghent and Ieper and Douai
And Malines and Brussels
I must name those as those
That are the nicest to see.)

Bruges cloth is missing in this list, probably because in so great an international market, the town's commercial functions had largely superseded cloth-making for export. Nor is there any trace of English cloth at Compiègne. Half a century later it was absent at the Bruges market itself, naturally enough since the import of English cloth in

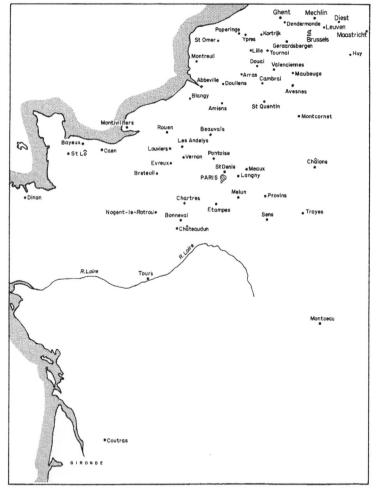

10.1   Cloth-making centres of north-west Europe, early fourteenth century (from the Dit du Lendit)

Flanders had been prohibited.[62] A survey of the kinds of cloth for sale in Bruges occurs in a manual for learning French and Flemish composed by a Bruges schoolmaster in about 1369. His *Livre des Mestiers* was a series of sentences translated on daily life including the buying of cloth. For this purpose he listed a lot of cloths available at Bruges (see Table 10.1 and Figure 10.2). A few years later another edition of his book specified that cloth from Ghent, Bruges, Ieper (Ypres) and Kortrijk (Courtrai) was for sale in the cloth hall and that a variety

[62] W. Brulez, 'Engels Laken in Vlaanderen in de 14e Eeuw en 15e Eeuw', *Handelingen Genootschap 'Société d'Emulation' te Brugge*, CVIII (1971), pp. 6–25; J. Munro, 'Industrial protectionism in medieval Flanders' in H. A. Miskimin (ed.), *The Medieval City* (New Haven, 1979), pp. 229–53.

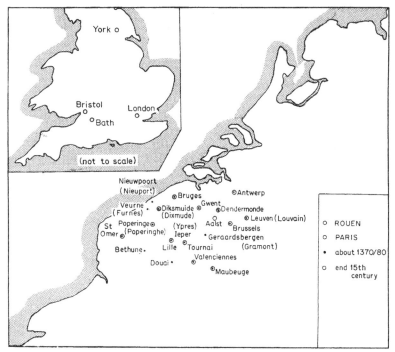

10.2   Cloth-buying centres, late fourteenth century (from the Livre des Mestiers)

Table 10.1   *References to cloth towns in various editions of* Livre des Mestiers

	Edition of c. 1369	Edition of c. 1380	Edition of c. 1483	Edition of c. 1500
Bruges	*	*	*	*
Ghent	*	*	*	*
Ieper (Ypres)	*	*	*	*
Diksmuide (Dixmude)	*	*	*	*
Lille	*	*	*	*
Tournai	*	*	*	*
Menen (Menin)	*		*	*
Kortrijk (Courtrai)	*	*		*
Wervicq	*			*
Bailleul	*	*	*	*
Poperinge (Poperinghe)	*		*	*
Oudenaarde	*	*		*
St Omer	*	*	*	*
Brussels	*	*	*	*
Leuven (Louvain)	*	*	*	*
Mechlin (Malines)		*	*	*
Antwerp		*	*	*
Dendermonde (Termonde)		*	*	*
Geraardsbergen (Gramont)		*		
Bergues-Saint-Winoc		*		
Veurne (Furnes)		*		
Nieuwpoort (Nieuport)		*		
Bethune		*		
Valenciennes		*	*	*
Maubeuge		*		*
Douai		*		
London			*	
York			*	
Bristol			*	
Bath			*	
Paris			*	
Rouen			*	
Aalst (Alost)			*	
Hondschoote				*
Ronse (Renaix)				*

of other woollens were presented at the market place.[63] William Caxton, once governor of the English merchants at Antwerp and the first printer in England, published a French–English version of this

[63] I *Livre des Mestiers*, and II *Gesprächsbuchlein* in J. Gessler (ed.), *Le 'Livre des Mestiers' de Bruges et ses Dérivés* (Bruges, 1931), I, pp. 15–17 and II, p. 13. For a precise dating: R. Van Uytven, 'De Datering van het Brugse '*Livre des Mestiers*', *Archief- en Bibliotheekwezen in België*, XLVIII (1977), pp. 642–53.

X

Bruges conversation handbook about 1483. It summed up the cloths that were available at the fairs of Bruges, Antwerp, Bergen op Zoom, Stourbridge, Salisbury, London (on St Bartholomew's Day), Cambridge, Westminster and Châlons.[64] The appearance of Châlons-sur-Saône instead of the fairs of Champagne is not incorrect, since this fair maintained itself well as a cloth market long after the thirteenth century.[65] Around 1500 a further edition of this handbook was printed, giving a list of the woollens sold at the markets of Bruges, Thorout, Menen (Menin), Lille, Ieper (Ypres), Damme, Roeselare (Roulers), Châlons, Montreuil-sur-Mer, Provins and Arras.[66]

At the end of the fourteenth century, Bruges could evidently offer only cloths produced in the southern Netherlands; but a century later the fabrics of England and Normandy were a common merchandise at the fairs of north-west Europe. Among the Flemish textiles, the fabrics from Hondschoote also made their appearance (Figure 10.2).

In the fifteenth century a French paltry rhymer composed *Le Dict des Pays*, a colourful enumeration of the specialities of many towns. It records:

A Londres escarlates fines
Et bons draps vermeilz a Malines
A Nicolle est le bon fil blanc
Et bons drapz royez sont à Gand
Bon vert et bon pers sont en Ypre
Les bonnes sarges sont à Rains
Et à Nevers sont les bons tains
Bons draps gris à Montevillier

(In London fine scarlets
And at Malines vermilion cloths
At Lincoln is the best white yarn
And at Ghent are good striped cloths
At Ieper are fine green and blue
At Reims are the good serges
And at Nevers are the good dyes
Good grey cloths are at Montivilliers

A variation of this printed in 1597 does not mention Ghent cloth and reads as follows:

[64] III *Ryght good lernyng* in J. Gessler (ed.), *Le 'Livre des Mestiers'* (see n. 63), pp. 21–2.
[65] R. H. Bautier, *The Economic Development of Medieval Europe* (London, 1971), p. 176.
[66] IV *Vocabulaer* in J. Gessler (ed.), *Le 'Livre der Mestiers'* (see n. 63), pp. 25–6.

Les bon camelots sont à Ypres
Anvers est le lieu des bons tains
Les draps blancs à Montevillier

(The good camlets are at Ieper
Antwerp is the town of good dyes
The white cloths at Montivilliers)[67]

Nevertheless during the first half of the fourteenth century the traditional clothing towns of Flanders still dominated the market. The second tale of the eighth day of the *Decameron*, in which Boccaccio (d. 1375) tells of the amorous adventures of the parish priest of Varlungo (near Florence) provides a convincing illustration.

The object of the priest's longings, Belcolore, earned her income from spinning. Each Saturday she brought her yarn to Florence, the centre of a considerable clothing industry. Belcolore was not averse to selling her favours to supplement her earnings. Willing to give her lover some credit, she accepted the priest's cloak as a pledge. This blue cloak, he told her, was of great value being fine cloth of Douai. He had bought it as a second-hand bargain for seven lires, but it was worth at least five shillings more.[68] The priest's speech may sound like the product of Boccaccio's satirical fantasy, but it was true enough that in every medieval town a flourishing trade in old clothes was practised. The famous woollens were so durable that they did not easily wear out, and the rich usually preferred to dispose of their old-fashioned clothes by selling them. An old cloth from Douai thus appears to have been highly valued even in Florence.

In *Le roman du comte d'Anjou*, written by Jehan Maillart in 1316, a duchess of Anjou, wishing to endow a prioress with the richest cloths she had at her disposal, offered her

une brunecte bonne et noire
et un camelin de Douai
molt bon et molt fin.

(A fine black-brown cloth and a camel-coloured one of Douai, very good and very fine.)

She also had coloured cloths and furs, but those were not fitting for a religious woman.[69] In one of his satirical bucolics Jean Froissart

---

[67] A. De Montaiglon (ed.), *Recueil de Poésies Françaises des XVe et XVIe Siècles*, V (Paris, 1958), pp. 106–16.

[68] V. Branca (ed.), *G. Boccaccio. Decameron*, II (Florence, 1960²), p. 314.

[69] M. Roques (ed.), *Jehan Maillart. Le Roman du Comte d'Anjou* (Paris, 1964), p. 205, vv. 6274–84.

(1333–*c*.1400) introduced a shepherd dreaming of an *houppelande*, the new-fashioned long dress in vogue with courtiers from 1360:[70]

g'irai à Douai samedi
s'acheterai une aune entiere
de drap, se ferai la plus fiere
qu'on vit ains porter.

(I'll go to Douai next Saturday and buy an entire ell of cloth and have made a long cloak, the most superb one ever saw.)

When he realises that he needs a quarter of a cloth piece and also nine ells 'd'un grant drap d'Irlande' (of a great cloth of Ireland) for the lining, he wisely concludes

trop me poroit couster
à vestir une houpelande[71]

(It is too costly for me to wear a long cloak)

The shepherd probably thought of buying Douai cloth in that town, but he could find cheaper fabrics from the newer centres at the Saturday market there. In his chronicle Froissart himself recounts that men of Lille, Douai, Artois and Tournai were large buyers of cloths from Wervicq, Messines, Poperinge and Comines. Ieper (Ypres), the famous old clothing town, was a great centre of this trade. When the French conquered Ieper in 1382, their booty was not Ieper cloths, but mainly woollens from the nearby places on the Leie (Lys) and from Poperinge.[72] Froissart was well aware of the extent to which Flanders was industrialised when he remarked: 'sans la drapperie ne povient-il nullement vivre' (without the woollen industry they could not live).[73] Ottokar von Steiermarken in his *Österreichische Reimchronik*, at the beginning of the fourteenth century, knew of no better way to praise the splendour of a kingly wedding dress than by saying:

... sogetanen gewant,
Des man ze Flandern vindet niht
In so chostleicher angezicht.

(Such a cloth, that one even in Flanders would not find one which looked so rich.)[74]

---

[70] M. Beaulieu and J. Baylé, *Le Costume en Bourgogne de Philippe le Hardi à Charles le Téméraire* (Paris, 1956), p. 48.
[71] K. Bartsch (ed.), *Romances et Pastourelles françaises des XIIe et XIIIe Siècles* (Leipzig, 1870), p. 322.
[72] J. Kervyn de Lettenhove (ed.), *Oeuvres de Froissart, Chroniques*, X (Brussels, 1870), p. 149.
[73] Ibid., VIII (Brussels, 1869), pp. 77–8.
[74] F. Lichtenstein and J. Seemuller (eds.), *Ottokars Österreichische Reimchronik* (Monumenta Germaniae Historica, Deutsche Chroniken, V, 2) (Hanover, 1890), p. 913, vv. 69051–7.

In Bavaria the famous Lohengrin, composed in the beginning of the fourteenth century, mentions 'vil tuoch von Gente ein teil scharlach geverbet' (much cloth of Ghent, a part dyed in scarlet).[75]

Ieper and Ghent were still outstanding for their technical knowledge of cloth-making in the eyes of that well-informed English customs official – and poet – Geoffrey Chaucer. He knew of no higher praise for that remarkable cloth-making wife of Bath than to compare her favourably with the drapers of those towns:

> Of clooth-making she hadde swiche an haunt
> She passed hem of Ypres and of Gaunt.[76]

Half a century later, about 1436, even the chauvinistic author of *The Libelle of Englyshe Polycye* had to admit that:

> Fyne cloth of Ipre [Ypres] that named is better than ours
> Cloth of Curtrycke [Kortrijk (Courtrai)], fyne cloothe of all colours.[77]

The French poet Eustache Deschamps (d. 1406/07) in *Le Miroir de Mariage* evokes the troubles of a married man who has to go to great expense on account of the fancies of his wife, who asks for golden cloth, silk dresses and 'fin blanc d'Ypres' (fine white cloth of Ypres).[78] That passage inspired the anonymous writer who composed *Les. XV. Joies de Mariage* about 1400. One of the fifteen affections of a husband is the dissipation of his wife, always longing for 'robe d'escarlate ou de Malignes, ou de fin vert, fourrure de bon gris ou de menu ver' (a gown of scarlet or of Malines (Mechlin) cloth or of fine green cloth and linings of good squirrel fur or of ermine). The newly-married man cannot refuse her such a costly dress, since she claims that all her friends have as much. The dress costs him fifty or sixty golden *écus* (1 écus = about 4.5 gram gold), money he really needs to furnish the house, to repair his farm and to buy cattle for his tenants.[79]

It seems that in the fifteenth century Malines (Mechlin) had superseded Ieper (Ypres) as the leading producer of luxury cloth. Even the much earlier *Le dit du Lendit* had suggested that Brussels and

[75] Th. Cramer (ed.), *Lohengrin* (see n. 59), p. 309, v. 3083.
[76] F. N. Robinson (ed.), *The Works of Geoffrey Chaucer* (London, 1968), p. 21, vv. 447–8.
[77] G. Warner (ed.), *The Libelle of Englyshe Polycye* (Oxford, 1926), p. 5.
[78] G. Raynaud (ed.), *Oeuvres complètes d'Eustache Deschamps*, IX (Paris, 1894), p. 43, vv. 1221, 1226.
[79] J. Rychner (ed.), *Les XV. Joies de Mariage* (Paris, 1967), pp. 8–11. A woman in an analogous scene in a story of the sixteenth century complained in her turn: 'il n'y avait femme si petite de l'estat dont je suis qui n'eust robbe neuve d'escarlate de Paris ... (E. Mabille (ed.), *Nicolas de Troyes. Le Grand Paragon des Nouvelles* (Paris, 1869), p. 272.)

Malines were rapidly catching up with the Flemish centres. Furthermore we have some Spanish evidence to corroborate this from Juan Ruiz (d. 1350) who wrote his *Libro de buen amor* about the middle of the century in the vicinity of Madrid.[80] One of his characters promises his mistress all kinds of gifts amongst which were 'los panos de Melinas' (cloths of Malines).[81] Even more revealing are a few passages in the *Rimado de Palacio*, composed in the last decade of the century by the chancellor of Castile, Pero Lopez de Ayala (d. 1407). He extolled

> escarlates de Brujas e de Melinas
> veynte annos ho que nunca fueron en esta tierra tan finas   (vv. 300–1)

> (scarlets of Bruges and Malines, within twenty years there have not been such in this land)

In the meantime he blames the dishonest shopkeepers who show their woollens in a dark corner to their clients:

> Por Brozelas muestran Ypre, por Melinas Rroan   (vv. 310–11)

> (Instead of Brussels they show Ieper, for Malines, Rouen)[82]

It is obvious that to him Brussels cloth was superior to Ieper cloth and that Malines woollens are more expensive than those of Rouen. About 1388 the idealistic dreamer and French counsellor Philippe de Mézières condemned the consumption of Brussels and Malines cloths by the royal court as too expensive a luxury in *Le Songe du vieil pélérin*, a plea for reforming the French government.[83]

Before the end of the century, the great Brabantine clothing towns were already on the decline, but secondary centres like Lier (Lierre) maintained themselves better.[84] An anonymous Flemish poem of the early fifteenth century states that all the scholars of Europe would not suffice to describe half the stupidity of the villains:

---

[80] C. Verlinden, 'Panos belges en fuentes literarias españolas medievales. Poesia e historia economica', *Cuadernos de Historia de España*, XXIX–XXX (1959), pp. 218–30.

[81] H. Gumbrecht (ed.), *Juan Ruiz, Arcipreste de hita. Libro de buen amor* (Munich, 1972), p. 374, v. 1394.

[82] A. F. Kursteiner (ed.), *Poesias del Canciller Pero Lopez de Ayala* (New York, 1920), pp. 51, 53, 80 (v. 468).

[83] G. W. Coopland (ed.), *Philippe de Mézières. Le Songe du vieil Pélerin*, II (Cambridge, 1969), p. 357.

[84] R. Van Uytven, 'La draperie brabançonne et malinoise du XIIe au XVIIe siècle: grandeur éphémère et décadence', *Produzione, Commercio e Consumo dei Panni di Lana nei Secoli XII–XVIII* (Florence, 1976), pp. 85–97.

Ja! Al waert oec altemael papier
Dat laken datmen maect te Lier[85]

(Even if all the cloth made at Lier [Lierre] would be paper)

The two verses echo, as it were, verses of the twelfth century poet of *Vanden Vos Reynaerde* cited earlier. The fifteenth-century author reproduced them, except in substituting paper for parchment and Lier (Lierre) for Ghent.

The emergence of Brabant's woollen industry as against that of Flanders received due notice in England and Germany. To Ranulph Higden (d. 1363) in his description of the world, the *Polychronicon*, Flanders was still the homeland of cloth-making and its fabrics were exported all over Europe: 'Flandra ... gens opere lanifico praeclara quo toti pene Europae submunistrat' (Flemish people famous for its woollens it is supplying to nearly the whole of Europe). Brabant, however, was almost its equal:

Brabantia ad Eurum Flandriae situata, terra mercibus copiosa, potissime lanis ordiendis instar Flandriae indulget quo fit ut lanas quas de Anglia recepit in pannos multicolores convertit multisque provinciis refundit.[86]

(Brabant, situated at the eastern border of Flanders, is a country filled with merchandise. It strongly indulges in working wool in the same way as Flanders. From the wools it received from England, it produces multicoloured cloths and re-exports them to many countries.)

In the first quarters of the fourteenth century, Henry of Neustadt describes in his Apollonius van Tyrland a vessel loaded with all kinds of treasures and among them:

Scharlach und gar vil gutt gewantt
Von Flander and von Prabantt

(Scarlet and plenty of good cloth of Flanders and of Brabant)[87]

From the fourteenth century on, a third competitor made a remarkable appearance in the international market. Before the middle of the fourteenth century, Normandy was represented at the Compiègne

[85] E. Verwys (ed.), 'Van Vrouwen ende van Minne', *Middelnederlandsche Gedichten uit de XIVe en XVe Eeuw* (Groningen, 1871), p. 76, vv. 197–8.
[86] C. Babington (ed.), *Polychronicon Ranulphi Higden*, I (London, 1865), p. 288 and II (London, 1868), pp. 16–17.
[87] S. Singer (ed.), *Die Werke Heinrichs von Neustadt*, p. 15, vv. 779–80.

fair, as described in *Le Dit du Lendit*. The language manual of Caxton, at the end of the fifteenth century, also took notice of it. In Spain, Chancellor Ayala criticised – at the end of the fourteenth century – the tricky shopkeepers who sold Rouen cloth pretending it was from Malines. These dishonest practices were greatly facilitated by the Norman practice of imitating Brabantine cloths. The town of Brussels, for example, formally lodged complaints about this.[88] One of the best-known medieval farces, *La Farce de Maistre Pierre Pathlin* alludes to these facts. The play may be dated about 1464, and Normandy as well as Paris had been suggested as the place of origin. The market scene it presents seems to fit Paris better. In the market place, a lawyer meets a draper, perhaps from Normandy. The latter, selling his cloth there, states that he is also growing sheep and even buying wool at great expense. When the lawyer asks for a fine cloth dyed in the wool, he is offered 'ung tres bon drap de Roen' (a very good cloth of Rouen). To the question 'Quel lé a il?' (what width is it?) the draper answers 'De Brucelle' (Of Brussels).[89] At the Paris market the Norman cloth-makers in fact offered woollens with the specific dimensions of Brussels cloth! Rouen was not the only clothing town of Normandy making a name for itself. As already mentioned *Le Dit des Pays* knew of Mon-tivilliers cloth at the end of the century. In his *Jehan de Saintré* (about 1455), A. de la Sale refers to cloth of Saint-Lô and of Montivilliers. A noble lady provided the equipment for her serving knight with great liberality. He gets a suit 'de fine brunecte de Saint Lo, qui sera fourru de martres' (of a fine brown cloth of Saint-Lô, with a lining of marten) and another 'd'un fin gris de Monstierviller qui sera doublé d'un fin blanchet' (of a fine grey cloth of Montivilliers, lined with a fine white cloth). His trousers are made of a 'fine brunecte de Saint Lo' (a fine brown cloth of Saint-Lô).[90]

In the same period as this knightly novel, a French writer tried to demonstrate the superiority of his country to England in a dialogue between a French and an English herald. The Englishman boasts about the excellence of English wool, while the Frenchman points to the high quality of the fine dyed cloth of Rouen, Montivilliers, Paris, Bourges and other clothing towns in France. He states that French cloth is always sold one or two *éscus* per ell more than that of England. 'Si, fault dire que nous avons meillieures laines ou que vous estez si peu savans que ne savez faire vos draps' (Thus one might say: either we

---

[88] M. Mollat, 'La draperie normande', *Produzione, Commercio e Consumo* (see n. 84), pp. 403–21 and R. H. Bautier, 'La place de la draperie' (see n. 4), pp. 58–63.

[89] B. C. Bowen (ed.), *Four Farces* (Oxford, 1967), pp. 63–6, vv. 190–3, 259.

[90] J. Misrahi and C. A. Knudson (eds.), *A. de la Sale. Jehan de Saintré*, (Geneva, 1967), pp. 50, 57–8 and 63.

have better wools or you are so ignorant that you cannot make cloth).[91]
Later, about 1549, a merchant adventurers' clerk named John Coke
did not question the inferiority of English cloth-making when he
wrote a retort to this French pamphlet. Coke took a pride in the large
volumes of English trade and especially of its two great companies, 'the
ryght worshypful company of marchaunts adventurers and the famous
felyshyp of the Estaple of Calais, by whom not only the martes of
Barowe [Bergen op Zoom] and Antwerpe be mayntened, but also in
effect al the townes of Brabant, Holland, Zealand and Flaunders.'
Coke's English herald further stresses the huge production of all kinds
of textiles in England – 'fyne scarletts, clothes, corseis, stock bredes,
fryses, cottons, worsteds, sayes and coverlettes' – and their export
to France itself, to all Christian nations and even to the Islamic
countries. When his French spokesman pointed out that nevertheless
English woollens lack the refinement and the careful finishing of those
of France, Flanders, Brabant and Holland, Coke prefers to ignore
this remark.[92] His silence amounts to a confession, but such a confession
did not shock English ears. As noted earlier, the author of *The Libelle
of Englyshe Polycye* had admitted (*c.* 1436) that Ieper cloth was considered better than English fabrics. Even though Chaucer claimed that
the wife of Bath surpassed the people of Ghent and Ieper in cloth-
making, English merchants were realistic enough to know that even
their best cloths had to be dyed and finished in the Netherlands. The
sixteenth-century edition of *Le Dit des Pays* recognised that Antwerp
was unequalled for the dyeing of cloth.

Refined and dyed in the Netherlands, English woollens could be
exported throughout Europe, competing effectively with the most
luxurious cloths. Thanks to their relatively low price, they succeeded
in displacing most cloths of the Netherlands from the international
market during the sixteenth century. Erasmus, in one of his *Colloquia*
(1518), introduces two good wives discussing a new dress. Impressed
by the elegance of her companion's outfit, the first woman assumes that
it is English cloth: 'Nihil jam diu vidi elegantius. Suspicor pannum
esse Britannicum.' (I have not seen anything more elegant for a long
time. I suppose it is English cloth.) Her friend replies: 'Lana Britannica
est, tinctura Veneta' (the wool is English, the dyestuff Venetian).[93]
It did not even occur to Erasmus that such a nice cloth could be a

[91] L. Pannier and P. Meyer (eds.), *Le Débat des Hérauts d'Armes de France et d'Angleterre, suiri de The
Debate between the Heralds of England and France by John Coke* (Société des anciens textes français)
(Paris, 1877), pp. 35–6 and 45.
[92] Ibid., pp. 105, 114–17.
[93] W. Welzig (ed.), *Erasmus von Rotterdam. Ausgewahlte Schriften. VI. Colloquia Familiaria; Vertraute
Gespräche* (Darmstadt, 1967), p. 145.

product of his homeland, the Netherlands. Patriotism, to be sure, never did rule the heart of the great humanist; but he might have at least added that the English cloth was dyed at Antwerp.

More revealing still is a passage by Johan Butzbach (d. 1526) censuring the wealth and the worldly pride of the German high clergy. He portrays those bold prelates in their rich outfits made of the finest English cloth, riding on horse-back, their hands loaded with costly rings.[94] A century earlier, the luxury shown here by the wearing of English cloth would have been associated with cloth from either Flanders or Brabant. This is the more striking as Butzbach, who had served as an apprentice tailor about 1495, remembered having worked with 'the costliest textiles, especially scarlets, English woollens, cloth of Liège, Rouen, Grenoble, Bruges, Ghent and Aix'.[95]

IV

From certain medieval tracts we can also learn much about the manner and techniques of manufacturing quality woollens. The extensive division of labour is well illustrated by that Bruges language manual from the end of the fourteenth century. Among the eighty professions discussed, nine concerned the making of cloth. Three of them were typically female occupations: combing, spinning and knotting. The absence of carding is undoubtedly no mere oversight, for the use of carded wool was treated with suspicion or actually prohibited in the great clothing towns of the Netherlands until the late fourteenth century. The Bruges schoolmaster even knew of the prevailing bias against the spinning wheel; the yarn produced by the wheel, he said, had too many knots. His spinster preferred working with the distaff to produce yarn for warp, rather than spinning at the wheel for weft, because working with the distaff paid better. The different manner of spinning for warp and for weft was a common practice during the later Middle Ages in the Netherlands.[96] The Bruges manual listed, as male occupations, the wool beater, the weaver, the fuller, the shearer and the dyer. Those people worked the wool for 'the rich draper' and he paid them piece-work. The Bruges schoolmaster knew several different types of woollens, and so did his imitators – see Table 10.2.[97]

[94] J. R. Hale, *Renaissance Europe 1480–1520* (Fontana History of Europe) (London, 1971), p. 224.
[95] D. J. Becker (ed.), *Chronicon eines fahrenden Schülers oder Wanderbüchlein des Johannes Butzbach* (Ratisbon, 1869), p. 122.
[96] For the prevailing technical procedures of the Flemish drapery see G. De Poerck, *La Draperie Médiévale en Flandre et en Artois. I. La Technique* (Bruges, 1951).
[97] J. Gessler (ed.), *Le 'Livre des Mestiers'* (see n. 63), I, p. 15; II, pp. 13–14; III, p. 18; IV, pp. 21–2.

Table 10.2 Kinds of cloths in the various editions of the Livre des Mestiers

A Edition of c. 1369		B Edition of c. 1380		C Edition of c. 1483		D Edition of c. 1500	
a	b	a	b	a	b	a	b
gheminghede	melleis	mellees	ghemenghede	meslés	medleyed		
rode	vermaus	vermelles	root	rouge	red	rouge	root
				vermeil	reed	vermeil	root
groene	werds	verds	grüene	vert	grene	vert	groene
swerte	noirs						
witte	blancs						
sciere	camelins	camelins	sciere				
graeuwe	gris						
blaeuwe	bleus	bleus	blauwe	bleu	blyew	bleu	blau
strypte	royés	royets	strijpte	royet	raye	royet	ghestrypt
tierteine	tierteine					tiertaine	tretaine
		gaunes	gheluwe	gaune	yelow	giaune	ghelu
		pers	brune				
		asurés	azure	assuret	y-asured	asuret	gheazuert
		vergaudes	licht grüene				
		entre pers	zad blaeuwe	entre pers	sad blew	entre pers	satblau
		eskeleis	ghescakelde	esquickeliet	chekeryd	esquicqueleit	ghescakiert
				morret	morrey	moret	moreyt
				saye blanche	saye white	saye blanche	sarck wit
				saye bleu	saye blew	saye bleue	sarck blau
				escarlate en grain	scarlet in grayne	escharlate	schaerlaken

It is worth quoting that the fourteenth-century language manuals (Table 10.2, *A* and *B*) considered 'camelin' to be some colour probably a shade between white and grey, as did the Englishman John of Garlande (1180–*c*.1252) in his *Dictionarius*[98] and that *eskeleis* has been translated by *chekeryd* (Table 10.2 *C*) and *ghescakelde* (Table 10.2, *D*) thus recalling the pattern of a chess-board. The usual interpretation – a kind of blue – such as that of the columbine (in French *ancolie*, in Flemish *akelei*)[99] could thus be wrong.

The fourteenth-century language manuals also deal with kinds of wool. The Bruges schoolmaster ranges them according to their quality – English, Scottish and Flemish. He explicitly states that 'the Scots bring wools from Scotland that are not so good as the English are'. His silence about Spanish and Irish wool cannot be overlooked. Spain became important as a source of wool for the Netherlands only during the fifteenth century, and the place of Irish wool in cloth-making in the Netherlands has been largely overstated due to a misinterpretation of the medieval Flemish word *hierlandsch* (home grown) in many of the records.[100]

The superiority of English wool was a commonplace in medieval literature. Certainly Englishmen could grow lyrical about their country's wool. John Gower (d. 1408), in his *Mirour de l'Omme* (before 1381), called the wool 'that noble lady, goddess of the merchants', 'so nice, so white, so soft',[101] John Lydgate (d. *c*.1450) in his *Horse, Goose and Sheep* (about 1436–40) celebrated:

Of Brutus Albion his wulle is chief richesse
In prise surmounting eny othir thyng
Sauff grayne and corne; marchauntes all expresse
Wulle is chief tresour in this land growing

All natiouns afferme op to the fulle
In all the worlde ther is no bettir wulle   (vv. 351–7)

Lydgate was well aware of the international importance and the political influence of the English wool trade:

[98] Edited by G. De Poerck, *La Draperie Médiévale* (see n. 96), I, pp. 317–18, who nevertheless denies the well-foundedness of this interpretation (p. 211, n. 4).

[99] G. De Poerck, ibid., I, p. 167 and III, p. 1.

[100] A. Verhulst, 'La laine indigène dans les anciens Pays-Bas entre le XIIe et le XVIIe siècle', *Revue historique*, XCVI (1972), pp. 281–322; R. van Uytven, '"Hierlandsche" Wol en Lakens in Brabantse Documenten (XIIIe–XVIe Eeuw)', *Bijdragen tot de Geschiedenis*, LIII (1970), pp. 5–16.

[101] G. C. Macaulay (ed.), *Complete Works of J. Gower*, I (Oxford, 1899), pp. 280–1.

> The sheepe is cause and hath be ful long
> Of newe stryf and of mortal werre.
> The wulle was cause and grete occasioun
> Why that the prowde forsworn duke of Borgon
> Cam before Caleys, with Flemynges not a fewe
> Which gave the sakkis and sarpleres of that towne
> To Gaunt and Bruges, his freedom for to shewe
> And of thy wolle hiht hem possessioun   (vv. 409–17)[102]

Of course the nationalistic court official who wrote *The Libelle* of *Englyshe Polycye* stressed the superiority of English wool and the Low Countries' dependence on it:

> By draperinge of oure wolle in substaunce
> Lyvene here commons: this is here governaunce
> Wythoughten whyche they may not leve at ease
> Thus moste hem sterve or wyth us most have peasse.

or:

> The grete substaunce of youre cloothe at the fulle
> Ye wot ye make hit of oure Englissh wolle.

and:

> They may not liven to maintein her degrees
> Withoughten oure Englyshe commodytees
> Wolle and tynne, for the wolle of Englande
> Susteyneth the comons Flemmynges . . .

Not even the growing import of Spanish wool in to Flanders can smother his high spirits:

> Hit is of lytell valeue, trust unto me
> Wyth Englisshe wolle, but if it menged be.[103]

More than a century earlier, Ranulph Higden (d. 1363) had recognised the economic dependence of Flanders and Brabant on English wool because 'Anglia lanas optimas producat' (England produces the best

---

[102] M. Degenhart (ed.), *J. Lydgate, Horse, Goose and Sheep* (Münchener Beiträge zur romanischen und englischen Philologie, XIX) (Leipzig, 1900), p. 65, vv. 351–7; also pp. 68–9, vv. 409–23.
[103] G. Warner (ed.), *The Libelle of Englyshe Polycye* (see n. 77), pp. 5ff.

wools) and therefore 'lanam ejus zelat Flandria' (Flanders envies its wool).[104] More striking still are the circuitous arguments of the French author of *Le débat des hérauts d'armes*, who resorted to great subtlety to contradict the undeniable statement of his English herald:

> Angleterre est fort garnie de bestail . . . et par especial de bestes à laine comme de brebis qui portent la plus fine et la plus singuliere layne que on puisse savoir nulle part . . . Et les marchans dudit royaume les portent vendre en divers royaumes et pays et si y en croit si largement qu'ils en tiennent les taples communes à Calays.

> (England is well supplied with cattle . . . and especially with wool-wearing beasts like sheep that wear the most fine and most particular wool one might find anywhere . . . And the merchants of the realm export it to different realms and countries and there grows so much of it that they keep a common staple at Calais.)[105]

Although the nearly contemporary *Libelle of Englyshe Polycye* deplored the 'racket' of the Italians and other foreigners who bought English wool under the natives' noses, and dominated the market at Bruges,[106] it is clear that in the fifteenth century the bulk of the English wool trade was in the hands of English merchants. Their staple at Calais was the major international wool market both for the French author of *Le débat des hérauts* and for his English opponent John Coke, about 1549.

In previous centuries, however, the export of wool from England had been a foreigner's business. In the thirteenth century *Dit des marcheans* by Philippot, it was clearly stated that merchants from the Continent 'vont en Engleterre, laines et cuirs et bacons querre' (go to England and fetch wool, leather and bacon).[107] Northern France, including Flanders and Artois, had taken the lead in this search for English wool. An Arras poet from about 1270 used the expression 'En Engleterre envoia laine' (he sent wool to England) as one would say now taking coals to Newcastle.[108]

About the middle of the century an Arras *jongleur*, in a satire against a group of well-known citizens, refers to an Englishman who had to collect on behalf of his aunt the debts for fourteen sacks of wool sold three years before to men of Arras. Among the wools there was also

[104] C. Babington (ed.), *Polychronicon Ranulphi Higden*, I, p. 288 and II, pp. 16–17.
[105] L. Pannier and P. Meyer (eds.), *Le Débat des Hérauts d'Armes* (see n. 91), pp. 35–6.
[106] G. Warner (ed.), *The Libelle of Englyshe Polyche* (see n. 77), pp. 23–4.
[107] A. De Montaiglon and G. Raynaud (eds.), *Recueil général* (see n. 24), II, p. 125.
[108] A. Jeanroy and H. Guy (eds.), *Chanson et Dits Artésiens du XIIIe Siècle* (Bibliothèque des Universités du Midi, II) (Bordeaux, 1898), p. 100, v. 102.

'laine d'Escoce et de celi de Wales' (wool of Scotland and that of Wales), but Irish wool once again is not mentioned.[109]

The very first recorded import of English wool in Flanders (about 1113) is found once again in a literary text. The *Miracula S. Mariae Laudunensis*, written by the monk Herman (about 1145–50), recounts the misfortune that overtook a number of Flemish merchants when sailing from Wissant to England to buy wool with some 300 marks of silver. Threatened by pirates, the merchants vowed to donate all their money to Our Lady of Laon; but once out of danger, they soon forgot their promises. They travelled almost throughout England and spent their money on large quantities of wool and stored them in a big house at Dover. The night before their departure for Flanders Our Lady punished the merchants, for the building in which the wool was kept burned to the ground.[110]

The story demonstrates that buying wool in England was already a common practice for the Flemish and their neighbours about 1100. In the previous century, however, Flanders relied primarily on home-grown wool. Even around 1070 Winric of Treves considered Flanders as the homeland of sheep: 'Nostra Flandria' (Our Flanders) it was affectionately called by the sheep.[111] A version of the life of St Macharius confirms that during the eleventh century the landholders of the Tournai region sold their wool at Ghent. The *Vita prima S. Macharii* (about 1013–14) cites the fame of the annual fair of St Bavo (1 October) at Ghent, which attracted a host of strangers. One of them, a certain Otherland, took a ship loaded with wool from the harbour of Tournai to Ghent.[112]

The reactions of medieval literary writers suggest that neither the initial great availability of Flemish wool nor even the later access to excellent English wool, gave Flanders and the Netherlands the lead in cloth-making. What impressed them and probably all their con-temporaries most were the superior finishing and especially dyeing techniques of the Netherlands cloth industry. From Winric of Treves and William Britto onwards, they all were obviously fascinated by the rich variety of brilliant colours of Netherlands cloths. The Englishman Ranulph Higden not only marvels about the 'pannos multicolores' (multi-coloured cloths) of Brabant and Flanders, but he explicitly evokes the superiority of the dyeing techniques in Flanders and

[109] Ibid., pp. 79–81. For the date see also A. Guesnon, *La Satire à Arras au XIIIe Siècle* (Paris, 1900), pp. 65–6.

[110] J. P. Migne (ed.), *Patrologia Latina*, CLVI (Paris, 1853), p. 975; cf. J. S. Ptatlock, 'The English journey of the Laon canons', *Speculum*, VIII (1933), pp. 454–64.

[111] See n. 16.

[112] *Monumenta Germaniae Historica. Scriptores*, XV, 2 (Hanover, 1888), p. 616; see also F. Vercauteren, *Etude sur les Civitates de la Belgique Seconde* (Brussels, 1934), p. 252.

Brabant to explain the fact that England, in spite of its excellent wool, could not compete with them:

> aquas tamen tinctura tam accomodas sicut Flandria vel Brabantia non habet. Est tamen apud Londonium fons quidam et apud Lincolniam determinatus locus in rivulo per transversum urbis decurrente quorum ope optimum scarletum efficitur.

> (England, however, has no waters that are so suited for dyeing as those of Flanders or Brabant. Although there is a source in London and a certain spot in the little river crossing Lincoln by which the best scarlet is achieved.[113]

It may be tempting to disregard Higden's explanation in terms of the different qualities of the water as too superficial and commonplace, but the fact of the Netherlands' superiority in the field of dyeing cannot be questioned. In the sixteenth-century version of *Le Dict des Pays*, Antwerp was the town *par excellence* for dyeing[114] and this opinion was commonly shared by the English merchants, who had their cloths dyed and finished there.[115] By allowing them to do so, the Netherlands fatally undermined its surviving cloth industry, which had really been doomed from the very moment that England had begun to work the bulk of its wool at home.[116]

V

It will be obvious to the scholar of medieval cloth-making how fairly medieval literature reflected the fortunes of the woollen industry in the Netherlands and of its competitors in Normandy and England. However, one might wonder about the reliability of our literary samples about cloth-making at Leiden and in other towns in Holland, although their break-through in international trade has been well-documented otherwise.[117] The bulk of the growing exports were directed to eastern Europe, and it is natural it did not receive full attention in the literature of western Europe. However, Holland's cloth-makers were not overlooked completely. The author of the *Libelle of Englyshe Polycye* knew of them:

---

[113] C. Babington (ed.), *Polychronicon* (see n. 104), I, p. 288.
[114] A. de Montaiglon (ed.), *Recueil de Poésies Françaises* (see n. 67), V, p. 113.
[115] O. De Smedt, *De Engelse Natie te Antwerpen in de 16e Eeuw*, II (Antwerp, 1954), pp. 353–68.
[116] J. Munro, *Wool, Cloth and Gold. The Struggle for Bullion in Anglo-Burgundian Trade* (Brussels and Toronto, 1973), pp. 180–9, and 'Industrial protectionism in medieval Flanders' (see n. 62), pp. 229–67.
[117] See for instance: H. Ammann, 'Deutschland und die Tuchindustrie Nordwesteuropas im Mittelalter', *Hansische Geschitsblätter*, LXXII (1954), pp. 19–57; N. W. Posthumus, *De Geschiedenis van de Leidsche Lakenindustrie. I De Middeleeuwen* (The Hague. 1908), pp. 238–51.

> But thy of Holonde at Caleyse byene oure felles
> and oure wolles that Englysshe men hem selles.[118]

He duly stressed the great importance of their purchases of wool-fells at Calais, which differentiated them from other wool buyers there.[119]

In his dialogue of about 1540 John Coke also expressively mentioned cloth-making in Holland as well as in Flanders and Brabant. He showed himself to be a keen observer of the Continental woollen industry. He knew that English wool was worked in France, as well as in the German empire, into says, tapestry, worsteds, cloths and carpets. The growth of tapestry weaving and the emergence of a 'new' lighter drapery of says and worsteds are well-known features of the fifteenth and sixteenth centuries, particularly in the Netherlands. Coke explicitly mentioned the worsteds of Lille.[120] He perhaps overstated the contrast between England and the Continent concerning cloth-making, but nevertheless a contrast there was. Cloth-making in England was a natural complement of wool growing as 'we have shepe berying woll of the worlde, whose valure in the olde tyme was estemed to the weyght of golde'. It went along with farming and husbandry in the countryside. English clothiers were usually farmers. In France and in the Netherlands, on the contrary, the woollen industry was legally concentrated in the towns, and industrial regulations and official inspections resulted in the production of well-finished quality fabrics. Whereas the English cloth-making farmers only employed the labour available on the spot, on the Continent a host of different specialised artisans for spinning, carding, weaving, fulling, shearing and dyeing were employed. Cloth-making also attracted tailors and hosiers to the Continental towns and of course such people in their turn attracted supporting trades and retail traders such as barbers, brewers, bakers and the like.[121]

The examples used in this essay are but the fruit of occasional reading; more systematic gathering would easily amplify them. As they are, they will suffice to demonstrate that medieval literature has a lot to say to the student of social and economic history. Literary quotations have often been used to illustrate the results of research based upon specific and often quantitative records, but their validity

---

[118] G. Warner (ed.), *The Libelle of Englysshe Polycye* (see n. 77), p. 28, vv. 545-6.

[119] N. W. Posthumus, *De Geschiedenis* (see n. 117), pp. 184-204; E. Power, 'The wool trade in the fifteenth century', *Studies in English Trade in the Fifteenth Century*, E. Power and M. M. Postan (eds.) (London, 1933), pp. 60-2.

[120] For the textile industry at Lille see for instance: P. Deyon and A. Lottin, 'Evolution de la production textile à Lille aux XVIe et XVIIe siècles', *Revue du Nord*, XLIX (1967), pp. 23-33.

[121] L. Pannier and P. Meyer (eds.), *Le Débat des Hérauts d'Armes* (see n. 91), pp. 104-5 and 114-18.

goes beyond mere illustration. A close analysis of medieval literature may throw light upon patterns of demand and consumer behaviour that would otherwise be hard to uncover, and in some way the objectivity of its incidental information is such that it is often more reliable than most quantitative sources.

L'APPROVISIONNEMENT DES VILLES
DES ANCIENS PAYS-BAS
AU MOYEN ÂGE

Les problèmes d'approvisionnement des villes médiévales étaient plus ardus aux anciens Pays-Bas (grosso modo le Benelux actuel et une partie du nord de la France) que dans le reste de l'Europe, parce que les villes y étaient plus nombreuses et plus grandes que nulle part ailleurs, l'Italie du Nord exceptée. On a estimé la population des Pays-Bas anciens à plus de 2 600 000 habitants vers 1469 ; un tiers en vivait dans les villes. En Flandre, en Flandre Gallicante et en Hollande du Sud, l'urbanisation dépassait sensiblement ce niveau. Dans une seconde zone (Liège, Hainaut, Brabant, Namur, Hollande du Nord), le pourcentage oscillait autour de 30 %. Dans la première zone, la densité atteignait entre 66 et 78 et dans la deuxième zone à peu près 40 habitants par km². Il faut remarquer que, dans la zone la plus urbanisée et avec les plus grandes villes (Gand : 64 000 habitants vers 1356-1358, Bruges : 46 000 habitants vers 1338-1340, Ypres peut-être 25 000 habitants en 1311), la densité démographique du plat pays était élevée. D'un autre côté, les régions de Zutphen, Overijssel, Veluwe et Eemland étaient caractérisées par un grand nombre de petites et moyennes villes perdues dans une campagne peu occupée. Entre ces deux extrêmes, se situaient les provinces du Hainaut, du Brabant et de l'Artois ; l'urbanisation y était relativement forte mais des villes de plus de 20 000 habitants y étaient peu nombreuses ; par contre, la campagne était relativement bien peuplée (tableau I) [1].

Les problèmes d'approvisionnement urbain se posaient évidemment d'une manière différente dans les trois zones. Les villes modestes du Nord-Est avaient gardé un caractère rural prononcé. Les bourgeois d'Arnhem vers le milieu du XIVe siècle faisaient paître environ 1 100 têtes de bétail dans

---

1. W.P. Blockmans, e.a., Tussen crisis en welvaart : sociale veranderingen 1300-1500, dans : *Algemene Geschiedenis der Nederlanden,* IV, Haarlem, 1980, p. 42-52.

L'APPROVISIONNEMENT DES VILLES

TABLEAU I. — Urbanisation et densité démographique
dans quelques régions des anciens Pays-Bas

	HAB./KM² villes + campagne	campagne	% des villes dans la population
Flandre, 1469	77,9	44,9	36
Flandre Gallicante, 1469	68,3	43,9	36
Hollande, 1514	min. 66	47	45
Hainaut, 1458	41,4	28,9	30
Brabant, 1473	39,8	27,3	31
Artois + Bourbonnais, 1469	35,5	27,8	20
Frise, 1511	22	17	22
Limbourg, 1489	21,4	19,9	7
Zutphen, 1470-1498	20	10	59
Overijssel, 1474-1475	16	8	48
Eemland, 1514	16	12	25
Veluwe, 1526	15	10	34
Luxembourg, 1489	6,1	5,2	15

Sources: *Algemene Geschiedenis der Nederlanden*, IV, p. 44-46.

les prairies urbaines. La ville de Zutphen puisa, en 1445, 23 % de ses revenus dans des loyers de champs et de prés loués à ses bourgeois. A Nimègue, les paysans formaient un groupe distinct dans la procession urbaine et à Maestricht les jardiniers constituaient une gilde spéciale [2]. D'ailleurs, toutes les villes médiévales gardaient des traits rappelant la campagne. Encore au xve siècle et plus tard, on trouvait dans des villes comme Anvers et Louvain des troupeaux de moutons. En 1389, Louvain ne vendit pas moins de 171 ha de terrains vagues aux confins de la ville pour être convertis en champs. Sa corporation de fruitiers et de jardiniers compta en 1477 trente membres [3]. A Anvers, le chapitre de Notre-Dame exigea en 1336 des dîmes de lin, de chardons, de grains de pavot, de petits pois, de blé, de garance, de semences de navets, de fruits et de fèves. Dans la paroisse urbaine, on compta, en 1338, 210 pièces de terre excédant les 50 verges, surface qu'on considérait comme étant la dimension maximale d'un jardin familial. D'autre part, il y avait des fermes de plus de 12 bonniers. En 1364, les prés communs d'Arnhem (plus de 300 ha) furent partagés entre les bourgeois-propriétaires de la ville [4].

Normalement, la campagne environnante devait fournir à la ville la plupart de ses besoins. Cette situation, favorable à l'origine, pouvait très vite s'altérer. En Artois et en Flandre, les villes se sont très tôt excessive-

2. W. JAPPE ALBERTS, *De middeleeuwse stad*, Bussum, 1965, p. 37 en 71-72.
3. R. VAN UYTVEN, ed., *Geschiedenis van het stadsgewest Leuven, Deel I: tot ca. 1600*, Louvain, 1980, p. 130-144.
4. F.H. MERTENS, K.L. TORFS, *Geschiedenis van Antwerpen*, I, Anvers, 1845, p. 597; F. PRIMS, *Geschiedenis van Antwerpen*, IV, 1, Anvers, 1933, p. 138-140; F. PRIMS, Hoven en hoveniers te Antwerpen in 1338, dans: *Bijdragen tot de Geschiedenis*, 23 (1932), p. 150-156; C.L. VERKERK, La population des villes de Gueldre au xive siècle, en particulier celle de la ville d'Arnhem, dans: *Rotterdam Papers*, IV, Rotterdam, 1982, p. 179-184.

ment industrialisées, au point que la moitié et plus de leur population active était employée dans l'industrie de la laine et que leurs chiffres de population se sont accrus en conséquence. En Brabant, ce développement se dessinait à partir du xiiie siècle et en Hollande à partir du milieu du xive siècle [5]. La demande grandissante des villes a, dès le xiiie siècle, poussé l'agriculture à la modernisation. L'intensification de l'agriculture se manifestait surtout par l'abandon de la jachère dans le système de l'assolement triennal, par la culture de plantes fourragères et industrielles dans la jachère et par la culture de navets dans les chaumes, après la moisson du blé d'hiver. Pois, fèves et navets étaient destinés à la consommation urbaine, indirectement par le détour de l'élevage du bétail et directement comme légumes et ingrédients du potage. A côté du pain, petits pois, fèves et navets constituaient la base du menu populaire [6]. Les plantes tinctoriales et autres plantes industrielles, telles que le houblon au xive siècle, étaient évidemment destinées à l'industrie surtout urbaine elle aussi. D'un autre côté, au moins depuis le xve siècle, les déchets de la guède, employée pour la teinture des draps, étaient réexportés vers la campagne comme engrais. Pareillement, les excréments et les détritus produits par les populations urbaines retournaient aux champs pour les fertiliser [7].

Dans les régions très urbanisées, la vente facile des produits agricoles et le haut niveau de productivité de la terre, aussi bien physique qu'économique, ont eu leur part dans la grande densité démographique de la campagne. En plus, l'industrie de la laine des villes procurait un supplément de revenus aux campagnards parce qu'en boudant, encore au xive siècle, le rouet, on était forcé de faire appel pour le filage à une main-d'œuvre féminine nombreuse. En 1538, la ville de Leyde annonça son règlement sur le filage dans 37 villages et hameaux de la Hollande. Leyde, La Haye, Naarden et Amsterdam se disputaient déjà au xve siècle la main-d'œuvre campagnarde pour le filage de leurs laines. Les drapiers de Courtrai et de Menin, qui éprouvaient une concurrence poussée de drapiers étrangers, reçurent en 1353 le droit exclusif d'embaucher les fileuses des châtellenies d'Ypres et de Courtrai qui se présenteraient au marché de Menin [8]. Déjà au xiiie siècle,

5. Voir la carte chez J.A. Van Houtte, R. Van Uytven, Nijverheid en handel, dans : Algemene Geschiedenis der Nederlanden, IV, p. 107.
6. A. Verhulst, Bronnen en problemen betreffende de Vlaamse landbouw in de late middeleeuwen, dans : Algemene Geschiedenis der Nederlanden, IV, p. 107 ; A. Verhulst, Bronnen en problemen betreffende de Vlaamse landbouw in de late middeleeuwen, dans : Agronomisch-Historische Bijdragen, VI (1964), p. 214-217 (english summary) ; B.H. Slicher Van Bath, The rise of intensive husbandry in the Low Countries, dans : Britain and the Netherlands. Papers delivered to the Oxford-Netherlands Conference, Oxford, 1960, p. 150-153 ; R. Van Uytven, Vroege inbreuken op de braak in Brabant en de intensieve landbouw in de Zuidelijke Nederlanden tijdens de dertiende eeuw, dans : Tijdschrift van de Belgische Vereniging voor aardrijkskundige studies, 53 (1984), p. 63-72.
7. G. Sivery, Structures agraires et vie rurale dans le Hainaut à la fin du Moyen Age, I, Lille, 1977, p. 120-121 et 136-138 ; P. Lindemans, Geschiedenis van de landbouw in België, II, Anvers, 1952, p. 127, n. 37 ; D.E.H. De Boer, Graaf en grafiek. Sociale en economische ontwikkelingen in het middeleeuwse "Noordholland" tussen ± 1345 en ± 1415, Leiden, 1978, p. 279 ; Van Uytven, Vroege inbreuken..., p. 69.
8. N.W. Posthumus, De geschiedenis van de Leidsche lakenindustrie, I. De Middeleeuwen, La Haye, 1908, p. 290-295 ; G. Espinas, H. Pirenne, Recueil de documents relatifs à l'histoire de l'industrie drapière en Flandre. Première partie, I, Bruxelles, 1906, p. 659-660.

l'industrie de la laine et surtout celle du lin, y compris le tissage, s'étaient fixées dans les campagnes et, à partir du milieu du xive siècle, elles prirent une grande extension. L'industrialisation de la campagne et la productivité élevée de l'agriculture avaient comme corollaire une fragmentation excessive des exploitations agricoles. En somme, les trois phénomènes se corroboraient réciproquement. Les fermettes de moins de 5 ha formaient en fait la moitié ou plus des exploitations dans les régions pour lesquelles des chiffres sont disponibles pour les xiiie et xive siècles. Des données postérieures suggèrent que cela fut la règle générale, sauf dans certaines parties de la principauté de Liège [9]. La moisson était sujette à des prélèvements importants, tels la dîme (en règle générale 1/11 ou 1/12), éventuellement de droits domaniaux comme le terrage (1/12 ou même 1/5), la ferme (allant d'un quart à plus de la moitié selon les cas) et la semence pour l'année prochaine (au moins 1/10, mais plus probablement 1/6) [10].

Même si un hectare produisait 1 500 l de seigle, le produit net après les prélèvements ne serait que la moitié. Compte tenu de l'assolement triennal, bien que mollement appliqué, et les autres cultures indispensables, un hectare d'une exploitation ne produisait en moyenne que 500 l de seigle. Comme le fermier et sa famille (4,5 à 5 personnes) consommaient par personne au moins 250 l et donc en tout à peu près 1 250 l [11], il lui fallait au

9. J.A. VAN HOUTTE, Stadt und Land in der Geschichte des flandrischen Gewerbes im Spätmittelalter und in der Neuzeit, dans ses *Essays on medieval and early modern economy and society,* Louvain, 1977, p. 278-280; L. GÉNICOT, L'étendue des exploitations agricoles dans le comté de Namur à la fin du xiiie siècle, dans: *Etudes rurales,* 5-6 (1962), p. 5-31, spécialement p. 22; M.R. THIELEMANS, La confiscation des biens des sujets du prince-évêque de Liège dans les ressorts de Poilvache, Montaigle et Bouvignes, 1469-1474, dans: *Liège et Bourgogne. Actes du colloque,* Liège, 1972, p. 169-172; F. DAELEMANS, *Repartitie en exploitatie van het areaal te Herzele eind xive-begin xve eeuw,* Bruxelles, s.d., p. 26-29; P. DEPREZ, De Boeren, II. De xvie, xviie en xviiie eeuw, dans: *Flandria Nostra,* I, Anvers, 1957, p. 126-127.
10. E. THOEN, La production agricole et la population dans quelques communes au sud de Gand pendant l'Ancien Régime (xive-xviiie siècle), dans: A. VERHULST, C. VANDENBROEKE (ed.), *Productivité agricole en Flandre et en Brabant XIVe-XVIIIe siècle,* Gand, 1979, p. 137; F. DAELEMANS, Tithe revenues in rural south western Brabant, 15th-18th centuries, dans: H. VAN DER WEE, E. VAN CAUWENBERGHE (ed.), *Productivity of land and agricultural innovation in the Low Countries (1250-1800),* Louvain, 1978, p. 28; D.E.H. DE BOER, *op. cit.,* p. 213; E. SCHOLLIERS, F. DAELEMANS, *De conjunctuur van een Domein: Herzele 1444-1752,* Bruxelles, 1981, p. 16 et 64; M.J. TITS-DIEUAIDE, Peasant dues in Brabant. The example of the Meldert farm near Tirlemont 1380-1797, dans: H. VAN DER WEE, E. VAN CAUWENBERGHE, *op. cit.,* p. 120; E. VAN CAUWENBERGHE, *Het vorstelijk domein en de overheidsfinanciën in de Nederlanden (XVe en XVIIe eeuw),* Bruxelles, 1982, p. 270; F. DAELEMANS, Peiling naar de evolutie van de landbouw te Grimbergen aan de hand van enkele pachtcontracten (xiiie-xviiie eeuw), dans: *Eigen Schoon en de Brabander,* 54 (1971), p. 17-18: A Grimbergen aux xiv-xve siècles la ferme oscillait autour de 9 setiers de seigle par ha (donc ± 440 l), tandis qu'une production de 1 400 l semble une estimation raisonnable; M.J. TITS-DIEUAIDE, *La formation des prix céréales en Brabant et en Flandre au XVe siècle,* Bruxelles, 1975, p. 84-94; L. GÉNICOT, *L'économie rurale namuroise au bas Moyen Age (1199-1429),* Namur, 1943, p. 236; J. MERTENS, Landbouw, dans: *Algemene Geschiedenis der Nederlanden,* 4, Haarlem, 1980, p. 28-30.
11. B.H. SLICHER VAN BATH, De oogstopbrengsten van verschillende gewassen, voornamelijk granen, in verhouding tot het zaaizaad ca. 810-1820, dans: *A.A.G. Bijdragen,* 9, p. 34-42; VAN CAUWENBERGHE, *op. cit.,* p. 270. Cette moyenne de consommation de grains est encore très inférieure au minimum vital de calories (c'est-à-dire 300 à 350 l de blé).

moins 2,5 ha de terres pour produire sa propre nourriture en grains. Produire pour les marchés urbains ne pouvait se faire que sur les fermes moyennes ou grandes, à moins que le poids des prélèvements soit limité comme pour les fermes directement exploitées par leurs propriétaires. Les fermes à rendements supérieurs n'étaient pas nombreuses. Sur 60 exploitations à Beuvrequin (Fr., dép. du Nord), il n'y en avait que 18 qui disposaient de plus de 5 ha, et elles totalisaient à peu près 170 ha, soit en moyenne près de 9 1/2 par exploitation. Cela n'est pas sans rappeler la situation des trois villages du Namurois, étudiés par Génicot. Les exploitations de plus de 5 bonniers (± 5 ha) y avaient une superficie moyenne de 10,8 ha.

Dans la région brugeoise, les fermes de plus de 10 mesures (± 4,4 ha) constituaient encore près de 52 % des exploitations et leur superficie moyenne était à peu près 21,5 ha. A Herzele, il n'y avait que huit fermes valables ; leur superficie moyenne était de quelque 10,8 ha [12]. Le produit net d'un hectare était de 500 l de seigle et un fermier ayant besoin d'au moins 2,5 ha pour son autoconsommation, des fermes pareilles versaient annuellement au marché 3 750 l de seigle. Pour une ville de 20 000 habitants, il fallait quelque 6 500 000 l, c'est-à-dire la production nette d'à peu près 1 733 fermes d'environ 10 ha. Cela revient à dire qu'une ville moyenne des Pays-Bas dépendait pour son approvisionnement en blé panifiable de quelque 150 villages ! Nous ne nous dissimulons pas tous les risques de ce genre d'arithmétique, mais il a au moins le mérite de faire ressortir à quel point la situation des anciens Pays-Bas était critique. Il convient en plus d'insister sur le fait que la propriété des grandes fermes était presque exclusivement le fait d'institutions de mainmorte, de nobles et de riches bourgeois. C'était d'ailleurs les mêmes qui possédaient ou, au moins par les bourgeois, prenaient à ferme la collecte des dîmes [13].

Les contemporains ne s'y sont pas trompés : ils constataient à plusieurs reprises que le pays de Flandre était fort *habité de gens... ne se povent nourir s'ils n'ont d'autres vivres dehors.* Et à une autre occasion : « le blé qui pousse et est cultivé dans nos pays d'embas ne suffit pas ni ne peut satisfaire aux besoins... ; on a coutume d'amener de grandes quantités de blé d'ailleurs, comme de France et autres lieux » [14]. En Hollande, la situation

12. GÉNICOT, *art. cit.*, p. 17-31 ; J. MERTENS, *De laat-middeleeuwse landbouweconomie in enkele gemeenten van het Brugse platteland*, Bruxelles, 1970, p. 42. (La moyenne est peut-être trop élevée par un trop grand nombre de fermes d'institutions de main-morte) ; DAELEMANS, *Repartitie en exploitatie*, p. 27.

13. THIELEMANS, *art. cit.*, p. 181-186 ; A. VERHULST, De Boeren. I. De Middeleeuwen, dans : *Flandria Nostra*, I, p. 107-110 ; R. VAN UYTVEN, *Stadsfinanciën en Stadsekonomie te Leuven van de XIIᵉ tot het einde der XVIᵉ eeuw*, Bruxelles, 1961, p. 265-266 ; P. LEUPEN, Zaltbommel en zijn waarden, dans : *Gelre. Bijdragen en Mededelingen* 69 (1976-1977), p. 88-93 ; R. VAN SCHAIK, Nijmegen, Arnhem en de Betuwe, dans : *Numaga* 26 (1979), p. 100-113 ; L. ZYLBERGELD, Le prix des céréales et du pain à Liège dans la première moitié du XIIIᵉ siècle, dans : *Revue belge de philologie et d'histoire*, 51 (1973), p. 278-283.

14. W. BLOCKMANS, *De volksvertegenwoordiging in Vlaanderen in de overgang van middeleeuwen naar nieuwe tijden (1384-1506)*, Bruxelles, 1978, p. 463, n. 3 ; R. VAN UYTVEN, Politiek en economie. De crisis der late XVᵉ eeuw in de Nederlanden, dans : *Revue belge de philologie et d'histoire*, 53 (1975), p. 1110.

est devenue dramatique quand l'urbanisation s'y est développée très vite à partir du milieu du XIVe siècle, tandis qu'en même temps la production agraire, déjà pas brillante à cause de la mauvaise qualité des terres, trop pauvres ou humides, baissait. Le déclin de la production était dû entre autres à l'extraction massive de la tourbe, aux inondations et à l'humidité croissante qui en étaient en partie les conséquences : le rapport des dîmes en Hollande du Nord déclinait de 26 % entre 1356-1359 et 1398-1396, bien que les prix nominaux montaient en même temps de plus de 20 % [15].

La situation dans les régions intermédiaires (Artois, Hainaut, Brabant) était beaucoup moins tendue ; elles parvenaient encore à exporter du grain vers la Flandre et la Hollande, mais chaque mauvaise saison, en fait un phénomène cyclique, faisait surgir, au moins en Brabant et en Hainaut, le spectre de la faim [16]. La prépondérance que les villes avaient acquise dans la plupart des Pays-Bas, et notamment dans les Etats et dans les Etats Généraux de ces provinces [17], a beaucoup contribué à faciliter leur approvisionnement.

Elles ont réussi à réglementer le trafic et à organiser la région environnante en fonction de leurs propres besoins. Pendant la grande disette de 1438, la ville de Dordrecht décréta que tous grains de la Hollande du Sud devaient être présentés à son marché dedans les trois jours après la moisson. En 1442, elle élargit la mesure jusqu'au laitage. Dans la suite, elle a, à maintes reprises, renouvelé ces édits qui furent chaque fois cassés par le comte, jusqu'en 1520, quand Charles Quint les reconnut officiellement. Groningue a su se faire reconnaître contractuellement comme l'unique marché des *Ommelanden*, la partie de la Frise autour de la ville. Depuis 1426, la ville de Zierikzee était le seul marché de grains sur l'île de Schouwen. Middelburg avait les mêmes droits dans l'île de Walcheren et Gouda dans le pays de Woerden. De petites villes comme Naarden et La Brielle élevaient des prétentions analogues. Lille était le marché obligatoire pour tous les grains récoltés dans sa châtellenie, tandis que Douai était le lieu de vente obligatoire pour tous les grains récoltés ou passant dans sa châtellenie. Tout le commerce du grain de la mayerie de Tirlemont était en 1460 obligatoirement concentré à Tirlemont, comme cela était coutumier depuis longue date [18].

Une autre manifestation de la politique égoïste des villes était l'instauration d'étapes légales. Elles canalisaient le trafic vers des villes déterminées

15. DE BOER, *Graaf en grafiek*, p. 40-46, 229, 231, 234 et 199.
16. TITS-DIEUAIDE, La formation des prix, p. 144-150 ; VAN UYTVEN, *Stadsfinanciën en stadsekonomie*, p. 267-270 ; J.M. CAUCHIES, *La législation princière pour le comté de Hainaut. Ducs de Bourgogne et premiers Habsbourg (1427-1506)*, Bruxelles, 1982, p. 347-410.
17. BLOCKMANS, *De volksvertegenwoordiging*, p. 587-591 ; A. UYTTEBROUCK, *Le gouvernement du duché de Brabant au Moyen Age (1355-1430)*, I, Bruxelles, 1975, p. 429-550 ; et les contributions de J. DHONDT, J. GILISSEN, e.a. dans : *Assemblées d'Etats*, Louvain-Paris, 1965.
18. D. NICHOLAS, *Stad en platteland in de middeleeuwen*, Bussum, 1971, p. 65-69 ; R. MARQUANT, *La vie économique à Lille sous Philippe le Bon*, Paris, 1940, p. 84-85 ; P.V. BETS, *Histoire de la ville et des institutions de Tirlemont*, Louvain, 1860-1861, p. 89 et 282-283.

et obligeaient les marchands d'y offrir en vente à chacun leurs denrées de passage. Les étapes étaient une contribution évidente à l'approvisionnement de la ville, mais représentaient une vraie aubaine pour l'économie locale. Une des réalisations les plus importantes dans ce domaine fut l'étape de Dordrecht. Le comte Jean I de Hollande décréta en 1299 que tout bois, avoine et vin descendant les fleuves de la Merwede et de la Lek et tout sel remontant la Meuse devraient s'arrêter sur les marchés de Dordrecht. Il espéra ainsi améliorer son contrôle sur le trafic et la perception de ses tonlieux. Malgré des abrogations temporaires et la résistance des autres villes, Dordrecht sut maintenir ce droit et même l'élargir au point qu'en 1355 tout trafic fluvial en Hollande du Sud était concentré à Dordrecht [19]. Une étape de sel, avoine et poisson était depuis 1238 l'objet de contestations entre Anvers et Malines. La dernière ville eut gain de cause en 1358, mais l'essor commercial d'Anvers rendit l'avantage de cette étape presque illusoire [20].

Des troubles dans le trafic pendant les années fatidiques 1347-1349 ont été à la base de l'ordonnance gantoise de 1349 : tout blé arrivant à Gand devait être apporté au marché. Neuf ans plus tard, devant une nouvelle menace de pénurie, le magistrat ordonna en plus que la moitié du grain arrivé au marché devait y rester jusqu'à la vente, le marchand ne gardant la libre disposition que de l'autre moitié. En 1364, on défendit en plus des transactions de grains entre bourgeois d'une même ville afin d'éviter des fraudes contre le règlement précédent. La réglementation de l'étape gantoise était peut-être moins restrictive qu'on l'a suggéré, mais elle suffisait largement à faire de Gand un grand marché de grains, surtout des riches terres d'Artois descendant la Lys, et à profiter à toute une série de commerçants et d'artisans. Parmi ces derniers, il convient de citer en premier lieu les bateliers qui étaient particulièrement privilégiés par la rupture obligatoire des charges à Gand [21].

Très nombreuses furent les étapes du vin. On en trouve toute une série commandant les voies d'accès venant de la France et de la Bourgogne : Lille, Douai, Tournai, Mons, Saint-Quentin, Arras, Valenciennes, etc. Arras ne reçut une étape qu'en 1405, visiblement pour consolider une position acquise. Les marchands amenant du vin au-delà de la Somme étaient tenus de les apporter à Arras. Louvain, sur le tronçon principal des routes terrestres entre Cologne et la mer du Nord, se vit confirmer son étape du vin du Rhin en 1523, mais ce droit était constamment violé par les mar-

19. NICHOLAS, op. cit., p. 63-67 ; B. VAN RIJSWIJCK, Geschiedenis van het Dordtsche stapelrecht, Den Haag, 1900.

20. J. LAENEN, Geschiedenis van Mechelen tot op het einde der Middeleeuwen, Malines, 1934², p. 83 et 253-259 ; F. PRIMS, Geschiedenis van Antwerpen, II, 2, Bruxelles, 1929, p. 73-77 ; IV, 1, Anvers, 1933, p. 128-131 et V, 1, Anvers, 1934, p. 19-20, 26-27, 48-55.

21. G. BIGWOOD, Gand et la circulation des grains en Flandre du xive au xviiie siècle, dans : Vierteljahrschrift für Sozial- und Wirtschaftsgeschichte, IV (1906), p. 397-460 ; TITS-DIEUAIDE, La formation des prix..., p. 146-149 ; la plupart des édits urbains concernant le marché des grains dans : N. DE PAUW, De voorgeboden der stad Gent in de XIVe eeuw, Gand, 1885.

chands de Bruxelles, Malines, Wavre et autres qui allaient à l'encontre des chariots de vin au-delà de Louvain et même de Tirlemont [22].

En fait, tout commerce pouvait être sujet à une étape obligatoire. On cite entre autres les étapes de la bière importée de la Baltique à Amsterdam et à Staveren ou à Biervliet qui en reçut son nom ; l'étape de hareng encaqué à Damme et du poisson séché à Monnikenreede à partir de 1323 ; du sel et des matériaux de construction à Venlo (1343) [23] ; du linge, entre autres à Enghien et à Braine l'Alleu, mais à partir de 1458 exclusivement à Ath pour tout le Hainaut [24] ; du laitage hollandais à Anvers depuis 1358 [25], etc. Les péripéties de l'étape de la laine anglaise à travers les Pays-Bas (Saint-Omer, Bruges, Dordrecht, Anvers, Middelburg) et sa fixation définitive à Calais sont suffisamment connues [26]. Certaines villes, particulièrement favorisées par leur position géographique, réussissaient à rassembler plusieurs étapes dans leurs murs. Nous mentionnions déjà les trois étapes malinoises et les étapes de Dordrecht. Lille était, dès avant 1438, une ville-étape pour le vin, mais elle avait aussi un droit d'étape pour les grains de sa châtellenie et pour toute la guède produite dans les localités au sud de la ville [27].

Tout en avantageant les vues fiscales du prince et les intérêts économiques de la ville concernée, une étape constituait une entrave à la circulation des biens. En temps normaux, elle pouvait se prévaloir d'un gain de temps et d'argent pour tous en comprimant les frais de transaction ; en période de crise, on la ressentait surtout comme une faveur injuste au profit de la ville-étape. Des embargos réciproques et des contestations continues qui pouvaient amener un pays au bord de la guerre civile en découlaient parfois. Ce fut le cas de la lutte ouverte entre Dordrecht et les villes en amont du Waal (Nimègue) et du Rhin (Wesel, Duisburg, Cologne) dans les années 1442-1445 [28].

22. J. CRAEYBECKX, Quelques grands marchés de vins français dans les anciens Pays-Bas et dans le nord de la France à la fin du Moyen Age et au XVIe siècle, dans : Studi in onore di Armando Sapori, II, Milan, 1957, p. 847-882 et IDEM, Un grand commerce d'importation : Les vins de France aux anciens Pays-Bas (XIIIe-XVIe siècle), Paris, 1958, p. 54-77 et 171-179 ; VAN UYTVEN, Stadsfinanciën, p. 307-308.

23. G. STEFKE, Ein stadtisches Exportgewerbe des Spätmittelalters in seiner Entfaltung und ersten Blüte. Untersuchungen zur Geschichte der Hamburger Seebrauerei des 14. Jahrhunderts, Hamburg, 1979, p. 54-128 ; H.J. SMIT, De opkomst van den handel van Amsterdam, Amsterdam, 1914, p. 93-94 ; R. DEGRYSE, Vlaanderens haringbedrijf in de middeleeuwen, Anvers, 1944, p. 198-205 ; T.L.M. THURLINGS, A.A.P. VAN DRUNEN, Sociaal-economische geschiedenis, dans : Limburg's Verleden, I, Maastricht, 1960, p. 198-205 ; W. JAPPE ALBERTS, H.P.H. JANSEN, Welvaart in wording, Sociaal-economische geschiedenis van Nederland van de vroegste tijden tot het einde van de Middeleeuwen, La Haye, 1964, p. 227.

24. E. SABBE, De Belgische Vlasnijverheid. I. De Zuidnederlandsche vlasnijverheid tot het verdrag van Utrecht, 1713, Bruges, 1943, p. 95-106 et 112.

25. WILLEMS, Brabantsche Yeesten, II, Bruxelles, p. 561 ; MERTENS-TORFS, op. cit., II, Anvers, 1846, p. 280 et 553.

26. J. DE STURLER, Les relations politiques et les échanges commerciaux entre le duché de Brabant et l'Angleterre au Moyen Age. L'étape des laines anglaises en Brabant et les origines du port d'Anvers, Paris, 1936 ; T.H. LLOYD, The English Wool Trade in the middle ages, Cambridge, 1977, p. 101-112, 195-196, 202-210, 229-231.

27. MARQUANT, op. cit., p. 84-86.

28. H.J. SMIT, De opkomst van den handel van Amsterdam, Amsterdam, 1914, p. 246 ; J.F. NIERMEYER, Een vijftiende eeuwse handelsoorlog : Dordrecht contra de Bovenlandse

Les étapes malinoises avaient perdu au xve siècle beaucoup de leur signification par l'essor d'Anvers, mais la ville, dominant par sa position sur le Rupel le trafic fluvial, nuisait sensiblement aux relations entre les villes brabançonnes et le grand marché anversois. L'obstacle malinois était d'autant plus agaçant et difficile à lever que Malines était une enclave indépendante au sein du duché de Brabant. Les tensions devenaient tellement prononcées qu'en 1411-1412 le duc de Bourgogne prenant partie pour sa ville de Malines et son frère Antoine, duc de Brabant, à la tête de ses villes brabançonnes, ont failli en venir aux mains [29].

Malgré des frictions pareilles, les villes d'un pays et même de plusieurs pays — cela encore avant l'unification des Pays-Bas par Philippe le Bon — se concertaient souvent pour mettre sur pieds une politique commerciale à leur convenance. Les villes de Flandre, du Brabant, de la Hollande et de la Zélande avaient des pourparlers entre elles et avec leur duc sur le commerce de la laine anglaise en 1431 et 1498. Déjà, en 1427, Malines avait pris l'initiative des contacts entre les villes de Flandre et du Brabant sur le sujet [30]. D'autre part, les villes obtenaient de leurs princes des défenses d'exportation. Ainsi les Etats de Brabant firent défendre en 1437 l'exportation de laine et de moutons. Plus fréquentes étaient les défenses d'exportation de vivres, entre autres pour toutes les provinces bourguignonnes en 1473-1474. Les défenses d'exportation de grains sont néanmoins surtout prises par pays et sous l'influence des chefs-villes, aussi bien en Flandre, en Brabant qu'en Hainaut ; quand les besoins vitaux étaient en jeu, les villes se préoccupaient avant tout de leurs propres intérêts. Parfois les villes ne limitaient pas leurs interventions aux seuls grains panifiables, mais visaient même l'exportation de bétail, de viande, de légumes, de fruits et de laitage [31].

En principe, les princes et les classes dirigeantes étaient plutôt partisans de la libre exportation des grains [32]. Vivant de rentes foncières, de dîmes et de tonlieux, le prince et son entourage bénéficiaient en fait des hauts prix et des libres échanges. En plus, les ducs de Bourgogne ont vaguement senti le besoin de favoriser l'entente entre tous leurs sujets en maintenant la liberté du trafic entre leurs pays en période de disette. Le conseil du Hainaut demanda en 1437 des mesures *car on les* (blés) *menoit hors de tous costés et si en avoit mond. seigneur le duc accordé grant cantité à ceulx de Gand, de Bruges, de Malines et autrez...* Quelques mois plus tard, Philippe

steden 1442-1445, dans : *Bijdragen en Mededelingen van het Historisch Genootschap,* 66 (1948), p. 1-59.
29. J. Laenen, *Geschiedenis van Mechelen tot op het einde der Middeleeuwen,* Malines, 1934, p. 260-264.
30. Blockmans, *De volksvertegenwoordiging,* p. 478-479 et 483.
31. Van Uytven, *Stadsfinanciën...,* p. 345 ; J.M. Cauchies, *La législation princière pour le comté de Hainaut. Ducs de Bourgogne et premiers Habsbourg (1427-1506),* Bruxelles, 1982, p. 376-381 ; Tits-Dieuaide, *La formation des prix céréaliers,* p. 187-191 et p. 345-349 ; Blockmans, *op. cit.,* p. 463-477.
32. J. Godard, Dans les Pays-Bas bourguignons. Un conflit de politique commerciale, dans : *Annales d'histoire sociale,* I (1939), p. 417-420.

le Bon ordonna d'envoyer du grain hennuyer à Bruxelles, à Douai et même à Tournai, pourtant enclave française dans ses terres. De même, en décembre 1438, il autorisa les Brabançons à s'approvisionner à Namur. En 1481, les Hainuyers purent acheter des vivres selon leurs besoins en Brabant, Flandre, Hollande, Zélande et Frise [33].

A plusieurs reprises, les Quatre Membres de Flandre et même les trois grandes villes seules interdisaient de *mener oultre la rivière du Lys* des vivres ; le duc Philippe s'y opposa en 1425 déclarant que Lille, Douai et Orchies *sont de nosdits pais et contés de Flandres et avaient donc droit de s'y approvisionner.* Néanmoins dans les années suivantes (e.a. en 1433), les Lillois éprouvaient encore les mêmes dificultés [34]. La petite ville d'Alost qui trouvait une partie de ses moyens de subsistance dans la réexportation de grains hennuyers, avait obtenu en 1423 du duc une licence d'exportation pour 500 sacs de blé par semaine en dépit de la disette régnante. Gand, la chef-ville du quartier, n'hésita pas à faire emprisonner le magistrat d'Alost pour violation de l'embargo sur les grains [35]. Visiblement, les grandes villes en période de crises graves ne reculaient devant rien. Elles outre-passaient allègrement leurs pouvoirs en méconnaissant les intérêts des petites villes de leur entourage, des paysans, des propriétaires fonciers, y compris leurs propres bourgeois et même ceux du duc.

Une ambiguïté analogue se discerne dans la politique intérieure de vil-les. Les principes sont les mêmes : assurer un approvisionnement suffisant pour ne pas émeuter les masses urbaines, sans trop nuire aux intérêts des marchands et des producteurs ; protéger le consommateur contre la fraude sur la quantité et la qualité des biens, tout en préservant producteurs et commerçants urbains contre la concurrence. Pour réaliser ces objectifs, la ville a surtout recours à des mesures législatives. Des interventions plus actives et directes sont exceptionnelles. Les intentions de la ville sont concrétisées surtout dans les *keures,* proclamations de police annuelles ou semestrielles, dans des ordonnances spéciales et dans les statuts des corpo-rations. En fait, elles se réduisent à quelques points essentiels. Une des pierres angulaires de la politique urbaine en matière d'approvisionnement était la lutte contre les accapareurs et monopolistes et contre la hausse excessive des prix. Pour cette raison, on défendait d'acheter des produits dans un rayon donné autour de la ville ; c'était en fait une application en miniature du principe de l'étape. La distance dans laquelle on ne pouvait pas aborder les marchands se rendant à la ville était normalement de 2 à 5 lieux : à Bruxelles, 2 pour le laitage en 1360 mais 4 en 1450, 4 pour le poisson en 1450 ; à Gand, 5 pour la guède en 1338, 3 pour le poisson en 1350, 3 pour la volaille et le laitage en 1375. Dans le même ordre d'idées, les Gantois n'étaient pas autorisés à acheter de leurs cobourgeois du vin en dehors de la ville, sauf sur l'étape à Damme. Les Bruxellois ne pouvaient

---

33. CAUCHIES, *op. cit.,* p. 381, n. 124 et 386, n. 143.
34. MARQUANT, *op. cit.,* p. 146.
35. BLOCKMANS, *op. cit.,* p. 465.

pas aborder à l'extérieur de la ville des marchands de fourrures dans un rayon de 24 lieux [36].

Pour ne pas laisser dégarnir le marché au profit de quelques riches acheteurs et pour enrayer une hausse brutale des prix, on freinait l'achat et à fortiori l'exportation de grosses quantités en une fois. Ainsi, en 1338 et en 1343 ou 1344, le magistrat gantois défendit à ses bourgeois d'acheter au marché plus d'un setier de blé. En 1343 ou 1344, toute exportation de blé au-delà d'un quart de setier fut défendue. En 1350, ces minima furent fixés respectivement à deux et un setier, mais l'exportation sur chariots ou en bateau était proscrite. Acheter des marchandises pour la revente et donc spéculer sur la hausse des prix était également visé par les ordonnances. A Gand, les forgerons ne pouvaient pas vendre du fer qu'ils n'avaient pas travaillé [37]. A Anvers, au XIVe siècle, on ne pouvait pas acheter de la volaille ou du laitage pour les revendre. A Reimerswaal, cela fut même le cas de la drêche [38]. En général, les marchands en gros et les professionnels du commerce des vivres (boulangers, meuniers, brasseurs, bouchers et autres) ne pouvaient faire des achats au marché qu'après les particuliers [39]. Très typique était aussi le partage obligatoire d'un achat à la demande des assistants intéressés. A Bruxelles, cette coutume était connue par les cordonniers pour des achats de cuir étranger, par les foulons pour les achats de chardons, et par les pelletiers. Encore plus fort, les bourgeois anversois avaient le droit d'exiger contre le même prix et moyennant une très minime gratification les bêtes que les bouchers venaient d'acquérir en leur présence [40].

La méfiance envers les accapareurs était tellement prononcée que la liberté d'association commerciale était strictement limitée. Les marchands de sel à Malines ne pouvaient en 1442 s'associer qu'à deux. Un peu partout, les poissonniers et les bouchers ne pouvaient pas s'associer avec plus de deux, ainsi à Bois-le-Duc, où une prescription analogue existait pour les cordonniers et les tanneurs. Dans le même ordre d'idées, il faut voir la résistance des magistrats contre l'exclusivisme grandissant des corporations. Le monopole des corporations ne fut jamais absolu. Chaque bourgeois pouvait, si l'envie lui venait, bâtir sa propre maison, cuire son propre pain, abattre son bétail pour sa consommation, tisser ses draps. A Anvers, un bourgeois possédant au moins dix moutons peut les abattre et les vendre en entier dans sa maison, toutefois sans les exposer devant la maison ou en vitrine [41]. Dans beaucoup de villes, les autorités établissaient même une

36. G. DES MAREZ, *L'organisation du travail à Bruxelles au XVe siècle*, Bruxelles, 1904, p. 341 ; DE PAUW, *De voorgeboden...*, p. 14, 47, 116 et 137.
    37. DE PAUW, *op. cit.*, p. 7, 36-37, 48-49 et 20.
    38. MERTENS, TORFS, *op. cit.*, II, p. 462 ; R. HUYBRECHT, Rechtsbronnen der stad Reimerswaal, dans : *Stichting tot Uitgaaf der Bronnen van het Oud-Vaderlandse Recht. Verslagen en mededelingen Nieuwe Reeks*, I (1978), p. 112.
    39. VAN UYTVEN, *Stadsfinanciën*, p. 275.
    40. DES MAREZ, *op. cit.*, p. 226 ; MERTENS, TORFS, *op. cit.*, II, p. 462.
    41. HUYBRECHT, *art. cit.*, p. 122 ; N.H.L. VAN DEN HEUVEL, *De ambachtsgilden van 's-Hertogenbosch*, Utrecht, 1946, p. 171-176 et 200-201 ; MERTENS, TORFS, *op. cit.*, II, p. 460-461.

brasserie publique à l'usage des particuliers [42]. Un protectionnisme contre l'importation de produits étrangers était à l'origine presque inexistant. Tout fer forgé pouvait librement être vendu à Bois-le-Duc en 1302. Des étrangers pouvaient y importer des chaussures, mais les cordonniers locaux ne pouvaient vendre que les produits de leurs propres ateliers ; les travailleurs du bois étrangers pouvaient étaler et vendre leurs marchandises dans toute la ville [43].

La crise démographique et la stagnation de la population urbaine, à partir du xivᵉ siècle, vont changer fondamentalement cette attitude, d'autant plus qu'après 1302, en Flandre et dans la principauté de Liège et avec un certain retard ailleurs, les corporations gagnèrent de l'influence politique. La libre importation des biens fut limitée au marché hebdomadaire et aux foires. Les corporations tendaient à se fermer et devenir héréditaires. Les magistrats n'octroyaient pourtant les augmentations des droits d'entrée aux corporations qu'au compte-gouttes. Çà et là, dans des périodes de troubles, des corporations ont réussi à se fermer pour les nouveaux venus, mais les magistrats ont continué à combattre cette hérédité en droit [44]. A Bruxelles, la lutte pour la reconnaissance de leur droit à l'hérédité a poussé les bouchers à une révolte en 1477. Le plaidoyer du magistrat bruxellois de 1458 est particulièrement éloquent à ce sujet : « Ils (les bouchers) finiront par la (corporation) réduire à un nombre tellement restreint... que les bourgeois subiront un dommage considérable, car le temps est proche où le peuple tout entier tombera sous la dépendance et la sujétion d'un, de deux ou de trois bouchers qui vendront leur marchandise au prix qui leur plaira. [45] »

Dans la même ville, un conflit opposait des marchands malinois et la corporation des fruitiers concernant la vente en détail de cerises et de petits pois. Le magistrat prit parti pour les Malinois en acceptant leur argumentation : « Le consommateur serait dupe de la mesure restrictive (de les forcer à ne vendre qu'en gros), attendu qu'il serait impossible pour les fruitiers bruxellois, qui ne vendroient dans ces conditions que de seconde main, de laisser les marchandises au même prix qu'eux. » Le magistrat décida donc que les Malinois pourraient vendre tous les jours leurs marchandises en demi-quart (± 5,25 l.) et que les fruitiers locaux ne pouvaient pas leur en acheter pour les revendre [46]. Dans les périodes de disette extrême, on prorogea simplement le monopole des boulangers (Louvain, 1481 ; Leyde, 1492) [47].

---

42. E. Aerts, *De Zuidnederlandse brouwindustrie tijdens het Ancien Regime. Statuts questionis van het onderzoek*, dans : *Handelingen Kon. Zuidnederlandse Maatschappij voor Taal- en Letterkunde en Geschiedenis*, 33 (1979), p. 27-28.

43. Van den Heuvel, *op. cit.*, p. 174-175.

44. Idem, *op. cit.*, p. 176-180 ; R. Van Uytven, *What is new socially and economically in the sixteenth-century Netherlands*, dans : *Acta historiae neerlandicae*, 7 (1974), p. 29-30.

45. Des Marez, *op. cit.*, p. 88.

46. Des Marez, *op. cit.*, p. 339-340 et 502-503.

47. R. Van Schaik, *Prijs- en levensmiddelenpolitiek in de Noordelijke Nederlanden van de xivᵉ tot de xviiᵉ eeuw : bronnen en problemen*, dans : *Tijdschrift voor Geschiedenis*, 91 (1978), p. 234 ; Van Uytven, *Stadsfinanciën*, p. 275.

Chaque ville prenait à cœur de tenir ses lignes d'approvisionnement ouvertes. Nous avons déjà mentionné l'opposition de certaines villes contre les étapes, mais en général, leur lutte n'avait pas beaucoup de succès, les villes d'étape étant souvent riches et puissantes et jouissant de la faveur du prince qui, d'ailleurs, tirait profit de l'étape. Les villes flamandes ont toujours insisté sur le libre trafic du grain d'Artois, de Picardie et de Hainaut vers la Flandre et elles faisaient pression sur Tournai quand cette ville voulait le limiter [48]. La ville de Mons protesta en 1481 auprès du souverain contre les *ediz et ordonnances fais par les seigneurs subgetz de grains non mener hors de leurs terres...* Malines, enclavée dans le duché de Brabant, pâtissait régulièrement des défenses d'exportation de grains promulguées par Bruxelles et Louvain et sollicitait à plusieurs reprises l'appui du comte et des villes de Flandre contre ces mesures [49].

Les voies qui menaient en ville furent améliorées pour faciliter le transport des denrées nécessaires. Spécialement les voies d'eau profitaient de la sollicitude des magistrats urbains. En vue du transport de grains, bois et charbons du Brabant wallon vers la ville, Louvain a, à deux reprises, au xve siècle, entrepris des travaux pour canaliser la Dyle en amont. Les résultats furent plutôt désastreux. Bruxelles, de son côté, a canalisé la Senne jusqu'à Vilvorde dans les années 1434, mais le projet de faire de même en amont de Bruxelles ne fut pas réalisé. La motivation mérite citation : « les grands coûts qui se lèvent sur toute sorte de grains, de vivres et autres denrées qu'on amène du pays de Hainaut à Bruxelles » [50].

Dès 1251, Ypres entreprit de travaux pour creuser un canal jusqu'à l'Yser, l'Yperlee qui aboutissait à la côte près de Nieuport, constituant ainsi une voie d'importation directe pour la laine anglaise. Pour leur approvisionnement en grains, les Yprois avaient, au début du xve siècle, prolongé l'Yperlee jusque dans le Lys à Warneton. Avant cela, la ville avait pavé le chemin jusqu'à Warneton pour faciliter les transports de grains. La ville de Gand a probablement, depuis le xiie siècle, creusé des canaux et des fossés qui amenaient en ville les bateaux plats chargés de tourbe des tourbières situées principalement au nord de la ville. Pour le transport des marchandises venant d'outre-mer, les Gantois ont d'abord chercher du côté d'Aardenburg. Dès 1251, la liaison par le canal de la Lieve était réalisée, mais déjà, entre 1262 et 1269, une branche latérale vers Damme fut creusée. Damme a vite fait de condamner l'autre avant-port, Aardenburg. La Lieve n'était pourtant pas accessible à des bâtiments de mer. La navigation sur la Lieve était un monopole des bateliers gantois. Seul, Eeklo a joui quelque temps d'une jonction à la Lieve. Eeklo y transportait surtout du bois et des matériaux de construction. Gand, par contre, se servait de la Lieve pour

48. BLOCKMANS, *De volksvertegenwoordiging...*, p. 464.
49. CAUCHIES, *La législation princière*, p. 374-375 ; BLOCKMANS, *op. cit.*, p. 477 ; TITS, *op. cit.*, p. 184, n. 17.
50. VAN UYTVEN, *Stadsfinanciën*, p. 437 ; A. WAUTERS, *Documents concernant le canal de Bruxelles à Willebroeck précédé d'une introduction contenant un résumé de l'histoire de ce canal*, Bruxelles, 1882, p. VI-VIII et 1-18.

amener de Damme du vin, des grains, des harengs, du beurre, de la bière allemande, de la tourbe, du bois et des pommes [51].

Courtrai s'intéressa en 1399 vivement à la réparation du chemin, vers Moorsele, où les drapiers envoyaient leur laine pour être filée [52]. La même préoccupation a inspiré aux villes l'organisation de barques qui reliaient les villes les jours de marché. Ainsi, en 1315, un coche d'eau assure le trajet entre Thionville et Metz. Anvers, à la fin du XIVe siècle, eut également un coche d'eau [53].

Une autre mesure pour favoriser les importations en ville était l'achat et éventuellement l'abolition de certains tonlieux ou autres droits. Un cas typique est le droit de louche, un droit seigneurial qui se levait en nature sur toute transaction ou transport de grains. La ville de Bruxelles acheta du duc le droit de louche et la halle aux blés en 1460, moyennant l'énorme rente de 1 000 florins par an. L'opération semble nettement déficitaire, au moins dans les dernières années du XVe siècle. Pareille mésaventure arriva à la ville de Louvain en 1544. Elle avait pris à ferme le droit de louche du duc pour un terme de dix ans contre 455 1b. par an, mais elle n'en touchait en moyenne que 285 1b. par an. Cette perte s'explique en partie par le fait que le trafic des céréales était en baisse constante à Louvain. En plus, les années 1544-1555 furent marquées par une disette au point que la ville décida de ne plus lever cette taxe durant quatre ans pour activer le commerce [54]. Quand une ville continuait à lever le droit, elle pouvait néanmoins se sauvegarder ainsi contre la mauvaise volonté des officiers fiscaux.

Pour assurer un approvisionnement suffisant en vin, le magistrat bruxellois avait ordonné que le vin exposé au marché hebdomadaire ne payerait pas de taxe d'entrée, mais uniquement une taxe sur la vente ; ainsi, on espérait ne pas décourager des importateurs éventuels. Le même règlement était appliqué pour le miel et le bétail. Pour encourager l'importation de laine, Louvain l'exempta en 1442 de tout droit d'entrée [55].

Malgré la situation précaire des finances urbaines, les villes allaient jusqu'à donner des primes d'importation. Louvain stimula ainsi, au XVe siècle, l'importation de poisson. La même ville subsidia en 1494-95 la vente de près de 200 l de vin : le marchand vendait son vin à 2 sous le pot au lieu de 3 sous, la différence étant à la charge de la ville. La ville de Bruges donnait en 1488 un subside de 5 lb. de gros pour 100 *heuds* de

51. D. Nicholas, *Town and countryside: social, economic and political tensions in fourteenth-century Flanders*, Bruges, 1971, p. 126-132 ; Bigwood, Gand et la circulation..., p. 402-403 ; J. Decavele e.a., *Gent op de wateren en naar de zee*, Anvers, 1976, p. 30-48.
52. Espinas, Pirenne, *Recueil*, I, p. 660.
53. J.M. Yante, La prévoté de Thionville au bas Moyen Age, dans : *Annales de l'Institut archéologique de Luxembourg*, 106-108 (1976), p. 158 ; Mertens, Torfs, *op. cit.*, II, p. 497.
54. M.J. Tits-Dieuaide, Le grain et le pain dans l'administration des villes de Brabant et de Flandre au Moyen Age, dans : *L'initiative publique des Communes en Belgique. Fondements historiques (Ancien Régime)*, Colloque Spa 1982, Bruxelles, 1984, p. 453-491 ; Van Uyten, *Stadsfinanciën...*, p. 135-136 en 267-274.
55. Des Marez, *op. cit.*, p. 362-365 ; Van Uytven, *op. cit.*, p. 345.

froment (un heud = 170 l) et de 2 1/2 lb. par 100 *heuds* de seigle. On dépensa pour cela 999 lb. de gros pour l'importation de 28 390 hl de froment et 13 940 hl de seigle. Anvers accorda en 1488-89 également des primes à des importateurs de grains [56].

Un pas plus loin et la ville prend elle-même l'approvisionnement et la distribution en main. On connaît ce genre d'intervention de la part des villes de Bruges et d'Ypres en matière de céréales panifiables : Bruges seize fois et Ypres treize fois durant le xve siècle. En chiffres absolus et par rapport aux chiffres de population, les achats d'Ypres étaient sensiblement inférieurs à ceux de Bruges [57]. Pourtant, la population d'Ypres était sans doute plus nécessiteuse puisque la prolétarisation y était plus poussée, Ypres étant une ville excessivement industrialisée. En plus la draperie, l'industrie principale de la ville, était en décadence. Ces raisons mêmes sapaient les revenus urbains d'Ypres et donc ses moyens d'action. Les coûts des opérations pareilles étaient assez élevés. D'abord, on revendait à la population nécessiteuse du grain contre un prix réduit, ou on faisait cuire aux frais de la ville des pains pour les revendre à bas prix ou pour les distribuer. A côté des pertes intentionnelles, on devait compter avec les salaires des préposés, parfois nommés à cette fin, le loyer des greniers, les frais de transport, les taxes urbaines, etc. Comme le stockage laissait souvent à désirer, le grain se détériorait vite. C'était d'ailleurs pour cela que les villes n'ont pas eu tellement recours à la formation de provisions en période de bas prix. Des tentatives de ce genre s'avéraient décevantes, aussi parce qu'une chute des prix pouvait causer des pertes énormes [58]. Ainsi, les achats de grains par les villes, qu'on rencontre surtout depuis la grande crise de 1436-1439, restent limités. Dans les années dramatiques de 1436-1438, les achats de Bruges par tête d'habitants étaient de quelque 56 l, d'Ypres de 17,2 l et de Deventer de 27 l [59]. Il est vrai qu'on a envisagé des opérations plus ambitieuses. Bruges a joué en 1482 avec l'idée de centraliser l'approvisionnement de toute la Flandre et de distribuer les grains achetés de cette façon selon le Transport de Flandre, c'est-à-dire selon la répartition des aides sur les diverses régions. Dans l'anarchie temporelle, le plan n'a pas eu de suite [60]. Il est vrai que, normalement, les villes essayaient d'assurer le marché intérieur par les provisions des particuliers. Un peu partout, les bourgeois aisés étaient censés ou obligés de tenir des réserves en grains pour, en période de disette, les verser au compte-gouttes sur le marché.

56. Van Uytven, *op. cit.*, p. 287 et 490; Blockmans, *Volksvertegenwoordiging...*, p. 471; H. Van der Wee, *The Growth of the Antwerp market and the European Economy*, II, Louvain, 1963, p. 98 .
57. Tits-Dieuaide, *op. cit.*, p. 175-177 et 331-344. Voir aussi H. Van Werveke, Bronnenmateriaal uit de Brugse stadsrekeningen betreffende de hongersnood van 1316, dans : *Bulletin Commission Royale d'Histoire*, 125 (1960), p. 431-510.
58. W. Kuppers, R. Van Schaik, Levensstandaard en stedelijke economie te Zutphen in de xve en xvie eeuw, dans : *Gelre, Bijdragen en Mededelingen*, 72 (1981), p. 17.
59. Tits-Dieuaide, *op. cit.*, p. 333, 339 et 176; Van Schaik, Prijs- en levensmiddelenpolitiek..., p. 226.
60. Blockmans, *Volksvertegenwoordiging...*, p. 470.

A Leyde (1447), chaque bourgeois ayant des biens de plus de 50 nobles, devait la première semaine d'août se constituer un stock de 227 l de blé. A Groningue, chaque chef de famille aisée était tenu de garder en réserve entre le 1ᵉ mai et le 24 juin (les soi-disant mois de soudure) 20 muids (± 1 845 l) de blé; dans les mois qui précédaient, chacun était obligé de vendre la moitié de ses réserves, pour autant qu'elles dépassaient 20 muids, contre les prix courants à raison d'un muid par semaine. Pour contrôler le respect des réglementations, les villes procédaient, surtout depuis la crise de 1436-1439, à des visites des greniers [61].

Pour d'autres marchandises, les interventions directes de la part des villes étaient moins fréquentes mais on en connaît néanmoins pour la laine, matière première vitale pour les villes des Pays-Bas. La ville de Louvain envoya ainsi, en 1442, deux marchands pour acheter à Calais 12 sacs de laine qui furent revendus aux drapiers louvanistes. La ville de Zutphen acheta, en 1463, 1 000 lb. de laine pour les besoins de sa draperie nouvellement organisée. La ville de Léau fit de même à plusieurs reprises [62]. Il convient aussi de citer la vente de vins ou de bières étrangères que certaines villes exploitaient parfois même en monopole. Ces débits de boissons avaient pourtant plus à voir avec le souci des magistrats de diversifier les revenus urbains qu'avec leurs soins pour l'approvisionnement. Cela est vrai aussi pour le monopole du *grut,* une matière qu'on ajoutait aux brassins pour leur donner plus de goût. Le droit de grut était à l'origine un droit banal, mais dans le Nord et l'Est, il était tombé dans les mains des villes [63].

Le souci constant des magistrats était de sauvegarder l'ordre public et donc d'assurer un approvisionnement suffisant des masses. Partout, on voit donc édicter des prix maxima, afin que les marchandises et spécialement les denrées restent accessibles aux classes inférieures. En fait, les ordonnances fixaient le poids du pain en fonction des prix des grains et des autres frais de boulanger (bois pour le four, coûts des autres ingrédients, taxes, loyer, etc.). Ce système avait l'avantage de tenir le prix de pain stable aux yeux du public. Le système était peut-être déjà connu au Bas Empire romain et certainement dans l'empire carolingien, où le manque d'un numéraire de très faible valeur forçait de déterminer le poids du pain pour un prix fixe, correspondant à la plus petite pièce du système monétaire. Encore en 1125, la réglementation du poids du pain était de la compétence du comte de Flandre, mais dans les grandes keures que les villes de Flandres

61. Van Schaik, Prijs- en levensmiddelenpolitiek..., p. 222-223 ; Cauchies, *La législation...,* p. 388.
62. Van Uytven, *Stadsfinanciën...,* p. 342-343 ; Kuppers, R. Van Schaik, Levensstandaard en stedelijke economie, p. 37 ; J.P. Peeters, De betekenis der stad Zoutleeuw als centrum van lakennijverheid in Brabant van de XIIIᵉ de tot de XVIᵉ eeuw, dans : *Eigen Schoon en De Brabander,* 65 (1982), p. 21-22 et 430-432.
63. Kuppers, Van Schaik, Levensstandaard..., p. 37 ; W. Jappe Alberts (ed.), *De stadsrekeningen van Arnhem, I: 1353-1377,* Groningue, 1967, p. 47-49, 77-78 ; G. Doorman, *De middeleeuwse brouwerij en de gruit,* La Haye, 1955, p. 32-38.

ont reçu, entre 1168-1177, elles sont autorisées de mettre *ban en pain et en vin et en toutes autres marchandises*. Dans l'année 1267-1268, la ville d'Ypres a touché effectivement des amendes de trente personnes de *parvo pane,* de neuf autres *de pane contra curam* [64]. Ypres, visiblement, déterminait le poids du pain pour un prix fixe, système qui était presque général ; néanmoins, dans quelques villes, du Nord surtout, on préférait calculer le prix pour un poids fixe du pain. De toute façon, les fonctionnaires ou des magistrats devaient suivre les prix du grain au marché pour pouvoir intervenir. Souvent, on ne faisait qu'une cuisson expérimentale par an ou par semestre pour déterminer le prix ou le poids du pain en fonction du prix des grains et des autres frais. Pour le reste, les boulangers devaient se régler sur un tableau qui indiquait pour chaque prix des grains le poids correspondant du pain. Il semble que dans plusieurs villes, la corrélation entre prix des grains et poids du pain n'était pas rectiligne. Les frais divers constituaient une donnée stabilisante à côté des prix fluctuants des grains, mais on doit penser aussi au souci des magistrats de ne pas diminuer trop vite le poids du pain (ou augmenter son prix). Ils n'hésitaient pas à rogner sur le bénéfice des boulangers dans le cas de prix élevés. Dans la même perspective, les boulangers étaient obligés de mettre en vente des pains assez petits et des pains de composition pas trop chère afin que tout le monde soit à même d'en acheter [65].

Un système analogue était en vigueur pour la bière. Selon les prix des grains, les brasseurs devaient faire leur bière plus ou moins forte afin de ne pas changer continuellement le prix. Aussi, les brasseurs n'étaient pas libres de brasser la bière de leur choix. A Gand, en 1358, ils ne purent que produire de la bière à 6 et à 4 mites la pinte. En 1360, une ordonnance précisa que les brasseurs qui avaient brassé de la bière à 4 mites devaient continuer de brasser cette bière. En 1366, tout en pouvant brasser à 8 mites, on devait continuer de brasser aussi les deux catégories inférieures. A Louvain, un type de bière brune ne rapportait pas assez de bénéfice selon les brasseurs, mais la ville en désigna un parmi eux par le sort pour la brasser et lui donna des remises de taxes à cette fin en 1422 [66]. En période de disette, les villes limitaient l'activité des brasseurs en défendant le brassage de certains grains, ou même tout brassage. En Hollande, on tolérait le brassage et l'exportation de bière uniquement quand on importait des grains en retour. Des prix maxima étaient parfois aussi fixés pour le vin (à Gand, Louvain, Zutphen, etc.). En 1411 et 1444, les chefs-villes de Brabant se sont même mises d'accord pour fixer les maxima [67]. On

64. TITS-DIEUAIDE, *Le grain et le pain... ;* L. ZYLBERGELD, Le prix des céréales et du pain à Liège dans la première moitié du XIIIᵉ siècle, dans : *Revue Belge de Philologie et d'Histoire,* LI (1973), p. 777-785.

65. VAN SCHAIK, Prijs- en levensmiddelenpolitiek..., p. 215-221 ; CAUCHIES, *La législation...,* p. 405, n. 220.

66. VAN UYTVEN, *Stadsfinanciën...,* p. 314-317 ; DE PAUW, *De Voorgeboden...,* p. 70, 82 et 94.

67. CAUCHIES, *op. cit.,* p. 404-405 ; VAN SCHAIK, Prijs- en levensmiddelenpolitiek..., p. 233 ; DE PAUW, *De Voorgeboden...,* p. 15, 45, etc. ; VAN UYTVEN, Stadsfinanciën..., p. 490 et 521 ; VAN SCHAIK, Prijs- en levensmiddelenpolitiek..., p. 221.

retrouve des édits concernant les prix des petits pois (Mons, 1481), du laitage et des œufs (Louvain, 1421), de la volaille (Gand, 1361), des matériaux de construction (Gand, 1378) [68]. Les contemporains étaient bien conscients des risques que comportaient les maxima. Un projet brugeois précisa en 1482 qu'on prendrait soin de fixer le prix maximum de blé pas trop bas parce qu'autrement les importations s'arrêteraient [69].

Typique est aussi l'ordonnance qu'un marchand de vin qui avait commencé à débiter son vin contre un certain prix devait se contenter de ce prix jusqu'à la dernière goutte. Pareillement, un détaillant de grains qui avait commencé de vendre un sac devait livrer tout le grain du sac sans augmenter son prix au cours du marché. A Malines, les vendeurs de sel étaient obligés, pendant toute la journée, de vendre leur marchandise le même prix qu'ils avaient exigé le matin [70].

Toute politique de prix exigeait un contrôle des poids et mesures et des qualités. On connaît les petites armées de mesureurs, de peseurs, de compteurs de poissons, de contrôleurs jurés, etc. Les mesures des particuliers étaient d'ailleurs soumises à des inspections et à des étalonnages. La concentration du commerce dans des lieux précis facilitait le contrôle et, en y confrontant les vendeurs, elle rendait service au consommateur en lui économisant du temps et de l'argent. Il y avait des maisons ou halles pour la vente de la laine, des draps, du pain, du grain et de la viande. Dans les villes secondaires, une halle servait pour plusieurs produits. Il y avait des places, des rues ou des endroits désignés pour la vente du bétail, des chevaux, du poisson, du grain, du laitage, de la mercerie, des légumes, du bois, etc. Même là, les vendeurs étaient groupés selon l'origine de leurs marchandises : à Bruxelles dans la rue désignée pour la vente des peaux, les vendeurs de peaux de Bruxelles et ceux de peaux étrangères devaient se ranger chacun d'un côté de la rue. Les marchands de fromage de Tirlemont se trouvaient à Bruxelles séparés des vendeurs de fromage de Flandre. Les vendeurs étrangers devaient en général se ranger derrière la série des échoppes des commerçants locaux.

La vente à la maison du commerçant n'était pourtant pas totalement défendue. Là encore, il y avait une certaine concentration puisque les artisans et détaillants avaient tendance à habiter le même voisinage. Ainsi, à Bruxelles, on pouvait acheter du drap en détail chez un fournisseur en ville, mais le vendredi, jour de marché, les détaillants de bons draps se trouvaient dans la Maison des Bouchers, qui ce jour-là ne pouvaient pas débiter de la viande. Ce vendredi, on pouvait acheter les bons draps étrangers à la halle au pain et ceux de moindre qualité au marché au bois.

---

68. Cauchies, *op. cit.*, p. 403 ; Van Uytven, *op. cit.*, p. 490 ; De Pauw, *op. cit.*, p. 83 et 148.

69. Blockmans, *Volksvertegenwoordiging...*, p. 470.

70. Mertens, Torfs, *op. cit.*, II, p. 459 ; Huybrecht, Rechtsbronnen van Reimerswaal, p. 122 ; Marquant, *La vie économique*, p. 118 ; Des Marez, *L'organisation du travail...*, p. 307-309 et 335.

La halle aux draps était occupée par 24 vendeurs des bons draps de la ville, et ceux des draps légers bruxellois débitaient leurs marchandises à la halle au pain, où les chaussetiers bruxellois occupaient également 13 étaux [71].

Chaque ville était le siège d'au moins un marché hebdomadaire, mais souvent de plusieurs marchés spécialisés par semaine. Il convient de souligner que la plupart du temps ces marchés hebdomadaires étaient officiellement reconnus. C'est-à-dire que leurs visiteurs jouissaient de sauf-conduits et d'une sécurité garantie par la paix obligatoire du marché, tout comme ceux des foires [72]. La différence entre marché hebdomadaire et foire est surtout la fréquence, les foires ne se tenant qu'une à quatre fois par année. Cela leur conférait déjà un certain éclat. En plus, la foire était souvent liée à une fête religieuse, la fête du saint local ou d'une relique fameuse. Le marché hebdomadaire était avant tout l'occasion pour les habitants des environs d'écouler leurs produits sur le marché urbain et de s'y pourvoir en biens qui, dans leur village, étaient difficiles à obtenir. La foire avait une attraction régionale, voire internationale. Marchés et foires se différenciaient aussi par leur durée (un jour pour les marchés, un jour ou plus pour les foires). Surtout le temps du sauf-conduit avant et après les jours de vente était plus long pour les foires, puisque ces jours de sauf-conduit devraient donner aux marchands et aux acheteurs le temps d'affluer de loin vers la foire. La durée du sauf-conduit peut ainsi fournir une indication sur la région commandée pour la foire. Qu'on compare par exemple les deux jours d'arrivée de la foire d'Avesnes, d'Enghien, de Léau, aux trois jours de celle de Lens, aux huit jours de celles de Bavay ou de Pont-sur-Sambre, aux quinze jours des foires d'Ypres, Bruges, Torhout, Lille et Menin, et aux quinze jours de celles d'Anvers et de Berg-op-Zoom. On sait d'ailleurs que la durée des foires brabançonnes fut régulièrement prolongée au xv\e siècle au point qu'on disait en 1484 que la foire d'Anvers durait toute l'année [73].

En somme, la politique d'approvisionnement des villes était plutôt louvoyante entre deux objectifs : sauvegarder les intérêts du commerce et de l'industrie et protéger le consommateur contre des haussements excessifs des prix et contre des disettes. Les milieux dirigeants des villes groupaient des rentiers du sol, des marchands et des maîtres artisans ; en

---

71. C. DICKSTEIN-BERNARD, *Activité économique et développement urbain à Bruxelles* (xiiie-xve siècles) dans : *Cahiers bruxellois,* 246 (1979), p. 54-56 ; ID., L'organisation du commerce dans les halles aux draps : l'exemple de Bruxelles au xive siècle, dans : *Annales de la Société royale d'Archéologie de Bruxelles,* 58 (1981), p. 69-90 ; voir aussi : DE PAUW, *De voorgeboden,* p. 89-90, 142 et *passim ;* MERTENS, TORFS, *op. cit.,* II, p. 454-463.

72. CAUCHIES, *op. cit.,* p. 457-466 ; A. WAUTERS, *Géographie et histoire des communes belges. Arrondissement de Louvain. Canton de Léau,* Bruxelles, 1887, p. 9.

73. J.A. VAN HOUTTE, Les foires dans la Belgique ancienne, dans : *La Foire. Recueils de la Société Jean Bodin,* V, Bruxelles, 1953, p. 177-205 ; E. COORNAERT, Caractères et mouvements des foires internationales au Moyen Age et au xvie siècle, dans : *Studi in onore di Armando Sapori,* I, Milan, 1957, p. 369.

plus, tous étaient des consommateurs et même des consommateurs importants. Dès lors, il s'agissait d'épargner la chèvre et le chou. De toute façon,
une longue disette ou une flambée de prix persistante étaient à éviter parce
qu'elles pourraient engendrer des révoltes qui risqueraient de secouer les
structures politiques et de perturber la vie économique entière.

Dans nos régions au climat pluvieux, l'approvisionnement en eau
potable n'était pas un grand problème. La ville était normalement baignée
par un ou plusieurs cours d'eau ; elle était entourée de fossés et l'accès à
l'eau souterraine par des sources et des puits constituait peu de problèmes.
La ville pouvait donc se contenter de promulguer des édits pour la sauvegarde des eaux de surface dans la ville [74].

Partout dans la ville, il y avait des accès à l'eau des rivières, des
sources et des puits publics ; leur entretien était à la charge des voisins,
même de ceux qui disposaient de leur propre installation d'eau (source,
puits ou puisard). A Louvain, la contribution de chacun était calculée en
fonction de la largeur de sa façade. La ville n'intervenait que pour financer
une installation nouvelle ou pour forcer des récalcitrants à payer [75]. Les
difficultés d'approvisionnement en eau potable devenaient plus réelles dans
les villes de la région côtière où l'eau prenait parfois un goût saumâtre.
Alors, les villes amenaient de l'eau douce dans des canaux ou dans des
tuyaux. Dès le XIIIe siècle, les villes de Damme et d'Ypres acquéraient des
étangs ou en faisaient creuser comme réservoirs d'eau qu'elles amenaient
de là en ville et qu'elles distribuaient par un réseau de tuyaux en plomb
approvisionnant des abreuvoirs et des fontaines, parfois monumentales.
Damme tirait son eau entre autres de Male, Ypres de Dikkebus et Zille-
beke. A Ypres, la direction du système était confiée à quatre fonctionnaires
urbains, « les comtes de l'eau douce ». Chaque particulier pouvait à ses
frais faire installer une jonction au réseau. Des voisins qui voudraient
profiter d'une extension devaient payer une participation dans les frais
selon la décision des comtes de l'eau. En janvier 1379, chaque habitant fut
obligé de contribuer aux frais du réseau ; pourtant quelqu'un qui avait son
propre approvisionnement d'eau ne payait que la moitié [76]. Des réseaux de
distribution d'eau sont mentionnés aussi à Tournai, Bruges et plus tard à
Saint-Omer et Bruxelles. La petite ville de Binche avait déjà en 1364 une
conduite d'eau qui amenait l'eau d'une source dans les hauteurs des
environs aux fontaines urbaines et au château comtal. L'installation était

---

74. A. Meulemans, *Leuvense ambachten*: De Barbiers en Chirurgijns, dans : *Eigen
Schoon en De Brabander*, 39 (1956), p. 298-299 ; De Pauw, *De voorgeboden...*, p. 25 (1338),
et p. 153 (1378) ; Mertens, Torfs, *op. cit.*, II, p. 466 et 478. Voir aussi : W.C. Wijntjes, *The
water supply of the medieval town*, dans : *Rotterdam Papers* IV, Rotterdam, 1982, p. 198.
75. R. Van Uytven, Stedelijke openbare diensten te Leuven tijdens het Ancien Régime,
dans : *L'initiative publique des Communes en Belgique*, p. 30 ; Mertens, Torfs, *op. cit.*, II,
p. 458 et 624-625 ; Wijntes, *art. cit.*, p. 200.
76. A. Vandenpeereboom, *Distribution des eaux alimentaires et fontaines d'Ypres*,
1880 ; G. Des Marez, E.H. de Sagher, *Comptes de la ville d'Ypres de 1267 à 1329*, II,
Bruxelles, 1913, p. 212-229 ; P. de Pelsmaeker, *Coutumes des Pays et comté de Flandre.
Registres aux sentences des échevins d'Ypres*, Bruxelles, 1914, p. 106-107.

entretenue par le comte et la ville à mi-frais [77]. Dans les villes du Nord (Amsterdam, Monikkerende), des barges ramenaient l'eau de l'intérieur, même pour les brasseurs. En 1505, Amsterdam installa en divers lieux de la ville neuf bassins pour recueillir l'eau de pluie [78].

Il est de l'essence de la ville de dépendre pour son approvisionnement pour une bonne partie du plat pays environnant, qui de son côté bénéficiait des fonctions centrales assurées par la ville. Concernant la symbiose de la ville et de sa campagne, de nombreux modèles et théories ont été développés. En réalité, il est presque impossible de déterminer exactement les contours de la contrée où la ville s'approvisionne, puisque ce territoire change selon la ville, selon la période et, pour une ville donnée, selon les produits qu'on envisage. Même en disposant de sources complètes et suffisamment détaillées, nous ne pourrions qu'aboutir à une série de territoires d'approvisionnement d'une ville, mais ces territoires seraient loin de coïncider.

L. Génicot a tenté d'entrevoir des contrées économiques dans le comté de Namur à partir des mesures à blé en usage. Aux XIIIe et XIVe siècles, les mesures de Namur, de Dinant, mais aussi de Nivelles, de Louvain et de Huy se sont largement dispersées dans le comté, ce qui semble refléter une pénétration plus poussée de la demande de ces villes dans le plat pays du Namurois. L'usage d'une mesure particulière peut néanmoins traduire aussi une dépendance juridique ou politique [79]. On peut cependant s'imaginer que la résidence des propriétaires, qui souvent a dicté l'emploi d'une mesure déterminée, n'est pas sans signification pour le problème qui nous préoccupe. Un bien foncier ne conférait pas seulement de la considération sociale; il était un investissement solide, d'autant plus apprécié que son rendement, découlant soit d'une exploitation directe, soit d'un métayage, soit des loyers et rentes payables au moins partiellement en nature, constituait une assurance contre les disettes [80]. On serait tenté d'admettre que les citadins concentraient leurs investissements fonciers où ils avaient une réelle signification pour leur approvisionnement ou par leurs rendements. Les possessions se situeraient donc dans des lieux indiqués pour les cultures intéressant le capital urbain et situés favorablement du point de vue des coûts de transport. Ainsi la pénétration des Hutois dans la campagne

77. C. Dickstein-Bernard, L'administration de « la chaussée » à Bruxelles aux XIVe et XVe siècles, dans : Annales XLIIIe Congrès Fédération des Cercles d'archéologie et d'histoire de Belgique, Saint-Nicolas, 1974, p. 80 ; E. d'Herbomez, Philippe le Bel et les Tournaisiens, dans : Bulletin de la Commission Royale d'Histoire, 5e s., 3 (1893), p. 102.
78. Wijntjes, art. cit., p. 193.
79. L. Génicot, La structure économique d'une principauté médiévale : le comté de Namur du XIIe au XIVe siècle, dans : Etudes historiques à la mémoire de Noël Didier, Paris, 1960, p. 163-171.
80. M.J. Tits-Dieuaide. Peasant dues in Brabant : The example of the Meldert farm near Tirlemont 1380-1797, dans : H. Van der Wee et E. Van Cauwenberghe, Productivity of land..., p. 107-123 ; F. Daelemans, Peiling naar de evolutie van de landbouw..., p. 16-18 ; H.P.H. Jansen, Landbouwpacht in Brabant in de veertiende en vijftiende eeuw, Assen, 1955 ; Nicholas, Town and countryside..., p. 272 et 250-329 ; Van Uytven, Stadsfinanciën en stadsekonomie..., p. 265-266 et p. 597-633 ; Id., Geschiedenis van het stadsgewest 1, p. 195-197.

namuroise, au bas Moyen Age, se propageait le long de la Méhaigne [81]. Les possessions des bourgeois de Nimègue dans le Betuwe au dernier tiers du xvᵉ siècle se situaient dans les villages près du Waal, tandis que les gens d'Arnhem se concentraient sur des terres le long du Bas-Rhin. Il va de soi que les pourcentages de possessions des non-villageois sont les plus élevés dans les lieux à proximité des villes : Elden (près d'Arnhem), 79 % ; un peu plus loin Elst, 58 % ; mais Lent (près de Nimègue), 73 % [82]. La propriété foncière louvaniste est située dans un rayon d'environ 30 kilomètres autour de la ville, mais une occupation vraiment dense ne se trouve que dans un rayon de moins de 15 kilomètres. Les terres des bourgeois de Zaltbommel au début du xvıᵉ siècle se trouvent dans un rayon de 10 kilomètres de la ville [83]. Le rapport entre propriété foncière et approvisionnement urbain se retrouve à plusieurs reprises dans les sources. Ainsi, en 1482, la ville de Louvain envoya des messagers aux mayeurs de Halen, Zichem, Aarschot et Linden afin qu'on respecte l'ordonnance concernant les blés et « que chaque fermier paie son maître avant qu'il vende aucun blé » [84]. Nous avons évalué pour la ville de Louvain, au milieu du xvıᵉ siècle, le trafic terrestre passant les portes urbaines à quelque 43 000 tonnes par an. Dix mille tonnes en étaient constituées par l'apport des revenus en nature des propriétés foncières des Louvanistes en grains, vins, bois, paille, foin, viande, etc., soit à peu près 500 kilos par tête d'habitant [85]. Aux alentours de 1300, les Brugeois avaient des propriétés dans la plupart des villages du Franc de Bruges ; ils en retiraient des rentes en argent, mais aussi des légumes, des fèves et des grains, surtout dans les villages proches comme Oostburg et Dudzele. Ils recevaient de la tourbe de leurs terres dans le « Métier de Furnes ». Les Gantois retiraient de leurs domaines des moutons, de la laine, de la tourbe, du bétail, des grains [86].

Les provisions du pays environnant ne suffisaient jamais aux besoins de la ville centrale, d'autant moins que les classes aisées affectaient la consommation du pain de froment, qui n'était pas tellement cultivé dans la plupart des Pays-Bas [87]. Les villes ont dû avoir recours à des importations de plus loin. Les contrées par excellence pour le ravitaillement des Pays-Bas en grain, spécialement en froment, étaient les régions de la Somme et de la Seine, le Hainaut, l'Artois, la Normandie, la Picardie. Par voies terrestres et fluviales, les grains atteignaient la Flandre. Les étapes de Douai, d'Abbeville et de Tournai y jouaient un grand rôle. Par mer, les grains français étaient transportés par les Hollandais, surtout à Kampen,

81. Génicot, art. cit., p. 196.
82. R. Van Schaik, Nijmegen, Arnhem en de Betuwe. De relatie stad- platteland rond 1500, dans : Numaga, 26 (1979), p. 100-107.
83. Van Uytven, Geschiedenis van het stadsgewest..., p. 196 ; P. Leupen e.a., Zaltbommel en zijn waarden, dans : Gelre. Bijdragen en Mededelingen, 69 (1976), p. 89.
84. Tits-Dieuaide, La formation des prix..., p. 185, n. 19.
85. Van Uytven, Stadsfinanciën..., p. 441.
86. Nicholas, Town and countryside..., p. 272-303.
87. J. Mertens, Het sociaal-economisch leven 1300-1482 : Landbouw, p. 22 (carte).

Delft et Gouda [88]. Mme Tits-Dieuaide a mis en doute l'importance du grain français pour les Pays-Bas et spécialement pour la Flandre, mais, par contre, elle voit une importation massive et constante du blé baltique (surtout du seigle, au moins dès le xiiie siècle). Elle prend ainsi le contre-pied du professeur Lesnikov, qui tirant argument du coût élevé des transports de grains supposait que l'envoi du blé baltique vers la Flandre n'était rentable qu'en période de hauts prix. Il faut bien admettre que les importations de l'Est étaient plus nombreuses et plus massives que M. Lesnikov l'a entrevu [89]. Les contemporains ont pourtant toujours souligné l'importance de la France pour l'approvisionnement en blé et des données quantitatives, rares il est vrai, le confirment. D'autre part, on n'entrevoit aucune importation de blés de la Baltique en Flandre et en Brabant dans les années 1470. L'exportation totale du Danzig, donc pas uniquement en direction des Pays-Bas, n'atteignait même pas les 2 500 charges (c'est-à-dire 84 550 hl), mais elle s'accrut rapidement à partir des années 1475. Par contre, les flux de grains de la France vers les Pays-Bas et les exportations d'Overijssel vers Utrecht et de la Hesbaye vers le Nord par exemple s'arrêtent dans les dernières décennies du xve siècle et sont remplacés par un trafic de blés en sens inverse. Cela fut nettement visible à Louvain où les exportations vers le Nord baissaient vertigineusement. En 1491, on allait même acheter du blé à Amsterdam et à Utrecht, qui s'approvisionna en 1427 et 1437 à Overijssel et en 1491 à Amsterdam [90]. Le trafic de grains à Abbeville était, dans les années soixante du xve siècle, orienté principalement sur les Pays-Bas, mais après il se dirigeait surtout vers Paris [91]. Avant l'émergence d'Amsterdam comme marché du grain de la Baltique, à la fin du xve siècle, les villes hollandaises allaient s'approvisionner dans les régions productrices et éventuellement à Dordrecht, la grande étape où les grains affluaient de différentes directions. Au tonlieu de cette ville, on enregistra entre le 1er avril 1380 et le 30 juin 1385 plus de 6 500 charges (± 200 000 hl), dont les quatre cinquièmes du seigle [92]. Anvers et Malines distribuaient ces grains vers l'intérieur des Pays-Bas du Sud, tandis que Gand plus que Bruges était le marché des grains en Flandre.

Pour l'approvisionnement en vin dont on consommait au xive et même au xve siècle des quantités impressionnantes, les Pays-Bas ne pouvaient compter que sur deux régions vinicoles d'une certaine importance : une première englobant à peu près les arrondissements actuels de Louvain et de Bruxelles et une seconde dans la vallée de la Meuse en amont de Maastricht. Une partie des bourgeois cultivaient du vin pour leur propre usage et pour

88. Z.W. Sneller, De Hollandse korenhandel in het Sommegebied in de xve eeuw, dans : Bijdragen Vaderlandsche Geschiedenis en Oudheidkunde, 6e s., 2 (1925), p. 161-178.
89. Tits-Dieuaide, La formation des prix..., p. 150-151 et 156-166.
90. R. Van Uytven, Politiek en economie : de crisis der late xve eeuw in de Nederlanden, dans : Revue Belge de Philologie et d'Histoire, 53 (1975), p. 110-113 ; Van Uytven, Stadsfinanciën..., p. 266-270 et 274, n. 5 ; Van Schaik, Prijs- en levensmiddelenpolitiek..., p. 231.
91. J. Godard, Remarques sur l'économie abbevilloise à la fin du Moyen Age, dans : Bulletin trimestriel de la Société des Antiquaires de Picardie, 1975, p. 14.
92. Mertens, art. cit., p. 21-22.

la consommation locale ; une petite quantité fut exportée le long des rivières vers le Nord. Le vin du pays y croisait les vins étrangers qui montaient vers l'intérieur. En fait, il convient de distinguer deux grandes régions : les pays de Flandre, d'Artois, du Hainaut et de Namur d'un côté, le Brabant, Liège, la Hollande, Utrecht, etc. de l'autre. Les premiers buvaient beaucoup de vin et spécialement du vin français [93]. La majorité du vin français était du vin de Poitou, d'Aunis et de Saintonge qu'on appelait indistinctement vin de Poitou ou de Saint-Jean. Il arrivait surtout par mer à l'étape de Damme : près de 10 500 tonneaux (de 900 litres) vers 1380, mais déjà moins de 2 000 tonneaux au xve siècle. Des bourgeois gantois pouvaient acheter leur vin à Damme ou dans les pays de production, mais la majorité attendait probablement l'arrivée des marchands et leurs chalands à Gand même. Par les voies de terre à travers le nord de la France, du vin dit français (Soissons, Laon, Champagne, Ile-de-France) et vers la fin du xive siècle de plus en plus du vin de Bourgogne (Beaune) arrivaient aussi aux Pays-Bas. Depuis la deuxième moitié du xve siècle, le vin de Bordeaux, amené par mer, gagnait du terrain [94].

L'image que présentent le Brabant et la Hollande est assez différente. La consommation du vin n'y était pas aussi considérable qu'en Flandre, le Brabant et la Hollande étant pays de la bière. En fait, dans les deux régions le vin du Rhin, dont le commerce fut dominé par l'étape de Cologne, donnait le ton. Il descendait le fleuve vers l'étape de Dordrecht. Vers 1380, plus de 35 000 hl de vin y payaient le tonlieu. Presque la moitié de ce vin fut réexporté, pour 45 % vers Bruges et son arrière-pays et pour 26 % vers Anvers et son arrière-pays. Il faut d'ailleurs y ajouter un trafic non négligeable de vin du Rhin par voies terrestres vers le Brabant. La place qu'on a attribuée à Bois-le-Duc dans ce trafic repose sur une interprétation abusive des sources. Le vin français devient de plus en plus important pour la Hollande au cours du xve siècle. Middelburg en devint même une étape importante ; là venaient s'approvisionner également des marchands brabançons. Pourtant, le Brabant préférait aux vins français le vin de Bourgogne qui arrivait au duché par voie terrestre au moins à partir de Namur. Les gens des Pays-Bas attendaient les marchands dans leur propre ville ou dans les villes-étapes, mais fréquemment ils allaient faire leurs achats dans les pays vinicoles mêmes [95]. Une ville comme Bruxelles par exemple voyait arriver des marchands étrangers, mais aussi ses propres marchands et bourgeois achetaient leurs vins à Cologne (ou

93. CRAEYBECKX, Un grand commerce d'importation, p. 1-15 ; R. VAN UYTVEN, Het verbruik van land- en vreemde wijnen in Brabant gedurende de xvie eeuw, dans : De Brabantse Folklore, 167 (1965), p. 299-305 ; ID., De ondergang van de wijnteelt in de Nederlanden, dans: Spiegel Historiael, I (1966), p. 52-59 ; ID., De drankcultuur in de Zuidelijke Nederlanden, dans : Drinken in het Verleden, Louvain, 1973, p. 22-24, 26-29.
94. CRAEYBECKX, op. cit., p. 21-26 et 45-144 ; DE PAUW, op. cit., p. 116.
95. R. VAN UYTVEN, Oudheid en Middeleeuwen, dans : J.H. VAN STUIJVENBERG (dir.), De economische geschiedenis van Nederland, Groningue, 1977, p. 38 ; VAN UYTVEN, De drankcultuur..., p. 26-29 ; R. VAN UYTVEN, Die Bedeutung des Kölner Weinmarktes im 15. Jahrhundert, dans : Rheinische Vierteljahrsblätter, 30 (1965), p. 234-252.

à Louvain), Anvers, Dordrecht, Malines, Damme, L'Ecluse, Namur et Mézières. Mézières était d'ailleurs une place importante dans le trafic du vin, tout comme Namur. Les vins de Beaune, de Champagne, de Laon et d'Alsace, du Rhin et de la Moselle y étaient expédiés par bateaux descendant la Meuse [96].

Depuis la fin du XIVe siècle, la consommation du vin était partout dans les villes des Pays-Bas en baisse. L'amélioration de la technique de la brasserie a rendu la bière la boisson par excellence des Pays-Bas [97]. Avant le XIVe siècle, des brasseurs locaux et les particuliers produisaient la bière de *grut*. Le *grut* était un mélange de substances végétales qui étaient censées donner à la boisson plus de goût et retarder la corruption de la bière. Dès le XIIIe siècle, des villes de l'Allemagne du Nord (Hambourg, Brême, Wismar) exportaient vers les Pays-Bas de la bière houblonnée qui devait au houblon son goût caractéristique et en plus ne se gâtait pas si vite [98]. En même temps venait de l'Angleterre une bière forte, l'*ale* anglaise. A son point culminant vers 1368, l'importation atteignit quelque 45 000 tonneaux de bière hambourgeoise par an à Amsterdam, qui, ainsi que Staveren, la distribuait dans les Pays-Bas. Aux environs de 1420, le débit des bières allemandes aux Pays-Bas était devenu insignifiant [99]. Depuis 1321, en effet, les villes hollandaises et Utrecht avaient obtenu de leur seigneur, qui en principe détenait le monopole du grut, la permission de brasser elles-mêmes des bières houblonnées. Dans un bref délai, les bières hollandaises conquirent le marché des Pays-Bas. Dans les années 1370, elles étaient même importées à Dunkerque et des centaines de chalands montaient l'Escaut pour le compte de brasseurs hollandais et de marchands de bière indigènes. Parmi ceux-ci, il convient de signaler les fermiers des taxes urbaines qui espéraient faire monter les recettes fiscales en fournissant le marché urbain de bonnes bières. A Termonde, en 1418, les taverniers ne pouvaient même acheter des bières étrangères que chez les fermiers des taxes sur la bière étrangère ; les bourgeois néanmoins avaient l'autorisation d'acheter leur provision où bon leur semblait. La ville d'Anvers commanditait au XVe siècle des brasseurs hollandais pour assurer l'approvisionnement. En 1388, pendant six mois, près de 12 000 tonneaux de bière de Delft

---

96. Cf. n. 94 ; DES MAREZ, *op. cit.*, p. 317-318 ; M.L. FANCHAMPS, Le commerce sur la Meuse moyenne dans la seconde moitié du XVe siècle et dans la première moitié du XVIe siècle, d'après les comptes de tonlieux, dans : *Histoire économique de la Belgique : Traitement des sources et état des questions*, Bruxelles, 1972, p. 288-290.

97. VAN UYTVEN, De Drankcultuur..., p. 29-31 ; ID., Bier und Brauwese, dans : *Lexicon des Mittelalters*, II, Munich, 1981, col. 136-139.

98. G. STEFKE, *Ein städtisches Exportgewerbe des Spätmittelalters. Untersuchungen zur Geschichte der Hamburger Seebrauerei des 14. Jahrhunderts*, Hamburg, 1979, p. 64-128 ; H.J. SMIT, *De opkomst van de handel van Amsterdam*, Amsterdam, 1914, p. 35 et 89 ; ID., De registers van den biertol te Amsterdam, dans : *Bijdragen en Mededelingen van het Historisch Genootschap te Utrecht*, 38 (1917), p. 29-97 ; F.C. BERKENVELDER, Frieslands handel in de late middeleeuwen, dans : *Economisch Historisch Jaarboek*, 29 (1963), p. 145, 166-177.

99. G. DOORMAN, *De middeleeuwse brouwerij en de gruit*, La Haye, 1955 ; R. VAN UYTVEN, Haarlemmer hop, Goudse kuit en Leuvense Peterman, dans : *Arca Lovaniensis*, 4 (1975), p. 334-342.

furent importés à Bruges contre une production locale de 2 625 tonneaux. Dans le dernier quart du xive siècle, les brasseurs brabançons ont eu la possibilité de brasser eux aussi au houblon ; en Flandre, le droit du grut fut maintenu plus longtemps. A la fin du xive siècle, les brasseurs hollandais de Gouda, Delft et Haarlem lançaient une nouvelle bière, la *coyte,* qui connut un énorme succès. Au milieu du xve siècle, on importait annuellement plus de 6 000 tonneaux de *coyte* à Bruxelles et la Flandre, dans les années 80, en recevait chaque année plus de 32 000 tonneaux. Anvers et les villes côtières de la Flandre, en partie à cause du manque d'eau buvable, mais aussi d'autres villes dépendaient encore à la fin du xve siècle pour une large part de leur approvisionnement en bière des villes hollandaises [100]. La ville de Breda en 1422 compta 15 brasseurs avec une production de 3 366 1/2 tonneaux de bière ; des bourgeois brassaient pour leur propre compte 842 tonneaux mais en plus on importait 2 850 tonneaux de bières étrangères, surtout hollandaises. A Bois-le-Duc, du 1er octobre 1477 au 1er avril 1478, 23 brasseries produisaient 266 1/2 aimes (de ± 130 l) de bières ; les taverniers et des particuliers brassaient 134 1/2 aimes : à côté de cela, 40 taverniers de bière de Gouda vendirent 186 aimes, et on débita en plus 297 1/2 aimes de bière de Delft, Haarlem et Hambourg et 322 aimes de bières étrangères furent achetés en gros par des bourgeois [101]. Soulignons une fois de plus qu'une partie des bourgeois aisés faisaient brasser leur propre bière ou l'achetaient en gros. Les réglementations urbaines, y comprises celles sur les accises, les y encourageaient d'ailleurs et les favorisaient.

A partir du xive siècle et surtout au xve siècle, la consommation de viande s'est accrue aux Pays-Bas grâce au haut niveau de vie des bourgeois et des artisans qualifiés. Dans les mois juin 1473-avril 1474, on abattait à Louvain 1 452 bœufs, 867 bêtes à cornes, 4 029 porcs, 11 984 moutons et veaux, 4 682 agneaux et 1 494 chèvres. Cela se faisait surtout pour le compte des bouchers urbains, mais plus de la moitié des porcs avaient été abattus pour des particuliers [102]. Pour une bonne partie, les pâturages alluviaux des environs de la ville ou les polders voisins fournissaient les

100. R. Doehaerd, Bierhandel van Brabantse kooplieden met Nederland in de xive eeuw, dans : *Handelingen Kon. Kring voor Oudheidkunde te Mechelen,* 50 (1946), p. 84-89 ; Id., *Comptes du tonlieu d'Anvers (1365-1404),* Bruxelles, 1947, p. 157 ; A. de Vlaminck, *Notice historique sur les accises communales de Termonde,* Termonde, 1873, p. 8 ; F. Prims, *Geschiedenis van Antwerpen,* VI, 2, Anvers, 1937, p. 196-197 ; Van Uytven, Haarlemmer hop..., p. 339-341. Pour l'histoire de la brasserie en Hollande, voir maintenant : De Boer, *Graaf en Grafiek,* p. 273-294 ; H. Van der Wee, De handelsbetrekkingen tussen Antwerpen en de Noordelijke Nederlanden tijdens de xive, xve en xvie eeuw, dans : *Bijdragen voor de Geschiedenis der Nederlanden,* 20 (1965-1966), p. 268-270.
101. F.F.X. Cerutti (ed.), *Geschiedenis van Breda. De Middeleeuwen,* Tilburg, 1952, p. 225-226 ; R.A. Van Zuylen, *Inventaris der archieven van de stad 's-Hertogenbosch. Stadsrekeningen van het jaar 1399-1800,* III, Bois-le-Duc, 1863, p. 2039-2042.
102. Van der Wee, *The Growth of the Antwerp Market...,* II, p. 381-383 et 393-396 ; R. Van Uytven, La Flandre et le Brabant « terres de promission » sous les ducs de Bourgogne ?, dans : *Revue du Nord,* 43 (1961), p. 305-309 ; Id., What's new economically and socially, p. 28 et 46-51 ; Van Schaik, Prijs- en levensmiddelenpolitiek..., p. 234-235 ; Van Uytven, *Stadsfinanciën...,* p. 280-282.

villes en viande. Dans les villes mêmes, les bourgeois élevaient parfois du bétail, des porcs, des moutons, des chèvres, des lapins, etc.
Dans les prés communaux, à Vilvorde, les Bruxellois pouvaient envoyer
paître 300 moutons. Pour les bouchers, le maximum était de 50 bêtes,
et chaque bourgeois qui le faisait enregistrer avait droit d'y faire paître 10 bêtes, mais uniquement pour son propre usage [103]. Les bouchers
jouaient un rôle important dans l'approvisionnement des villes en viande.
Ils achetaient des bêtes maigres, entre autres des bœufs de trait de la Campine, ou du bétail qu'on amenait en troupeaux de la Scandinavie, et les
engraissaient dans les vallées alluviales et les polders. La Frise, Overijssel
et Guelre produisaient également beaucoup de bêtes de boucherie. D'un
autre côté, des régions boisées du nord de la France et du Hainaut du Sud,
on amenait des troupeaux de porcs vers les régions à population plus dense
du Brabant et de la Flandre. Là, les bouchers, mais aussi les brasseurs, les
boulangers et les meuniers, qui disposaient de déchets nourrissants, les
engraissaient. Mons et surtout Binche, où il y avait une étape de porcs des
bois ou porcs à glands, étaient les marchés indiqués, mais des Français les
amenaient même à Bruxelles et Louvain. Pour les marchés de bétail
interrégionaux, il faut se tourner vers Bois-le-Duc, Zwolle, Deventer,
Kampen, Haarlem (foire de saint Luc, 18 octobre), et Arnhem (foire du
même jour), Diest et Lierre [104]. En Flandre et à Anvers, il y avait aussi une
importation de bœufs et de jambons de Normandie et de Bretagne [105].

Pour autant que la production régionale de beurre et de fromage était
insuffisante, on faisait appel au beurre et au fromage de la Hollande du
Nord et de la Frise ou de la Flandre. Des marchés régionaux comme
Medemblik, Hoorn, Delft, Gouda, Alkmaar, Leeuwarden (1386), Sneek
(1456), Staveren, Arnhem et Kampen, le laitage fut envoyé vers des centres
de distribution comme Deventer, Anvers et Reemerswaal. Gouda était si
important comme marché de rassemblement pour le laitage de la région
que la ville espéra en 1489, en défendant son exportation, forcer les
marchands d'importer du blé [106]. La Flandre et le pays de Herve avaient
de leur côté aussi du beurre et du fromage à offrir, entre autres à Anvers et
Berg-op-Zoom au xve siècle. A Louvain, on trouvait du fromage de Flandre, de Herve, de Nivelles et de Tirlemont, à Bruxelles, au xive siècle, du
beurre hollandais, anglais et du beurre du pays, du Zwin (près de Bruges)
ou de Suède (?), et du fromage hollandais et flamand, à Gand en 1350 du
fromage français et du fromage de Tirlemont, à Anvers et dans les villes
hollandaises du fromage anglais [107].

103. DES MAREZ, op. cit., p. 229-230.
104. VAN UYTVEN, Stadsfinanciën..., p. 282-284 ; A. LENS, Enkele aspecten van de Lierse
veemarkt, dans : 't Land van Ryen, 10 (1960), p. 114; K. WILDIERS-VAN DER WEE, De
geschiedenis van het Lierse veemarktprivilegie, dans : 't Land van Ryen, 16 (1966), p. 125-136;
JAPPE ALBERTS, JANSEN, Welvaart in wording, p. 236 et passim.
105. E. COORNAERT, Les Français et le commerce international à Anvers (fin XVe et
XVIe siècles), II, Paris, 1961, p. 102-103.
106. VAN UYTVEN, Oudheid en Middeleeuwen, p. 33-34:
107. VAN UYTVEN, Stadsfinanciën..., p. 290 ; VAN DER WEE, The Growth of the Antwerp
market, I, p. 210-217 ; A. SLOOTMANS, Kooplui uit de Maasstreek, p. 128 ; P. LINDEMANS,

Etant donné les nombreux jours maigres imposés par l'Eglise, la consommation de poisson était importante. L'approvisionnement en poisson d'eau douce ou « poisson vert » était assuré par les environs mêmes. Souvent, les bourgeois avaient reçu du prince le droit de pêche dans les rivières qui baignaient leur ville. Des ordonnances, urbaines ou autres, veillaient qu'une pêche trop âpre n'épuisât pas le peuplement des cours d'eau, « le plus beau joyau de la ville », comme on dit à Gand en 1367. Les villes empoissonnaient aussi les fossés urbains et en affermaient la pêche au plus offrant. Des particuliers exploitaient des étangs naturels ou artificiels. Un étang pareil à Saint-Josse-ten-Node-lez-Bruxelles mesurait onze journaux (± 1 ha 50 a) et rapportait entre 1 100 et 2 000 carpes. Vers 1400, la ville de Bruxelles éprouva pourtant des difficultés dans son approvisionnement en poisson vert parce que plusieurs étangs étaient asséchés. La Hollande exportait des poissons verts vers Malines et L'Ecluse. Schoonhoven (Hollande) s'était spécialisé dans le commerce d'esturgeons, de saumons et d'aloses [108].

L'importation de poisson de mer était partout très ancienne. Dès le xiᵉ siècle, on perçut à Arras un tonlieu sur le poisson : harengs, plies, cabillauds étaient taxés par chariot, la viande de baleine par cent portions. Le commerce de poisson était dans les villes le premier à s'individualiser et à exiger son propre marché. En 1127 déjà, on mentionne un marché aux poissons à Ypres, en 1191 à Gand, en 1289 à Bruxelles. A Louvain, on fait état d'une poissonnerie en 1169 [109]. A cause de la lenteur du transport, le poisson de mer expédié vers l'intérieur était normalement salé, séché et fumé. Depuis le xiiiᵉ siècle au moins, on importait aux Pays-Bas du stockfisch norvégien, mais le poisson par excellence était le hareng, « ce petit poisson, comme le dit Lambert de Saint-Omer vers 1125, qu'on peut très facilement saler et de cette façon conserver longtemps ». N'empêche que les ports de pêche ne pouvaient débarquer du poisson frais que des eaux côtières ; la grande pêche se déroulait trop loin dans la mer du Nord et la prise était alors vendue en Angleterre. Le comte Gui de Dampierre, quelque peu après 1276, défendit à Gravelines d'exporter et de saler plus de 25 000 harengs par jour et par acheteur. Cette mesure était dirigée surtout contre Saint-Omer, dont les marchands achetaient le poisson frais, le faisaient saler et le vendaient en territoire français. L'Aa canalisée reliait d'ailleurs les deux villes. La justice royale à Paris cassa en 1279 l'ordonnance comtale. Ypres dépendait pour son approvisionnement de Nieuport,

Uit het archief der Brusselsche ambachten : De Vettewariërs, dans : *Eigen Schoon en De Brabander*, 30 (1947), p. 36 ; De Pauw, *op. cit.*, p. 51 et 107 ; Jappe Alberts, Jansen, *op. cit.*, p. 145.

108. R. Van Uytven, Visserij in de Zuidelijke Nederlanden, dans : *Algemene Geschiedenis der Nederlanden*, 6 (1979), p. 141-143 ; De Pauw, *op. cit.*, p. 47-48, 51, 82, 90, 99-100, 124-126 ; Des Marez, *op. cit.*, p. 28 et 319-320 ; Van Uytven, Oudheid en Middeleeuwen, p. 34.

109. R. Degryse, *Vlaanderens haringbedrijf in de middeleeuwn*, Anvers, 1944, p. 72-74 ; Dickstein-Bernard, Activité économique et développement urbain..., p. 56 ; J. Cuvelier, *La formation de la ville de Louvain des origines à la fin du XIVᵉ siècle*, Bruxelles, 1935, p. 109.

auquel il fut lié par l'Yperlee et l'Yser. Un contrat yprois de 1276 stipula la livraison en une fois de 21 000 harengs par un bourgeois de Nieuwpoort et un autre de 1284 concerna la vente d'une charge (± 10 000 pièces) de hareng frais. L'importation laissait néanmoins à désirer puisque Ypres ordonna en 1307 qu'un tiers du poisson de mer passant par la ville devait y être mis en vente. Les Yprois se sentirent en 1336 même obligés de contribuer à l'approfondissement du port de Nieuwpoort. En retour, ils auraient le droit pendant la saison de pêche d'acheter de chaque barque de pêche trois charges de harengs sans payer le tonlieu habituel [110]. Les marchands de poisson anversois desservaient les villes brabançonnes, mais aussi Saint-Trond, Maastricht et Liège. Ils s'approvisionnaient dans les petits ports de pêche des bouches de l'Escaut et à l'île de Walcheren [111]. Dès la fin du XIIe siècle, on importait du hareng salé de la Baltique. Cela fut le fait de marchands allemands, spécialement de Hambourg, surtout à Damme, et de marchands de villes comme Kampen et Groningue et des villes de Frise. Dans la deuxième moitié du XIVe siècle, des marchands de la Hollande, de Zélande, de Maastricht, de Bois-le-Duc et de Flandre se joignaient à eux. Le hareng danois des centres de Skänor et Falsterbo était le principal objet de leur trafic. En 1323, Damme fut érigé comme étape pour la Flandre et Heusden reçut en 1357 ce droit pour la Meuse. A Dordrecht, dans les années 1381-1384, 1 450 000 harengs passaient annuellement le tonlieu, surtout pour le compte des marchands hanséatiques. A Damme, dans les quatre derniers mois de 1378, 1 626 charges (± 16 260 000 pièces) de harengs encaqués furent débarqués, en majeure partie pour le compte des Hanséatiques [112].

L'importation du hareng encaqué de Scanie était à plusieurs reprises perturbée par des frictions politiques. Ainsi les gens de Flandre, Zélande et Hollande se sont aventurés à encaquer le hareng en mer. Cette innovation technique se butait d'abord à la résistance de la part des magistrats des grandes villes, qui peut-être voulaient ainsi sauvegarder leur commerce traditionnel du hareng de Scanie et qui craignaient une baisse d'importation du poisson frais. Le déplacement des bancs de harengs du sud de la Suède vers le nord mina à la même période le quasi-monopole de la Hanse sur le hareng. Dès lors, le besoin de hareng étant tellement grand aux Pays-Bas, les Hollandais, spécialement La Brielle, puis les petits centres de Biervliet et Hugevliet et à partir de 1408 tous les ports de pêche s'adonnaient à l'encaquement. Néanmoins, les grandes villes de Flandre continuaient à s'opposer à la vente du hareng encaqué indigène. En 1406-1407, les villes de Mons, Cambrai et Douai envoyèrent même des émissaires auprès du magistrat d'Ostende afin qu'il les approvisionne en poisson. Encore en 1420, les Quatre Membres de Flandre défendirent l'encaquement du

---

110. DEGRYSE, *op. cit.,* p. 72, 30-57 et 83-88.
111. F. PRIMS, *Geschiedenis van Antwerpen,* II, 2, Bruxelles, 1929, p. 122-123.
112. DEGRYSE, *op. cit.,* p. 91-99 ; VAN UYTVEN, Oudheid en Middeleeuwen, p. 34-35 ; VAN DER WEE, De handelsbetrekkingen tussen Antwerpen..., p. 270-272.

hareng « vu que le pays de Flandre communément a usage de vivre, de se soutenir et de s'alimenter de hareng frais ainsi que du hareng appelé vivelo (une sorte de hareng frais d'Angleterre) et beaucoup plus que du hareng caqué... ». Les protestations des villes de pêche sont venues à bout de cette défense [113].

Pour l'approvisionnement de l'intérieur, les grands centres étaient : La Brielle, Anvers, Malines, Breda, Bois-le-Duc, Nimègue, Damme, L'Ecluse et Blankenberge. Les marchands des ports de pêche flamands allaient vendre du hareng et du poisson à Tournai, Valenciennes, Cambrai et Douai. Le succès du hareng encaqué sur les marchés étrangers était si grand que l'approvisionnement de l'intérieur restait précaire tout le long du xvᵉ siècle [114].

Pour la conservation du poisson, de la viande, du beurre, etc., le sel était le moyen par excellence. La cuisine médiévale en employait aussi des quantités effrayantes. La consommation de sel par tête d'habitant était de quelque 48 kilos à Louvain dans les années 1367-1377 [115]. Le sel était produit dans les Pays-Bas par une combinaison d'ébullition d'eau de mer et de combustion de tourbes saumâtres. Des centres de production étaient Reimerswaal, Schiedam, Tholen, Steenbergen, Zevenbergen qui exportaient entre autres vers Anvers et Diest et en Flandre Axel, Hulst et Biervliet [116].

Au cours du xivᵉ siècle, la tourbe saumâtre devenait rare. Steenbergen devait en importer de Saaftinge. Des inondations, telles que celle du jour de la Sainte-Elisabeth 1421, ont encore aggravé la situation. Pire encore était la concurrence du sel français de la Baie de Bourgneuf déjà au xivᵉ siècle et depuis le xvᵉ siècle du sel de Brouage et de Ré, du Portugal et de l'Espagne. Ces sels, probablement de moindre qualité, pouvaient se prévaloir d'un prix beaucoup plus bas, mais ils demandaient en fait un raffinage, qu'on commençait à leur donner d'abord à Axel, Hulst et Biervliet. Dans les années 1442, Reimerswaal importait régulièrement à Malines un bateau de sel indigène contre deux bateaux de sel de la Baye raffiné. Le sel de Hulst semble être particulièrement recherché [117].

---

113. W. BLOCKMANS, Voor wijn en vis : de politieke rol van de Vlaamse kustplaatsen aan de vooravond van de Nieuwe Tijden, dans : *Ostendiana,* 36 (1978), p. 128-133 ; J.A. VAN HOUTTE, *Economische geschiedenis van de Lage Landen 800-1800,* Haarlem, 1979, p. 81 ; VAN DER WEE, De handelsbetrekkingen, p. 271-272 ; DEGRYSE, *op. cit.,* p. 103-105.
114. VAN UYTVEN, *Stadsfinanciën,* p. 287 ; DES MAREZ, *op. cit.,* p. 320 ; VAN DER WEE, *The Growth...,* I, p. 277-278 ; VAN DEN HEUVEL, *op. cit.,* p. 343-352 ; BLOCKMANS, Voor wijn en vis..., p. 131.
115. VAN UYTVEN, *Stadsfinanciën...,* p. 294.
116. VAN DER WEE, De handelsbetrekkingen..., p. 273 ; J. MERTENS, Biervliet, een laatmiddeleeuws centrum van Zoutwinning (eerste helft der xvᵉ eeuw), dans : *Handelingen der Maatschappij voor Geschiedenis en Oudheidkunde te Gent,* n.s., 17 (1963), p. 3-15 ; J. AMERYCKX, F. MOORMANN, Daringdelven in de polders, dans : *Biekorf,* 57 (1956), p. 225-230.
117. VAN UYTVEN, Oudheid en Middeleeuwen, p. 36-37 ; VAN DER WEE, *The Growth...,* I, p. 287-288 ; VAN DER WEE, De handelsbetrekkingen..., p. 275-277 ; HUYBRECHT, Rechtsbronnen van Reimerswaal, p. 122-123.

Dans le Nord, Dordrecht commandait le commerce du sel zélandais. Roermond et Venlo étaient des marchés de distribution bien fréquentés [118]. Dans le bassin de l'Escaut, Anvers dominait le trafic du sel dans un vaste arrière-pays, qui englobait le duché de Brabant, mais aussi des villes comme Termonde, Gand, Lille et Valenciennes. Zierikzee et Biervliet en étaient les fournisseurs principaux. L'étape du sel était l'objet des convoitises de Malines, qui en 1358 l'acquit définitivement. On y rencontrait des acheteurs de Louvain, Bruxelles, Diest et Léau, mais aussi des pays wallons. Les vendeurs de Reimerswaal, ignorant le français, pouvaient se faire assister d'un interprète pour traiter avec eux [119].

Dans la littérature, on trouve peu de données sur la consommation de légumes et de fruits dans les villes. Il serait pourtant erroné d'en sous-estimer l'importance. La plupart des bourgeois avait leurs propres potagers et leurs arbres fruitiers. Des corporations de fruitiers et de jardiniers et les paysans des environs qui apportaient leurs récoltes, parfois en brouettes, complétaient l'approvisionnement. Comme il s'agit de denrées de petite valeur, les sources ne les mentionnent pas souvent. On peut néanmoins apercevoir un commerce interrégional. Malines, encore actuellement un centre du commerce de légumes, importait des fruits (cerises) et des légumes (petits pois) à Bruxelles au xvᵉ siècle. Cette ville prit d'ailleurs des mesures pour définir le contenu officiel des paniers de fraises. Anvers prescrivit en 1431 des tonneaux (de 125 l) et des demi-tonneaux étalonnés pour la vente des fruits et des pots standardisés pour la vente des fraises [120]. A Gand, on pouvait acheter des pommes, des noix, du raisin, même de France, et d'autres fruits et de l'ail, des oignons, des petits pois, sans oublier des fleurs, chez des vendeurs installés avec leurs chariots ou leurs échoppes dans les rues et sur les ponts [121]. Un fruitier de Berg-op-Zoom acheta en 1480 des pommes au village de Hedel (Pays-Bas, prov. Gueldre), et encore cent tonneaux de pommes dans les villages gueldrois de Rossem et de Driel. Il les avait visiblement achetées avant la cueillette et les expédia le long du Waal vers les bouches de l'Escaut. Le transport de pommes, poires, prunes, noix et oignons avait un certain volume dans les dernières décennies du xivᵉ siècle à en croire les comptes de tonlieux de Dordrecht et de Heusden [122].

Des fruits plus exotiques, comme figues, raisins, amandes, ainsi que les épiceries étaient vendus surtout par les merciers, les épiciers et les

---

118. J.F. Niermeyer, Dordrecht als handelsstad in de tweede helft van de veertiende eeuw, dans : *Bijdragen voor Vaderlandsche Geschiedenis en Oudheidkunde*, 8ᵉ s., 3 (1942), p. 1-36, 177-222, et 4 (1943), p. 86-113 et 145-168 ; Jappe Alberts, Jansen, *Welvaart in wording...*, p. 226-227.

119. F. Prims, De Antwerpsche zoutkwestie in 1259, dans : *Antwerpiensia*, 2 (1928), p. 178-185 ; Id., *Geschiedenis van Antwerpen*, II, 2, Bruxelles, 1929, p. 12-125 ; Marquant, *op. cit.*, p. 147 ; Huybrecht, Rechtsbronnen..., p. 122-123.

120. Des Marez, *op. cit.*, p. 339-340, 502-503 ; F. Prims, *Geschiedenis van Antwerpen*, VI, 2, Anvers, 1937, p. 49-50.

121. De Pauw, *op. cit.*, p. 89, 97-98, 107-108, 114, 128.

122. K. Slootmans, Invloed van tollen op de Bergse vrije jaarmarkten, dans : *Varia historica Brabantica*, 1 (1962), p. 102-103 ; J.F. Niermeijer (ed.), *Bronnen voor de economische geschiedenis van het Beneden-Maasgebied. Eerste deel : 1104-1399*, La Haye, 1968, p. 403-711.

apothicaires, en règle générale dans leurs maisons, mais parfois sur des échoppes dans la rue ou dans une halle aux épices. Leurs marchés d'approvisionnement étaient Bruges et, depuis la deuxième moitié du xɪvᵉ siècle, les foires internationales d'Anvers et de Berg-op-Zoom et les autres foires. Néanmoins, encore en 1450, les merciers anversois tiraient leurs épices de Bruges [123].

La tourbe et le bois étaient les combustibles principaux. La tourbe était dominante en Flandre dès le xɪɪɪᵉ siècle à cause du déboisement précédent. Elle l'est ausssi en Hollande qui n'avait jamais été très boisée. Très tôt, un réseau étendu de canaux est creusé pour relier les tourbières aux centres de consommation. Au début, les bourgeois ont certainement essayé de s'approvisionner par une propre tourbière, mais vite des marchés de tourbes apparaissent dans les villes. Gand et Aardenburg étaient déjà des marchés régionaux au xɪɪɪᵉ siècle. Dès 1307, le portage de la tourbe était un métier officiel à Anvers. L'expansion des villes et leurs industries naissantes créaient une demande constante. Des entrepreneurs urbains, spécialement des brasseurs, des propriétaires de briqueteries ou de fours à chaux, qui ont pour leur propre entreprise besoin de combustibles, se sont engagés dans l'extraction et le commerce de la tourbe à grande échelle. Ainsi des bourgeois aisés de Gouda acquirent, en 1341, plus de 35 *morgen* (± 30 ha) de tourbières et, en 1386, un groupe de la même ville reçut le droit de creuser sur 100 *morgen*. En Hollande, des villages entiers s'occupent en été dans les tourbières et vendent leur production en hiver dans les villes de Leyde, La Haye et Delft. Heusden s'approvisionnait à Baardwijk. Bruges recevait au xɪɪᵉ siècle même par mer de la tourbe de l'ouest de la Flandre zélandaise. Déjà au xɪvᵉ siècle, un transport à longue distance s'était manifesté puisque la Hollande défendit toute exportation de tourbe hollandaise hors de ses frontières. Vers 1440, de la tourbe des régions du Vecht et de la Hollande du Sud était expédiée à Deventer. Dès le xɪɪɪᵉ siècle, un réseau de canaux reliait Gand à des tourbières au nord de la ville [124].

Dans le Brabant, en Haute Belgique et dans l'est des Pays-Bas du Nord se trouvaient des forêts étendues qui livraient du bois de chauffage et du charbon de bois aux villes voisines. Le bois et le charbon étaient de préférence transportés par voie d'eau, parfois même sur des radeaux qui descendaient les rivières vers le Nord. On procédait à la canalisation de plusieurs d'entre elles à cette fin. De grandes surfaces boisées faisaient partie du domaine du prince ou des grands propriétaires fonciers. Afin de

123. H. Installé, De ordonnantie op de Cruithalle vernieuwd in 1342, dans: *Handelingen Kon. Kring voor Oudheidkunde, Letteren en Kunst van Mechelen*, 85 (1981), p. 81-90; De Pauw, *op. cit.*, p. 97; Prims, *Geschiedenis van Antwerpen*, VI, 2, p. 31; Slootmans, Kooplui uit de Maasstreek..., p. 101-102, 116, 126-131.
124. Van Houtte-Verhulst, *art. cit.*, p. 75-76; P. Van Schaik, De economische betekenis van de Turfwinning in Nederland, dans: *Economisch- en sociaal-historisch Jaarboek*, 32 (1970), p. 142, 170, 192-195, et 33 (1971), p. 194-195; Sosson, *Les travaux publics*, p. 68; Decavele, De Herdt, *Gent op de wateren...*, p. 30-31 et 44; K.J. Brand, Bijdrage tot de historische geografie van Oost Zeeuws-Vlaanderen, dans: *Oudheidkundige Kring « De Vier Ambachten » Jaarboek*, 1970-1971, p. 32-72; Van der Wee, *The Growth...*, I, p. 254.

ne pas épuiser cette source de revenus, la coupe se faisait très parcimonieu-sement. De l'immense forêt de Soignes au sud de Bruxelles, chaque année le receveur ducal ne vendait qu'une cinquantaine de bonniers (± 60 ha) aux enchères. Ces tailles ne suffisaient visiblement pas aux besoins de la grande ville puisque tout au long du xvᵉ siècle les prix montaient régulièrement. Les acheteurs étaient surtout des Bruxellois (e.a. plafonneurs, boulangers, charrons, forgerons) et des gens des villages avoisinants. La montée des prix allait de pair avec une baisse du nombre des acheteurs. A la fin du xivᵉ siècle, ils étaient 72, vers 1400 26 et à la fin du xvᵉ siècle pas plus de 20 [125].

A cause du progrès du déboisement et de l'épuisement des tourbières, on faisait appel à la houille provenant des mines wallonnes ou des environs de Venlo et même, dans les régions côtières, du bassin de Newcastle. En dehors de la région liégeoise, elle fut uniquement employée dans l'industrie (ferronnerie, brasserie, teinturerie) [126].

Encore au xvᵉ siècle, les matériaux de construction pour la plupart des maisons étaient en bois. On pouvait même faire préparer le poutrage à la campagne et l'ériger soi-même, éventuellement aidé d'un charpentier urbain. Les murs étaient ensuite complétés par du torchis, des planches ou des pierres. Pour les grandes constructions publiques et les demeures des riches, le bois restait indispensable pour la charpente. Les régions pauvres en bois l'achetaient sur les marchés spécialisés : Dordrecht, Deventer, Kam-pen, Zutphen, Anvers et Amsterdam et dans une moindre mesure à Bruges. Ce bois provenait soit de Scandinavie et des pays de la Baltique, soit de la Rhénanie, des Ardennes, du Brabant du Sud. Dans ce cas, il descendait les fleuves pour aboutir à Dordrecht, à Zutphen ou à Anvers, en bateau, sur des radeaux ou simplement en flottant. Il est à remarquer qu'une bonne partie du bois était partiellement travaillé : Amsterdam était un marché spécialisé dans les planches et les soliveaux. Le comble de l'église Sainte-Catherine à La Brielle fut fabriqué en 1476 à Bruxelles avec du bois des environs [127].

La pierre naturelle n'est pas si abondante dans les Pays-Bas, sauf dans les régions du Sud et de l'Est. Le tuf descendait le Rhin et était distribué à partir de Deventer et d'Utrecht jusqu'en Hollande et en Flandre. Après 1200, il ne fut plus importé, mais le tuf déjà présent était parfois réemployé. Dans l'ouest des Pays-Bas du Nord et en Flandre, on a employé surtout de la pierre calcaire de Tournai, e.a. à Bruges, Dordrecht, Zierikzee. Le petit granit de Féluy et d'Ecaussines fut, depuis le xivᵉ siècle, exporté vers Bru-

125. D. ROCHETTE, Que savons-nous de l'exploitation de la forêt de Soignes au xvᵉ siècle, dans : Cahiers bruxellois, 11 (1966), p. 1-12.
126. VAN HOUTTE, VERHULST, op. cit., p. 76 ; VAN UYTVEN, Stadsfinanciën, p. 409-411 ; NIERMEYER, Bronnen..., p. 536, n. 3, et P. 412-687.
127. DES MAREZ, op. cit., p. 29 ; VAN UYTVEN, Stadsfinanciën..., p. 409 ; H. JANSE, Bouwers en bouwen in het verleden. De bouwwereld tussen 1000 en 1650, Zaltbommel, 1965, p. 36-47 ; J.P. SOSSON, Les travaux publics de la ville de Bruges, XIVᵉ-XVᵉ siècles. Les matériaux. Les hommes, Bruxelles, 1977, p. 102-112 ; M.L. FANCHAMPS, Transport et commerce du bois sur la Meuse au Moyen Age, dans : Le Moyen Age, 72 (1966), p. 59-81.

ges et Mons. La pierre bleue de Valenciennes parvenait au xve siècle jusqu'à Middelburg. Les grès brabançons (le Lédien d'entre Bruxelles et Gand et le Gobertange de près de Jodoigne) ont eu une grande vogue par le succès des maîtres architectes du gothique brabançon. La pierre de Drachenfels sur le Rhin y fut employée jusqu'au milieu du xve siècle; le grès de Bentheim prit la relève. La pierre calcaire du bassin de la Meuse entre Dinant et Huy trouva également son chemin jusqu'en Hollande. L'extraction dans les environs du grès (brunâtre parce que ferrugineux) du Diestien donnait à l'architecture des vallées du Demer (Diest, Aarschot) et de ses confluents son aspect caractéristique. Les marchés pour les pierres étaient selon le cas Tournai, Ypres, Malines, Anvers, Bruxelles, Vilvorde, Dordrecht, Zwolle ou Deventer. La pierre était souvent taillée sur mesure dans les carrières pour économiser des frais de transport. L'extraction et le commerce des pierres étaient surtout aux mains d'entrepreneurs et de maîtres maçons urbains [128].

Les mesures contre les risques d'incendie ont, à partir du xive siècle, contribué à faire employer des matériaux plus résistants comme la pierre et pour le toit les tuiles et les ardoises. Les ardoises des Ardennes, notamment celles de Fumay et de Martinfosse, jouissaient d'un quasi-monopole. Elles descendaient la Meuse vers les grands marchés : Dordrecht, Anvers, Malines et Namur. Dans le dernier cas, elles pouvaient être expédiées par Louvain vers le Nord [129].

Le coût de transport élevé de ces marchandises lourdes par excellence [130] a incité à faire appel à la pierre artificielle. Après le milieu du xiie siècle, la briqueterie est sollicitée de plus en plus dans les plaines de l'ouest et du nord des Pays-Bas où la roche était absente ou rare, mais où la tourbe comme combustible et l'argile étaient abondants. Les premières briqueteries aux Pays-Bas sont organisées dans le Nord, où les frais de transport des pierres naturelles pesaient le plus. Après 1200, on en trouve aussi en Flandre et dans l'est des Pays-Bas. Les briqueteries se situaient aussi près que possible des chantiers mais, vu leur caractère nuisible, en dehors des villes certainement quand les fours sont devenus permanents. Ces fours permanents, qui disposaient donc d'un accès facile à la tourbe

---

128. JANSE, op. cit., p. 47-54 ; SOSSON, op. cit., p. 88-93 ; VAN UYTVEN, Stadsfinanciën..., p. 407 et 432-433, 442 ; M.A. ARNOULD, Les métiers de la pierre au xvie siècle dans quelques villages du Hainaut septentrional, dans : Actes du Colloque international de Glyptographie, Saragosse, 1982, p. 219-222 ; DES MAREZ, op. cit., p. 213 ; SLOOTMANS, Invloed van tollen, p. 130-132.

129. SOSSON, op. cit., p. 87-88 ; M.L. FANCHAMPS, Les ardoisières des Ardennes et le transport des ardoises sur la Meuse (xiie-xvie siècles), dans : Le Moyen Age, 78 (1972), p. 229-266 ; JANSE, op. cit., p. 600.

130. VAN UYTVEN, Stadsfinancieën..., p. 432-433 et 442-443 ; W. JAPPE ALBERTS, De economische betrekkingen van Overijssel met de aangrenzende territoria in de xive en xve eeuw, dans : Verslagen en Mededelingen van de Vereeniging van Overijsselsch regt en geschiedenis, 71 (1956), p. 27-46; ID., Beitrag zur Witschaftsgeschichte des Rheins in Zusammenhang mit der spätmittelalterlichen Wirtschaftsentwicklung der Niederlande, dans : Rheinische Vierteljahrsblätter, 26 (1961), p. 322.

et à l'argile (qu'on amenait parfois en bateau) et qui jouissaient de bonnes voies d'eau vers les grandes villes, ont connu une grande vogue. Le paysage de Boom et des autres villages du Rupel porte les traces de ce que leurs briqueteries alimentaient une bonne partie de l'expansion d'Anvers depuis le xvᵉ siècle.

Les autorités urbaines se sont directement intéressées aux briqueteries. Des ordonnances définissaient la qualité et les dimensions des briques et des tuiles qu'on pouvait vendre en ville. Dans la deuxième moitié du xvᵉ siècle, des modèles standardisés de briques étaient exposés dans les murs des hôtels de ville (Gand, Delft, Weerden et Bois-le-Duc). Souvent, la ville même exploitait une briqueterie, éventuellement par le truchement d'un fermier. La production n'en était pas uniquement destinée aux travaux urbains, mais elle était vendue aussi aux particuliers [131].

Le pavage était un élément important de l'aspect des villes. Plusieurs roches des Pays-Bas du Sud y convenaient. Bruges, par exemple, achetait des pavés de Tournai et de la région bruxelloise, des quartsites des environs de Tirlemont-Léau et des grès de l'Artois [132].

La chaux était obtenue par la calcination de coquillages ou de pierres calcaires. La chaux de coquillages était fréquente dans le Nord. Elle fut produite ou au moins vendue à Leyden, Zierikzee et Dordrecht. La pierre calcaire fut exhumée dans le Tournaisis, dans l'axe Calais-Douai et dans la vallée de la Meuse, et souvent calcinée aux lieux de destination ou dans les villages spécialisés comme Boom et Rupelmonde. Bruges tirait sa chaux de Saint-Omer, de Gravelines, d'Axel, d'Ypres, d'Anvers et de Malines. Les deux derniers marchés s'imposaient de plus en plus au xvᵉ siècle. Louvain s'approvisionnait à Namur et dans la région bruxelloise. Utrecht fit venir en 1469 de la chaux de roche du marché d'Arnhem [133].

L'industrie des draps de laine était l'industrie par excellence des villes des Pays-Bas. Ses débuts sont liés aux grands troupeaux de moutons des prés salés le long des côtes flamandes, dans les îles zélandaises et en Frise ; ces troupeaux étaient en général la propriété des abbayes. La laine indigène restera d'ailleurs très largement utilisée dans l'industrie urbaine même au bas Moyen Age, malgré la diminution des prés salés et des terrains de pâture par les défrichements. En Condroz, dans la Veluwe, en Campine et en Brabant wallon, les terres incultes, nécessaires à l'élevage du mouton, étaient encore abondantes. D'ailleurs en Flandre, suite à un renversement de la conjoncture à la fin du xiiiᵉ siècle, l'élevage progressa de nouveau. La

131. J. Hollestelle, De steenbakkerij in de Nederlanden tot omstreeks 1560, Assen, 1961 ; Sosson, op. cit., p. 67-69 ; Janse, op. cit., p. 55-57 ; Van der Wee, op. cit., I, p. 257 ; Jappe Alberts, Jansen, op. cit., p. 133-134 ; Van Uytven, op. cit., p. 407-408 ; De Pauw, op. cit., p. 122, 148-149, 163 ; Mertens, Torfs, op. cit., II, p. 476, 486-487, 499-500.
132. Sosson, op. cit., p. 88-93 ; Van Uytven, op. cit., p. 442.
133. Janse, op. cit., p. 57-58 ; Sosson, op. cit., p. 83-87 ; Van Uytven, op. cit., p. 407 et 442 ; F. Courtoy, Le travail et le commerce de la pierre à Namur avant 1500, dans : Namur-cum, 21 (1946), p. 17-29 ; L. Génicot, L'industrie dans le comté de Namur à la fin du Moyen Age (1350-1430), dans : ibidem, p. 55.

production était le fait des grands propriétaires fonciers, mais aussi de riches citadins, entre autres par le contrat de cheptel.

La laine s'achetait sur place par des marchands spécialisés ou s'écoulait sur les marchés des villes. Le commerce de laine indigène atteignait les dimensions interrégionales. La laine flamande est travaillée dans les villes hollandaises et à Tournai ; les laines de Montreuil et de Ponthieu apparaissaient à Saint-Omer, Audenarde et Bergues-Saint-Winoc. La laine de Frise est mentionnée à Aardenburg et Oudenburg et un marchand de Liège livrait de la laine indigène (du Condroz ?) à Léau en 1287 [134].

Vers les années 1100, la Flandre, devant le déclin de ses troupeaux, avait dû recourir à l'importation de laines anglaises. Il ne faut surtout pas surévaluer le poids de ces importations. A son maximum, l'exportation totale d'Angleterre fut d'environ 41 500 sacs de laine. Cela ne correspond qu'à 207 500 draps, équivalant la production de draps de quatre villes comme Ypres à l'époque. Au cours du xiiie siècle, le Brabant, puis Liège et la Hollande ont également importé de la laine anglaise. Jusque vers 1270, les acheteurs flamands, d'abord ceux du Sud, tenaient le haut du pavé en Angleterre, mais des frictions politiques entre les princes d'Angleterre et du comté les ont temporairement éliminés. Le vide ne fut que partiellement rempli par les Brabançons qui devaient laisser un rôle important aux Italiens, aux Allemands et aux Anglais dans l'exportation des laines vers les Pays-Bas. Les Flamands ne sont jamais plus parvenus à reconquérir leur importance antérieure dans le trafic [135]. Il est tout de même utile de souligner que l'importation active de laine anglaise continuait, dans une mesure réduite il est vrai, jusqu'aux années 1330 au moins. Les Yprois qui exportèrent, en 1290, 91 sacs à Boston, en expédièrent quelque 500 sacs en 1322-25. L'achat de laine en Angleterre était en fait réservé aux membres des Hanses ou des gildes des marchands. Bien qu'un chacun pût s'y inscrire contre paiement d'un droit d'entrée, pas trop élevé semble-t-il, ces organismes formaient des corporations exclusives puisqu'on devait avoir abandonné le travail manuel depuis un an pour pouvoir se faire admettre [136].

Les préoccupations financières des rois d'Angleterre, concentrant à plusieurs reprises, à partir de 1294, la vente des laines anglaises dans des

---

134. A. VERHULST, La laine indigène dans les anciens Pays-Bas entre le xiie et le xviie siècle. Mise en œuvre industrielle, production et commerce, dans : *Revue historique,* 96 (1972), p. 281-322 ; J.P. PEETERS, De betekenis der stad Zoutleeuw als centrum van de lakennijverheid in Brabant, dans : *Eigen Schoon en de Brabander,* 65 (1982), p. 463-465.

135. T.H. LLOYD, *The English Wool Trade in the middle ages,* Cambridge, 1977, p. 1-98 ; E. POWER, *The wool trade in English medieval history,* Oxford, 1941, p. 41-62 ; O. MUS, Het aandeel van de Ieperlingen in de Engelse wolexport 1280-1330, dans : *Histoire économique de la Belgique. Traitement des sources et états des questions,* Bruxelles, 1971, p. 233-258.

136. C. WYFFELS, Hanse, grands marchands et patriciens de Saint-Omer, dans : *Mémoires de la Société académique des Antiquaires de la Morinie,* 38 (1962), p. 4-29 ; ID., De Vlaamse Hanze van Londen op het einde van de xiiie eeuw, dans : *Handelingen van het Genootschap « Société d'Emulation » te Brugge,* 97 (1960), p. 5-30 ; H. VAN DER WEE, E. VAN MINGROOT, The charter of the clothier's guild of Lier 1275, dans : *Cloth and clothing in Medieval Europe. Essays in Memory of Prof. E.M. Carus-Wilson,* Londres, 1983, p. 134 et 137.

villes des Pays-Bas (Dordrecht, Malines, Anvers), ont stimulé l'activité de vendeurs étrangers aux Pays-Bas. On aboutit finalement à des étapes obligatoires temporaires à Saint-Omer, Anvers, Bruges, Dordrecht et Middelburg, et à partir de 1363, à Calais. Cela et les prêts qu'accordaient les marchands anglais volontiers à leur roi ont pratiquement coupé les acheteurs des Pays-Bas des marchés intérieurs anglais. Par contre, une multitude de petits entrepreneurs industriels avaient maintenant la chance de se pourvoir chez les vendeurs anglais, dans les villes d'étape ou chez les marchands de l'étape et des intermédiaires aux grands marchés et aux foires, ou même d'attendre dans leur propre ville l'arrivée de la laine.

Les étapes n'ont pourtant que fortifié une tendance à la «démocratisation» du commerce de la laine, qui se traduisait d'ailleurs dans une ouverture plus large des hanses et des gildes. En 1306, la gilde bruxelloise permit à un chacun l'achat de laine en Angleterre [137], mais cette concession n'avait plus de valeur!

Sous le régime de l'étape, les achats des provisions de laine étaient régulièrement confiés à quelques mandataires pour toute une association d'intéressés. Souvent, la ville elle-même y prêtait son concours et même son crédit, ainsi Louvain en 1442 et Vilvorde en 1459, pour des achats à Calais, et Léau en la même année pour des achats à la foire d'Anvers [138]. Leyde, qui était preneur de la presque totalité des toisons offertes à Calais, répondait du crédit pour les achats faits au nom de ses drapiers et en période de crise achetait elle-même ces toisons. Les toisons furent normalement importées par mer et par voies d'eau, mais dans des années moins sûres, on expédiait les toisons de Calais par chariot vers Gravelines, Bruges et L'Ecluse et au-delà en bateau vers Leyde [139]. Nous sommes particulièrement bien renseignés sur les voies d'approvisionnement en laines d'étape, en ce qui concerne la ville de Lierre. En 1467, la ville acheta elle-même de la laine à Calais. Quelques années plus tard, on fonda une «bourse commune» d'une douzaine de compagnons qui se chargèrent des achats au nom de la ville. Même sous le régime de l'étape, les marchands de laine et les tisserands achetèrent dans les années 1419-1435 encore 20 % de leurs laines de marchands italiens et brugeois à Bruges, mais la position de Bruges s'affaiblit après 1425, au profit d'Anvers. Entre 1428-1434 déjà, près de la moitié des transactions, spécialement avec des Anglais, se déroulèrent à Anvers. La place de Malines et des vendeurs malinois, qui d'ailleurs

137. C. WYFFELS, Hanse..., p. 29-34; ID., De Vlaamse Hanze..., p. 18-21; H. VAN WERVEKE, De koopman-ondernemer en de ondernemer in de Vlaamse lakennijverheid van de middeleeuwen, Bruxelles, 1946; F. FAVRESSE, Sur un passage du privilège ducal du 12 juin 1306 concernant la gilde bruxelloise de la draperie, maintenant dans ses Etudes sur les métiers bruxellois au Moyen Age, Bruxelles, 1961, p. 124.
138. VAN UYTVEN, Stadsfinanciën..., p. 341-343; PEETERS, De betekenis der stad Zoutleeuw..., p. 430; ID., Nieuwe gegevens betreffende de draperie te Vilvoorde op het einde der middeleeuwen, dans: Eigen Schoon en De Brabander, 61 (1978), p. 157-159.
139. N.W. POSTHUMUS, De geschiedenis van de Leidsche lakenindustrie. I. De middeleeuwen, La Haype, 1908, p. 183-220.

s'étaient taillé une place dans la distribution des laines anglaises au siècle précédent, était considérable (près de 20 %). Dans les années 1419-1427, 32 % des laines travaillées à Lierre y étaient vendues par des firmes brugeoises, malinoises et lierroises même ; 20 % étaient achetées à Anvers, 19 % à Bruges, 19,7 % à Malines, et des quantités négligeables à Berg-op-Zoom et Herentals. Les marchands de laine de Lierre même étaient ou de petits entrepreneurs qui revendaient une partie de leurs achats, ou une douzaine de firmes spécialisées qui, grâce à l'octroi de crédits, accaparaient près de 60 % de toutes les transactions de laine à Lierre. La laine fut normalement transportée en bateau de Calais par Bruges et Anvers à Lierre par des bateliers de Bruges, Malines et Lierre [140].

Courtrai, qui se spécialisait à la fin du xve siècle dans la fabrication de draps des meilleures laines anglaises, était approvisionné en laines d'étapes par des compagnies de marchands courtaisiens et anglais et des sociétés de marchands brugeois, espagnols et italiens, résidant à Bruges. Des hôtes et courtiers courtraisiens leur servaient de facteurs [141].

Comme depuis le xive siècle, les grands centres drapiers des Pays-Bas ne travaillaient que les meilleures laines anglaises, ils avaient volontairement rétréci leur approvisionnement. La rareté de la bonne laine anglaise aux Pays-Bas, à partir de la fin du xive siècle, a néanmoins poussé à une reconversion. Les laines anglaises de petite qualité échappaient à l'obligation de l'étape. Elles furent exportées directement vers les centres de production ou vers les grands centres commerciaux de Bruges, Dordrecht, Anvers, Berg-op-Zoom, Middelburg, etc. [142]. Eventuellement, les drapiers allaient s'approvisionner en Angleterre (Newcastle). Cela vaut aussi pour la laine écossaise qui fut vendue entre autres à Bruges et à Veere, où se tenait un moment l'étape des importations écossaises. La laine irlandaise n'a presque pas eu d'importance aux Pays-Bas. L'importation de laines de France et d'Allemagne n'a jamais eu grande importance. Par contre, la laine espagnole avait, dès la fin du xiiie siècle, trouvé emploi à Bruges, et elle fut très demandée au xve siècle par les villes secondaires de Flandre pour leur nouvelle draperie ou draperie légère. Les marchands flamands allaient

140. J.P. PEETERS, De aard van de betrekkingen der Mechelse lakenhandelaars met deze uit Vilvoorde of de bevoorrading in Engelse wol van secundaire centra door grote lakensteden, dans : Handelingen Kon. Kring voor Oudheidkunde, Letteren en Kunst van Mechelen, 74 (1970), p. 60-69 ; H. VAN DER WEE, Die Wirtschaft der Stadt Lier zu Beginn des 15. Jahrhunderts. Analyse eines Zollbuches und eines Wollinspectionsregister, dans : Beiträge zur Wirtschafts- und Stadtgeschichte. Festschrift für H. Ammann, Wiesbaden, 1965, p. 147-153.

141. O. MUS, De verhouding ven de waard tot de drapier in de Kortrykse draperie op het einde van de xve eeuw, dans : Handelingen Société d'Emulation Brugge, 98 (1961). p. 160-178 et 186-201.

142. VAN HOUTTE, Economische geschiedenis, p. 98 ; R. VAN UYTVEN, Cloth in medieval literature of Western Europe, dans : Cloth and clothing in medieval Europe. Essays in memory of Prof. E.M. Carus-Wilson, Londres, 1983, p. 177-180 ; DE POERCK, op. cit., I, p. 28.

acheter ces laines jusqu'à l'intérieur de la Castille, à Tolède et Cordoue, mais elles étaient surtout importées par les Catalans eux-mêmes à Bruges [143].

Parmi les autres matières premières de la draperie, citons la guède qui donnait la couleur bleue et ses dérivés. La plante de la guède *(Isatis tinctoria)* était cultivée sur grande échelle en Hesbaye, en Thuringe et au pays de Juliers, en Flandre française et dans les pays de la Somme, et surtout en Languedoc. Les drapiers allaient s'y approvisionner. Les Douaisiens s'en procuraient à Douai même, et à Quiery-la-Motte (Pas-de-Calais, ar. Arras, c. Vimy) et à Encre (Somme, ar. Péronne, c. Albert). A Douai, des bourgeois, mais aussi des marchands des centres de production (Hénin-Liétard), la mettaient en vente. Dans les centres drapiers, le commerce était centralisé à une étape ou dans un local officiel, où la guède était d'ailleurs eswardée. Lierre faisait venir beaucoup de colorant bleu par chariots du Brabant du Sud ; la dernière partie du voyage était faite en bateau. Leyde tirait sa guède de France, par l'intermédiaire de marchands lillois ou l'achetait parfois à Anvers [144]. Le grand marché d'Anvers était, au xve siècle, pour les deux tiers fourni de guède par le pays rhénan. Une partie plus modeste venait, surtout en bateau, du nord de la France actuelle, où Lille, Amiens et Cambrai donnaient le ton, et une partie encore plus petite venait de la Hesbaye. Cette guède était surtout destinée aux nombreuses teintureries anversoises, mais des teinturiers des centres secondaires brabançons étaient également des acheteurs assidus. Des acheteurs des villes zélandaises étaient aussi présents, mais les grands centres brabançons (Bruxelles, Malines), flamands (Gand) et hollandais n'apparaissaient qu'exceptionnellement [145].

Anvers n'était visiblement pas un grand marché pour la garance, le colorant rouge. La plante était cultivée sur grande échelle en Zélande, où Zierikzee était le grand marché, et dans les polders de Flandre. L'importation à Anvers était principalement aux mains de marchands d'Anvers et de Berg-op-Zoom et subsidiairement de ceux de Zélande. La présence de quelques gens de Lillo (dans les polders), probablement des producteurs, se détache. La garance était en premier lieu achetée par les petits fabricants de draps et de linge mais, curieusement aussi, par des marchands de Berg-op-Zoom [146]. Les foires de cette ville semblent jouer un rôle important dans le commerce de la garance. Les foires d'hiver (après le 1er novembre) et de Pâques se situaient mieux que les foires d'Anvers (Pentecôte, et début octobre) par rapport à la moisson de la garance. La proximité des régions

143. R. Van Uytven, « Hierlandsche » wol en lakens in Brabantse documenten (xiiie-xvie eeuw), dans : *Bijdragen tot de Geschiedenis,* 53 (1970), p. 5-16 ; Verhulst, La laine indigène..., p. 283-295 ; G. de Poerck, *La draperie médiévale en Flandre et en Artois. Technique et terminologie,* I, Bruges, 1951, p. 29.

144. Van Houtte, *op. cit.,* p. 89-91 ; de Poerck, *op. cit.,* p. 150-159 ; Van der Wee, *op. cit.,* p. 154 ; Posthumus, *op. cit.,* p. 235-236.

145. G. Asaert, De handel in kleurstoffen op de Antwerpse markt tijdens de xve eeuw, dans : *Bijdragen en Mededelingen betreffende de Geschiedenis der Nederlanden,* 88 (1973), p. 377-390.

146. Asaert, *art. cit.,* p. 390-393.

productrices de Zélande les a également favorisées. Les villes mosanes
(Maastricht, Roermond) s'y approvisionnaient. Un marché important était
Bruges, e.a. pour Leyde et Herenthals ; la garance était importée à Leyde
par les drapiers mêmes. Valenciennes s'approvisionnait en Hainaut et dans
le Cambrésis, dans les villes de Tournai, Douai, Lille, Arras, Hesdin et
même en Flandre, en Hollande et Zélande. Ypres employait la garance
locale, mais en importait aussi de Lille et des environs de Bruges et de
Dixmude. En 1361, des Malinois achetèrent de la garance à Bruges, Biervliet
et aux foires d'Angers et de Berg-op-Zoom pour la revendre en détail dans
leur ville. Les drapiers, de leur côté, s'en allaient acheter aux marchés
spécialisés, tandis que des étrangers en importaient également pour la vente
en gros [147].

Les autres colorants rouges (bois de Brésil, kermès) étaient d'origine
lointaine. Au xiiie siècle, les marchands des centres drapiers les achetaient
aux foires de Champagne des marchands italiens, mais l'émergence de
Bruges et puis des foires d'Anvers et de Berg-op-Zoom a probablement
situé les centres d'importation aux Pays-Bas mêmes.

La teinture en rouge nécessitait l'usage d'un mordant. Le plus généralement usité était l'alun, qui devait être importé également de la Méditerranée. L'importation en était aux mains des Italiens. Avec la découverte de
l'alun de Tolfa, fut institué un monopole papal sur la vente aux Pays-Bas.
Le marché central était Bruges, jusqu'à ce que Maximilien d'Autriche
transfère en 1491 l'étape de l'alun à Anvers. Cela n'empêchait pas que
des foires d'Anvers, de Middelburg et de Berg-op-Zoom des chargements
d'alun, entre autres pour le compte de commerçants anversois et maas-
trichtois, partaient vers Maastricht déjà avant cela. Ajoutons que d'autres
matières premières, comme le cendre et la lie du vin, étaient importés de la
Baltique et de la Bourgogne [148].

L'industrie de cuivre est une autre grande industrie des Pays-Bas,
située celle-là dans les villes mosanes, mais dans le dernier tiers du xve siècle
aussi à Malines, Bruxelles, Middelburg en Flandre et ailleurs. Jusqu'au
xiie siècle, les gens de Liège, Huy, Dinant et Namur, allaient chercher le
minerai du cuivre dans les montagnes du Harz, ou à Goslar, ou à Cologne.

147. K. Slootmans, Meekraphandel op de jaarmarkten van Bergen op Zoom, dans :
Jaarboek « De Ghulden Roos » Roosendaal, 18 (1958), p. 49-83 ; Posthumus, op. cit., p. 236;
J.R. Verellen, Lakennijverheid en lakenhandel van Herentals in de xve en xvie eeuw, dans :
Taxandria, n.r., 27 (1955), p. 55 ; De Poerck, op. cit., I, p. 176.
148. Installé, De ordonnantie op de Cruithalle..., p. 88-89 ; H. Joosen, Documents
relatifs à l'histoire de l'industrie drapière à Malines (des origines à 1384), dans : Bulletin de la
Commission royale d'Histoire, 99 (1935), p. 408-409 ; M.L. Heers, Les Génois et le commerce
de l'alun à la fin du Moyen Age, dans : Le Moyen Age, p. 31-53 ; L. Liagre, Le commerce de
l'alun en Flandre au Moyen Age, dans : Le Moyen Age, 61 (1955), p. 177-206 ; Id., Les
relations commerciales entre Gênes, la Belgique et l'Outremont d'après les archives notariales
génoises (1320-1400), I, Bruxelles, 1969, p. CXXXVII-CXLI ; De Poerck, op. cit., I,
p. 170-171 ; K. Slootmans, Kooplui uit de Maasstreek op de Bergse Jaarmarkten, dans :
Publications : Jaarboek van het Limburgs Geschieden Oudheidkundig Genootschap, 1962-
1963, p. 131 ; W.S. Unger, Rekening van den invoer van aluin in de Scheldedelta 1473-1475,
dans : Economisch-Historisch Jaarboek, 19 (1935), p. 75-88.

Il fut allié avec de l'étain et du zinc. L'étain devait être acheté en Cornouailles ou en Rhénanie, spécialement à Cologne. Encore en 1487, des marchands dinantais de batterie achetaient en Angleterre l'étain dont leur industrie avait besoin [149]. Le zinc fut extrait autour de Namur et de Huy, et surtout sous forme de calamine dans le duché de Limbourg. La mine de « la Vieille Montagne » à Kelmis n'était que la plus fameuse parmi d'autres. La calamine fut expédiée le long de la Meuse vers les villes réputées pour leur batterie, dont Dinant était incontestablement le chef de file.

En instituant, en 1469, un monopole au profit du fermier de la Vieille Montagne et en obligeant ses villes de s'approvisionner à des prix excessifs [150], le duc de Bourgogne a contribué à miner l'essor de la batterie dans ses pays. Des associations de marchands d'Anvers, Bruxelles, Middelburg en Flandre, se sont chargées de vendre la calamine dans les villes travaillant le cuivre. Ils avaient d'ailleurs des intérêts dans la batterie. A partir du xive siècle, le cuivre de Suède fait son apparition sur les marchés des Pays-Bas. Il est importé via Cologne ou par Bruges et plus tard par Anvers, surtout par des Hanséates [151].

L'industrie des armes était concentrée dans les villes. Sur son approvisionnement en matières premières, rappelons simplement les conclusions de C. Gaier. « Pour répondre à cette demande, toutes les ressources indigènes connues étaient mobilisées... Sans les importations massives... de produits bruts, le développement artisanal des Pays-Bas du Sud eut été enrayé... » [152]. Comme nous l'avons déjà indiqué, sans l'importation massive du froment du nord de la France, l'industrie de la bière dans les villes hollandaises n'aurait jamais pu se développer.

Il est évident que dès le xiie siècle, l'urbanisation des Pays-Bas d'abord au Sud et, à partir du xive siècle, également au Nord était telle qu'un approvisionnement régional ne pouvait plus suffire. Il est vrai que pour toute une série d'articles de la campagne (denrées, bois, briques, etc.) la région autour de la ville, dans un rayon disons de 20 kilomètres, était intensément sollicitée. Dans ce rayon mais aussi au-delà, la politique urbaine visait à organiser l'approvisionnement de la ville, si nécessaire au détriment des autres villes et des campagnards. Au sein de la ville même, les milieux dirigeants se sont évertués à ménager à la fois les intérêts des producteurs et commerçants et ceux des consommateurs. Uniquement quand les disettes

149. J.A. Van Houtte, Van Uytven, Nijverheid en handel, dans : *Algemene Geschiedenis der Nederlanden*, IV, Haarlem, 1980, p. 109-110 ; Van Houtte, *Economische geschiedenis...*, p. 39 ; H. Pirenne, *Les villes et les institutions urbaines*, II, Paris-Bruxelles, 1939, p. 72-76.
150. M. Yans, *Histoire économique du duché de Limbourg sous la Maison de Bourgogne*, Bruxelles, 1936, p. 224-226.
151. C. Gaier, *L'industrie et le commerce des armes dans les anciennes principautés belges du XIIIe à la fin du XVe siècle*, Paris, 1973, p. 202-206 ; Slootmans, Kooplui uit de Maasstreek..., p. 114 ; Sosson, *op. cit.*, p. 114, n. 107 ; Id., Les marchands brabançons et plus spécialement les marchands bruxellois aux foires de Berg-op-Zoom, dans : *Cahiers bruxellois*, 8 (1963), p. 45-49 ; Yans, *op. cit.*, p. 261-270.
152. Gaier, *op. cit.*, p. 226.

risquaient d'engendrer de graves perturbations politiques et économiques, les magistrats sont intervenus d'une manière plus directe, n'hésitant pas à entraver le libre cours du commerce et à heurter les droits des possédants. Si quelque part la notion de « Stadtwirtschaft » de K. Bûcher a eu quelque réalité, elle n'a jamais été valable pour les villes des Pays-Bas. De par leur approvisionnement en vivres et en matières premières, les villes étaient intensément impliquées dans une économie internationale. En somme, elles étaient d'une certaine façon des « marchés internationaux » en miniature dans le même sens qu'on l'a dit de Bruges [153]. En cela, les villes des Pays-Bas n'étaient nullement uniques au Moyen Age. Seule, l'échelle de leur implication dans le trafic international et le degré de leur dépendance des importations d'au-delà de la contrée « sous les fumées de la ville » étaient plus larges.

---

153. On sait que notre maître J.A. Van Houtte a combattu la qualification de « marché international » pour Bruges, parce que le commerce des étrangers était avant tout concerné par l'importation des marchandises destinées à l'approvisionnement de la Flandre et des pays avoisinants et à l'exportation de leurs produits finis.

Beer consumption and the socio-economic situation in the Franc of Bruges in the sixteenth century

The ultimate goal of all economic activity - and economists and many economic historians with them all too easily lose sight of this - is to satisfy human needs and thus, in the final analysis, consumption. The study of consumption can in any case give back a more human face to economic history and build a bridge to a history of the groups and classes of which society is made up. Belgian historiography has certainly not made much progress in the field of the history of consumption. It has confined itself chiefly to the consumption of drinks and to consumption figures for the eighteenth and nineteenth centuries.[1] And yet the extant sources are abundant.

For example, in this article we shall discuss the excellent series of accounts for the yield of the gruit duty in the Franc of Bruges. For the period from 1 January 1542 (n.s.) to 30 September 1590 they offer quite detailed figures for beer consumption in the Franc of Bruges and its towns, and for Bruges itself.[2]

---

[1] For a first introduction see W. Minchinton, 'Patterns and structures of demand 1500-1750', C.M. Cipolla (ed.), *The Fontana Economic History of Europe 2*, Glasgow 1974, 83-176; I. Bitsch et al. (ed.), *Essen und Trinken in Mittelalter und Neuzeit*, Sigmaringen 1987. For Belgium among others: C. Vandenbroeke, 'Evolutie van het wijnverbruik te Gent (14e - 19e eeuw)', *Album aangeboden aan C. Verlinden*, Ghent 1975, 369-411; idem, *Agriculture et Alimentation*, Ghent-Louvain 1975; idem, 'Voedingstoestanden te Gent tijdens de eerste helft van de 19de eeuw', *Belgisch Tijdschrift voor Nieuwste Geschiedenis*, 4 (1973), 109-69; C. Lis - H. Soly, 'Food Consumption in Antwerp between 1807 and 1859: A Contribution to the Standard of Living Debate', *The Economic History Review*, 2nd series, 30 (1977), 460-86; P. Scholliers, 'Sociale ongelijkheid en voedselconsumptie sedert 1850', A. de Knecht-van Eekelen (ed.), *Voeding in onze samenleving in cultuur-historische perspectief*, Alphen a.d. Rijn, 1987, 68-92; R. van Uytven, 'Het verbruik van land- en vreemde wijnen in Brabant gedurende de 16de eeuw', *De Brabantse Folklore*, 167 (1965), 299-337; R. van Uytven - B. Blondé, 'Wijnverbruik te Antwerpen en 's Hertogenbosch in de zestiende eeuw', *Liber Amicorum Dr J. Scheerder*, Leuven 1987, 107-26; idem, 'Consumptie en conjunctuur: Het graanverbruik van 's Hertogenbsch 1569/70 -1592/93', *Van Blauwe Stoep tot Citadel. Varia Historica Brabantica Nova L. Pirenne*, 's Hertogenbosch 1988, 119-28; R. van Uytven, 'Specerijen en Kruiden in de Zuidnederlandse Steden', *Specerijkelijk. De Specerijenroutes*, Brussels 1992, 75-89; P. Scholliers, *Arm en Rijk aan Tafel. Tweehonderd jaar eetcultuur in België*, Brussels 1993.

[2] Brussels, Algemeen Rijksarchief, *Rekenkamers*, n°s. 23119-23168. All the accounts run from 1 January to 31 December except for the last. The last three months are missing for 1590. We have extrapolated them in our tables, taking into account the seasonal fluctuations in previous

The Franc of Bruges, a political, administrative and fiscal component of the County of Flanders, covered the countryside and towns around Bruges, and comprised an area of around 1,700 square kilometres between the western Schelde, the North Sea, the IJzer and an imaginary line drawn from Diksmuide via Roeselaere to IJzendijke. The *Transport* of Flanders, which was proclaimed in 1517 to distribute the taxation assessed across the county, assessed the countryside of the Franc as 10.1 per cent of the total, by no means a poor showing alongside such great cities as Bruges (14.4 per cent), Ghent (14.1 per cent) and Ypres (7 per cent). No other rural district in the county came near the Franc in this ranking. Within the Franc there were numerous other towns besides Bruges, and in fact the majority of the Flemish towns separately assessed in the *Transport* were in the Franc. The towns and villages of the Franc together accounted for more than 53 per cent of the total taxable wealth of Flanders (Table I).

TABLE I: SHARE OF THE *TRANSPORT* OF 1517 (IN PERCENTAGES)

Franc	10.10
Bruges	14.40
Sluis	8.00
Ostend	6.00
Blankenberge	3.50
Gistel	3.00
Oostburg	1.00
Aardenburg	2.25
Hoeke	0.50
Oudenburg	2.00
Mude	0.25
Damme	2.00
Monnikenrede	0.16
TOTAL	53.16

Source: C. Laurent (ed.) *Recueil des Ordonnances des Pays-Bas, Deuxième série: 1506-1700*, I, Brussels 1893, 594-6 and 621-8.

According to a recent estimate, there were about 110,000 inhabitants around 1520, of whom 60,000 lived in the countryside.[3]

---

years. In view of the use of the Easter style in Flanders the year date with which the accounts begin on 1 January must be increased by one unit; from 1 January 1576 (account n° 23154) the New Year style is adopted.

[3] J. Mertens, 'De bevolking van het Brugse Vrije rond 1520', *Demografische evoluties en gedragspatronen van de 9de tot de 20ste eeuw in de Nederlanden* (Studia Historica Gandensia, 200), Gent, 1977, 145-66. For the Franc see also A. Sanderus, *Verheerlijkt Vlaendre*, Leiden 1735.

The gruit duty

Contrary to what has occasionally been asserted,[4] gruit was not malt, that is grain prepared for use in brewing, but a plant substance mainly derived from bog myrtle or sweet gale, a plant of heaths and bogs (*Myrica Gale L.*). Gruit was believed to give beer a better flavour and allow it to be kept for longer. It was also mistakenly believed that gruit helped to stimulate fermentation. As a product of waste land bog myrtle was a monopoly of the prince, though he alienated its supply, as with so many other crown rights, to his vassals and servants.[5] When the superior hop beer superseded gruit beer in the course of the fourteenth century, gruit duty remained in existence as an ordinary tax on beer. In 1380 the Count of Flanders, his vassal Jan van Aa, lord of Gruuthuse, and the city of Bruges, converted the gruit duty into a purely fiscal levy of two groats per barrel of beer, of which one went to the Count and the other to the lord of Gruuthuse; this duty applied to all beers in the Franc of Bruges, except for those from Bremen and English ale.[6]

As early as 1200, according to C. Custis, an eighteenth-century alderman and historian of Bruges, the Count had granted the gruit duty in fee to the lord of Gruuthuse, the city captain.[7] This statement appears, nevertheless, to be at odds with the result of a thorough enquiry which was carried out in 1226 on the occasion of a dispute between Geldolf, the gruiter of Bruges, and the town of Aardenburg. Many witnesses declared on that occasion that under the rule of Boudewijn VIII (1191-4) a certain knight, Boudewijn van Lede, had acquired as a fief the whole gruit duty in the Franc of Bruges. It had then passed, they said, from him to Geldolf, the gruiter of Bruges.[8] In 1298 a man of the same name, Geldolf of Bruges, lord of Gruuthuse, appears in possession of it.[9]

The gruit duty of Gruuthuse and the Count of Flanders was nevertheless not applied throughout the Franc. In the headings of the accounts used here the lordship of Maldegem was explicitly exempted from the levy. According to a description of fiefs of 1642, the local lord levied the gruit duty there. The

---

[4] L. Gilliodts-van Severen (ed.), *Coutumes des Pays et Comté de Flandre. Coutume du Bourg de Bruges*, II, Brussels 1883, 228-9; M. Martens (ed.) *Le censier ducal pour une partie de la circonscription de Louvain en 1366*, Brussels 1962, 15 and 129; Th. Luyckx, *Johanna van Constantinopel, Gravin van Vlaanderen en Henegouwen*, Antwerp 1946, 176 n. 6.

[5] G. Doorman, *De middeleeuwse brouwerij en de gruit*, The Hague 1955; C. van de Kieft, 'Monopole de vente du "gruit" (produit végétal employé dans la fabrication de la bière) et droit de ban', *Acta Historiae Neerlandicae*, I (1966), 67-81.

[6] R. van Uytven, 'Haarlemmer hop, Goudse kuit en Leuvense peterman', *Arca Lovaniensis*, 4 (1975) 334-40; L. Gilliodts-van Severen, *Inventaire des archives de la ville de Bruges, I, Inventaire des chartes. Première Série, II*, Bruges 1873, 353-5.

[7] C. Custis, *Jaerboeken der stad Brugghe*, I, Bruges 1738, 205, cited by L. Gilliodts-van Severen (ed.) *Coutumes des Pays et Comté de Flandre. Coutume du Bourg de Bruges*, II, 231, note 2. Cf. also M.P.J. Martens, 'De Biografie van Lodewijk van Gruuthuse', M.P.J. Martens (ed.), *Lodewijk van Gruuthuse*, Bruges 1992, 13.

[8] L.A. Warnkoenig - A. Gheldolf, *Histoire constitutionelle et administrative de la ville de Bruges et du pays du Franc jusqu'à l'année 1305*, Brussels s.d., 415-16.

[9] L.A. Warnkoenig - A. Gheldolf, *Histoire*, 299-301.

lordship probably extended over Maldegem, Adegem and St Laureins (in the modern arrondissement of Eeklo).[10] Furthermore, in 1576 inhabitants of Kaprijke, Male, Vive (St Kruis), Tillegem (the villages of Lopem and St Michiels), Guysen (a widespread domain in Houtave, Jabbeke, Koekelare, Middelkerke, Roksem, Stalhille and Zande), Sijsele (in Assebroek, Odelem, Sijsele, St Baafs, St Salvators, St Kruis Bruges), Middelburg and Ursel, asserted that they did not pay gruit duty to Gruuthuse or to the Count. The lords of Sijsele and Tillegem in fact appear to have enjoyed the gruit duty in their domain in later centuries.[11] Many of the exempted lordships mentioned here were described for administrative purposes as 'appendants', that is country lordships subject to the jurisdiction of the Franc, and are not further mentioned in our accounts.

Damme too, even though it is marked as a separate entry in the accounts, paid nothing to the receiver of gruit duty, because according to the account it had been leased together with a tax of two stuivers on each barrel of wine from St Jean d'Angély (in France, in the arrondissement of Saintes, department of Charente Inférieure) that was sold in the little town. This had in fact already been the case in 1417.[12]

In the immediate neighbourhood of Bruges, the so-called 'omloop', were the houses of two religious communities: the Jacobin nunnery and the house of the nuns of St Trudo. The abbey of St Trudo at Odegem-Assebroek (in the present municipality of Bruges), which had joined the Congregation of Windesheim, and the Jacobin or Dominican nuns of Engelendale, also at Assebroek,[13] had 'compounded' for the gruit duty, in other words they paid a fixed annual sum, the Jacobins four stuivers a year and the abbey of St Trudo fifteen stuivers, but the very first gruit duty account of 1542 noted that both institutions refused to pay and invoked their immunity. Around 1537 the community of religious and lay sisters of St Trudo numbered 71, and in 1573 80 persons. At a tariff of one Flemish groat per barrel their payment assumed a consumption of 180 vats per year. This would give a per capita consumption of around 333 litres a year.[14] The Dominican sisters paid for 48 vats.

---

[10] L. Gilliodts-van Severen (ed.), *Coutumes*, II, Brussels 1883, 233, and III, Brussels 1885, 61-83; C. Laurent (ed.), *Receuil*, I 624. As early as a gruit account of 1492 Maldegem, mentioned under the *ambachten* of Houtse and Sijsele, was not yet included in the ordinary gruit duty (Brussels, Algemeen Rijksarchief, Rekenkamers, n° 23117).

[11] L. Gilliodts-van Severen (ed.), *Coutumes*, II, 232-3.

[12] M. Mollat (ed.), *Comptes Généraux de l'Etat Bourguignon entre 1416 et 1420*, IIIième Partie, I, Paris 1969, 75.

[13] K. van Wonterghem, 'Abbaye de Saint-Trond', *Monasticon belge*, III, Liège 1974, 1027-65; M. Ryckaert, *Historische Stedenatlas van België: Brugge*, Brussels 1991, 183 and 202-4.

[14] One Flemish tun = 60 *stoop* (C. Verlinden - J. Bolsee, ed. *Receuil des Ordonnances des Pays-Bas*, Deuxième Série: 1506-1700, VII, Brussels 1957, 357); one *stoop* = 2.187 litres (P. Vandewalle, *Oude maten, gewichten en muntstelsels in Vlaanderen, Brabant en Limburg*, Ghent 1984, 50).

Their refusal to pay led to a trial before the Council of Flanders, which ended in a verdict against them on 27 April 1573;[15] but the receiver of the gruit duties was never able to record payments from the two religious houses, since they both abandoned their rural establishments in 1578 to settle in Bruges because of the prevailing disorder.

The gruit duty accounts

Even if a number of groups and districts in the Franc escaped payment of the gruit duty to the Count of Flanders, this is hardly enough to make the gruit duty accounts an unrepresentative sample, for the list of taxable communities underwent no changes between 1542 and 1590; if it had, the accounts would have mentioned it. Of course, as with any fiscal levy, one must allow for fraud. Yet the possibility should not be exaggerated. Those involved had had ample time since the middle ages to elaborate an ever more refined and efficient system of collection and control. The import of foreign beer in Flanders, and the export and onward shipment of beer from the towns to the countryside, were of course fairly easy to check, for the numerous bodies which had an interest in doing so. Besides the Count and the lord of Gruuthuse, those with an interest in the efficient supervision of brewing and beer consumption included the town magistrates and the farmers of the town beer taxes, for the town taxes, and in later years the collectors of the general taxes on drink. It was even normal for the Count's receiver to enter each year in his accounts a payment to reward the clerks of the beer excises at Bruges and Sluis for their cooperation. The accounts regularly include fines levied on brewers or consumers who had been found out in attempted fraud.

The practice of `compounding' for the gruit duty is also a disadvantage for the researcher. The compromise that taxpayers reached with the receiver, by which they were freed from further payment of gruit duties for a certain period in return for paying a fixed sum, was normally to the advantage of the brewer or consumer concerned (and thus an underestimate of consumption). The collectors of gruit duty neverthless readily agreed to such compromises because the system saved them effort, time and costs, certainly where it involved collecting sometimes small sums in remote hamlets. But since the quarterly receipts, even in the less important districts, almost always fluctuate and are very rarely expressed as round figures, the practice of compounding cannot have been too common. It cannot be ruled out that in periods of insecurity and in insignificant isolated hamlets the tendency to allow compounding increased and the chance of fraud rose. Nevertheless, in small villages a brewery had little chance of survival and beer was normally brought from the towns, which made supervision easier.

---

[15]   L. Gilliodts-van Severen (ed.), *op. cit.*, I, Brussels 1883, 404.

The fines which those who defrauded the gruit duties had to pay give us some insight into the structure of beer supply in the Franc. Remarkably enough, there seem to have been active breweries in a large number of villages and parishes, including Koekelaere, Loppem (present municipality of Zedelgem), Lissewege, St Andries (Bruges), Heist (Knokke-Heist), Oostkerke (Damme), Jabbekerk and Zevekote (Gistel). A few of them even supplied beer outside their own village. A brewery at Vlissegem, for example, in the present municipality of De Haan, sent beer to Klemskerke (also De Haan), one at Varsenare (Jabbeke) to St Andries (Bruges) and Houtave (Zuienkerke), while one at Oostkerke (Damme) sent beer to Dudzele (Bruges). The export of beer from the coastal towns was very limited: from Ostend to Zandvoorde (in Ostend district), from Blankenberge to Uitkerke (Blankenberge), Bredene and other villages in the nearby Woutermansambacht. Exports from Bruges were more impressive, reaching Lissewege and Zuienkerke in the north, and Loppem in the south (Zedelgem); to the west they extended as far as Straten (Varsenare), Varsenare, Snaaskerke (Gistel), Zevekote (Gistel) and Aartrijke (Zedelgem). Perhaps it is the fault of our defective sources of information, but the lack of any export of beer from Bruges to the east is striking. Perhaps this has to do with the existence there of several lordships which were exempt from the Count's gruit duty: Kaprijke, Male, Vijve (St Kruis), Sijsele and Maldegem - Adegem -St Laureins, Middelburg and Ursel. Beer exports from Oudenburg and Diksmuide were insignificant, at least in the Franc.

Another weakness attached to the gruit duty accounts for the researcher is the exemption of Bremen beer and English ale. Now it is well known that the Flemish coastal towns experienced difficulties in brewing because the ground water so near the sea was often too brackish. They made up for this by importing beer from Germany, England and Holland, and by their relatively high consumption of wine. The success of `kuit' beer from Holland, however, in the fifteenth century, drove the other beers out of the market. In 1492-3 foreign beer, probably from Holland above all, represented only 1,808 tuns out of a total Bruges consumption of 44,009 tuns.[16]

A draft ordinance of Maximilian of Austria of 6 May 1495 mentioned a fall in foreign beer consumption in Flanders to a quarter of its former level, because of the success of the new domestic `double' and other strong beers, and the increased town excise duties on foreign beers.[17] In the middle of the sixteenth century beer imports declined even further. Of the 34,572½ tuns of beer which Bruges consumed in the second half of 1550 Baltic beer accounted for only 31½ and English beer for 2½.[18] Everywhere in Flanders the same phenomenon was apparent and the market share of German and English beers had become very small (Table II).

[16] R. van Uytven, `Haarlemmer hop', 335-42; idem, `De drankcultuur in de Zuidelijke Nederlanden tot de XVIIIde eeuw', Drinken in het verleden, Louvain 1973, 32.
[17] Brussels, Algemeen Rijksarchief, Rekenkamers, Cartons n° 150/4.
[18] Ibidem, n° 224.

TABLE II: IMPORTS OF FOREIGN BEER VIA NIEUWPOORT (IN TUNS)

Year	Holland beer	Other foreign beer
1.2.1485 - 24.12.1485	10,732(*)	57.50
16.8.1536 - 30.9.1538	28,275(*)	1,638.33(*)
1.10.1542 - 30.9.1543	23,692	2,808
8.3.1544 - 7.3.1545	22,778	1,293
8.3.1545 - 7.3.1546	21,816	801

(* annualised average)
Source: Brussels, Algemeen Rijksarchief, *Rekenkamers*, n°s 23190, 23193-23195

At Ghent the import of foreign beer declined from ca. 20,000 tuns in the 1520s to ca. 15,000 tuns in the 1530s, ca. 5,000 tuns in the 1560s, and to an insignificant amount thereafter. Foreign beer came almost exclusively from Gouda.[19] The absence of Bremen and English beer in the gruit duty accounts therefore cannot lead to a significant underestimate of beer consumption in the Franc in the decades considered here. The underestimate may well become even smaller in the course of the century because there was a gradual switch to Holland and above all to domestic beers, which were subject to the duty.

Beer turnover and seasonal fluctuations

Before we go into the evolution of beer consumption in the sixteenth century, it may not be without interest to look briefly at seasonal fluctuations in beer turnover. In the city of Bruges, turnover in the months from April to June was clearly above the average, while the months July to September just exceeded it. The last quarter, October to December, is the period of the lowest turnover over the whole period. In other fiscal districts the spread is not so clearly marked, perhaps because the smaller quantities concerned here mean that a chance delivery of beer slightly later or earlier may distort the picture. Yet it is fairly clear that the months April to September were logically the months of highest turnover in beer, and the cooler months fell below the average as a rule (Table III).

The phenomenon, at first sight apparently normal, of a higher beer turnover in the warmer months, nevertheless fails to tally with fluctuations noted elsewhere, which tend rather to confirm the old brewers' saying `en été brasse qui peut, en hiver brasse qui veut'. Hot summers did in fact lead easily to beer going sour and made malting difficult, while grain was rather scarce in the

---

[19] P. de Commer, `De brouwindustrie te Gent (1505-1622)' *Handelingen der Maatschappij voor Geschiedenis en Oudheidkunde te Gent*, n.r. 37 (1983), 129-35 and 148-51; R. van Uytven, `Haarlemmer hop', 342.

months just before harvest.[20] Fiscal data for Ostend from the same decade, the 1540s, suggest that December and January were the brewing months par excellence there. Another peak was sometimes reached in the summer, presumably to meet urgent demand. The discrepancies between the seasonal fluctuations in Ostend, as shown in Tables III and IV, may well have to be attributed to the different ways in which the gruit duty and the town excise were collected. Probably the gruit duty was collected when beer was delivered to the customer and the beer excise at the start of the brewing process.

TABLE III: BEER TURNOVER PER SEASON (IN PERCENTAGES)
Quarter with highest turnover **in bold**

	1542	1543	1544	1562	1563	1564
Bruges						
J-M	24.6	23.4	23.6	23.1	23.1	23.9
A-J	**27.6**	**30.1**	**28.5**	**30.0**	**28.3**	**28.5**
J-S	25.2	25.1	26.3	25.5	26.2	26.1
O-D	22.6	21.4	21.6	21.4	22.4	21.4
Ostend						
J-M	24.5	23.4	**32.6**	24.7	25.3	22.3
A-J	**27.4**	26.1.	23.0	25.1	23.8	25.6
J-S	21.2	24.1	16.0	**27.1**	**26.4**	**27.4**
O-D	26.9	**26.4**	28.4	23.1	24.5	24.7
Blankenberge						
J-M	21.4	21.9	24.2	**28.1**	22.3	22.8
A-J	26.1	**29.9**	27.3	25.4.	22.5	24.8
J-S	28.0	26.4	27.2	26.3	**28.8**	**28.2**
O-D	24.5	21.8	21.3	20.2	26.4	24.2
Appendants						
J-M	23.6	22.8	25.6.	24.1	23.5	21.9
A-J	**26.3**	**29.4**	27.6	25.8	26.5	27.8
J-S	26.2	26.1	26.6	**28.2**	**28.0**	**28.0**
O-D	23.9	21.7	20.2	21.9	22.0	22.3
Vincx ambacht*						
J-M	21.7	19.0	20.3	22.4	24.3	20.3
A-J	25.3	28.2	29.8	27.1	**29.9**	25.4
J-S	**33.0**	**34.5**	**32.1**	**28.4**	22.7	**37.1**
O-D	20.0	18.3	17.8	22.1	23.1	17.2

* `Grote watering' or countryside near Blankenberge

---

[20] R. van Uytven, `De Leuvense bierindustrie in de XVIIIde eeuw', *Bijdragen voor de geschiedenis der Nederlanden*, 16 (1961), 220-22; see also A. Lens, `De geschiedenis van het Brouwersambacht te Lier', *'t Land van Rijen*, 3 (1953), 184; J. Vander Velpen, *Geschiedenis van Hoegaarden*, Leuven 1959, 114; R. van Uytven, `Leeuw aan Bacchus' voeten: drinken te Zoutleeuw van de Middeleeuwen tot de 18de eeuw', *Door de eeuwen heen geschonken: De geschiedenis van de drank te Zoutleeuw*, Zoutleeuw 1991, 24-6.

TABLE IV: BEER EXCISE AT OSTEND (ROUNDED IN £. PAR.)

Months	1541	1542	1543	1544	1545
J	**803**	622	**670**	**540**	**605**
F	638	563	415	515	454
M	523	616	497	467	*390*
A	505	357	509	464	*394*
M	412	463	395	*369*	581
J	627	**672**	**588**	502	532
J	*353*	427	*346*	*375*	514
A	428	466	471	400	**645**
S	492	370	398	425	549
O	*327*	382	*383*	405	414
N	479	597	539	515	474
D	**654**	643	503	**653**	441

Source: Brussels, Algemeen Rijksarchief, *Rekenkamers*, n°s 37363-37368.
The two months with the highest yield of beer excise each year are in bold; the two with the lowest yields are in italics.

Beer consumption and economic situation

The general impression of stability in beer consumption from 1542 to 1580 in the Franc of Bruges (Graph 1) may, as suggested above, be too flattering. After 1580 and above all after 1583 there was in any case a steep collapse, which had still not recovered by 1590. The fall in consumption in the last decades of the century obviously reflects the general military, political, demographic and economic crisis which ravaged the Netherlands and the Franc of Bruges in particular.[21] In fact beer consumption in the years 1542-60 showed a declining trend, which was almost made good in the years 1560-80. The year 1543 was the absolute peak in beer turnover in the Franc of Bruges over the whole period, and one may reasonably assume that it far surpassed the level of the

---

[21] C. Verlinden, `Hoe lang duurde de economische crisis in Vlaanderen onder Philips II?', *Bijdragen voor de Geschiedenis der Nederlanden*, 4 (1949), 16-26; K. Maddens, `Het uitzicht van het Brugse Vrije op het einde van de XVIe eeuw', *Handelingen Société d'Emulation Brugge*, 97 (1960), 31-73; idem, `De krisis op het einde van de XVIe eeuw in de Kasselrij Ieper', *Belgisch Tijdschrift voor Filologie en Geschiedenis*, 39 (1961), 365-90; idem, `De krisis op het einde van de XVIde eeuw in de Kasselrij Kortrijk', *Verslagen en Mededelingen van de Leiegouw*, 1 (1959), 75-93.

BEER CONSUMPTION

Graph 1

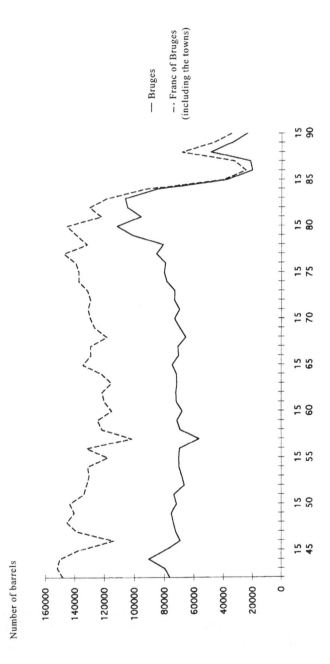

late fifteenth century, which had been so troubled by war, mortality, and economic disorder.[22] The two short but noticeable dips in the consumption curve, respectively in 1546 and 1557, were the direct consequences of exceptional dearths of grain. The failed harvest of 1545 sent grain prices soaring (from 97 to 100 groats per *hoet* of wheat at Bruges in 1540-3 to 179 groats in 1545-6). The year of dearth 1557 was even more exceptional. At Bruges the price of wheat rose to the fabulous level of 336 groats per *hoet* around Ascensiontide. It was an almost general rule that dearths of grain disturbed the brewing industry appreciably.[23]

The trend for the yield of gruit duty in the sixteenth century falls into four distinct economic phases: 1. a period of growth, to about 1540 (which in fact we can only infer); 2. a period of decline from 1543 to 1560; 3. a period of recovery from 1560 to 1580; 4. a deep crisis after 1580. Such a trend shows a remarkable analogy, albeit with some time-lag, to the development of rents for farmland in Flanders, as described by E. van Cauwenberghe:[24] 1. a period of rising leases until the 1530s; 2. a period of falling leases from ca. 1530 to ca. 1550; 3. a recovery from the 1550s to shortly before 1580; 4. the crisis period after 1580.

Geographical distribution of beer consumption

The link suggested above between beer consumption in the Franc and the health of the agrarian economy is nevertheless not self-evident. De facto the share of the countryside in beer consumption in the Franc in the middle of the century was one third of the total, and this share fell in the seventies and eighties (Table V).

---

[22] R. van Uytven, `Politiek en economie: de crisis der late XVe eeuw in de Nederlanden', *Belgisch Tijdschrift voor Filologie en Geschiedenis*, 53 (1975), 1097-149; idem, `What is new socially and economically in the sixteenth century Netherlands', *Acta Historiae Neerlandicae*, 7 (1974), 18-53.
[23] A. Verhulst, 'Prijzen van granen, boter en kaas te Brugge', C. Verlinden et al. (ed.), *Dokumenten voor de geschiedenis van Prijzen en Lonen in Vlaanderen en Brabant*, II, A, Bruges 1965, 37; R. van Uytven, `De Leuvense bierindustrie in de XVIIIde eeuw', *Bijdragen voor de Geschiedenis der Nederlanden*, 16 (1961) 205-7. In 1556/7, for example, all the breweries at Oudenburg were idle (D. van de Casteele, *Histoire d'Oudenbourg*, I, Bruges 1873, 286).
[24] E. van Cauwenberghe, `De economische ontwikkeling in de Nederlanden vanaf de tweede helft van de vijftiende eeuw tot omstreeks 1576', *Opstand en Pacificatie in de Lage Landen*, Ghent 1976, 174 and 179.

TABLE V: PERCENTAGE SHARES OF BRUGES, THE SMALL TOWNS AND THE COUNTRYSIDE OF TOTAL BEER CONSUMPTION IN THE FRANC

	Bruges	Small towns*	Countryside**
1542/43	52.0	6.3	38.5
1545/46	59.3	6.9	31.5
1550/51	52.4	7.6	34.4
1555/56	56.1	6.6	34.7
1560/61	59.4	5.5	31.4
1565/66	54.9	8.0	32.3
1570/71	54.8	8.5	30.3
1575/76	57.5	5.7	27.0
1580/81	77.3	6.1	15.9

N.B. Damme and the outskirts around Bruges are not always clearly specified. Their absence accounts for the fact that the totals do not add up to 100 per cent.
* Ostend, Blankenberge, Oudenburg, Aardenburg, Sluis.
** including such very small towns as Oostburg, Gistel, Mude, Hoeke, Monnikenrede.

Moreover, consumption in the countryside also fell in absolute terms from the beginning of the 1540s (Table VI). Even before the iconoclastic riots broke out in 1566, the consumption level had fallen by a quarter. Perhaps the new consumption tax on beer and wine introduced in the Franc in 1558 for ten years, played a not unimportant part in this: 5 groats on a Flemish tun (of 60 *stoop*) of domestic beer of 20 to 30 stuivers; 10 groats per tun of beer of 30 to 40 stuivers; 20 groats per tun of domestic and foreign beer of more than 40 stuivers.[25] Be this as it may, the waning beer consumption in the countryside was in marked contrast to the relative stability of consumption as a whole, and certainly to the increase in overall consumption, however limited it was, between 1560 and 1580.

---

[25] C. Terlinden - J. Bolsee (ed.) *Receuil des Ordonannces des Pays-Bas. Deuxième Série: 1506-1700*, Brussels 1957, 356-60.

TABLE VI: EVOLUTION OF BEER CONSUMPTION IN THE FRANC OF BRUGES
(three yearly averages) (1542/44 = 100)

	Bruges	Small towns	Countryside
1542/44	100	100	100
1544/46	97	95	78
1549/51	90	122	86
1554/56	85	86	84
1559/61	86	75	70
1564/66	88	104	75
1569/71	86	121	74
1574/76	96	86	68
1579/80	125	91	42
1584/86	58	(32)	2
1588/90	[90]	[(176)]	[8]

( ) figure omitting Ostend, which was occupied by the rebels
[ ] extrapolated for the months Oct.- Dec. 1590

The small towns for which details are available do not count for much in the Franc as a whole. In the period under review they do not even make up 10 per cent of total consumption (Table V). In general they seem to have maintained their level of consumption better than the countryside; in the 1560s they even showed a remarkable recovery, and beer consumption in 1570 reached a peak that was almost 20 per cent above the early 1540s. The short-lived improvement in purchasing power of wages in the 1560s[26] may perhaps offer a partial explanation for this. The contrast with the countryside is particularly marked in the 1580s. True, Aardenburg had already been completely devastated in 1581, but the rest of the Franc did not suffer desolation and war damage until the last quarter of 1582, and above all in the years 1583-6. Small towns such as Oudenburg were already reviving in the last months of 1584, Aardenburg in the last quarter of 1585, Blankenberge in the second quarter and Sluis in the third quarter of 1587; in many country districts, on the other hand, the situation had still not improved in 1590 (Graph 2). In particular the rebel occupation of Ostend represented a real scourge for the neighbourhood. The Sea Beggars' garrison at Sluis, which Farnese did not recapture until 5 August 1587, brought some ugly neighbours to the area. The high urban consumption figure in 1588-90 is chiefly to be accounted for by Oudenburg, which in those

---

[26]   E. Scholliers, `Le pouvoir d'achat', 318, 320-2.

Graph 2: State of desolation in the Franc of Bruges

	1581 1234	1582 1234	1583 1234	1584 1234	1585 1234	1586 1234	1587 1234	1588 1234	1589 1234	1590 123
Aardenburg	XXXX	XXXX	XXXX	XXXX	XXX					
Amb. Woumen		X	XXXX	XXXX	XXXX	XXXX	XXXX	XXXX	XXXX	XXX
Amb. Vladslo		X	XXXX	XXXX	XXXX	XXXX		XX X	XXXX	XXX
Sluis							XX			
Amb. Oostburg			XXXX	XXXX	XXXX	XXXX	XXXX	XXXX	XXXX	XXX
Amb. IJzendijke			XXXX	XXXX	XXXX	XXXX	XXXX	XXXX	XXXX	
Amb. Cadzand			XXXX	XXX	XXXX	XXXX	XXX	X		
Oudenburg			XXXX	XXX						
Amb. Her Woutermans			XXXX	XXXX	X X	XXXX	XXXX	XXXX	XXXX	XXX
Amb. Kamerling			XXXX	XXX		X	XXXX	XX		
Blankenberge			XXX	X X	XXXX	XXXX	X			
Oostende			XX	XXXX	XXXX	XXXX	XXXX	XXXX	XXXX	XXX
Amb. Jabbeke			X	XXX	XX	XXXX	XXX	X	X X	XXX
Amb. Gistel			X	XXX	XX	X	XX			
Brugse ommeloop				X	X	x				x
Appendenten				X						
Amb. Aardenburg				XX	XXXX	X	XX			
Amb. Moerkerke				X	XX					
Amb. Uitkerke				XXXX	XXXX	XXXX	XXXX	X		
Amb. Koekelare				XX	X	XXXX	XXXX	XXXX	XXXX	XXX
Amb. Varsenare				XX	X				XX	
Amb. Vinckx				X	X XX	X X	XXX			
Amb. Lissewege				X	XXXX	XXXX	XXXX	XX X		
Amb. Oostkerke				X	XXXX	XXXX	X			
Amb. Loppem							X			

X   quarter with no payment of gruit according to accounts nos 23159–23168

XXXX the four quarters

years was expanded into a fortified garrison town to keep Ostend in check.[27]

The ranking of the small towns in the sixteenth century changed in various ways. Of the five smaller towns for which comparable data are available, Sluis, the port on the Zwin, was the most important at the beginning of the century, to judge from the *Transport*, but after 1520 it lost much of its importance as shipping on the Zwin declined. The writing was on the wall for Sluis when it had to yield first place to the seaport and fishing town of Ostend. But like Blankenberge, which held a modest third place in 1517, and grew substantially after 1540, Ostend in turn had to surrender the lead around 1560. The dangers of sea trade after 1580 hit both towns hard from 1581.[28] In this century Aardenburg shrank to a miniature town, while the modest Oudenburg grew spectacularly between 1542 and 1562, in absolute terms (Table VII).

TABLE VII: EVOLUTION OF SOME TOWNS OF THE FRANC

	*Transport** of 1517 in st.	%	Beer consumption (3 year average) 1542/44 in barrels	%	1560/63 in barrels	%
Sluis	8.00	37.8	2,495.00	29.2	1,455.50	21.7
Ostend	6.00	27.6	2,527.66	29.5	1,540.00	23.0
Blankenberge	3.50	16.1	1,779.66	20.8	1,265.00	18.9
Aardenburg	2.25	10.2	676.66	7.9	321.00	4.8
Oudenburg	2.00	9.2	1,072.50	12.6	2,128.50	31.6
		100.0		100.0		100.0

* Source: C. Laurent, *Recueil des Ordonnances des Pays-Bas, 2e Série*, I, Brussels 1893, 595.

By comparison with Bruges, the small towns were actually insignificant as centres of consumption. In itself Bruges represented about 55 per cent of all beer consumption in the Franc and this preponderance increased in the last quarter of the sixteenth century, though largely because, as at Antwerp and Ghent,[29] the inhabitants of the countryside and even of the small towns of large parts of Flanders sought refuge in the city from the prevailing unrest, especially from the later 1570s (Table V).

---

[27] For the eventful history of Sluis and Middelburg, cf. G. van Vooren, `Middelburg in Vlaanderen tijdens de woelige jaren' and D. van der Bauwhede, `De reconquista van Sluis 12 juni - 5 augustus 1587', *Opstand en Verval. Aspecten van het dagelijkse leven in het Brugse tijdens de laatste decennia van de 16de eeuw*, Bruges 1987, 55-66 and 85-139.

[28] R. Degryse, `Brugge en de pilotage van de Spaanse vloot in het Zwin in de XVIde eeuw', *Handelingen Genootschap voor Geschiedenis, Société d'Emulation te Brugge*, 117 (1980), 255; Brussels, Algemeen Rijksarchief, Charters van Vlaanderen, eerste reeks n° 2706 (29 April 1569); Cartons van de Rekenkamers, n° 259 (1576-1577); Bruges, Rijksarchief, Proosdij van St Donaas n° 103; R. van Uytven, `Visserij in de Zuidelijke Nederlanden', *Algemene Geschiedenis der Nederlanden*, Haarlem 1979, 138-44.

[29] P. de Commer, `De brouwindustrie', 123.

Consumption figures for Bruges react in a strikingly different way from those for the `omloop' around the city. According to the sixteenth-century gruit duty accounts this concerned consumption in 'taverns round the town'. We have not found the term used in old maps and the available monographs.[30] It was probably the district within one mile around the city for which the brewers of Bruges had procured a ban on breweries or taverns on 21 December 1500; the only exception made was for the churches of St Kruis, St Katharine and Koolkerke (all three within the present territory of the city of Bruges), which were allowed to serve beer to travellers and local people.[31] Consumption of beer in the immediate suburbs of Bruges should not be underestimated. In 1542/44 it was almost twice as much as, and sometimes more than, consumption in such towns as Ostend, Blankenberge and Sluis: 4,496 tuns per year compared with 2,527, 1,779 and 2,495 tuns respectively. In the 1560s beer turnover around Bruges had increased slightly, to an annual average of 4,519 tuns, comparable with the fall in the consumption in the towns: 1,540 tuns in Ostend, 1,455½ tuns in Sluis and 1,265 tuns in Blankenberge.

This high consumption can be explained by the specific economic structure of the suburbs, where interurban traffic and its supply businesses (smiths, horse and cattle dealers, guesthouses) were important. These businesses were very sensitive to economic trends and housed a large but highly transient marginal population: this may explain the marked fluctuations in the sometimes very high beer consumption (Table VIII).[32]

Beer consumption in a time of crisis

It is tempting to see in the rapid rise in beer consumption in the *omloop* in the 1560s and 1570s a reflection of the many 'hedge sermons' and the massive attendance at the Protestant gatherings held in St Andries, St Kruis and

---

[30] L. Gilliodts-van Severen, *Inventaire, passim*; M. Ryckaert, *Historische Stedenatlas van België: Brugge*, Brussels 1991; J.A. van Houtte, *De geschiedenis van Brugge*, Tielt, 1982 e.a.

[31] L. Gilliodts-van Severen, *Inventaire*, VI, 466. We do not think the omloop is to be identified with the socalled paallanden as they are shown on the maps of Pieter Pourbus and others, for Koolkerke falls outside them (M. Ryckaert, *Historische Stedenatlas*, 46, 76-7 and 84-5). A gruit duty account of 1492-3 (Brussels, Algemeen Rijksarchief, *Rekenkamers* n°s 23117-23118) summarises the consumption outlets in the *omloop* as De Zwarte Huis, Drie Koningen (southeast of Bruges near Erkegem on Ferraris' map, cf. M. Ryckaert, *Historische Stedenatlas*, 27), Zevekote (Gistel), Assebroek (Bruges), Daverlo (Assebroek, now Bruges), Steenbrugge (Assebroek, now Bruges), St Michiels, St Baafs (St Andries, now Bruges), St Anna (St Andries, now Bruges), St Pieters (op den Dijk, Bruges), Oedelem (Beernem), Beernem, St Joris ten Distel (Beernem), Meerbergen, Moerbrugge (Oostkamp), Waardamme (Oostkamp), Wingene, Lichtervelde, Beveren (Roeselaere), Koolskamp (Ardooie) and Ardooie. With an annual consumption of 5,814 tuns in the crisis years 1492-3, consumption in this district was so far above that for 1542-3 (ca. 4,700 tuns), that we fear that at the end of the fifteenth century several places were included in the omloop which were counted with the appendant lordships in 1542-3.

[32] On suburbs and their dynamism in England cf. D.J. Keene, 'Suburban growth', R. Holt - G. Rosser (ed.), *The English Medieval Town. A Reader in English Urban History 1200-1540*, London 1990, 97-119.

Vossesteert near Male in these years.[33] The brutal collapse of consumption in the last months of 1578, on the other hand, is the manifest result of the military measures which evacuated the suburbs and largely razed them to deny cover to possible attackers. The dispossessed, with many country people who had already sought the safety of the city walls before 1570, now helped to drive up figures for beer consumption in the city into the early 1580s.

TABLE VIII: THE EVOLUTION OF BEER CONSUMPTION IN THE OMLOOP OF BRUGES (three yearly averages)

	Bruges	Omloop	Total
1542/44	100	100	100
1544/46	97	80	84
1549/51	90	181	94
1554/56	85	104	86
1559/61	86	105	87
1564/66	88	132	90
1569/71	96	192	93
1574/76	96	299	107
1579/81	125	28	120
1584/86	58	1	55
1588/90	[43]	[4]	[41]

[ ] extrapolated for the months Oct.- Dec. 1590

The fall of the city to Farnese in May 1584 heralded an exodus, not only of the several thousand Protestants, but also of many Catholics. Life in the partly cut-off city was barely tenable due to the rebel garrisons at Sluis and Ostend.[34] The crisis had still not been overcome as late as 1598. Beer consumption, which had reached 90,356 tuns in Bruges in 1544, fell to ca. 28,062 tuns in 1596, 32,609.75 tuns in 1597 and ca. 36,641.75 tuns in 1598.[35]

In other words, beer consumption at Bruges in the last years of the sixteenth century had fallen below that of the last decade of the fifteenth century, when the city drank around 44,009 tuns, according to the gruit duty accounts for 1492-3. If one also includes the 507 tuns drunk in the bailiwicks of Sysele and the Houtse in that year, the gruit duty for the city and those bailiwicks together, at 1 st. parisis per tun, should have yielded £2,225 - 16 st. parisis. According to the statements of Archduke Maximilian in 1493, the gruit duty raised £4,200

---

[33] J.A. van Houtte, *Geschiedenis* 355-7; J. Decavele, *De dageraad van de Reformatie in Vlaanderen (1520-1565)*, Brussels 1975, I, 348-9.
[34] J.A. van Houtte, *Geschiedenis*, 358 and 361-2.
[35] Calculated on the basis of Brussels, Algemeen Rijksarchief, *Rekenkamers*, n° 23169. The figures for 1596 and 1598 rely on incomplete years.

parisis in the 1480s,[36] while the price paid for the farm of the duties in 1477 had been £3,200 parisis.[37] This means that in those years consumption must have exceeded 64,000 tuns, perhaps even 84,000 tuns, and consequently that even in the 1540s beer consumption in the city may not much have exceeded the level of the previous century.

Beer consumption and demographic evolution

We have repeatedly related trends in beer consumption to the evolution of population. The assumption adopted has been that beer is a daily and almost indispensable drink. Beer consumption per capita must in fact have been quite high. Ill luck has it, however, that precise population figures for the Franc are lacking for the years which concern us,[38] with due deference to an estimate for the years 1517/27.[39] This last estimate also puts forward population figures for the towns of the Franc of Bruges, including Bruges itself (35,000 inhabitants). On the basis of the registers of baptisms and marriages A. Wijffels calculated the population of Bruges around 1620 at a maximum of 27,728, a figure which appears to confirm the figure of 25,000 Catholics and 4,000 Protestants in 1584 which the nineteenth century town archivist Gilliodts-van Severen quoted from an otherwise unspecified document.[40]

If we in fact assume that Bruges in the middle of the sixteenth century numbered around 35,000 inhabitants, this results in a per capita consumption of 2 barrels of beer or 262½ litres per annum. A population of 29,000 inhabitants in the last years of the century would imply that consumption per capita declined appreciably (until ca. 1581), if we assume a consumption of ca. 35,000 tuns.

---

[36] Brussels, Algemeen Rijksarchief, *Rekenkamers*, n° 23117.

[37] L. Gilliodts-van Severen, *Inventaire*, IV, 144-5.

[38] For recent estimates for Flanders, P. Klep, 'Population Estimates of Belgium by Province (1375-1831)', *Historiens et Populations. Liber amicorum E. Hélin*, Louvain-la-Neuve 1991, 485-507, especially 505 (with bibliography); N. Maddens, 'Hoeveel inwoners telde het graafschap Vlaanderen op de vooravond van de Opstand tegen Spanje?', *Opstand en Pacificatie in de Lage Landen, Bijdrage tot de studie van de Pacificatie van Gent*, Ghent 1976, 166-72.

[39] J. Mertens, 'De bevolking van het Brugse Vrije rond 1520', *Studia Historica Gandensia*, 200, Ghent 1977, 145-66.

[40] A. Wyffels, 'De omvang en de evolutie van het Brugse bevolkingscijfer in de 17de en 18de eeuw', *Belgisch Tijdschrift voor Filologie en Geschiedenis*, 36 (1958), 1245-6 and 1273. For other estimates (in thousands)

1300	1400	1500	1550	1660	
40	125(sic!)	35		27	(a)
		30	35	27	(b)

a) P. Bairoch, *La population des villes européennes de 800 à 1850*, Geneva 1988, 11; b) J. de Vries, *European Urbanization 1500-1800*, London 1984, 272. For the fourteenth century (ca. 1338-40), the last in the series, W. Prevenier, 'Bevolkingscijfers en professionele strukturen der

A similar fall in per capita consumption of beer has also been established for Ghent: from a possible 202 litres per head around 1579 to ca. 156 litres around 1606.[41] An average consumption per head of ca. 262.5 litres in Bruges in the middle of the sixteenth century agrees remarkably well with per capita consumption figures elsewhere: Louvain 273 litres (1524), Antwerp 295 litres (1567), Diest 253 litres (1526).[42]

The later decline in consumption at Bruges is ample proof that it would be unjustified to use the index of beer consumption as a faithful indicator of population trends. It is self-evident that beer consumption is situated at the point where supply and demand intersect. A shortage in supply, for example through a stop in production for lack of raw materials (the short term crises of 1546 and 1557 as a result of harvest failures), or interruption of imports through war naturally imposed restrictions on consumers. Part of the beer drunk in Flanders did indeed come from overseas (England and the Baltic), and above all from Holland (Gouda *kuit* beer), and its import was undoubtedly hindered by the Sea Beggars, who were active from 1568 and who crippled shipping in the Schelde estuary and the Zwin after 1572. Yet we feel that the shortfalls in supply were brief, because import substitution and drawing on new sources of supply in other regions could make up for them. Ghent, for example, compensated for the fall off in the import of overseas and Holland beers by importing beer from Flanders and Antwerp (after 1561).[43] Exports from Antwerp to Flanders and elsewhere rose from 5,000 *ame* (1 *ame* = approximately 150 litres) before 1565 to around 85,000 *ame* around 1580/83.[44]

The pattern of consumption

It is our impression that it was the components of the demand side, above all, which had a pronounced impact on global beer consumption. The most important of these components were of course the prevailing pattern of consumption, the cost of beer and of possible substitutes for it, the number of potential consumers and their purchasing power.

Foreign travellers bore witness to the great thirst of the Flemings, who preferred to quench it with beer. The Italian canon Antonio de Beatis, who visited the Netherlands in 1517, praised both the fine white and red wines that

---

bevolking van Gent en Brugge in de 14de eeuw', *Album Charles Verlinden*, Ghent 1975, 284, estimated the population of Bruges at between 36,738 and 45,921.

[41] P. de Commer, 'De brouwindustrie', 143.

[42] R. van Uytven, 'De drankcultuur in de Zuidelijke Nederlanden tot de XVIIIde eeuw', *Drinken in het Verleden*, Louvain 1973; W. Brulez, 'De Handel', *Antwerpen in de XVIde eeuw*, Antwerp 1975, 138 n. 7.

[43] P. de Commer, 'De brouwindustrie', 133-5.

[44] H. Soly, 'De brouwerijonderneming van Gilbert van Schoonbeke (1552-1562)', *Belgisch Tijdschrift voor Filologie en Geschiedenis*, 46 (1968), 1185-7 and 1198: Antwerp, Stadsarchief, 1B, 2162, losse documenten, *Staet int cortte*, 1580/1581: 95991 *ame*; 1581/1582: 75471 *ame*; 1582/1583: 85544 *ame*; 1583/84: 90323 *ame*.

were served in Flemish inns and the tasty domestic beers, which were better in flavour and quality than those of Germany. Here and there cider was also sold, and many foreign beers could be bought in the towns. Beer drinking must have been so overwhelmingly preponderant in Flanders that the Italian canon felt it was to blame for the frequency of bad teeth among the otherwise attractive Flemish women.[45]

The Spanish courtier Vicente Alvarez, who travelled through the Netherlands in 1548, scarcely distinguished between Flanders and Brabant. The daily food of the people, he reported, was scanty everywhere: a salted soup with cheese and black bread, and a stew. With it the South Netherlanders drank enormous quantities of cheap beer, but no wine unless they had guests or at their frequent banquets. 'They drink a great deal, chiefly beer, their chief food is butter and cheese and salt meat ... some workpeople drink so much beer that they cannot even go to do their business ... a great custom of theirs, moreover, is that of drinking one another's health. A housewife will tell you quite calmly that her husband is drunk at the moment ... thus they feed themselves on a little meat and bad rye bread, and by drinking beer they can feed themselves adequately. By spending little on clothing and footwear they can make ends meet. In Germany, on the other hand, much wine is drunk.'[46] It should be pointed out in passing that this Spaniard was not very impressed by the standard of living in the Netherlands!

Apart from water, which if it was fit to drink at all - and that was by no means always - was tasteless and colourless, the sixteenth century Fleming in fact had only beer to quench his thirst. Cider and mead, a drink brewed with honey, had lost much of their popularity since the later middle ages in favour of the improved beer brewed with hops.[47] Wine, on the other hand, was hardly affordable as an everyday drink. In 1558 a pot of Rhine wine at Geraardsbergen cost 16 to 17 stuivers, while a master slater and a master thatcher earned 8 and 6 stuivers a day respectively. For such skilled craftsmen a pot of good beer at 2 stuivers was already a luxury, to say nothing of the best beer, which cost up to 8 stuivers a pot. Ordinary beer at 1 stuiver 1 denier a pot was the only normal drink for wage earners.[48] In the sixteenth century wine also became dearer by comparison with beer and with wages (Table IX).

[45] A. de Beatis, *Die Reise des Kardinals Luigi d'Aragona durch Deutschland, die Niederlanden, Frankreich und Oberitalien (1517-1518)*, ed. L. Pastor, Freiburg 1906, cited by V. Fris, *Vlaanderen omstreeks 1530*, Ghent 1910, 26-7 and 30-1.

[46] V. Alvarez, *Relation du Beau Voyage que fit aux Pays-Bas en 1548 le prince Philippe d'Espagne ...*, ed. and tr. M.T. Douillee, Brussels 1964, 124-6 and 129.

[47] R. van Uytven, 'De drankcultuur in de Zuidelijke Nederlanden', *Drinken in het Verleden*, Louvain 1973, 17-18.

[48] J. Craeybeckx, *Un grand commerce d'importation: les vins de France aux anciens Pays-Bas (XIIIe-XVIe siècle)* Paris 1958, 42.

TABLE IX: PRICES OF WINE AND GRAIN, AND WAGES (In Flemish groats)

	Rhine wine per *stoop* (=2.61 lt) at Aalst to 1568 per *stoop* (2.30 lt) at Ghent from 1565		Bricklayer's mate wage per day at Bruges		Wheat price (*hoet* = 166 lt) at Bruges	
1504/07	8.10	(100)	6.00	(100)	66.00	(100)
1513/16	8.00	(99)	6.00	(100)	72.50	(110)
1523/26	9.25	(114)	6.00	(100)	70.66	(107)
1533/36	8.50	(105)	6.00	(100)	95.50	(145)
1543/46	16.00	(198)	6.00	(100)	146.00	(221)
1551/53	12.00	(148)	6.00	(100)	137.50	(208)
1567/68	14.00	(173)	10.00	(167)	173.50	(263)
1565/70	13.33	[173]				
1573/76	22.50	[292]	10.33	(172)	272.00	(412)
1583/86	54.66	[709]	18.00	(300)	630.00	(954)
1593/96	46.00	[597]	21.66	(361)	433.66	(657)

Source: C. Verlinden, et al., *Documents pour l'histoire des prix et des salaires en Flandre et en Brabant*, III, Bruges 1972, 193; IV, Bruges 1973, 399-400; IIA, Bruges 1965, 36-8; E. Scholliers, 'Le pouvoir d'achat dans les Pays-Bas au XVIe siècle', *Album C. Verlinden*, Ghent 1975, 312-14.

Beer prices

At Ghent at least the retail price of beer slightly more than doubled between 1522 and 1588. There, as at Bruges and elsewhere, the civic authorities wished to allow the price of beer, like that of bread, to rise as little as possible. The result was that the content of beer was continually adjusted to compensate for the rises in price. New, stronger or to put it more exactly 'revalued' types of beer were constantly brought on to the market.[49]

Those who stuck to the cheapest beer probably saw their purchasing power expressed in beer rise, but in fact many very likely switched to new and better beers, the price of which followed grain prices more closely. Many individuals may well have behaved like the almoners of the abbey of St Peter at Ghent, who in the first years of the century bought an unspecified beer at 18 Flemish groats a barrel for their bedesmen, but in the late 1540s were paying 32 groats a

---

[49]   P. de Commer, 'De brouwindustrie te Gent, 1505-1622', *Handelingen Maatschappij voor Geschiedenis en Oudheidkunde te Gent*, n.r. 35 (1981), 90-1; cf. R. van Uytven, 'De drankcultuur', 43-4; E. Aerts, 'La teneur en alcool de la bière dans les Pays-Bas 1400-1800', Th. Riis (ed.) *A special Brew ... Essays in Honour of K. Glamann*, Odense 1993, 109-40.

barrel for the beer they served.[50] If one bears in mind that the daily wage remained unchanged over the whole of that period, it is clear that for many their purchasing power expressed in beer fell as noticeably as it did for grain (Table IX).

To switch from beer to wine was certainly no solution. In 1597-8 a *stoop* (2.187 litres) of Rhine wine cost 30 Flemish groats, a *stoop* of `double' beer 10 Flemish groats. A bricklayer's mate earned 20 to 22 Flemish groats for a day's work, and had to feed and support his family from this, while his whole wage was just enough to buy about 7 kg of rye bread.[51] Instead of weaning themselves off beer many sixteenth-century consumers were on the contrary forced by price inflation to do without the glass of wine they might occasionally have indulged in.

The decline in beer consumption

Yet the stagnation, not to say fall, in overall beer consumption in the Franc of Bruges from 1542 is undeniable. The slight recovery that can be detected between 1568 and 1580 is more apparent than real, since it was certainly due in part to the mass flight from the villages and smaller towns to the relative safety of the great cities of Ghent and in our case Bruges.

The reduced consumption of beer can thus in fact only be the result of a fall in the number of potential consumers, in other words of the population, and/or of a reduction in the total number of outlets for consumption. The demographic evolution in the Franc of Bruges, as we said above, is in fact not known at this time, although most specialists assume a marked rise in population. Recently P. Klep estimated the population of the present day provinces of West and East Flanders at 464,000 in 1500, rising to 585,000 in 1525 (285,000 in West Flanders alone), to 642,000 in 1550, to 700,000 in 1565 (340,000 in West Flanders) with a subsequent collapse to 446,000 in 1600 and a recovery which had reached 650,000 (290,000 in West Flanders) by 1650.[52] In the light of the evolution of beer consumption in the extensive territory of the Franc of Bruges, one may wonder if such an estimate of demographic growth in Flanders between 1525 and 1565 is not rather exaggerated.

---

[50]   C. Verlinden et al. (ed.), *Dokumenten*, IV, Bruges 1973, 396.

[51]   C. Verlinden et al. (ed.), *Dokumenten*, IV, 395 and 397; E. Scholliers, `Le pouvoir d'achat dans les Pays-Bas au XVIe siècle', *Album Ch. Verlinden*, Ghent 1975, 314; E. Scholliers, `De materiële verschijningsvormen van de armoede voor de industriële revolutie. Omvang, evolutie en oorzaken.' *Tijdschrift voor Geschiedenis*, 88 (1975), 451-67.

[52]   P. Klep, `Population Estimates', 505. On the basis of extrapolations from totals of communicants and men of military age, and from fiscal data, J. Mertens, `Weerbare mannen en bevolking: het Brugse Vrije ca. 1640', *Getuigen in Polderklei, Huldeboek G. Dalle*, Veurne 1990, 69-76, estimated the demographic growth in the Franc at 14.7 per cent between 1520 and 1639.

Obviously, one must also invoke the fall in purchasing power of consumers as an explanation for the decline in consumption. One may think of the spectacular collapse in the purchasing power of wages.[53] Wage earners, however, were only one segment of the population and their income is not only a function of the purchasing power of their wage, but also of their employment. On that subject, as indeed on the general state of the economy and the global income of the population as a whole, all data are lacking.

This much is clear: global beer consumption in the sixteenth century, indisputably as the result of these last factors, did not increase in the Franc of Bruges. In our opinion this makes it difficult to speak of an increase in prosperity in a large part of Flanders (including the fishing ports of Ostend and Blankenberge) during the 'prosperous sixteenth century'. Defenders of the stimulating effect of the commercial metropolis of Antwerp on the Netherlands economy may well claim that in the Franc, in particular as a result of its situation near the declining port of Bruges, detrimental effects from the growth pole at Antwerp were only to be expected.

Yet one cannot overlook the fact that the picture in other regions does not appear any rosier. At Ghent beer production fell from more than 120,000 tuns a year in 1510-11 to 93,284 tuns in 1541-2 and ca. 81,000 tuns in the years after 1561, while imports of beer in the same period fell from a maximum of 21,000 tuns in the first decades of the century to an insignificant quantity after the middle of the century. Over the whole period, beer consumption at Ghent was thus inevitably in decline. The years 1505-20, which formed an exception to this trend,[54] were also years of recovery after the decline in the last decades of the fifteenth century.

In the castlery of Oudenaarde the 'golden' sixteenth century was already over by its middle decades. The population there had risen by about a fifth since the crisis at the end of the previous century, but afterwards it stagnated and even declined. The real yields of the harvest tithes also fell between the second decade of the sixteenth century and the years around 1570. Compared with the peaks in the previous century, the decline was especially striking. As the tithe is considered to be a fixed proportion of the harvest yield, there can hardly be any question of serious growth in agricultural output in the district around Oudenaarde in the sixteenth century. This seems to be so much at odds with the generally current view that E. Thoen, who produced these data, felt compelled to look for an explanation in a distortion and underestimate of the tithe yields (and thus of agrarian output), as a result of the farming of the collection of tithes to individuals.[55]

---

[53] Cf. note 51.

[54] P. de Commer, 'De brouwindustrie' 113-18, 123-4, 129-31 and 134.

[55] E. Thoen, *Landbouwekonomie en bevolking in Vlaanderen gedurende de late Middeleeuwen en het begin van de Moderne Tijden. Testregio: de kasselrijen van Oudenaarde en Aalst*, Ghent 1988, 36-9, 161-4 and 1033; E. Thoen, 'Landbouwproductie en bevolking in enkele gemeenten ten zuiden van Gent gedurende het Ancien Regime (14e - 18e eeuw)', *Studia Historica*

Nevertheless E. van Cauwenberghe and H. van der Wee recently referred to what they called 'the stagnation of the Flemish real ground rents per hectare and the fall in total rent incomes in the princely domains at Sluis and Dendermonde during the sixteenth century'. They chose, in their interpretation, to speak of a 'slackening of economic growth'[56] rather than frankly calling it economic stagnation or decline.

Conclusion

Are we not forced after all to conclude that the brilliance of Antwerp had its darker sides in many more regions than just the Hageland of Brabant?[57]

The gruit duty accounts analysed here have also shown us how heavily urban demand weighed in the balance of the economy of the old regime, even for such an everyday product as beer. They also reflect the relative economic stability of larger and medium sized towns such as Bruges, Ostend and Blankenberge, compared to the vulnerability of the small towns and the remarkable sensitivity of the countryside to changes in the economic conjuncture. The example of Bruges in connection with the relative ability of the cities to maintain themselves is all the more convincing because Bruges is often branded as the proverbial loser in the sixteenth century. As an international market and distribution centre in the Netherlands and as a centrally situated administrative capital, Bruges nevertheless remained much more important than traditional historiography has depicted it.[58]

The relatively good economic stability of the towns and their greater safety in times of political and military unrest gave a strong impulse towards urbanisation (expressed in percentages of the total population) - even though economic and political circumstances were unfavourable - because the countryside sometimes suffered even more than the towns. On the basis of the shifts in beer consumption in the Franc of Bruges, one must conclude that urbanisation increased between 1543 and 1590,[59] even though this occurred in a rather undynamic region and during a period of stagnation.

Gandensia, 223, Ghent 1979, 143-5. For a later and different interpretation of these data cf. E. Thoen, *Landbouwekonomie*, 823-4.

[56] E. van Cauwenberghe - H. van der Wee, 'Productivity, Evolution of Rents and Farm Size in the Southern Netherlands Agriculture from the Fourteenth to the Seventeenth Century', H. van der Wee - E. van Cauwenberghe, ed., *Productivity of Land and Agricultural Innovation in the Low Countries (1250-1800)*, Louvain 1978, 125-61, especially 141-6.

[57] R. van Uytven, 'In de schaduwen van de Antwerpse groei: het Hageland in de zestiende eeuw', *Bijdragen tot de Geschiedenis*, 57 (1974), 171-88.

[58] W. Brulez, 'Brugge en Antwerpen in de 15e en 16e eeuw: een tegenstelling?', *Tijdschrift voor Geschiedenis*, 83 (1970), 19-21.

[59] P. Klep, 'Population Estimates', 498, stated the coefficient of urbanisation (for agglomerations of 5000 and more inhabitants) in Flanders at 23.9 in 1525 and 25 in 1565. But one must have some doubt about his coefficients, calculated on the basis of towns of more than 10,000, which are said to have fallen from 16 per cent in 1500 to 15 per cent in 1550 and 13 per cent in 1600 (ibid., 499).

The consumption of domestic and foreign wines in Brabant in the sixteenth century

A good land is Brabant, that is true,
with meadows, vineyards and forests.

Thus the chronicler Jan van Merchtene praised his native land in 1414. The best Brabant vineyards lay chiefly in the region between Brussels, Aarschot, Diest, Tienen and Hoegaaarden. The more favourable microclimate on the flanks of the Hageland hills, where soils of Distian sandstone were less suited for agriculture, but generated higher temperatures in summer, provided the wines of Hoegaarden, Louvain, Wezemaal, Testelt, Aarschot and Tienen with a certain fame. They even supported an export trade, at least to the rest of Brabant and Flanders.[1] The accounts of the toll on the Rupel still mentioned ships of domestic wine and Hoegaarden wine sailing downstream from Louvain and Mechelen to Antwerp and Bergen op Zoom as late as the middle of the sixteenth century.[2] The export of Louvain wine from the town can be estimated at ca. 10,000 hl in the year 1473-4.[3] No export figures are known for Hoegaarden wine, which stood in higher repute, but nevertheless it says a great deal that in 1551 a toll collector of the Duke of Aarschot levied an unlawful tax on 147 casks of Hoegaarden wine.[4]

All the same, local wine production was irrevocably doomed to decline. The refinement of taste in the fifteenth and sixteenth centuries, which paralleled the flourishing of the Renaissance in art and culture and increasing luxury, brought with it a more pronounced preference for the foreign wines of France and

---

[1] P. Lindemans, *Geschiedenis van de Landbouw in België*, II, Antwerp 1952, 123-40; J. Halkin, *Etude historique sur la Culture de la vigne en Belgique* (Société d'art et d'histoire du diocèse de Liège, IX, 1895); F. Prims, *Geschiedenis van Antwerpen*, VI, 2, Antwerp 1937, 152 n. 1 and 178; W.S. Unger, *De Tol van Iersekeroord. Documenten en Rekeningen* (RGP XXIX), The Hague, 1939, 99 and 119; H. van der Wee, *The Growth of the Antwerp Market and the European Economy (fourteenth-sixteenth centuries)* (Université de Louvain, Recueil de travaux d'histoire et de philologie, 4e sér., XXIX), Louvain 1963, 64 n. 16.
[2] Algemeen Rijksarchief, Brussels, Rekenkamer, n°s 22740-50, (annis 1541-51).
[3] R. van Uytven, *Stadsfinanciën en stadsekonomie te Leuven van de XIIe tot het einde der XVI⁰ eeuw* (Verhandelingen van de Koninklijke Vlaamse Academie voor Wetenschappen, Letteren en Schone Kunsten van België, XXIII, 46), Brussels 1961, 302.
[4] J. van der Velpen, *Geschiedenis van Hoegaarden*, Louvain 1959, 60.

Germany. As early as the fifteenth century, the produce of the ducal vineyards in Louvain was only used in the kitchens of the Burgundian court and as a drink for the more menial personnel.[5] Up to the first third of the fifteenth century the princely institutions bought substantial quantities of Louvain, Hoegaarden and Aarschot wines; in the second half of the century these wines only appear exceptionally in their accounts. At Lier, just outside the most favoured wine growing region in Brabant, only 6 per cent of the wine consumed in 1458 was from Brabant.[6] Expressions of distaste for local wines became general in humanist circles from the first half of the sixteenth century. Erasmus disparaged the wines of Louvain as *villica*, peasants' wines; his friend Barlandus amusingly spoke of *vilum* instead of *vinum*; J. Gualterus argued in a debate that the product of the Louvain vineyards could not be used in the Mass, since it was not really wine at all.[7] Guicciardini spoke of the Louvain and Hoegaarden wines with unconcealed distaste.[8] This low opinion spread very rapidly from the court and humanist circles to wider strata of the population. As early as 1536 the university scholars of Louvain asserted that `they seldom and peradventure never bought the wines of the country'.[9] Around the same time the town magistrates of Louvain no longer considered the local wine worthy to be set before distinguished guests or to be drunk on the magistrates' bench.[10]

The sale of Louvain wines to the population also declined hugely. Per capita consumption of Louvain wines in the city was around 10 litres in the first decades of the sixteenth century and had remained virtually unchanged since the last quarter of the fourteenth century.[11] In 1570-1 it had fallen to less than 0.5 litre. In Diest too, per capita consumption of domestic wine had fallen from ca. 10 litres in the first years of the sixteenth century to an insignificant amount after 1580. It was no longer even worthwhile levying a tax on it (Table I). The fall in the export of Louvain wine proves that the trend outside the Brabant wine growing area was the same. According to the yield of the tax on wholesale trade, exports in the first years of the sixteenth century had already fallen to around 500 *amen*, against 8,000 *amen* in 1473-4. In 1511-13 the annual export of wine cannot have amounted to more than 125 *amen* and in the following years the trade had shrunk

---

[5]   L. Gachard, *Inventaire des archives de la Chambre des Comptes*, I, Brussels 1837, 204-5; A.G.B. Schayes, `Sur l'ancienne culture de la vigne en Belgique', *Messager des sciences historiques de Belgique*, 1843, 403-4: in 1462 the officers of the Chamber of Accounts said explicitly that Louvain wines (ne servent aucunement pour l'ostel de mond. Seigneur).

[6]   H. van der Wee, *Antwerp Market*, II, 64 n. 16.

[7]   R. van Uytven, *Stadsfinanciën*, 304.

[8]   L. Guicciardini, *Description de tout le Pais Bas*, Antwerp 1568, 9.

[9]   R. van Uytven, *Stadsfinanciën*, 304.

[10]   And for this reason the prices of domestic wine are no longer found in the town accounts after 1535 (R. van Uytven, *op. cit.*, 554).

[11]   Around 1373 the tax collectors counted an average of 1,180 hl of Louvain wine. Another 300 hl were produced by Louvain citizens for their own use. The population was estimated at 16,500 (R. van Uytven, *Stadsfinanciën*, 310 n. 4).

so noticeably that the tax could no longer even be farmed.[12] To judge from the import figures for Louvain and Diest the sales of the slightly more valuable wine of Hoegaarden also fell. In Louvain annual sales fell from 1.25 litres per head at the beginning of the sixteenth century to a negligible quantity in the second quarter of the century. At Diest the trend was more variable, but there too the sale of Hoegaarden wine seems to have ceased altogether in the last quarter of the sixteenth century (Table I).

TABLE I : *Per capita consumption of domestic wine in Brabant*[13]

	Louvain				Diest	
Local wine	Hoegaarden wine	wine	Total wine	Local	Hoegaarden Total	
ltr	ltr	ltr	ltr	ltr	ltr	
1509-10	10.3	1.25	11.55	9.8	0.2	10.0
1521-22	7.2	0.9	8.1	5.8	1.2	7.0
1530-31	6.9	0.1	7.0	5.4	0.2	5.0
1540-41	3.0	0.13	3.13	6.0	1.5	7.5
1550-51	4.8	2.0	6.8	3.6	0.2	3.8
1560-61	4.1	2.9	7.0	3.7	0.2	3.9
1570-71	0.4	0.4	0.8	1.75	4.3	6.05
1575-76	?	?	1.9	-	6.5?	6.5?
1580-81	?	?	0.5	-	-	-
1590-91	0.1	-	0.1	-	-	-
1600-01	?	?	0.1	-	-	-

Wine making in Brabant was not threatened by competition from superior foreign wines alone. In the climate of Belgium, even in the more favoured districts of mid-Brabant, wine growing was and remained a marginal occupation with high operating costs, a very low yield and extremely variable harvests.[14]

---

[12] According to the yield of the tax on the *hele coep* or wholesale trade in Louvain wine as shown in the town accounts of Louvain (Stadsarchief Louvain, n°s 5135-7 et seq.); R. van Uytven, *Stadsfinanciën*, 306.

[13] Calculated from the yields of the wine excise in the town accounts of Louvain (Stadsarchief Louvain, n°s 5133 et seq.) The town accounts of Diest include a detailed summary of the sale of Hoegaarden wine, while the turnover in local wine can be deduced from the excises levied on it (town accounts of Diest, Stadsarchief Diest n°s 64 et seq.; a less complete series of accounts is found in the Algemeen Rijksarchief at Brussels, Rekenkamer n°s 30987 et seq.). For the population figures for Louvain see J. Cuvelier, 'La population de Louvain au XVIe et XVIIe siècle', *Annales des la Société royale d'Archéologie de Bruxelles*, xxii (1908), 337-76 and J. Verbeemen, 'De demografische evolutie van Leuven in de XVIIe en XVIIIe eeuw', *De Schakel*, ix (1954), 9. For the population figures at Diest in 1496 and 1526, J. Cuvelier, *Les dénombrements de foyers en Brabant*, CRH in 4°, CXXXII, Brussels 1912, cclviii-cclix and 434-5. Data for the population of Diest in the second half of the sixteenth century is missing.

[14] P. Lindemans, *Geschiedenis van de Landbouw*, II 123-40; R. van Uytven, *Stadsfinanciën*, 304-5 and 310, n. 4

4   CONSUMPTION OF DOMESTIC AND FOREIGN WINES

Two vineyards owned by the Great Holy Ghost Table of Louvain, a charitable foundation, which the lessees had left fallow in 1496 or long neglected for lack of a return, were cultivated by the institution itself. If one overlooks the first years, when higher than normal costs were probably incurred to get the vineyards back into production, it still appears that the operation of these 45 roods of vineyard on the Zwanenberg and Schoerberg, two well known hillside vineyards, made a loss of ca. 7 gulden between 1509 and 1532. For four years they brought in nothing at all, and of the total 21 years vintages, thirteen were insufficient to cover costs.[15] Another example is supplied by the vineyard of the lord of Stalle (Ukkel), the size of which is unfortunately not known. In 1470-1 it grew 2 *amen* of wine, which sold for 18s vl. gr. while the costs of maintenance and production of the vineyard in that year were £4 10s vl.gr. In the years 1471-2, 1472-3 and 1492-3, these figures were respectively 18 *amen* or £10 4s 6d and £4 12s 2d expenses; 11 *amen* or £3 17s gr. income and £3 5s gr. expenses; and 1 *ame* or 13s 6d gr. income and £3 9s 9d expenses. Over the four years known to us this vineyard recorded a loss of 6s gr.[16] It must be said that the tithes and winepress duties have been deducted from the income of these two Louvain vineyards, and the tithes from that at Ukkel. But on the other hand they did not need to pay any leases or wine excises, as so many other vineyards did. In 1563 the Louvain citizen Willem van den Eynde had earned 12½ st. from his half *dagmaal* of vineyard, but he had spent 21 gulden on working it.[17] The very low productivity of the northern vineyards did not escape the attention of contemporaries. In 1501 the town council of Frankfurt voiced the opinion that wine growing brought high costs and its returns were too uncertain.[18]

In the fifteenth century, a time of relatively low grain prices and high wine prices and wages (Graphs 1 and 2), which reflected the high living standard of the citizens of the Burgundian Netherlands,[19] it was still attractive to lay out land in vineyards.[20] But as grain prices rose, as they did from ca. 1465 and in the first half of the sixteenth century, wine growing lost much of its attraction, above all because wine prices were very slow to follow these trends in the years after 1510. The rise in prices of local wines must have been very much less because of the

---

[15] Algemeen Rijksarchief, Brussels, Openbare Onderstand van Leuven, n°s 1265-8.

[16] Algemeen Rijksarchief Brussels, Schepenbanken of the arrondissement of Brussels, n° 9372.

[17] Algemeen Rijksarchief Brussels, Cartons der Rekenkamer, n° 116, p. 41.

[18] W. Abel, *Die Wüstungen des ausgehenden Mittelalters*, Stuttgart 1955, 40.

[19] Graph I is based on the figures in R. van Uytven, *Stadsfinanciën*, 511, 495-8, 543-4, 555-7 and 577-8. Graph 2 relies on the data of H. van der Wee, *Antwerp Market*, II, 374-6, and R. van Uytven, 'La Flandre et le Brabant "terres de promission" sous les ducs de Bourgogne?', *Revue du Nord*, xliii (1961), 308-10.

[20] In 1432 new vineyards were still being laid out at Louvain (R. van Uytven, *Stadsfinanciën*, 302). This was also the case in the domain of the abbey of St Truiden, largely situated in Brabant (G. Simenon, *L'organisation économique de l'abbaye de Saint-Trond depuis la fin du XIIIe siècle jusqu'au commencement du XVIIIe siècle*, Louvain 1912, 42-3. At Ukkel in 1453 there was a reference to 'land that is now vineyard': E. van der Linden, 'De voormalige Ukkelsche en Obbrusselsche Wijngaarden', *Eigen Schoon en de Brabander*, xiv (1931-2), 179.

low esteem in which they were held.[21] The economic, demographic and social crisis and the devastation of land in the last quarter of the 15th century,[22] dealt viticulture in Brabant a sharp blow. In the district around Louvain replanting got off to a very hesitant start, since the local vineyards, which covered an area of around 13 *dagmaal* and had been washed off the hillsides by torrential rain, found no enthusiast willing to make the necessary investment to make them profitable again when the previous lease expired in 1486. The vineyards on the Old and New Roeselberg at Herent (near Louvain) had lain fallow since the fighting in 1488-9. As late as 1504-5 17.5 *dagmaal* were still uncultivated. Not until 1508 could the Duke's receiver lease them after agreeing to a reduction in the rental.[23]

The succession of harsh winters and failed vintages from 1511 to 1523 made viticulture practically uneconomic in these years.[24] When a cold wave, the so-called Little Ice Age, reached Brabant in the late 1540s,[25] it was a double disaster for vine growing. On the one hand the unfavourable climate was not going to improve the quality of the local wine or raise the esteem in which it was held; and it certainly did not stimulate the yield of such a sensitive crop. This climatic change also acted as a brake on grain production, thus accelerating the rise in the price of cereals which had been begun by the growth of population and the import of German and later Spanish silver.[26] Thus it was that everywhere since the last years of the fifteenth century, and increasingly during the sixteenth century, vineyards were converted to ploughland or orchards. Many other vineyards disappeared as a more certain profit could be made by working quarries in the ironstone hills where they lay. Of 151 parcels of land laid out as vineyards on the Roeselberg near Louvain in March 1563 49 had already become `desolate' and one parcel had been ploughed up. Less than two years later in September 1564, thirteen other parcels had been lost to wine growing, three of them being used as farmland and two planted with cherry trees; the rest lay fallow.[27] At Hoegaarden a third of the vineyards may already have been ploughed up by 1582.[28]

---

[21] In Germany too wine prices lagged behind grain prices. W. Abel, *Geschichte der deutschen Landwirtschaft*, Stuttgart 1962, 170.

[22] H. van der Wee, *Antwerp Market*, II, 89-103; R. van Uytven, `La Flandre et le Brabant', 301 and 306-8. For the devastation, especially in the Brabant wine growing area, see A. Wauters, *Histoire des environs de Bruxelles*, I, Brussels 1855, 455, and II, 158-9, 311, 411, 471-3, 550, 674-5; P.V. Bets, *Histoire de la ville et des institutions de Tirlemont*, I, Louvain 1860, 92-108.

[23] Algemeen Rijksarchief, Rekenkamer, n°s 3806-13.

[24] H. van der Wee, *Antwerp Market*, I, 556; R. van Uytven, *Stadsfinanciën*, 305.

[25] D.J. Schove, *Climatic fluctuations in Europe in the late historical period* (MS. Ph.D. thesis, University of London, 1953) cited in H. van der Wee, *Antwerp Market*, II, 209 and 414 n. 9. Between 1544 and 1563 six vintages were frozen at Louvain and four others damaged by hail. As soon as the vine is frozen it must be cut down to the ground. Only after three years does it again bear fruit. After ca. 1540 there was never another satisfactory vintage in the city (Algemeen Rijksarchief, Brussels, Cartons der Rekenkamer, n° 116, 41).

[26] H. van der Wee, *Antwerp Market*, II, 113-18, 131-4, 414; E. Scholliers, *De levensstandaard in de XVe en XVIe eeuw te Antwerpen*, Antwerp 1960, 229.

[27] As early as 1468 there is a reference to ploughland at Louvain, `where vineyards had stood' (E. van Even, *Louvain dans le Passé et dans le Présent*, Louvain 1895, 220 n. 7). Examples are also known of the conversion of vineyards into quarries, in the years 1521, 1523 and 1533, into

The movement was somewhat delayed by the rapid rise in the price of wine, especially after 1573 (Graphs 1, 2 and 3). The excessive prices of foreign wines forced many drinkers back to the cheaper local varieties. This was the context in which we must see the temporary increase in the consumption of Hoegaarden wine at Louvain from 1550 to 1570 and at Diest around 1570 (Table I). This temporary recovery in consumption also seems to be linked to a period of improved prosperity. In the interior of Brabant, e.g. at Lier and Louvain, this growth in prosperity was much less marked than at Antwerp, so that most Brabanders who wanted a drink had to confine themselves chiefly to the better sorts of domestic wine (Graphs 1 and 2).[29] In the last quarter of the century several attempts were probably made to expand wine growing once more. This was the case at Louvain and Outgaarden,[30] but such attempts were scarce and ultimately doomed to failure. Rather than domestic wine, beer seems to have replaced wine, especially at Louvain and Hoegaarden.[31] The working costs of vineyards had also risen sharply in the last years of the sixteenth century.

For vines, which required constant care, the disorder, devastation and temporary depopulation of the countryside in the last decades of the sixteenth century were extraordinarily fatal. In the wine growing village of Wezemaal, only 45 per cent of the adult population had returned to their hearths in September 1597, and such situations were quite common in the Quarter of Louvain, which comprised most of the Brabant wine growing region. This district was exceptionally hard hit by the hostilities and even after its recapture by Farnese, constantly mutinous garrisons made it unsafe. Aarschot, Diest, Tienen, Zichem and Zoutleeuw were plundered by friend and foe, and their neighbourhood stripped bare.[32] The heavy investment necessary to return a vineyard to production was at that time largely beyond the resources of the impoverished

orchards in 1537, into plantations in the second half of the sixteenth century (A.G.B. Schayes, *art. cit.* (above n. 5), 406-8; R. van Uytven, *Stadsfinanciën*, nn. 3 and 4; L. De Man, 'Domus in Lovanio', *Eigen Schoon en De Brabander*, xxviii (1945), 101). Algemeen Rijksarchief Brussels, Cartons der Rekenkamer, n° 116, 41. At Landen these conversions had taken place before 1509 (E. Piton, *Histoire de la ville de Landen*, Gembloers 1951, 43). For Aarschot see C. Buve, 'Het archief van Sint-Niklaasberg', *Hagelandsche Gedenkschriften*, II (1906), 246-7 and 258; for Zoutleeuw P.V. Bets, *Zoutleeuw, Beschrijving, Geschiedenis, Instellingen*, I, Tienen 1888, 198, n. 2; for Meldert A.G.B. Schayes, *art. cit.*, 413.

[28] J. van der Velpen, *Geschiedenis van Hoegaarden*, 67.

[29] On the evolution of prosperity see also H. van der Wee, *Antwerp Market*, II, 226-7, E. Scholliers, *De levensstandaard*, 130-42, and R. van Uytven, *Stadsfinanciën*, 573, Graphs 27A and B.

[30] Algemeen Rijksarchief, Cartons der Rekenkamer, n° 16 (13); A.G.B. Schayes, *art. cit.*, 409-11 and 413.

[31] H. van der Wee, *Antwerp Market*, I, 294 and 228-9 and II, 172; J. van der Velpen, *Geschiedenis van Hoegaarden*, 59-60 and 68-9; R. van Uytven, 'De sociale krisis der XVIe eeuw te Leuven', *Belgisch Tijdschrift voor Filologie en Geschiedenis*, xxxvi (1958), 363; R. van Uytven, *Stadsfinanciën*, 324-35.

[32] A. Cosemans, 'Het uitzicht van Brabant op het einde der XVIe eeuw', *Bijdragen tot de Geschiedenis voornamelijk van het aloude hertogdom Brabant*, xxvii (1936), 327-43; besides the local monographs cited above see also L. Philippen, 'Sichem', *ibid.*, ii (1903), 1990-26 and P.J. Goetschalkx, 'Sichem tijdens de Nederlandsche beroerten in de XVIe eeuw', *ibid.*, 377-87.

population, which preferred to devote itself to growing grain, easier to start, more essential and more profitable as a result of the restriction on imports. Laying out or improving a vineyard required massive quantities of wood; it had to be protected against the bleak north wind by a wooden windbreak, hedge, fence or wall, and thousands of vine poles had to be regularly renewed to train the vines up them.[33] But wood was extremely expensive in the last years of the sixteenth century and the beginning of the seventeenth.[34] Substantial quantities of stable manure, required to fertilise the young vines,[35] were almost impossible to find given the dire reduction in the number of cattle in the last quarter of the sixteenth century.[36] The heavy maintenance and constant care which vineyards require all the year round for sinking, earthing up, digging, manuring, pruning, tying, cutting, pressing, etc.[37] meant that wages were a larger part of the production costs than in other crops. The rise in wages in the last quarter of the sixteenth century[38] therefore undoubtedly put this crop at a disadvantage. Hence there was no question of a serious resumption of viticulture.

Contemporaries were all too well aware of the situation. The receiver of the ducal domains at Louvain in 1563 explained that `especially since the present great dearth the great costs of day wages and others that must be paid for the upkeep of vineyards, are so great that many and divers vineyards around the city of Louvain, belonging to private persons, have been rooted up and thrown down and many are still fallow'.[39] The Louvain chronicler Willem Boonen gave an acute analysis of the situation of the vintage in 1593-4: `Now at this time the vineyards are greatly destroyed and uprooted, because the costs that one must bear for them in a year are hardly to be recovered or paid for from the profit of the three following years. Some wish to squeeze the profit out of the vineyard by continually manuring .. now at this time nothing is thought cheaper or of less account than vinegrowing, because, so I believe, much money is spent on work and labour, and it is not watched as it ought to be ... the price of day wages is so high that many vineyards have been abandoned and destroyed as a result'.[40] The receiver of the duke of Arschot, Adriaan Carpentier, gave a similar explanation

---

[33] P. Lindemans, *Geschiedenis van de Landbouw*, II, 127-8, 130 and 136 n. 23. 2000 vine poles were needed in the first planting of a quarter *dagmaal* of vineyard, and it was estimated that about 500 of them had to be renewed each year thereafter (Algemeen Rijksarchief Brussels, Cartons der Rekenkamer, n° 116, 41).

[34] R. van Uytven, `De sociale krisis', 370 and Graph, 368-9; H. van der Wee, *Antwerp Market*, II, 246 and n. 7.

[35] P. Lindemans, *Geschiedenis van de Landbouw*, II, 130 and 137-8.

[36] A. Cosemans, *loc. cit.* (above, n. 32), H. van der Wee, *Antwerp Market*, II, 246-50.

[37] P. Lindemans, *op. cit.*, II, 127-31.

[38] See Graphs 1 and 2. Cf. also H. van der Wee, *Antwerp Market*, II, 387 and II, 91; E. Scholliers, *De Levensstandaard*, 178, R. van Uytven, `De sociale krisis', 368-71 and *Stadsfinanciën*, 559-69 and 579. For Louvain we only have wage series for vineyard workers until 1531. As most vineyards were given up by their institutional owners, their accounts naturally no longer include wages of vineyard workers.

[39] Algemeen Rijksarchief Brussels, Cartons der Rekenkamer, n° 116, 41.

[40] W. Boonen, *Geschiedenis van Leuven*, ed. E. van Even, Louvain 1880, 202.

for the disappearance of vineyards, when accounting for the disappearance of the ducal tax on vines in 1597: 'the vine duty was levied on wines which grew in the vineyards of the said Arschot, which are at present all annihilated and the land put under the plough, in which the inhabitants find more profit, inasmuch as the said vineyards cost too much to keep up'.[41]

The poor yields of vineyards at the end of the sixteenth century were made even poorer by the general change in the climate of Europe in those years. The cold wave which had made itself felt in Europe from 1540 grew even harsher around 1590. In 1591-1610 the climate was so severe that the Alpine glaciers advanced, the vintages in France fell very late in the year and even other harvests were adversely affected.[42] Everywhere in France and Germany vineyards were abandoned in these years.[43] The surviving or replanted vineyards in Brabant must soon have been reduced in numbers. All across the country they seem to have disappeared in the course of the seventeenth century. The ducal vineyards at Louvain were still leased until the eighteenth century,[44] but otherwise vineyards had almost entirely disappeared from the townscape of Louvain by the first decades of the seventeenth century. In the bird's eye view drawn by Joost van der Baeren in 1604, for the work of Justus Lipsius on Louvain, one can still detect ten of them,[45] but on the town plan of J. Blaeu in 1649 only the vineyards around the duke's castle still survived.[46] Samples in the registers of the bench of aldermen of Louvain for 1620 and subsequent years show that not a single vineyard was let or leased in this period.[47] As early as 1615, in fact, R. Bellarminus in his fast day sermons before the Louvain students had mentioned, in denouncing their drunkenness, that the district no longer produced any wine.[48] In Tienen, Hoegaarden and around Brussels too vineyards grew very rare in this century or disappeared altogether.[49] Only in the estates of a few individuals or abbeys could they still be found.[50]

---

[41] P. de Fraine, 'De stad Aarschot tijdens de troebelen der XVIe eeuw (1570-1597)', *De Brabantse Folklore*, clviii (1963), 180. Similar opinions were voiced in Germany in these years (W. Abel, *Geschichte der deutschen Landwirtschaft*, 166-7) and in France (R. Dion, *Histoire de la vigne et du vin en France des origines au XIXe siècle*, Paris 1959, 421).

[42] E. Leroy Ladurie, 'Climat et récoltes aux XVIIe et XVIIIe siècles', *Annales*, xv (1960), 435-7, 457 and graph 3 there.

[43] R. Dion, *loc. cit.*; W. Abel, *loc. cit.*; F. von Basserman- Jordan, *Geschichte des Weinbaus*, I, Frankfurt 1923, 146-59; B.H. Slicher van Bath, *De agrarische geschiedenis van West-Europa (500-1850)*, Utrecht 1960, 225, 160.

[44] Stadsarchief Louvain n° 1240, ff. 23-30v° (19 May 1611) n° 11761, f. 248 (25 December 1715), and f. 275 (1719).

[45] J. Lipsius, *Lovanium*, Antwerp 1605.

[46] J. Blaeu, *Novum ac Magnum Theatrum Urbium Belgicae Regiae*, Amsterdam 1649, 22-3.

[47] Stadsarchief Louvain, n°s 7511 *et seq.*, 7893 *et seq.* and 8248 *et seq.* In the rich archive of the leper house of Terbank at Louvain the last reference to a vineyard is in 1619 (A. Uyttebrouck, *Inventaire des archives de la léproserie de Terbank*, Brussels 1963); Algemeen Rijksarchief Brussels, Cartons der Rekenkamer, n° 105, AA 30 (18 Jan. 1607).

[48] R. Bellarminus, *Conciones*, Venice 1617, 192-3.

[49] F. de Ridder, 'Iets over wijngaarden te Thienen en omstreken', *Bijdragen tot de Geschiedenis inz. van het aloude hertogdom Brabant*, ii (1903), 109-21 and 158-74; J. van der Velpen, *Geschiedenis van Hoegaarden*, 67-8. In the numerous tax assessment lists of the XXth

The consumption of domestic wine in Brabant in the fifteenth and sixteenth centuries (Table II), the result of an existing and not unimportant winemaking industry, differs in essence from that in Flanders, poor in vineyards, in the same period. Louvain, where the local wines enjoyed a slightly higher reputation, also seems to have drunk more wine than Diest. As we said, only a very small percentage of the wine drunk at Lier in the fifteenth century was domestic, although the little town was next door to the Brabant wine-growing region. Besides domestic wine, Brabant drank wine from the great wine-growing regions of Germany, France and the Mediterranean. But the decline in consumption of local wine was not balanced by a rise in consumption of foreign wines: the import of these types of wine in the sixteenth century also appears to have declined. In the first half of the century per capita consumption of imported wines at Louvain fluctuated between 7 and 12 litres, and at Diest between 6 and 13 litres between 1500 and 1575. After that there was a noticeable drop in both cities, most pronounced in the last quarter of the century at Louvain (Table II). Total wine

TABLE II : *Per capita wine consumption in the sixteenth century*

Year	Louvain[51]			Diest[52]		
	Foreign wine litres	Domestic wine litres	Total litres	Foreign wine litres	Domestic wine litres	Total litres
1509-10	12.1	11.55	23.65	9.3	10.0	19.3
1521-22	11.3	8.1	19.4	9.2	7.0	16.2
1530-31	7.0	7.0	14.0	5.8	5.6	11.4
1540-41	12.0	3.13	15.13	11.8	7.5	19.3
1550-51	9.7	6.8	16.5	12.9	3.8	16.7
1560-69	4.3	7.0	11.3	8.2	3.9	12.1
1570-71	7.4	0.8	8.2	9.1	6.0	15.1
1575-76	3.4	1.9	5.3	5.8?	6.5?	12.3?
1580-81	2.0	0.5	2.5	-		
1590-91	1.2	0.1	1.3	-		
1600-01	2.6	0.1	2.7	-		

penny on real property for 1686 (consulted by A. Wauters, *Histoire des environs de Bruxelles*, III, Brussels 1855, 604 n. 1), there is no mention of vineyards in Ukkel or in the surrounding villages.

[50] E.g. the abbey of Groenendaal in 1649 (R. Dion, *Histoire de la vigne*, 657 and 666, plate VI, 3).

[51] For consumption of domestic wine, see Table I. For the population of Louvain see n. 13. The consumption of imported wine is given in detail in the special accounts of the wine tax (Stadsarchief Louvain, n°s 5822 *et seq.*)

[52] For domestic wine see Table I, for the population n. 13. No demographic data for Diest from the sixteenth century are known at present, except the census of the population of 1526, and in view of the turbulent history of the town in this period, we have not ventured to calculate per capita consumption after 1575. The global consumption of foreign wine (wine other than domestic), according to the town accounts of Diest was ca. 311 *amen* in 1570, 165 *amen* in 1580, 141 *amen* in 1590 and ca. 194 *amen* in 1600. An *ame* is about 130 litres.

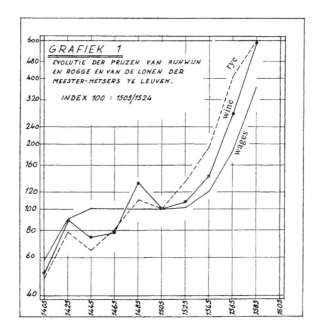

Graph 1: Trend of prices of Rhine wine and rye and of wages of master-masons at Louvain
Index 100 = 1505/1524

consumption in these two towns was surprisingly low in all respects. Although they lay in the wine growing region, consumption was insignificant by comparison with that in present day wine producing countries.

Compared with the contemporary situation in Flanders, the figure for wine consumption in Louvain and Diest is also rather low. Bruges had a per capita consumption of ca. 25 litres in the year 1532[53] and St Omer from 39 to 55 litres in the third quarter of the sixteenth century;[54] Antwerp, on the other hand, in 1543, perhaps an unfavourable year, also consumed only 19.2 litres per head, while the average for the whole of the Netherlands in the mid-sixteenth century is estimated at 16 to 20 litres.[55] By comparison with the consumption we were able to calculate for the late fourteenth century (from 30 litres around 1350 to 20 litres

---

[53] J. Craeybeckx, *Un grand commerce d'importation: Les vins de France aux anciens Pays-Bas (XIIIe -XVIe siècle)*. Ports - Routes - Trafics, IX, Paris 1958, 10.

[54] W. Brulez, `Les difficultés financières de la ville de Saint-Omer dans le troisième quart du XVIe siècle', *Revue du Nord*, xxxiv (1952), 225.

[55] J. Craeybeckx, *Un grand commerce*, 11 and 30; C. Wyffels, `Het wijnverbruik in het verleden te Kortrijk en elders' (report of lecture given on 11 June 1960), *De Leiegouw*, ii (1960) 270-1.

around 1375),[56] the above figures seem on the low side. In 1475-6 Louvain's consumption of foreign wines alone was already 15 litres per head.[57] These figures for consumption at Louvain in the middle ages in turn appear very low compared with the contemporary figures for the Flemish cities. At the end of the fourteenth century the people of Ghent drank an average of 30 to 44 litres of wine per head a year although consumption fell somewhat in the fifteenth century. At Bruges per capita consumption in 1420-1 was around 100 litres and in 1444 it was still 75 litres.[58]

But evidence has survived to prove the accuracy of the Louvain calculations. From the middle of the sixteenth century an exceptional tax or import duty was levied on imported wines according to a uniform tariff of 12 st. art. per *ame*. Up to around 1570-1 the yield of this tax assumes a turnover of about 2,150 *amen* of coarse wine at Louvain. The collectors' books for the imported wine excise, on the other hand, give 984 *amen* 17½ *steken* for 1550-1, 715 *amen* for 1559-60, 341 *amen* 3 *steken* for 1570-1. According to the imposts the turnover is always much more than twice that declared by the collectors of the excise. The fact was, however, that the imposts, as extraordinary taxes, hit all the inhabitants of the town, while the excises did not affect the clergy, the university and some privileged individuals.[59] When one knows that according to the collectors of the wine excises 1,194 *amen* and 22½ *steken* of foreign wine were supplied by the Louvain wine merchants to exempted buyers in 1550-1, 533 *amen* 11½ *steken* in 1559-60, and 850 *amen* 5 *steken* in 1570-761, and that they undoubtedly also bought wholesale from foreign merchants, the difference between the two sets of figures becomes understandable. It is striking how their purchases from local wine merchants declined after 1550.

According to the impost figures per capita consumption at Louvain before 1570 was only 17.5 litres. But such a figure is not representative of the actual population of Louvain; in fact the excess of 1,166 to 1,800 *amen* which the imposts recorded over the excises, was consumed by the not quite 3,000 members of the university, the clergy and other privileged persons.[60] Many students were undoubtedly not in a position to permit themselves a pot of wine regularly.[61] This means that wine must have been an everyday drink for the wealthier exempted person. Undoubtedly they reached a consumption figure which was more than 150 litres per head. The increase in the sale of wine to university members does

---

[56] R. van Uytven, *Stadsfinanciën*, 310.

[57] Ibid., 310-11. The consumption of foreign wine according to the figures quoted there was not even 5.5 litres per head around 1375.

[58] J. Craeybeckx, *Un grand commerce*, 6-8 and 10.

[59] Stadsarchief Louvain, n°s 5781-3; R. van Uytven, *Stadsfinanciën*, 134.

[60] In the census of 1526 the university members and clergy at Louvain numbered ca. 2,750 (J. Cuvelier, *Les dénombrements*, 304-27).

[61] The number of *pauperes* who were exempted from the matriculation fee by the University was quite high. In 1551-2 154 of the 715 matriculants were *pauperes* and in 1561-2 169 students out of 640 were registered as *pauperes* (A. Schilling, *Matricule de l'Université de Louvain*, IV, CRH in 4°, Brussels 1961).

not reflect an increase in their per capita consumption, but a rise in the number of those who enjoyed exemption. Not only did the number of students rise in the sixteenth century, especially after its middle years, but exemptions to individuals were much more generously granted.[62] In other cities too, a similarly high consumption of wine has been established for certain circles,[63] but at Louvain the existence of the university meant that this growth was exceptionally large. After 1571-2 the sale of wine to university members seems to have fallen off very rapidly (Table III), probably for the same reasons that led to the fall in general consumption, and also because these temporary inhabitants must have been even more ready to leave the city during the troubles.

TABLE III :

The yield of the extraordinary tax on strong or foreign wines at Louvain at 12 st. per ame (SAL n°s 5781-3) in £ art. (figures rounded)

1552-3	1,466	1562-3	1,250	1570-1	1,029	1578-9	410
1553-4	1,616	1563-4	1,399	1571-2	1,142	1579-80	228
1554-7	?	1564-5	1,450	1572-3	701	1580-1	166
1557-8	1,520	1565-6	1,609	1573-4	397	1581-2	94
1558-9	1,210	1566-7	1,078	1574-5	346	1582-3	100
1559-60	958	1567-8	1,368	1575-6	589	1583-4	60
1560-1	1,291	1568-9	1,116	1576-7	516	1584-5	72
1561-2	1,208	1569-70	1,220	1577-8	445	1585-6	92

Brabant, which included wealthy Antwerp, consumed appreciably less wine than Flanders even though it grew its own. Wine consumption appears to have fallen sharply particularly in the last decades of the fourteenth century. This seems to be connected to the spread of hop-brewed beer in Brabant in the same period. Brabant with its rich grain lands on the upper Zenne, Gete, Dijle and Demer, had become above all a region of breweries,[64] and thus formed part of the

---

[62]   R. van Uytven, *Stadsfinanciën*, 484-5 and 120.

[63]   J. Craeybeckx, *Un grand commerce*, 40-1; A. Derville, `Le marché du vin à Saint-Omer, ses fluctuations au XVe siècle', *Belgisch Tijdschrift voor Filologie en Geschiedenis*, xl (1962), 350, n. 4.

[64]   J.A. van Houtte, *Schets van een economische geschiedenis van België*, Louvain 1943, 48; for Lier cf. A. Lens, `De geschiedenis van het Brouwersambacht te Lier', *'t Land van Ryen*, iii (1953), 177-80 and 183-4; for Hoegaarden, J. van der Velpen, *Geschiedenis van Hoegaarden*, 86-9 and 114-15; for Diest, F. di Martinelli, *Diest in de 17e en 18e eeuw*, Ghent 1894, 135-43 and 384-9; for Louvain, R. van Uytven, *Stadsfinanciën*, 313-16, and idem,. `De Leuvense bierindustrie in de XVIIIe eeuw', *Bijdragen voor de Geschiedenis der Nederlanden*, xvi (1961), 193-227; for Antwerp, H. van der Wee, *Antwerp Market*, I, 294. On the spread of hops see P. Smolders, `Le milieu géographique dans l'histoire de la brasserie. Application à Louvain', *L'Echo de la brasserie*, xiii (1957), 887-96, P. Lindemans, *Geschiedenis van de Landbouw*, II, 141-61, and R. van Uytven, *Stadsfinanciën*, 314-16.

great beer drinking region of Germany, Holland and England. At Louvain beer consumption per head remained at the same level from the last quarter of the fourteenth century to 1524: more than 270 litres per annum.[65] In Diest it is supposed to have been 256 litres in 1526,[66] and in Antwerp more than 243 litres in 1543.[67] In St Omer, next to the Flemish border, on the other hand, beer consumption was much lower, even if one regards the 55.6 litres per head per year in the third quarter of the sixteenth century as a strict minimum.[68]

Figures for per capita beer consumption in Flanders in these years are not available at the moment, but everything seems to suggest that the beer industry did not enjoy such an expansion as that in Brabant. Flanders seems to have been dependent for much longer on the import of foreign and thus more expensive beers from Germany, Holland and England.[69] When the citizens of nearby Dunkirk were deprived of their wine supply in 1520 by war with France, they grew used to drinking beers imported from overseas.[70] Their own brewing industry does not seem to have been able to meet the demand. True, there were well known brewing centres in Flanders, at Kortrijk and Ronse, and even Lille, but their importance is certainly not to be overestimated. An exception may well have to be made for the little town of Ninove on the Brabant border, where per capita consumption around 1526 may have amounted to 300 litres.[71] In Ath too beer does not seem to have held the place in the fifteenth century which it had in the towns of Brabant. Both at the beginning and the end of the century, per capita consumption of beer there was only six times higher than wine consumption,[72] while in Brabant it was around twelve times as high. Contemporaries in sixteenth century Germany also remarked that beer drinking was driving out wine drinking.[73]

---

[65]   R. van Uytven, *Stadsfinanciën*, 335.

[66]   Calculated from the data in the town accounts and the population figure in J. Cuvelier, *Les dénombrements*, cclviii-cclix and 434-5.

[67]   J. Craeybeckx, *Un grand commerce*, 14-15.

[68]   W. Brulez, *art. cit.* (above n. 54) 225.

[69]   Exact figures are not known. But the accounts of the Flemish cities, above all those on the coast, and also those of Bruges and Ghent, show that the tax on beer from overseas was one of the chief sources of income (Algemeen Rijksarchief, Rekenkamer, n°s 32061-629, 34864-79, 37239-403, 37581). For Ostend and Nieuwpoort, where the dominance of *kuit* beer from Gouda and Delft and English beers, especially ale, was very marked, cf. E. Vlietinck, *Het Oude Oostende en zijn driejarige Belegering*, Ostend 1897, 150-4. Difficulties with suitable water were the reason for this.

[70]   Algemeen Rijksarchief Brussels, Cartons der Rekenkamer, n° 20 (15), inquiry of 1521.

[71]   Our estimate based on the figures in H. van Gassen, *Geschiedenis van Ninove*, II, Ninove, 1959, 249-450 and 262-5. This may be the exception that proves the rule; the little town was close to Brabant, in the hop growing area of the Dender (P. Lindemans, *Geschiedenis van de Landbouw*, II, 143, and H. van Gassen, *op. cit.*, II, 173-4 and 274).

[72]   In 1399-1400/1414-15 an average of 104,333 litres of wine and 666,786 litres of beer per year was drunk, and in 1492-3/1498-9, 141,490 litres of wine and 640,430 litres of beer. The population can be estimated at 5,000 (G. Monseur, `Les finances de la ville d'Ath au XVe siècle', *Annales du Cercle royal d'Histoire et d'Archéologie d'Ath*, xl (1961-3), 56-7 and 29).

[73]   W. Abel, *Geschichte der deutschen Landwirtschaft*, 167.

14   CONSUMPTION OF DOMESTIC AND FOREIGN WINES

It is not possible in this context to follow the evolution of wine consumption in Brabant any further. But one should not lose sight of the fact that the average per capita consumption of wine in Belgium in 1950-1 was 6 litres[74] and in the cities, for which unfortunately no data are available, it was certainly higher. It would thus be at about the same level as consumption in Louvain and Diest before the years 1570-5 and certainly higher than the levels in the crisis years at the end of the sixteenth century. Even the average consumption in Brabant in 1835-6, at 3.6 litres,[75] was higher than in those sorely tried decades. As late as the years around 1630 wine consumption in Louvain seems to have oscillated around 3 litres. In 1765, according to the collectors of the wine tax at Louvain, 107 *amen* and 15 *steken* of wine were drunk, which assumes a per capita average of less than one litre. In 1778-9 this had fallen, undoubtedly as a result of pauperisation, to 74 *amen* and 16 *steken*, or about half a litre per head.[76] According to official statistics total wine consumption in Louvain in 1811 was 2,119 hectolitres, or almost 10 litres per head.[77] From the last quarter of the sixteenth century wine consumption thus remained constantly low until the French conquest made wine drinking widespread once again.

In 1775 beer consumption was said to be about 339 litres per head, in 1785 only 271 litres.[78] In 1811 it had, however, risen again to 369 litres,[79] while for the whole of Brabant in 1835-6 it was still only 255 litres and a century later in Belgium only 180 litres.[80] The consumption of brandy followed a similar trend. Virtually non-existent in the sixteenth century, the maximum reached 0.85 litres per head in 1748 and much less in 1780.[81] In 1811, however, it had climbed to ca. 1.5 litres[82] and in 1835-6 it had increased so greatly that a per capita consumption of 10.5 litres was calculated for Brabant.[83]

At Diest wine consumption in the eighteenth century was not even a litre per head. Only religious houses, the clergy, some magistrates and those with private means bought wine.[84]

---

[74] J. Craeybeckx, *Un grand commerce*, 5 and n. 15.

[75] E. Ducpetiaux, `De l'intempérance et de l'ivrognerie dans la classe ouvrière', (reprinted from *Trésor National*, 1843), 46.

[76] Calculated from the accounts of the collectors of the wine excise at Louvain (Stadsarchief Louvain, n°s 5867-8) and the population figures of J. Verbeemen, *De demografische evolutie van Leuven*, 189-93.

[77] Based on the consumption and population figures from a survey of 1811 (Stadsarchief Louvain n° 10650).

[78] R. van Uytven, `De Leuvense bierindustrie in de XVIIIe eeuw', 201.

[79] See note 77.

[80] E. Ducpetiaux, *loc. cit.* (above n. 75).

[81] L. van Buyten, `Het brandewijn- en tabaksverbruik in het kwartier Leuven tijdens de regering van Maria-Theresia (1740-1780)', *Mededelingen van de Geschied- en Oudheidkundige Kring voor Leuven en omgeving*, i (1961), 12-16.

[82] See note 77.

[83] E. Ducpetiaux, *loc. cit.*

[84] According to the data in the town accounts of Diest.

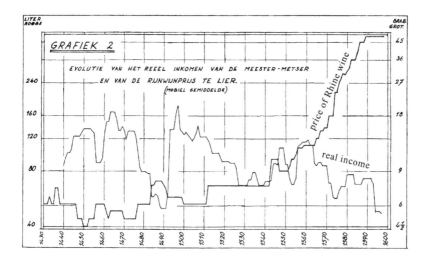

Graph 2: Trend of real income of master masons and of price of Rhine wine at Lier (moving average)

Brandy consumption in Diest fell back in the second half of the eighteenth century from 1.5 litres to 0.35 litres per head.[85] Beer consumption in this century was around 300 litres per person.[86] For comparison we give the figures for drink consumption in Belgium in the twentieth century: in 1900 the average Belgian drank 220.5 litres of beer, 4.65 litres of wine and 1.4 of strong alcoholic drinks;[87] in 1958 he consumed 115 litres of beer, 6.45 litres of wine and 1.4 of strong drinks. With these figures in view one may wonder if drunkenness was so flagrant under the *Ancien Régime* as is often assumed. Would this plague not appear more typical of the nineteenth century? Only further research can give an answer to this question.

In any case, since the last quarter of the sixteenth century wine had definitively lost its role as a daily drink of the upper strata of the population. It had never had that role in the duchy among the common people in the middle ages, in spite of the existence of local wine production in Brabant. In the other provinces of the Netherlands wine was not as widespread as one might expect on the grounds of the importance of the wine trade,[88] although there is reason to assume that in

---

[85]   L. van Buyten, *loc. cit.*

[86]   Also calculated from the detailed statements in the town accounts of Diest for these years (Stadsarchief Diest) and from the population figures in A. Coosemans, *De bevolking van Brabant in de XVIIe and XVIIIe eeuw* (CRH in 8°), Brussels 1939, 39 and 160.

[87]   C. Reuss, 'L'évolution de la consommation de boissons alcooliseés en Belgique 1900-1958', *Bulletin de l'institut de recherches économiques et sociales de l'Université de Louvain*, xxvi (1960), 118-19.

[88]   J. Craeybeckx, *Un grand commerce.*, 4-43.

16   CONSUMPTION OF DOMESTIC AND FOREIGN WINES

Flanders, for example, wine consumption was higher than in Brabant. At the end of the sixteenth century wine in the duchy had acquired the character of a festive drink for the well to do. From a social point of view wine drinking was the badge of a class.[89] This shift in the psychology of drink consumption was ultimately a socio-economic phenomenon in origin and essentially goes back to the evolution of wine prices. Until recently, useable price series for wine were very rare.

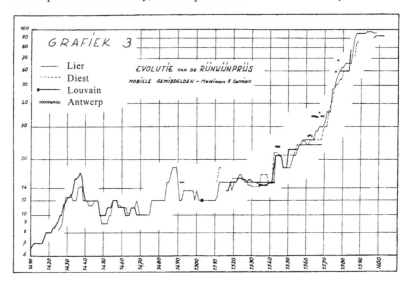

Graph 3: Trend of price of Rhine wine. Moving averages – mean of 5 terms

Graph 3 shows the evolution of the prices of Rhine wine at Louvain, Diest, Antwerp and Lier.[90] Apart from a few deviations probably due to incomplete

---

[89]   A. Louant `Les nations de Bruxelles et les Etats de Brabant de 1556-1557', *BCRH*, xcix (1935), 241. The nations of Brussels complained in 1556 that the taxes on grain, beer and wine weighed too heavily on the people. These goods were indispensable for everyone, *fors aulcunement le vin*. The magistrates of Brussels took up the cause of *une infinité de gens d'honneur et de bien qui en ce miserable temps, forcez de caresser leur amys et parens ou se trouvans mal dispos, ne se pouvans excuser d'icuels vins sont taillez outre mesure* by the monopolists and wholesale dealers in wine (Algemeen Rijksarchief, Brussels, Papieren van Staat en Audientie, carton n° 1421, letter of 22 November 1590).

[90]   The figures for Diest have been taken from the town accounts where, as a rule, the tax levied formed a fixed percentage of the retail price of wine and was therefore accurately noted by the collectors for the different sorts, tavernkeepers and seasons. They may be replaced by retail prices paid by the town for its purchases. Comparison showed that the two sets of figures tallied. The same applies to Louvain, where the price series compiled from the town's purchases (R. van Uytven, *Stadsfinanciën*, 555-7) was supplemented by the data for wine prices in the tax records (Stadsarchief Louvain, n°s 5822-66). The prices for Louvain and Diest are those of white Rhine wine. The figures for Antwerp are taken from C. Verlinden, J. Craeybeckx, E. Scholliers et al., *Dokumenten voor de Geschiedenis van prijzen en lonen in Vlaanderen en Brabant (XVe -XVIIIe eeuw)*, (Rijksuniversiteit te Gent, Werken uitgegeven door de Faculteit van de Letteren en

source material, these four curves all reveal a fairly similar trend. The level of wine prices also seems to have differed little between the various towns. This is all the more striking since one must take into account the difference in taxation in the towns, the differences in transport costs and measures and other disturbing elements in the comparison.[91]

The figures clearly reveal the unity of the market for Rhine wine in Brabant. But if one bears in mind the level of wages in the cities concerned, the picture is much more differentiated. In the district around the international city of Antwerp, wine was less dear than in provincial Louvain.[92] During this period, however, important structural changes in the economic system took place. The graphs show that before 1475 wine prices were rather low, although relatively higher than grain prices. They were never to fall back to this level again.[93] As purchasing power expressed not only in wine but in other foodstuffs was rather high in the whole of Brabant in the years 1440-75 (Graphs 1 and 2),[94] this meant that at least a not unimportant part of the population could afford a glass of wine now and then. After 1475 Rhine wine rose suddenly in price, and after a period of rather lower prices, by 1515 it had regained the higher level of the later 1480s. This level was maintained until ca. 1540 (Graphs 1, 2 and 3).[95] The nominal wage of a skilled craftsman at Louvain was practically unchanged from the 1430s to the middle of the sixteenth century (Graph 1). At Lier, undoubtedly influenced by the expanding metropolis of Antwerp, nominal wages were adjusted to some extent, but even so real purchasing power had fallen appreciably since 1475. The sudden recovery of real wages, a result of a revival of the economy rather than adjustment of wages, which was noticeable after 1492, also fell off rapidly

---

Wijsbegeerte, cxxv), Bruges 1959, 341-5. The type of Rhine wine is not specified. The data for Lier rely on H. van der Wee, *Antwerp Market*, I, 297-9, and refer to red Rhine wine of good quality. The figures for Louvain, Antwerp and Diest show that seasonal influences on retail prices can be disregarded.

[91] The prices are stated in *plakken* or Brabant groats (1/3 st. art.) per *gelte*. In Antwerp the *gelte* in the fifteenth century seems to have been 4 per cent less than in the sixteenth century, but we have assumed a uniform *gelte* of 2 *potten*, or 2.846 litres. The Lier *gelte* was calculated as 2.840 litres (H. van der Wee, *op. cit.*, I, 83-4). The Louvain *gelte* seems to have been 2.6118 litres (one wine pot = 1.8059 litres, according to H. Dousther, *Dictionnaire universel des poids et mesures anciens et modernes*, Brussels 1840, 438). The prices for Diest, however, are expressed in quarts. So far as we could calculate from the town accounts of Diest for 1500-1 (Algemeen Rijksarchief, Rekenkamer n° 30987), one *ame* contained 100 quarts or *kannen* of 1.439 litres (H. Dousther, *loc. cit.*). To make comparisons easier the price of two quarts (about the equivalent of the *gelte* in the other towns) is shown in the graph expressed in Brabant *plakken*.

[92] Wage data are absent for Diest in these years. For Louvain we have used the figures of R. van Uytven, *Stadsfinanciën*, 578; for Lier those of H. van der Wee, *Antwerp Market*, I, 467. For Antwerp one comes to a different result depending on whether one relies on the data in a) H. van der Wee, *op. cit.*, I, 461, or b) E. Scholliers, in C. Verlinden, et al., *Dokumenten ...*, 474.

[93] The same phenomenon can be observed for Rhine wine prices at Ghent (J. Craeybeckx, *Un grand commerce*, 204-5 and graph).

[94] E. Scholliers, *De levensstandaard*, 124 and 250; R. van Uytven, 'La Flandre et le Brabant', 308 and graph 5.

[95] Similar trend at Middelburg, see J. Craeybeckx, *Un grand commerce*, 205 and graph.

XIII

18   CONSUMPTION OF DOMESTIC AND FOREIGN WINES

(Graph 2).[96] In those circumstances it is not surprising that wine buying diminished.

In 1540 a new and almost uninterrupted price inflation in wine and other products set in. After 1570 this increase was so strong (Graphs 1, 2 and 3) that in the years 1590-1600 Rhine wine had become dearer than most other goods by comparison with 1525-30, and the inflation in the price of Rhine wine outstripped wage increases in the same period.[97] Around 1465 the summer day's wage of a Louvain bricklayer was slightly higher than the value of a *gelte* of white Rhine wine (resp. 12 and 10 – 12 *plakken*). Around 1565 this ratio had hardly altered (resp. 21 – 24 to 28.5 *plakken*). In the last decade of the sixteenth century his daily wage bought half a *gelte* of white Rhine wine (day wage 42 – 48 *plakken*, a *gelte* of Rhine wine 84 – 96 *plakken*).[98] The relationship between wine prices and wages reached in the last years of the sixteenth century scarcely altered after that. The city of Louvain paid 16 st. for a pot or half a *gelte* of Rhine wine in 1745-6 and 1757-7. In this period the skilled craftsman appears to have earned 16 – 20 st. a day in summer.[99]

The prices quoted here, unless otherwise indicated, are prices for white Rhine wine, at least for Louvain and Diest. At Lier, they are for red Rhine wine, while at Antwerp no indications are given. Red Rhine wine seems to have been cheaper. Alsace wine, also a white wine, on the other hand was just as expensive or even slightly dearer.[100] Prices of French wines are more difficult to determine, not only because they were less widely sold, as we shall show, but also because the price varied depending on their origin and quality, without this always being made

---

[96] At Antwerp and Louvain too purchasing power fell (E. Scholliers, *De levensstandaard*, 126-30 and 250; R. van Uytven, 'De sociale krisis', 366-71).

[97] J. Craeybeckx, *Un grand commerce*, 205-6 and 267-72, underlines the rapid rise in the price of wine in the last quarter of the sixteenth century. For the evolution of other prices and of purchasing power see E. Scholliers, *De levensstandaard*, 130-48 and R. van Uytven, *loc. cit.*

[98] R. van Uytven, *Stadsfinanciën*, 555-7 and 577-8. An Antwerp bricklayer's mate could buy around 1.2 litres of Rhine wine with his real daily wage before 1570 and only 0.8 litres after that date (E. Scholliers, *De levensstandaard*, 121 n. 26).

[99] Stadsarchief Louvain, n°s 5366 and 5380; for wages see inter alia n°s 5688 and 5699. Cf. also G. van Houtte, *Leuven in 1740, een krisisjaar. Ekonomische, sociale en demografische aspekten (Pro Civitate, Verzameling Geschiedenis*, 8° series, II, 1963), 133 and 150-1.

[100] At Diest a quart pot of white and red wine cost, in Diest *plakken* (1 st. art. = 4 Diest *plakken*):

1499-1500	7 - 9	4
1520-21	10 - 12	6 - 9
1535-36	10 - 12	7
1549-50	12 - 16	10

White Rhine wine and Alsace wine were sold at

1520-21	10 - 12	9
1526-27	10 - 13	12
1530-31	10 - 12	10 - 13
1535-36	10 - 12	12
1541-42	8 - 12	10 - 12
1545-46	12 - 16	16
1550-51	12 - 16	16
1555-56	14 - 18	20

clear. The most costly was undoubtedly red, sometimes also white Beaune. Its price equalled or even sometimes exceeded that of Rhine wine. The wine of Orléans, on the other hand, cost only half as much. That of Gascony and Poitou seems to have been rather expensive. The cheapest wines were of course the domestic products. Even so, Hoegaarden wine was not much cheaper than that of Orléans,[101] which was a famous wine of France.[102] It goes without saying that Brabant wine, which did not have such a brilliant reputation, could not withstand the competition of foreign wines. The most expensive imported wines were the sweet wines from the countries around the Mediterranean. Bastard, romney and muscadel consistently cost more than Rhine wines, while malmsey was almost twice as dear.[103]

The difference in price was, of course, connected with the reputation and quality of the wine. In the last analysis, however, it went back to a difference in origin and the transport possibilities. The dearest wines, and those held in the highest esteem, were the wines from the distant Mediterranean, but it was not mere distance which counted, as much as the geography of the trade routes. Wine from Gascony and Poitou was cheaper, thanks to the ease of sea transport, than wines from the nearby Rhineland, Alsace and Burgundy, which had to be conveyed overland, or in the case of German wines shipped down the Rhine, burdened as it was with countless tolls and the staple duties of Cologne and

---

[101] Comparison between white Rhine wine, Beaune, Orleans, Gascony, Poitou at Diest per *kan*: In 1526-7 Orleans wine cost 5 to 6 *plakken* per *kan* at Diest, Hoegaarden wine 4 to 6 *plakken*

Year	White Rhine	Beaune	Orleans	Gascony	Poitou
1500-01	7 – 10	10	5 - 6	4 - 5	
1501-02	7 - 10	12	5 7		
1520-21	10 - 12	10 - 13		6 - 7	
1525-26	8 - 12	10 - 12		6 - 7	
1526-27	10 - 13		5 - 6	10	
1537-38	10 - 12			7	
1547-48	10 - 16			8	
1568-69	16 - 18			6	

[102] R. Dion, *Histoire de la vigne et du vin en France des origines au XIXe siècle*, Paris 1959, 260-1.

[103] Comparison between prices of southern wines at Diest:

Year	Malmsey	Bastard	Romney	Muscadel	White Rhine
1499-1500	16 - 18	6 - 109	7 - 8		7 - 9
1501-02	20	12 12	16	7 - 10	
1502-03	16 - 20	10 - 12	7 - 14	12 - 16	8 - 12
1518-19	16 - 20	12	10 - 12	12	8 - 13
1527-28	16 - 18	10 - 14	18		8 - 12
1531-32	20	16 - 18	8 - 12		8 - 10
1551-52	16	16 - 20	14 - 16		12 - 16
1563-64	16	16 - 20	16 - 18		14 - 20
1600-0	104	80			56 - 60
1611-12		88			72

Dordrecht. Orléans wine, in spite of its cheaper price, could be exported through a network of land and water routes which brought it to cheap sea transport.[104]

TABLE IV : *Consumption of foreign wines at Diest*

Year	Total amen	Percentage German wine	Percentage French wine	Percentage Southern wine
1500-01	480	82.5	9.0	8.5
1502-3	526	77.6	13.1	9.3
1518-19	420	79.8	14.0	6.2
1520-1	493	44.7	46.2	9.1
1525-6	542	86.8	3.8	9.4
1530-1	281.5	75.1	2.7	22.2
1535-6	407.5	84.5	7.8	7.7
1539-40	625	71.4	23.0	5.6
1545-6	412.5	89.1	4.0	6.9
1550-1	402.5	75.4	20.6	5.0
1555-6	406	66.4	27.2	6.4
1560-1	393	85.5	10.5	4.0
1565-6	418	57.1	34.4	8.5
1570-1	311	75.4	21.0	3.6
1574-5	257	96.7	0.5	2.8
1580-1	165	47.7	52.3	-
1585-6	107.5	100.0	-	-
1590-1	141	88.0	5.4	6.6
1600-1	194[105]	85.8	7.2	7.0

TABLE V : *Consumption of foreign wines at Louvain*

Year	Total amen	Percentage German wine	French wine	Percentage Southern wine
1509-10	1,693	58.9	30.3	10.8
1521-22	1,486	76.2	15.3	8.5
1530-31	918	61.5	20.2	18.3
1540-41	1,498	60.5 27.5	12.0	
1550-51	984.5	55.1	31.2	13.7
1559-60	715	85.9	8.3	17.0
1580-81	141	65.8	31.8	2.4

---

[104] For French wines in the Netherlands and their origin see J. Craeybeckx, *Un grand commerce*, and R. Dion, *Histoire de la vigne*.

[105] The percentages refer only to 96.5 *amen* drunk between 1 March and 9 October 1601; before that date the tax collectors did not distinguish between the different sorts of wine.

Alongside the difference in price it is interesting to place the sales of the different sorts of wine in Brabant (Tables IV and V).

At first sight the dominant position of Rhine wine at Diest and Louvain is striking. On average ca. 75 per cent of the foreign wine consumed at Diest came from Germany. Only in 1520-1 and 1580-1 did it fall below half of the total consumed. At Louvain French wine seems to have been more successful, but even there it did not account for a third of the total foreign wine consumed in any year. Mediterranean wines also appear to have been in greater demand at Louvain than at Diest. This higher consumption of French wine at Louvain may be related to the easier shipment from Namur, as we shall show below, but the greater consumption of southern wine undoubtedly had to do with the presence of a better off public at Louvain. In Antwerp in 1543 54 per cent of the wine drunk was Rhine wine, 24 per cent French and 22 per cent southern. In other years the consumption of French wine may have been a little higher.[106] This rather high level of consumption of French wine for Brabant is of course due to the ease of transport up the Scheldt, while the impressive consumption of southern wine also reflects the greater purchasing power of the population of Antwerp and the importance of southern merchants there. At Lier in 1458 83 per cent of the total wine drunk was from the Rhineland. But if we exclude the domestic wines, the share of Rhine wine in the total of the foreign wines consumed would reach about 88 per cent.[107] There are in fact indications that in the whole of Brabant the dominance of Rhine wine was general. In the middle of the sixteenth century the data in the detailed accounts of the Great Water Toll at Antwerp point in this direction. Although the exemptions granted deprive these figures of absolute value[108] and much of this wine was undoubtedly reexported from Brabant,[109] the dominance of Rhine wine is still clear, all the more so since much Rhine wine reached Brabant overland from Cologne and the Rhineland.[110] In 1551-2 these accounts mention 25,620 *amen*, including 13,601 *amen* of Rhine wine, 9,373 *amen* of French wine and 2,646 *amen* of Spanish and other southern wines; and in 1554-5 they refer to 30,565 *amen*, of which 19,680 *amen* were Rhine wine, 8,770.5 *amen* French wine and 2,114.5 *amen* southern wines. According to the certification books of Antwerp for the years 1488-99, which undoubtedly reflect to some extent the market for wine at Antwerp in this period, Rhine and Mosel wines made up ca. 50 per cent of the total wines recorded. French wines followed

---

[106] J. Craeybeckx, *Un grand commerce*, 11.

[107] H. van der Wee, *Antwerp Market*, II, 64 n. 16. He rightly emphasises (ibid., I, 294-5), the dominance of Rhine wine in Brabant but nevertheless seems to overestimate the advance of French wine in the sixteenth century.

[108] But the exempt were also usually noted, for reasons of control (Algemeen Rijksarchief, Rekenkamer, n°s 22367-8 et seq.).

[109] Shipments of Rhine wine to Ghent had to pass the toll at Rupelmonde (Algemeen Rijksarchief, n°s 22740-50).

[110] H. Ammann, 'Von der Wirtschaftsgeltung des Elzass im Mittelalter', *Alemannisches Jahrbuch*, 1955, 116-40; H. van der Wee, *Antwerp Market*, II, 54 n. 153; R. van Uytven, *Stadsfinanciën*, 307-9; R. Doehaerd, *Etudes anversoises. Document sur le commerce international à Anvers (1488-1514). I, Introduction. (Ports - Routes - Trafics, xiv)*, Paris 1963, 59 and 146-243.

with almost 25 per cent, while southern wines came to almost as much.[111] There are also pointers in the same direction for other towns. St Truiden, near the Brabant frontier, consumed chiefly Rhine wine and some Beaune in the sixteenth century.[112] On the other side of Brabant, nearby Ninove seems to have drunk chiefly Rhine wine.[113] Finally, in 's Hertogenbosch the tax tariffs and the ordinances on the wine trade refer in the first place to Rhine wine.[114] It should of course be observed that Alsace and Mosel wines were included under the general term 'Rhine wine', as was customary in the period under discussion.[115] Let us also recall that these Rhine wines were chiefly white wines.[116] This was so true that whenever red wine is concerned, it is explicitly recorded in the texts. As there was also a great deal of white wine among the French wines, the inference is that the great bulk of wine consumed in the southern Netherlands in the later middle ages was white wine.

We are less well informed about the types of French wine that were drunk at Louvain. It is at least certain that in the first half of the sixteenth century Beaune was very widespread. In 1509-10 it accounted for 219 *amen* 4.5 *steken* out of a total of 467 *amen* and 10 *steken* of French wine, while the wines of Gascony and Poitou are not even mentioned by name. Perhaps they should be sought under the general heading of 'French wine' which, to judge by the price, was of lesser quality than the Beaune. In 1530-1, out of 186 *amen* 13.5 *steken* French wine, 107.5 *amen* were Burgundy wines, 56 *amen* 4.5 *steken* Poitou wines, and 22 *amen* 20 *steken* Orleans wine; and in 1540-1 of 411 *amen* French wine, 181.25 *amen* were Beaune, while of the rest 5 *amen* and 2 *steken* were Poitou wines of unspecified types. After this date the general term 'French wine' is used almost exclusively, but to judge by the price it was no longer Burgundy. The data for Diest are much less precise, but one cannot avoid the impression that relatively less Beaune was drunk there than at Louvain. In 1520-1, nevertheless, of 292 *amen* and 62 *kannen* French wine ca. 120 *amen* are described as Beaune. It is remarkable that after 1525-6 we can find no more precise figures for Beaune in the town accounts of Diest or in the excise collection books; nor can we find

---

[111] J. Craeybeckx, *Un grand commerce*, 12-13. See R. Doehaerd, *Etudes anversoises*, 3 vols., Paris 1962-3.

[112] According to Prof. J. Ruwet in his lecture 'La consommation à Saint-Trond au XVIe siècle', given at the International Colloquium Pro Civitate at Spa in 1964.

[113] Rhine wines and domestic wines were those chiefly sold in the taverns there. The abbey of Ninove was able to buy small quantities of Rhine wine; for French wine it had to look elsewhere (H. van der Wee, *Antwerp Market*, II, 177).

[114] The excise regulations of 1441 only refer to Rhine wine and domestic wine (N.H.L. van den Heuvel, *De ambachtsgilden van 's Hertogenbosch voor 1629, Rechtsbronnen*, 3rd series, xiii, Utrecht 1946, 122, see also 123). The town accounts regard Rhine wine as 'wine' as opposed to romney, bastard, French wine and brandy (R.A. van Zuylen, *Inventaris der archieven van de stad 's Hertogenbosch*, I, 's Hertogenbosch 1863, 459, 469, 478, 754). Den Bosch was in fact a centre of the trade in Rhine wine (H. Ammann, *loc. cit.*; B. Kuske, *Quellen zur Geschichte des Kölner Handels und Verkehr im Mittelalter*, 3 vols. (Publikationen der Gesellschaft für Rheinische Geschichte, xxxiii), Bonn 1918-23, *passim*.

[115] H. Ammann, *op. cit.*, 127

[116] R. Dion, *Histoire de la vigne*, 241.

prices for Gascon wines. On the other hand, the prices of Poitou wines which could be noted, apart from those of 1501-2, all date from after 1537-8. At Louvain too, the popularity of Beaune clearly fell off after the duchy of Burgundy was incorporated into France.[117] The political division certainly played a role which is not to be overlooked, just as the closer political ties between this region and the Netherlands in the fourteenth and fifteenth centuries had undoubtedly contributed much to spreading the taste for Beaune.[118] In the eighteenth century Burgundy wines again appear to have enjoyed a certain vogue in Brabant.

Of the sweet wines which, because of their higher price, only had a limited market, romney, a Greek wine, was clearly n the lead and accounted for more than half of this class of wine. It was followed by *bastaard*; Portuguese muscadel and the malmsey of the Morea were extremely rare. In the second half of the sixteenth century the general term `Spanish wine' also appears.

It should be pointed out that consumption of the various types of wine was also dependent on the seasons. Table VI below is particularly instructive in this respect.

TABLE VI: *Wine consumption over the year at Louvain*

	21 Jul-21 Oct %	21 Oct-21 Jan %	21 Jan-21 Apr %	21 Apr-21 Jul %
1509-10				
German	42	21	16	21
French	28	25	24	23
Southern	17	23	37	23
Hoegaarden	4	80	14	2
Total	32	29	20	19
1521-22				
German	31	19	29	21
French	89	6	3	2
Southern	33	15	37	15
Hoegaarden	31	64	5	0
Total	39	20	25	16
1540-41				
German	32	22	22	24
French	18	21	26	35
Southern	26	19	38	17

---

[117] After 1539 Louvain does not appear to have bought any more Beaune (R. van Uytven, *Stadsfinanciën*, 557).

[118] R. Dion, *Histoire de la vigne*, 291-4 and 298-9; *idem*, `Le commerce des vins de Beaune au moyen âge', *Revue Historique*, ccxiv (1955) 209-21.

Hoegaarden	32	50	7	11
Total	27	22	25	26
1559-60				
German	39	29	20	22
French	65	5	17	13
Southern	22	22	36	20
Total	40	18	21	21
1580-81				
German	42	14	24	20
French	28	32	25	15
Southern	23	26	30	21
Total	36	20	24	20

As was to be expected wine consumption was generally higher in the summer months. This high summer consumption is apparent above all for the Rhine wines, which are sometimes described in the sources as a cool drink, and are very thirst quenching thanks to their fresh, acidic character. The consumption of French wines was much more irregular. For the southern wines, on the other hand, there was a clear increase in consumption in the cold months. Hoegaarden and other domestic wines in general were undoubtedly widely drunk in summer, but the peak in sales according to the collectors of the excises was reached in the last months of the year. The year's vintage of domestic wine was then on the market and many citizens stocked up with wine for the whole year at that time.

Brabant's wine consumption was clearly distinguished from that of the Netherlands as a whole. Around 1550, in fact, more than 60 per cent of the imported wine came from the wine growing regions of France and not quite 25 per cent from Germany. Outside Brabant virtually no domestic wine was drunk, and outside Namur and Hainault Beaune was a drink for princes only.[119] This higher consumption of Rhine wine and Beaune in the duchy shows once again that in Brabant, more than elsewhere, wine was a luxury drink. The leading place of Beaune among the French wines in Brabant goes back essentially to the old and close commercial connections between Brabant and the south.[120] Namur appears to have acted as the leading import centre.[121] In the fifteenth century wine

---

[119] J. Craeybecx, *Un grand commerce*, 47-77.

[120] P. Bonenfant, 'L'origine des villes brabançonnes et la "route" de Bruges à Cologne', *Belgisch Tijdschrift voor Filologie en Geschiedenis*, xxxi (1953), passim; J. Cuvelier, La formation de la ville de Louvain des origines à la fin du XIVe siècle (Memoires de l'Académie royale de Belgique, Classe des Lettres, 4° series, x), Brussels 1935, 55-6; M.L. Fanchamps, 'Etude sur les tonlieux de la Meuse moyenne du VIIIe au milieu du XIVe siècle', *Le Moyen-Âge*, lxx (1964), 214 and map 2.

[121] Small Lorraine traders brought wine there from Ay and Beaune, but the greater part of the 894 tuns (of 900 litres) was supplied by the residents of Namur itself in the year 1564-5 (J. Craeybeckx, *Un grand commerce*, 36).

buyers from Louvain, Brussels and Diest went to Namur to buy Beaune and other Burgundian wines.[122] Louvain itself acted as a more northerly market, where innkeepers from Diest came to buy their supplies of wine, or from where Beaune was shipped along the Dijle or overland to the north. Merchants even came from Antwerp to exchange fish for Beaune.[123]

There was nothing like a really active trade in Beaune or other French wines at Louvain or Diest. The local innkeepers bought their stocks either at Namur, Louvain or at their local market and were content to supply wholesale to a few larger customers in their immediate neighbourhood. The total wholesale trade of the Louvain innkeepers in French wines at its peak in the first years of the sixteenth century did not even amount to 500 *amen*, about half of which was Burgundy. This trade soon declined to ca. 240 *amen* in 1550-1 and dwindled into insignificance thereafter. Very little of this was supplied outside the city. Three quarters of the whole trade was with the members of the university, religious houses and private individuals in the city. At Diest wholesale trade in French wine by the citizens was virtually non-existent.

The other French wines, sometimes Beaune, and the sweet wines, reached Brabant chiefly via Antwerp, where the people of Mechelen, Louvain, Brussels and Diest went to buy their wine, sometimes even going as far as Middelburg. Their shippers or those of Antwerp or Middelburg imported wine from these ports either by river or overland in wagons.[124] Not uncommonly, foreign or Antwerp wine merchants also took their wine to the centres of consumption.[125] Exceptionally, in time of need, Louvain and Diest innkeepers might even stock up at the staple markets in Mons, Valenciennes or Arras.[126]

In the first decades of the seventeenth century the taste for wine does not appear to have changed significantly. The sale of Spanish wine, which was

---

[122] The town of Louvain bought Beaune there in 1401 and 1411 (Stadsarchief Louvain, n°s 5007, f. 33v°, and 5013, f. 51v°). The town of Diest did so in 1541 (Algemeen Rijksarchief, Rekenkamer n° 31003, f. 80v°). For exports to Brussels see M. Tourneur-Nicomede, `Un marchand de vin namurois au début du XVe siècle', *Etudes d'Histoire et d'Archéologie namuroises dédiées à F. Courtoy*, I, Namur 1952, 473-6. The town of Louvain complained that the university members were acting as wholesale importers of Beaune (Algemeen Rijksarchief, University of Louvain, n° 5382, f. 22).

[123] As appears from the settlement of accounts between Jan de Charton, merchant of Namur, and Hubrecht van Wilden and Jan van Yssche of Haren (North Brabant) (Stadsarchief Louvain, n° 7394, 27 October 1500). In 1431 five wagons of 25 cases of Beaune were transported via Louvain to Brussels (Algemeen Rijksarchief, Rekenkamer n° 3783). Wagonloads of Burgundian wine were regularly mentioned at Louvain, where their loads were shipped along the Dijle (R. van Uytven, *Stadsfinanciën*, 430 and 440, graph 12, on the importance of the traffic to Namur).

[124] J. Craeybeckx, *Un grand commerce*, 14; R. Doehaerd, *Etudes anversoises*, II, n°s 120, 122, 123, 149, 558, 564, 566, 572, 753, 762, 785 etc. One finds similar references in the records of the toll of Rupelmonde, referred to above.

[125] E.g. at Louvain in 1550-1, a Spaniard brought 26 *amen* of Rhine wine, a merchant of Mechelen 14 *amen* of French wine and an Antwerper 23 *amen* of French wine and 2 of French wine on draught (Stadsarchief Louvain, n°s 5848-9).

[126] For these markets see J. Craeybeckx, *Un grand commerce*, 50, 56-8, 60-70 and 171-9, but above all *idem*, `Quelques grands marchés de vin français aux Pays-Bas à la fin du moyen âge et au XVIe siècle', *Studi in onore di Armando Sapori*, II, Milan 1957, 847-82.

probably too dear, fell off sharply. At Diest, for example, in the years 1625-40 of the 130 to 140 *amen* of wine drunk, that of Spanish origin accounted for only 1 to 3 *amen*. In 1625-6 the percentages of Rhine wine and French wine consumed at Diest were respectively 57 and 41, in 1624-5 69 and 29. In 1639-40, on the other hand, Rhine wine made up only 17 per cent and French 81 per cent. But in that year the Rhineland was the theatre of great military operations with their accompanying devastation and interruptions to commerce. As a proof of how far taste in Brabant preferred white wines, we may recall that in that year only 4 *amen* of red wine appeared among all the French wine drunk. In that context we can refer to a statement made by the French during negotiation with the South Netherlands on the customs duties between the two countries in 1721: `they (our white wines) are infinitely more widely drunk in the Austrian Netherlands than our red wines'. At the same time the authors of this report suspected the government in Brussels of `constraining the Flemings, the subjects of the emperor, to renounce them, to substitute wines of German growth for them'.[127] This would indicate that in the southern Netherlands (`Flemings', as so often, being used for the whole population), Rhine wine had lost its position altogether. In fact only a third of the wine drunk at Diest in 1720 and 1725 appears to have been German, and in 1740-50 German wines only accounted for 15 per cent. These German wines included quite a substantial proportion of Mosel wine, while Burgundies and white wines of Champagne are found among the French wines drunk at Diest.[128] We are much less well informed about wine consumption at Louvain in the eighteenth century since the tax collectors only indicated the origin, or rather the town of purchase, for wine in the cellars of private individuals. In 1765, of 26 *amen* 16.5 *amen* was clearly French wine and only 3 *amen* German. The German wine was bought in Cologne, the French in Mons, Liège, France, Enghien, Namur, Soignies and Ath. The wine that cannot be certainly identified came from Brussels, Antwerp and Ghent. To judge by the markets for wine, they were chiefly Burgundies and Champagne. In 1778, however, 10 out of 32 *amen* may have been of German origin, imported via Cologne, Aachen, Roermond and Rotterdam. About 10 *amen* of Burgundy and Champagne wine were bought in Liège, Mons, Namur and Soignies. The rest, probably also French wine, came via Mechelen, Brussels, Antwerp, Ostend, Ghent, St Lambrechts-Woluwe and Kortenberg.[129] In view of the lack of clear sources at Diest after the middle of the seventeenth century and at Louvain from 1580, we are for the moment unable to determine more precisely when Rhine wine had to yield first place to French wine in Brabant. This shift must have occurred in the course of the seventeenth century, presumably after 1625. The predominance of Rhine wine throughout Brabant in the previous period, like the

---

[127] Algemeen Rijksarchief, Financieraad n° 473 (16 August 1721?) There is a similar statement about the preference for white wine in the southern Netherlands in 1775 in R. Dion, *Histoire de la vigne*, 431.

[128] Algemeen Rijksarchief, Rekenkamer, n°s 31115, 31125, 31135 and 31145.

[129] Stadsarchief, Louvain, n°s 5867-8

relative popularity of Beaune, reflects the traditional commercial position and historic trade links of this region with the Rhineland.[130]

The profound structural changes which took place in the western European economy in the last decades of the fifteenth century and the sixteenth century, coupled with the cooler climate, doomed wine growing in Brabant to disappear. That this marginal crop was still able to maintain its position as a supplier for local and even regional consumption into the first half of the sixteenth century was thanks exclusively to the inertia of vineyard owners, who only gave up this remnant of a long vanished age of a more closed and self-sufficient economy when they were forced to. The fall in consumption of domestic wine emphasised the luxury character of wine drinking. The expensive wines from the Rhine, Mosel and Alsace, which reached Brabant via the traditional commercial routes overland or by river, were so deeply rooted in habits of consumption that they triumphantly withstood the onward march of French wines until into the seventeenth century. One French wine region, Beaune and its surroundings, had managed to win a place in Brabant tastes as early as the fourteenth century, again thanks to the ancient overland trade routes that linked it to the duchy. Although Beaune slipped into the background after the first quarter of the sixteenth century, Burgundies and the new Champagne wines seem to have taken the first place in the Brabant wine list in the eighteenth century. This dominance of German wines in Brabant and Holland in the later middle ages seems to have survived in the preference for white wines, even when Rhine wines yielded first place to French products.

In the course of the sixteenth century, and in parallel with the rise in the cost of living, there was a shift in the psychology of the consumption of drinks. Wine became the drink of a class; drinking wine became even more characteristic of a higher social standing than it had been in the middle ages. At the same time beer consumption received a strong stimulus, in Brabant from the last quarter of the fourteenth century and above all in the fifteenth century. This region thus joined an extensive belt that extended across the whole of Germany, Holland and the countries round the Baltic, where Rhine wine[131] rather than French wine was consumed as a luxury drink, while the everyday drink was beer. England resembled these countries in its high beer consumption, but was distinguished from them by the dominance of French wines.[132]

---

[130] P. Bonenfant, *art. cit.*, above n. 120 (with bibliography).

[131] According to the data in the Sound Tolls considerably more Rhine wine than French wine was shipped to the Baltic countries until the end of the sixteenth century (W.S. Unger, `De Sonttabellen', *Tijdschrift voor Geschiedenis*, xli (1926), 143 and 151). On the other hand much Rhine wine reached the Baltic countries overland (H. Ammann, *art. cit.*, 123 and 146). The latter author gives several maps summarising the distribution of Rhine wine in north west Europe.

[132] M.K. James, `The fluctuations of the Anglo-Gascon wine trade during the fourteenth century', *Economic History Review*, 2nd series, iv (1951-2), 190 n. 4.

INDEX

This is a selective index. It does not include references to the footnotes. Too frequently cited terms and concepts (e.g. merchants, industry) and names such as Low Countries, Netherlands, Flanders, Brabant have been omitted. Towns and other places are entered in their English current form or with their name in the native tongue; eventually a translation is given.

For Product Safety Concerns and Information please contact our EU representative GPSR@taylorandfrancis.com Taylor & Francis Verlag GmbH, Kaufingerstraße 24, 80331 München, Germany

T - #0045 - 160425 - C0 - 224/150/20 [22] - CB - 9780860788522 - Gloss Lamination